Contemporánea

Mario Vargas Llosa nació en Arequipa, Perú, en 1936. Aunque había estrenado un drama en Piura y publicado un libro de relatos, *Los jefes*, que obtuvo el Premio Leopoldo Alas, su carrera literaria cobró notoriedad con la publicación de *La ciudad y los perros*, Premio Biblioteca Breve (1962) y Premio de la Crítica (1963). En 1965 apareció su segunda novela, *La Casa Verde*, que obtuvo el Premio de la Crítica y el Premio Internacional Rómulo Gallegos. Posteriormente ha publicado piezas teatrales (*La señorita de Tacna*; *Kathie y el hipopótamo*; *La Chunga*; *El loco de los balcones*; *Ojos bonitos, cuadros feos* y *Las mil noches y una noche*), estudios y ensayos (como *García Márquez: historia de un deicidio*, *La orgía perpetua*, *La verdad de las mentiras*, *La tentación de lo imposible*, *El viaje a la ficción*, *La civilización del espectáculo*, *La llamada de la tribu*, *La mirada quieta (de Pérez Galdós)* y *El fuego de la imaginación: Libros, escenarios, pantallas y museos*), memorias (*El pez en el agua*), relatos (*Los cachorros*) y, sobre todo, novelas: *Conversación en La Catedral*, *Pantaleón y las visitadoras*, *La tía Julia y el escribidor*, *La guerra del fin del mundo*, *Historia de Mayta*, *¿Quién mató a Palomino Molero?*, *El hablador*, *Elogio de la madrastra*, *Lituma en los Andes*, *Los cuadernos de don Rigoberto*, *La Fiesta del Chivo*, *El Paraíso en la otra esquina*, *Travesuras de la niña mala*, *El sueño del celta*, *El héroe discreto*, *Cinco Esquinas* y *Tiempos recios*. Ha obtenido los más importantes galardones literarios, desde los ya mencionados hasta el Premio Cervantes, el Príncipe de Asturias, el PEN/Nabokov, el Grinzane Cavour, el Premio Nobel de Literatura 2010 y el Premio Internacional Carlos Fuentes a la Creación Literaria. En 2021 ingresó en la Académie Française.

PREMIO NOBEL DE LITERATURA

Mario Vargas Llosa

La utopía arcaica

José María Arguedas y las ficciones del indigenismo

DEBOLS!LLO

Primera edición en Debolsillo: junio de 2015
Primera reimpresión: junio de 2023

Travessera de Gràcia, 47-49. 08021 Barcelona
Diseño de la cubierta: Penguin Random House Grupo Editorial
Fotografía de la cubierta: © Sánchez/Lacasta
Fotografía de la autor: © Morgana Vargas Llosa

Impreso en Colombia - *Printed in Colombia*

ISBN: 978-84-9062-619-1

Depósito legal: B-11.987-2015

ÍNDICE

PRÓLOGO

ENTRE TODOS los escritores peruanos el que he leído y estudiado más ha sido probablemente José María Arguedas (1911-1969). Fue un hombre bueno y un buen escritor, pero hubiera podido serlo mucho más si, por su sensibilidad extrema, su generosidad, su ingenuidad y su confusión ideológica, no hubiera cedido a la presión política del medio académico e intelectual en el que se movía para que, renunciando a su vocación natural hacia la ensoñación, la memoria privada y el lirismo, hiciera literatura social, indigenista y revolucionaria. Este libro reseña su vida, matiza sus libros y trata de describir, en su caso particular, la inmolación de un talento literario por razones éticas y políticas, fenómeno más que frecuente en los escritores —y no sólo latinoamericanos— de la generación de José María Arguedas. Y, asimismo, pasa por el cedazo de la crítica, las fantasías racistas, reaccionarias y pasadistas del indigenismo, que se creía ya casi extinguido y ha vuelto a renacer en América del Sur más belicoso todavía, en los últimos años.

Este libro fue naciendo solo, sin que yo lo supiera, a lo largo de muchos años, mientras escribía prólogos para los libros de Arguedas, o dictaba conferencias y seminarios sobre su obra, y tomaba notas cuando releía algo suyo o escrito sobre él. La redacción final la hice en Londres entre 1994 y 1995, en la atmósfera quieta e intemporal del añorado —y ahora desaparecido— Reading Room del Museo Británico.

MARIO VARGAS LLOSA

A la memoria de Raúl Porras Barrenechea, en cuya biblioteca de la calle Colina aprendí la historia del Perú.

UNA RELACIÓN ENTRAÑABLE

AUNQUE HE dedicado al Perú buena parte de lo que he escrito, hasta donde puedo juzgar la literatura peruana ha tenido escasa influencia en mi vocación. Entre mis autores favoritos, esos que uno lee y relee y llegan a constituir su familia espiritual, casi no figuran peruanos, ni siquiera los más grandes, como el Inca Garcilaso de la Vega o el poeta César Vallejo. Con una excepción: José María Arguedas. Entre los escritores nacidos en el Perú es el único con el que he llegado a tener una relación entrañable, como la tengo con Flaubert o Faulkner o la tuve de joven con Sartre. No creo que Arguedas fuera tan importante como ellos, sino un buen escritor que escribió por lo menos una hermosa novela, *Los ríos profundos,* y cuyas otras obras, aunque éxitos parciales o fracasos, son siempre interesantes y a veces turbadoras.

Mi interés por Arguedas no se debe sólo a sus libros; también a su caso, privilegiado y patético. Privilegiado porque en un país escindido en dos mundos, dos lenguas, dos culturas, dos tradiciones históricas, a él le fue dado conocer ambas realidades íntimamente, en sus miserias y grandezas, y, por lo tanto, tuvo una perspectiva mucho más amplia que la mía y que la de la mayor parte de escritores peruanos sobre nuestro país. Patético porque el arraigo en esos mundos antagónicos hizo de él un desarraigado. Su vida fue triste, y traumas de infancia, que nunca llegó a superar y que dejan un reguero de motivos en toda su obra, sumados a crisis de adulto, lo condujeron al suicidio. En su caso y en su obra repercute de manera constante la problemática histórica y cultural de los Andes y la del escritor latinoamericano: su escasa articulación y su difícil acomodo con el medio; sus aciertos y yerros políticos; sus responsabilidades morales, sociales y culturales; las presiones a que debe hacer frente y cómo ellas inciden en su vocación, estimulándola o destruyéndola. En José María Arguedas se puede estudiar de manera muy vívida lo que los existencialistas llamaban «la situación» del escritor en América Latina, por lo menos hasta los años sesenta, y éste es uno de los propósitos de *La utopía arcaica.* Otro, analizar, a partir de la obra de Arguedas, en sus méritos y deméritos, lo que hay de realidad y de ficción en la literatura y la ideología indigenistas.

La utopía arcaica corona un interés por Arguedas que comenzó en los años cincuenta cuando José María era ya un escritor consagrado y yo un estudiante lleno de sueños literarios. En 1955 lo entrevisté para un periódico y su atormentada personalidad y su limpieza moral me sedujeron, de modo que empecé a leerlo con una curiosidad y un afecto que se han mantenido intactos hasta ahora, aunque mi valoración de sus libros haya cambiado con los años. En los sesenta escribí artículos y ensayos y di charlas sobre él, y mantuvimos una buena amistad, a la distancia, pues él vivía en el Perú y yo en Europa, y, aunque alguna vez nos escribimos, nos veíamos apenas, en mis anuales visitas a Lima. Desde que puso fin a su vida, luego de un periodo de terribles crisis emocionales, alguna de las cuales conocí de cerca, decidí escribir un ensayo sobre él, proyecto que sólo un cuarto de siglo más tarde se hace realidad.

Aunque su remoto antecedente son aquellas reseñas y textos periodísticos, algunos de los cuales aparecieron como prólogos de sus cuentos y novelas, la mayor parte de la investigación y el análisis que ahora doy a luz resultó de tres cursos universitarios, ante públicos diferentes y poco familiarizados con la obra de Arguedas, lo que, a la vez que dificultó, enriqueció mi trabajo de explicación de sus textos. El primero fue un seminario en la Universidad de Cambridge, donde pasé el año lectivo 1977-1978 gracias a la Simon Bolivar Chair of Latin American Studies. Fue un año espléndido, con tiempo para leer y escribir, en el eglógico ambiente del Churchill College, y de iniciación en los rituales del *high table* y la copa de oporto después de la cena. En cuanto al seminario, que dicté una vez por semana a lo largo del año académico –embutido en una toga por discreta insinuación de la universidad–, sólo tuve un alumno, mi amigo Alex Zisman, quien, además de habérselas arreglado para malquistarse con todo el claustro universitario, era odiado también por su franqueza homicida y su inconmensurable falta de tacto, hasta por los carteros, cantineros y granjeros de la región bañada por el escuálido río Cam. Pero yo siempre me llevé bien con él. Además de buen compañero, era un alumno inmejorable, que trabajaba a la par conmigo y sometía a agobiantes inquisiciones todo lo que yo pensaba sobre Arguedas, de modo que muchas de las ideas de este libro le deben, al menos, haber sobrevivido a la prueba de fuego de sus críticas.

Volví a dar un apretado seminario sobre Arguedas, en la Universidad Internacional de la Florida, en Miami, el primer trimestre de 1991, para un puñado entusiasta y casi exclusivamente femenino de estudiantes graduados, lo que me obligó a releer toda su obra de ficción y a tomar contacto con buena parte de la bibliografía crítica sobre él, que había crecido cancerosamente en los ochenta, a medida que sus cuentos y novelas encontraban un público receptivo en centros académicos del mundo entero.

Y, por fin, di un nuevo curso sobre el conjunto de su obra, en la Universidad de Harvard, dentro de la cátedra John F. Kennedy que tuve a mi cargo en el semestre de invierno de 1992. Aunque seguían el curso algunos estudiantes norteamericanos, la mayoría eran de América Latina, sobre todo de México, y fue estimulante trabajar con ellos por su participación en las clases y su exigencia intelectual. Debo un agradecimiento especial a mi asistente en Harvard, Bernal Herrera, filósofo costarricense ganado para la literatura, por la ayuda que me prestó en la preparación de aquellas clases y en la recopilación del abundante y escurridizo material bibliográfico. Y, otro, a Ricardo Ramos-Tremolada, mi asistente en la Universidad de Georgetown, en Washington, en el primer semestre de 1994, en el que escribí algunos capítulos de este libro, que él leyó y mejoró con lúcidas observaciones, a la vez que, también, me echaba una mano en la cacería documental.

La lista de reconocimientos podría alargarse mucho si mencionara, además de aquellas universidades y personas, a todos los amigos y amigas que, en el interrumpido trabajo de tantos años del que resulta este ensayo, sacaron fotocopias, enviaron libros, sugirieron temas o estuvieron allí, escuchando con paciencia ese remanente que queda en la cabeza, pugnando por salir, luego de pasar una jornada concentrado en una biblioteca, y que uno necesita comunicar a alguien para dormir tranquilo. Sin esas amistades generosas –entre las que, al menos, es imprescindible que cite a Fernando Iwasaki, Juan Ossio y Tere Gruenberg– no habría escrito *La utopía arcaica* o, en todo caso, este libro hubiera tenido un horizonte más reducido del que tiene. Debo un agradecimiento especial a Carmen María Pinilla, quien, cuando este libro se hallaba ya en la imprenta, me hizo llegar la interesante correspondencia de Arguedas con John V. Murra y la psicoanalista Lola Hoffmann.

Mi última acción de gracias es a una antigua y querida amiga, la poetisa Blanca Varela, cuya insistencia para que colaborara con un volumen en la colección que dirige en la subsidiaria del Perú del Fondo de Cultura Económica acabó por animarme a volcar en un libro orgánico el sinfín de ideas y emociones encontradas que jalona mi relación de tantos años con la obra y la vida de José María Arguedas y con la tierra que a ambos nos tocó.

Londres, 16 de agosto de 1995

I. LOS TESTAMENTOS DE ARGUEDAS

Un balazo en la sien

EL NOVELISTA peruano José María Arguedas se disparó un balazo en la sien —frente a un espejo para no errar el tiro— el 28 de noviembre de 1969, en un baño de la Universidad Nacional Agraria La Molina, en Lima. Era un hombre considerado y, a fin de no perturbar el funcionamiento del claustro, eligió para matarse un viernes por la tarde, cuando se había cerrado la matrícula de estudiantes para el nuevo semestre. No era la primera vez que quería acabar con su vida. Había intentado suicidarse, tomando barbitúricos, en abril de 1966, en su oficina del Museo Nacional de Historia. Esta segunda vez lo consiguió. Llevado de urgencia al Hospital del Empleado, sin haber salido del estado de coma, falleció cuatro días después, en la mañana del 2 de diciembre.

Junto a su cuerpo se encontró una carta al rector y a los estudiantes de la Universidad Agraria, que contenía instrucciones para sus funerales: quiénes deberían pronunciar discursos en el cementerio (un estudiante y los profesores Alfredo Torero y Alberto Escobar, al segundo de los cuales le encomendaba leer en dicha ceremonia el «¿Último diario?», de su novela inédita *El zorro de arriba y el zorro de abajo*), así como el deseo de que unos músicos serranos, amigos suyos, lo despidieran tocando la música que le gustaba.* Su voluntad fue acatada y Arguedas, que había sido en vida un hombre retraído y tímido, sin filiación partidaria, tuvo un entierro espectacular y de claro tinte político, pues los estudiantes que lo escoltaron hasta el cementerio El Ángel fueron cantando por las calles *La Internacional* y enarbolando banderas de Vietnam del Norte y de Cuba, con las que envolvieron su ataúd.

En los días siguientes, diarios y revistas publicaron sus cartas de despedida al rector de la Universidad Agraria, al director de la revista *Oiga*, al editor Gonzalo Losada y a su viuda.** Eran diferentes versiones de su testamento e iban dirigidas a parientes, amigos, periodistas, profesores y políticos. Su tema principal era, por supuesto, su muerte o, mejor dicho, las razones que lo llevaron a matarse. Estas razones diferían de carta a carta. En una, tal vez la más dramática, decía que la razón de su suicidio era sentirse acabado como escritor: «Me retiro ahora porque siento, he comprobado que ya no tengo energía e iluminación para seguir trabajando, es decir, para justificar la vida».*** En la carta a su editor daba a entender que el motivo de su suicidio era su frustración por no poder participar más en las luchas revolucionarias de la época:

> Como estoy seguro que mis facultades y armas de creador, profesor, estudioso e incitador se han debilitado hasta quedar nulas y sólo me quedan las que me relegarían a la condición de espectador pasivo e impoten-

* El violinista Máximo Damián Huamani, de San Diego de Ishua, Lucanas, y los músicos Jaime Guardia, Alejandro Vivanco y los Hermanos Chiara acompañaron el cortejo fúnebre tocando, con arpas, quenas y charangos, la *Agonía* de la *Danza de las tijeras,* mientras dos de esos danzantes indios, que habían fascinado a Arguedas desde niño, iban bailando junto al ataúd vestidos con sus multicolores trajes de plumas y espejos.

** La carta de ésta, Sybila Arredondo, se hizo pública en la revista semanal *El Siglo,* Santiago de Chile, domingo 19 de diciembre de 1969.

*** Carta de J. M. A. al rector y a los estudiantes de la Universidad Agraria, en *La Crónica,* Lima, 3 de diciembre de 1969.

te de la formidable lucha que la humanidad está librando en el Perú y en todas partes, no me sería posible tolerar ese destino. O actor, como he sido desde que ingresé a la escuela secundaria, hace cuarenta y tres años, o nada.*

Un peán a la revolución

DÍAS ANTES de matarse, Arguedas había tenido un intercambio de cartas en quechua con Hugo Blanco, líder revolucionario de tendencia trotskista, organizador de sindicatos campesinos y de tomas de tierras en el valle de La Convención, en Cusco, que se hallaba preso en la isla de El Frontón, acusado del asesinato de un policía, y a quien aquél no conocía personalmente. Según la correspondencia,** el episodio comenzó con una visita a Hugo Blanco de Sybila, la mujer de Arguedas, quien le llevó un ejemplar de *Todas las sangres* y le confió que éste le había escrito una larga carta en quechua, pero que no se animó a enviársela *(«puede tener vergüenza de mí, diciendo»).* Ese mismo día, Hugo Blanco escribió a Arguedas un texto lírico, llamándolo *Taytay* (Padre), agradeciéndole sus traducciones de textos quechuas al español y exaltando la ternura y los matices de la lengua de los incas, así como las punas de los Andes, «con todo su silencio, con su dolor que no llora». Blanco recuerda un mitin en la plaza del Cusco, donde los campesinos gritaban «¡Que mueran todos los gamonales!» mientras los «blanquitos» «se metían en sus huecos, igual que pericotes» y termina con una profecía: «Días más grandes llegarán; tú has de verlos».

---

* Carta de J. M. A. a su editor Gonzalo Losada, fechada el 29 de agosto de 1969 y publicada como colofón a *El zorro de arriba y el zorro de abajo,* Editorial Losada, Buenos Aires, 1971.

** En *Amaru,* núm. 11, Lima, diciembre de 1969, pp. 12-15.

Arguedas respondió con una carta sin fechar, escrita sin duda cuatro días antes de su muerte, en la que llama a Blanco: «Hermano Hugo, querido, corazón de piedra y de paloma». El texto es un peán a la revolución de los indios, dirigido por un revolucionario a otro revolucionario. Arguedas exhibe sus credenciales políticas, asegurando que, con excepción de uno solo (se refiere a César Lévano), ningún crítico entendió que la invasión de los indios colonos a la ciudad de Abancay descrita en *Los ríos profundos* prefiguraba «la sublevación» que sobrevendría en el Perú cuando llegara «ese hombre que la ilumine» y los haga «vencer el miedo, el horror que les tienen» a los gamonales. Dice haber llorado esperando la llegada de ese líder, que es Hugo Blanco: «¿No fuiste tú, tú mismo quien encabezó a esos "pulguientos" indios de hacienda de nuestro pueblo; de los asnos y los perros el más azotado, el escupido con el más sucio escupitajo? Convirtiendo a ésos en el más valeroso de los valientes, ¿no aceraste su alma?».

Luego se refiere a su propia obra, «lágrimas de fuego» con las que «he purificado algo la cabeza y el corazón de Lima, la gran ciudad que negaba, que no conocía bien a su padre y a su madre; le abrí un poco los ojos». Y compara los logros de ambos en la tarea común: «esas cosas hemos hecho; tú lo uno y yo lo otro, hermano Hugo, hombre de hierro que llora sin lágrimas». La admiración por el revolucionario cusqueño (que no se había manifestado durante los años de la acción revolucionaria de éste en La Convención, a principios de los sesenta) da pie a un emotivo recuerdo: el entusiasmo que Arguedas dice haber sentido cuando, en una librería de París, divisó el retrato de Hugo Blanco junto a los de Camilo Cienfuegos y el Che Guevara. Luego de evocar a dos indios que lo protegieron cuando niño —cuyas siluetas recorren míticamente sus cuentos y novelas—, don Victo Pusa y don Felipe Maywa, se despide vaticinando también la revolución: «Ese día que vendrá».

Esta carta, en la que habla de manera críptica de su muerte inminente («mis fuerzas anochecen», «si ahora muero, moriré más tranquilo», «te he escrito, feliz, en medio de la gran sombra de mis mortales dolencias»), fue traducida al español por el propio Arguedas, lo mismo que la primera carta de Hugo Blanco, y enviada a la revista *Amaru,* donde ambas aparecerían –junto con una segunda carta y un cuento de este último que Arguedas llegó a recibir pero no a leer– unas semanas después de su suicidio. Ella es otro de sus testamentos, por la fecha y circunstancias en que fue redactada, y por la imagen que Arguedas quiso legar de sí al escribirla, en la lengua de su infancia, en el momento final: la de un escritor comprometido con la revolución y legitimado como tal por el respeto de un líder extremista encarcelado.

En verdad, estas cartas son apenas unos apéndices a su verdadero testamento, *El zorro de arriba y el zorro de abajo,* la novela que dejó sin concluir y uno de cuyos asuntos centrales es su suicidio, anunciado desde las primeras páginas como probable final del libro.

La literatura comprometida

EN TODOS estos textos se puede tocar la angustia que experimentó Arguedas en su última época, una angustia acumulada a lo largo de toda una vida –hecha de paréntesis de calma y crisis traumáticas–, en la que sus problemas privados se mezclaban con los traumas y conflictos de la sociedad peruana. En ellos lo escuchamos, frágil y sin esperanzas, al borde del abismo, pidiendo a sus compatriotas, por medio de gestos contradictorios, afecto, reconocimiento, comprensión. Son textos instructivos sobre una tragedia personal, desde luego, pero también sobre la obra del escritor y el medio intelectual en el que ella se gestó. Porque este esfuerzo, emprendido prácticamente desde la tumba, para entregar a la posteridad la imagen de un creador afectado hasta la inmolación por los problemas de su país, ilumina de manera dramática una forma de entender la literatura que, para bien o para mal, ha pasado a ser obsoleta en buena parte del mundo, y las vicisitudes políticas que acompañaron en su tiempo al ejercicio de la vocación literaria en América Latina.

José María Arguedas nació en 1911, en los inicios de la Revolución Mexicana, que daría un formidable aliento continental —una legitimación artística— al indigenismo literario, del que Arguedas sería uno de los exponentes más creativos, y murió en 1969, cuando, luego de los acontecimientos de Mayo en París, la destrucción por los tanques soviéticos del intento democratizador del socialismo de la Primavera de Praga y los testimonios de los disidentes de los países de Europa central y de la propia Unión Soviética, surgía un gran movimiento intelectual antitotalitario y el mito del comunismo comenzaba su eclipse en el mundo occidental. La generación literaria de Arguedas fue la última, en América Latina, en adoptar, de principio a fin de su trayectoria, una visión de la literatura en la que lo social prevalecía sobre lo artístico y en cierto modo lo determinaba y para la que era poco menos que inconcebible que un escritor desligara su trabajo de una actitud —o, al menos, de cierta mímica— revolucionaria.

Esta idea de la literatura, que Arguedas hizo suya hasta el sacrificio de su talento, excluía que ser un escritor significara primera, o únicamente, asumir una responsabilidad personal: la de una obra que, si es artísticamente valiosa, enriquece la lengua y la cultura del país donde ha nacido. Para ella, escribir significaba, primera, y a menudo únicamente, una responsabilidad social. Al mismo tiempo, y a veces antes, que una obra de arte, exigía del escritor una posición ideológica y una acción política. El escritor, por y para serlo, debía convertirse en activo participante, a través de sus escritos y de sus palabras, en la solución de los problemas de su país. Durante mucho tiempo, en América Latina esta participación llegó a ser aceptada e incluso exigida como algo irrenunciable a la condición de escritor, por los que leen y los que no leen, los ágrafos y, desde luego, los propios escritores. De este modo, lo que Jean-Paul Sartre llamó el «compromiso» del escritor en su célebre ensayo de mediados de 1948, *¿Qué es la literatura?,* se había convertido desde bastante antes, en muchos lugares de América Latina, en un mandato difícil de desobedecer. Quien lo intentaba, dando la espalda a la política y realizando una obra que, a simple vista, carecía de relación con los problemas sociales inmediatos, era considerado, en el mejor de los casos, un egoísta –intelectual evadido en su torre de marfil–, y, en el peor, un cómplice de las iniquidades –ignorancia, miseria, dependencia, explotación– que se había negado a combatir con sus escritos. El compromiso, entendido así, no es un componente de la literatura entre otros o una acción paralela a su ejercicio, sino su razón de ser. Es importante señalar que esta idea de la función de un escritor no provenía exclusivamente de los sectores marxistas, que siempre exigieron una forma de compromiso ideológico del artista; ella fue adoptada de manera inconsciente por todo el medio intelectual y la sociedad pensante, es decir, incluso por quienes, en lo demás, discrepaban y hasta repugnaban del ideologismo y de la izquierda. En las cartas que escribió, cuando tenía preparado el revólver para matarse, y en una serie de iniciativas públicas de su última etapa, Arguedas trató de actuar en sintonía con esa concepción que hace del escritor un ideólogo, un documentalista y un crítico social al mismo tiempo que un artista, para así emprender el largo viaje en paz con sus conciudadanos.

La literatura, un sucedáneo

¿POR QUÉ ocurría así? ¿Por qué, en el Perú y otros países de América Latina, hasta la generación de Arguedas –el cambio, desde entonces, ha sido total–, los escritores en vez de ser básicamente creadores debieron ser agitadores, reformadores, publicistas, moralistas? La razón no estaba tanto en las condiciones sociales, la enormidad de los abusos, como en que la literatura, para bien y para mal, había sido desde los comienzos de la vida republicana el principal y a menudo único vehículo para su exposición pública. Dentro de la poderosa tradición autoritaria que marcó la historia de los países latinoamericanos —y, en especial, la peruana, los cincuenta y ocho años de vida de Arguedas—* durante el siglo XIX y buena parte del XX, los asuntos que constituían la mayor preocupación para la gente eran silenciados porque los regímenes imperantes ejercitaban una censura que se encargaba de acallar o mitigar las informaciones y las opiniones peligrosas. Ocurría en la prensa y también en las universidades: la dictadura de turno las intervenía, expulsaba a profesores y estudiantes sediciosos y reorganizaba los claustros de acuerdo con la línea oficial. En el Perú, por ejemplo, cuando Arguedas era estudiante universitario, el gobierno de Luis Miguel Sánchez Cerro clausuró en 1932 la Universidad Nacional Mayor de San Marcos, de Lima, que sólo se reabriría tres años más tarde. De este modo, la universidad fue alejada de lo que ocurría a su alrededor y vivió casi siempre a espaldas del país, en un limbo de irrealidades y mentiras académicas. No es casual que, en el Perú, los dos intelectuales y críticos de la realidad social más influyentes, Manuel González Prada y José Carlos Mariátegui, fueran antiacadémicos y desarrollaran su obra y magisterio fuera de los claustros universitarios.

La literatura llenó el vacío resultante. Por razones fáciles de adivinar, ella no se vio sometida a un control tan rígido

---

* En los que el Perú padeció las dictaduras de Augusto B. Leguía (1919-1930), de los generales Sánchez Cerro (1930-1933) y Óscar R. Benavides (1933-1939), la semidictadura de Manuel Prado en su primer periodo (1941-1945), la del general Manuel A. Odría (1948-1956), la de los generales Ricardo Pérez Godoy y Nicolás Lindley (1962-1963) y la del general Juan Velasco (1968-1975), durante la cual murió. Sólo trece años de la vida de Arguedas transcurrieron bajo gobiernos democráticos; los otros cuarenta y cinco, bajo regímenes autoritarios.

y pudo ocuparse sin demasiadas trabas de temas impensables en los diarios o en las aulas, para no hablar de los gárrulos parlamentos. Los ensayos, poemas y novelas raramente eran censurados. ¿Por qué lo hubieran sido en países con porcentajes enormes de analfabetos, donde a menudo los propios gobernantes exhibían una ignorancia crasa? Así, la literatura pasó a relevar a otras disciplinas como medio de investigación de la realidad y como instrumento de crítica y agitación.

Incluso durante la Colonia, pero mucho más a partir de las luchas por la emancipación, en las que los intelectuales desempeñaron papel importante, en América Latina las novelas, los poemas y el teatro cumplieron una misión informativa de primera importancia. Muchos textos fueron, como definió una vez Stendhal a la novela, los espejos en los cuales los latinoamericanos podían ver sus caras. Aquello que era reprimido o desfigurado en la prensa, las escuelas, los foros, los males que las clases dirigentes se empeñaban en ocultar o simplemente no veían, que nunca era mencionado por los políticos en sus discursos, ni objeto de discusión, encontró en la literatura una voz que lo sacara a la luz pública.

Sucedió así algo paradójico: *El reino de la subjetividad se convirtió en América Latina en el reino de la objetividad.* La ficción reemplazó a la ciencia como instrumento de descripción de la vida social y nuestros profesores de realidad fueron esos soñadores: los literatos. De este modo fue arraigando la idea de que la función de la literatura era documentar la verdadera vida, el «país profundo» escamoteado por los gobiernos y las élites políticas, refutar las versiones oficiales sobre el orden social y revelar la verdad. Los escritores hicieron suya esta concepción de la literatura y se empeñaron en desvelar por escrito aquellos problemas que, pese a su incidencia en la vida de las gentes, eran motivo de censura o distorsión. Ocurrió no sólo con los grandes ensayistas como Domingo Faustino Sarmiento, José Martí, Euclides da Cunha, Manuel González Prada, José Enrique Rodó, José Vasconcelos y José Carlos Mariátegui, indispensables para conocer la realidad histórica de sus respectivos países, sino también entre quienes cultivaban la novela, la poesía o el teatro. Sin temor a exagerar, podemos decir que la descripción más acertada de los problemas de América Latina durante el siglo pasado y buena parte de éste se halla en la literatura, y que fue gracias a los versos de sus poetas, los diálogos de sus dramaturgos o las anécdotas de sus narradores que las iniquidades del continente quedaron documentadas.

Un caso particularmente ilustrativo es el del indigenismo, movimiento que en los países andinos y en aquellos de poblaciones prehispánicas considerables como Guatemala y México, desde fines del siglo pasado hasta bastante entrado el nuestro, hizo del indio su temática central. Los escritores indigenistas fueron los primeros en describir las condiciones en que vivían los aborígenes tres siglos después de la Conquista española, la impunidad con que eran esquilmados por gamonales y latifundistas, señores de horca y cuchillo que trataban a sus indios peor –y los vendían más baratos– que al ganado. El primer escritor indigenista fue una mujer, enérgica hacendada ella misma y lectora de Émile Zola y de los filósofos positivistas: Clorinda Matto de Turner (1854-1909). Su novela *Aves sin nido* inauguró una larga sucesión de libros comprometidos en los que se retrata, desde diversos ángulos, la vida campesina, denunciando las injusticias y reivindicando las costumbres y tradiciones indígenas hasta entonces ignoradas por la cultura oficial. Es imposible estudiar la historia rural del continente y entender el destino del hombre de los Andes desde el fin de la Colonia hasta la época contemporánea sin acudir a la novela indigenista. Ella es a menudo el único testigo de esa historia.

Esta participación decisiva del escritor latinoamericano en el catastro físico y social de la realidad, el hecho de que en tantos casos y de manera tan eficaz sustituyera en esta misión al científico, al periodista y al agitador social, hizo que dicha concepción calara profundamente en todos los sectores. La literatura aparecía como una actividad bien intencionada y positiva, que describe las lacras de la realidad y prescribe los remedios, desbarata las mentiras oficiales y hace resplandecer la verdad. Ella tiene también una función prospectiva: reclama y pronostica el cambio social (la revolución), la nueva sociedad liberada de los demonios que delata y exorciza con palabras. La fantasía y el verbo están al servicio de un ideal cívico y los hechos de la literatura se hallan tan subordinados a la realidad objetiva como los libros de historia (o incluso más que ellos).

La visión de la literatura como quehacer mimético de lo que existe, moralmente edificante, históricamente veraz, sociológicamente exacto, políticamente revolucionario, se diseminó de tal modo en nuestros países que ella explica, en parte, la irracionalidad con que a menudo los gobiernos dictatoriales del continente, apenas instalados, perseguían, encarcelaban, torturaban e incluso mataban a escritores muchas veces ajenos a toda militancia política, como sucedió, por ejemplo, en los años sesenta y setenta, en Uruguay, Chile y Argentina.* El simple hecho de ser escritores los hacía sospechosos, una amenaza a corto o largo plazo para el *statu quo*.**

---

* Que esta persecución se llevara a cabo, a veces, *más* contra la *persona* del escritor que contra sus libros es sintomático de lo que vengo diciendo. Durante la dictadura de Odría en el Perú (1948-1956), los dirigentes apristas y comunistas eran reprimidos con dureza, pero se podía comprar en las librerías los ensayos de Víctor Raúl Haya de la Torre o de José Carlos Mariátegui. Éste escribió y publicó sus ensayos marxistas bajo la dictadura de Leguía. El gobierno autoritario del general Benavides envió a la cárcel a Arguedas pero no prohibió la circulación de su primer libro de cuentos, *Agua*. En Argentina siguieron circulando los libros de Haroldo Conti y de Rodolfo Walsh luego de ser asesinados estos escritores por el régimen militar.

** En el otro extremo del espectro político, Cuba, hay abundantes ejemplos parecidos de desproporción entre la reacción oficial y la peligrosidad del escritor sobre el que se hace violencia, como reveló el caso del poeta Heberto Padilla, quien, por haber mostrado cierto desafecto a la línea cultural de la Revolución, fue encarcelado y obligado a hacer luego una abyecta autocrítica pública. Véase «Cuba. Nueva política cultural. El caso Padilla», en *Cuadernos de Marcha*, núm. 49, Montevideo, mayo de 1971; Jorge Edwards, *Persona non grata*, Barral Editores, Barcelona, 1974, y mis artículos «Carta a Haydée Santamaría», «Carta a Fidel Castro» y «Un francotirador tranquilo», en *Contra viento y marea*, vol. I, pp. 248-252 y 288-299.

Un malentendido

TODO ELLO contribuye a complicar el malentendido. Parece obvio, pero en este caso no lo es, recordar que el compromiso de un escritor, la obligación moral de dar cuenta de las injusticias de su mundo y de programar su remedio no es garantía de que su obra alcance artísticamente algún valor. El altruista propósito de romper el silencio reinante en torno a los problemas sociales y de exigir su solución no indica que los textos escritos con esta intención vayan a ser originales. Pero esta idea de la literatura, una vez que prende en el público, hace muy difícil que se pueda disociar el mérito literario de la eficacia social y política de un texto. Una comunidad formada en la convicción de que la literatura debe ser útil —servir a la actualidad, contribuir a la solución de sus problemas— difícilmente entenderá o aceptará aquellas obras que, en vez de reproducir la realidad, la rectifican o la niegan. Y, sin embargo, son estas últimas las que verdaderamente constituyen *la ficción.* Para que la sociedad las acepte, entonces, la crítica, si no se atreve a rechazarlas, deberá desnaturalizarlas, presentándolas como símbolos o alegorías que, bajo una apariencia de magia, fantasía o locura cumplen también con la misión bienhechora de denunciar el mal y proponer la buena idea.*

Sin embargo, lo cierto es que, como dijo André Gide, los buenos sentimientos no suelen generar buena literatura. La frase podría ser rehecha y afirmar, más generalmente, que los buenos sentimientos no producen literatura sino religión,

---

* Buena parte de la abundante crítica que ha merecido la obra de José María Arguedas está lastrada de este prejuicio, que, a fin de sancionar la corrección política de sus cuentos y novelas, los malentiende o manipula. El mejor ejemplo es el soporífero esfuerzo del profesor Antonio Cornejo Polar por presentar la obra de Arguedas como un dechado de compromiso político-social: *Los universos narrativos de José María Arguedas,* Editorial Losada, Buenos Aires, 1973.

moral, política, filosofía, historia, periodismo. La literatura puede servirse de todas estas materias para sus fines, pero sólo puede servir a cualquiera de ellas vendiendo su alma, convirtiéndose en aquello que quiere servir. Porque la literatura no demuestra sino muestra; en ella las obsesiones y las intuiciones son tan importantes como las ideas; su verdad no depende de su semejanza con el mundo real, sino de su aptitud para constituir algo distinto del modelo que la inspira; la actualidad le es indiferente, pues ella existe en la medida que la trasciende y se enraíza en algo más permanente; sus fuentes provienen mucho más de los fondos espontáneos, turbios, prohibidos, de la experiencia individual que de una voluntad social profiláctica, y el servicio que presta no consiste en contribuir a la propagación de la fe y el catecismo religioso o político sino, más bien, en socavar las bases mismas sobre las que se asienta toda fe y en poner a prueba (lo que equivale a relativizar) todo conocimiento racionalista del mundo. La insumisión congénita a la literatura desborda la misión de combatir a los gobiernos y las estructuras sociales: ella irrumpe contra todo dogma y exclusivismo lógico en la interpretación de la vida, es decir, las ortodoxias y heterodoxias ideológicas por igual. *En otras palabras, ella es una contradicción viviente, sistemática, inevitable, de lo existente.*

Volvamos al ejemplo de la literatura indigenista. Importante desde el punto de vista histórico, no lo es, salvo en casos excepcionales como los de José María Arguedas o Juan Rulfo, desde el literario. Novelas y poemas escritos a menudo deprisa, bajo el imperativo de un estado de cosas que urgía cambiar, a veces con pasión militante, impregnados de la voluntad de enmendar un daño, carecen con frecuencia de lo imprescindible en una obra de arte: la vida propia, que surge de la riqueza de expresión y la pericia técnica. Su objetivo didáctico determina que sean casi siempre simplistas y su carácter político partidario los torna discursivos, cuando no demagógicos. Por su afán de reivindicar lo local, pueden ser de un folclorismo tan extremado (en el abuso del lenguaje coloquial, sobre todo) que resultan poco inteligibles para quien no está familiarizado con el mundo que describen. De muchos escritores indigenistas se puede decir que para servir mejor a ciertos ideales políticos sacrificaron todo lo que había de literario en su vocación.

Cada cual juzgará, de acuerdo con su sistema de valores, si este sacrificio vale o no la pena, si la inmolación de lo propiamente artístico por el compromiso social y político es aconsejable, como recomendó Sartre a los escritores africanos en 1964, disparándoles este ultimátum, que era también una autocrítica: «Frente a un niño que se muere de hambre, *La nausée* carece de peso» *(ne fait pas le poids)*.* Éste es un problema aparte y sobre el cual nunca habrá unanimidad. Lo que quiero subrayar es que, en la América Latina en que Arguedas escribió sus libros, por circunstancias que tienen que ver con la problemática social y con el tipo de literatura que durante mucho tiempo se leyó, se había ido creando una situación muy especial para el escritor. Su público real y potencial –sus lectores o, simplemente, sus conciudadanos– se había habituado a entender la literatura como un servicio público, una actividad a través de la cual transparecía la verdad que desfiguraban los medios de información y que eludían la enseñanza y la política oficial. Este público esperaba que la literatura contrarrestase el escamoteo de la realidad que practicaba el poder, mantuviese viva la esperanza y estimulara la rebeldía de las víctimas. Semejante idea de la literatura confiere a quien escribe una personería moral y cívica y el escritor debe tratar de ajustar su conducta a esta imagen (por lo menos en las cosas que dice y firma, no siempre en lo que hace) so pena de descrédito. Desde luego que el escritor puede re-

---

* Las opiniones de Sartre aparecieron en una entrevista en *Le Monde*, en mayo de 1964, y originaron una viva polémica en Francia. Una reseña de ésta aparece en mi artículo «Los otros contra Sartre», en *Expreso*, Lima, 19 de junio de 1964.

chazar este papel que la sociedad quiere imponerle y decir que sólo pretende ser un artista, que él no acepta que la literatura se confunda con la política y que las preocupaciones que alimentan su trabajo no rozan siquiera los temas de la sociología y de la historia presentes, de modo que, le pese a quien le pese, permanecerá enclaustrado en la ciudadela de sus demonios personales. Esta actitud no sólo será juzgada como una toma de posición política (lo que indudablemente es); ella será, de hecho, el barómetro que calibre lo que escriba. Lo que salga de su pluma vendrá etiquetado por aquella actitud que sus lectores (reales o potenciales) sólo podrán entender como una traición a las víctimas. Aspirar a ser *sólo* un artista significa, dentro de esta perspectiva, un crimen moral y un pecado político. La obra de Arguedas y sus actitudes cívicas están marcadas por este contexto y si uno no lo toma en cuenta difícilmente comprenderá lo que su narrativa tiene de específica y lo que la diferencia de otras obras literarias de su tiempo.

Ningún escritor latinoamericano de la generación de Arguedas pudo ignorar la presión que se ejercía sobre él a favor del compromiso. Y, repito, ella provenía de las víctimas al mismo tiempo que de los victimarios. Ambos compartían la creencia de que la literatura sólo podía ser «social». Muchos escritores, desde luego, cedieron porque ese impulso externo coincidía con sus convicciones. Eran los casos afortunados. La coincidencia entre la elección individual del escritor y la idea de su vocación que se hace la sociedad permite al novelista, al poeta, al dramaturgo crear libremente, sin remordimientos, con la buena conciencia que da saberse del lado de la justicia y respaldado por sus contemporáneos. Es interesante advertir que muchos escritores latinoamericanos que, en sus comienzos, se mostraron indiferentes e incluso hostiles a los temas sociales y políticos —tal vez el caso más notable sea el de Julio Cortázar—, más tarde, a veces gradual, otras súbitamente, orientaron sus escritos en la dirección del compromiso. La razón del cambio pudo ser que, en determinado momento, descubrieron la magnitud de la injusticia que los cercaba y decidieron combatirla con la literatura. Pero no se puede descartar que en este cambio de dirección influyera también la conciencia de la impopularidad y de las complicaciones que conlleva el desacatar las exigencias del medio y de las ventajas psicológicas y prácticas que trae al escritor actuar y escribir como el público espera que lo haga.

Hay que señalar, por otra parte, que la politización de los escritores y de la literatura en América Latina no sólo resultó de una antigua costumbre que hizo de la poesía y los relatos el vehículo de expresión de lo censurado en la sociedad, ni de las injusticias económicas y los vandalismos de las dictaduras. También había razones culturales, exigencias que el escritor veía surgir en el desempeño de su vocación. Porque, en países como el de José María Arguedas, asumir este oficio era (lo es todavía en la mayoría de ellos) experimentar en carne propia las horcas caudinas del subdesarrollo. Desigualdad, discriminación, atraso, concentración de la riqueza en ínfimas minorías rodeadas de un océano de miseria no sólo afectan a trabajadores, campesinos, desocupados. Son también obstáculos para la práctica de una actividad intelectual o artística. ¿En qué condiciones puede sobrevivir un escritor en sociedades cuyos índices de analfabetismo llegan a la mitad de la población? ¿Cómo iba a prosperar la literatura en países sin editoriales, sin publicaciones literarias, donde los autores para no morir inéditos debían muchas veces costear la publicación de sus libros? ¿Qué clase de vida literaria podía desenvolverse en sociedades donde las condiciones materiales —falta de educación, salarios míseros, desempleo crónico— establecían un verdadero *apartheid* cultural que segregaba de los libros a la gran mayoría? Y si, encima de todo esto, el poder había impuesto sistemas de control en la prensa, la televisión, la radio y en las universidades, lugares donde la literatura podría encontrar refugio y promoción, ¿cómo permanecería el escritor ciego y sordo ante los problemas sociales?

Es indudable que en este estado de cosas hay aspectos muy positivos para la literatura. El compromiso la obliga a mantener un estrecho compadrazgo con la realidad más viva, la experiencia común, y puede vacunarla contra la tentación de abandonarse al esoterismo, la experimentación sistemática que la convierte en quehacer fatuo y solipsista. El compromiso —por lo menos en teoría— debería obligar a los escritores, en sus palabras y sus actos, a un esfuerzo continuo de responsabilidad. La vigilancia que se ejerce sobre ellos por disfrutar de una cierta personería cívica tendría que servir de freno a la tentación de usar el lenguaje y la fantasía para representar el papel del *enfant terrible*, del exhibicionista cínico que —como el papel aguanta todo, según el refrán— propone las peores opciones para llamar la atención.

De otro lado, en este contexto, la palabra impresa, lo escrito, el libro ocupan un lugar privilegiado: gozan de credibilidad. La presión que se ejerce sobre la pluma supone que ella es capaz de decir la verdad, de reproducir lo real, disipando sus veladuras y ambigüedades, y, también, que las novelas, los poemas, los dramas pueden, como las bombas, los terremotos y los milagros, producir cambios históricos profundos e instantáneos. Esta creencia en los poderes de la literatura es ingenua pero, al asignarle a su trabajo una función más elevada que la del mero entretenimiento, hace las veces de un poderoso estímulo para el escritor. Es una creencia que, por lo demás, en los tiempos de José María Arguedas, partía de un hecho saludable. En América Latina los libros no habían sido intervenidos y degradados por el poder, como otros medios de expresión, y en la mayoría de los países, pese a las dictaduras, seguían siendo una trinchera de inconformismo y libertad. Ello se debía a la afortunada ignorancia de los gobernantes, que no consideraban a la literatura lo bastante peligrosa para censurarla. Pero, también, a que, por la naturaleza de los mecanismos que la crean, la soledad en la que nace, la relativa facilidad con que puede reproducirse y circular y la huella durable que su paso imprime cuando los hombres se reconocen en ella, la literatura es, entre las creaciones humanas, la que ha mostrado más resistencia a doblegarse ante el poder, la que ha sorteado mejor sus embestidas. Ésa es otra razón por la que, en América Latina, la literatura estuvo asociada, por tanto tiempo, a esos anhelos: que la verdad sea dicha y la injusticia suprimida.

Pero esta situación encierra también multitud de peligros. La función de la literatura puede verse sustancialmente distorsionada si los textos de creación se leen sólo como medios de conocimiento social o instrumentos de educación y agitación política. ¿Cuál sería, entonces, la frontera entre sociología, historia, periodismo, publicidad y literatura? ¿Es ésta nada más que una versión envilecida (ya que sus datos son siempre dudosos por la intervención de lo imaginario) de las ciencias sociales y del ensayo político? En verdad, en esto se metamorfosea la literatura si se estima que su máxima hazaña consiste en ofrecer un testimonio de la realidad objetiva, si ella es juzgada sólo como acta y constancia de lo que ocurre en la sociedad.

De otro lado, esta situación abre las puertas de la literatura a toda clase de oportunismos y chantajes. El crítico, por lo pronto, debe ser cauteloso. ¿Cómo llamar fracasada una novela que protesta contra los opresores de las masas sin parecer sirviente del opresor? ¿Cómo considerar una calamidad a un poema que fulmina a las multinacionales, sin ser acusado de perro de caza del imperialismo? Y qué beneficios sacan los deshonestos de esta noción primaria de la literatura y con qué facilidad logran imponerla a públicos incultos.

La exigencia de compromiso puede significar el descalabro de una vocación artística si, por la índole de sus experiencias y su temperamento, el escritor es incapaz de escribir en la forma que la sociedad espera de él. Ya que esta exigencia entraña una mutilación de la literatura, un recorte de sus límites, que son los de la sensibilidad, el deseo y la imaginación, algo más ancho que el acotado dominio de los problemas sociales y políticos y más largo que la actualidad. Un escritor como Jorge Luis Borges construyó una gran obra literaria en la que estos temas no tienen carta de ciudadanía y en la que, más bien, prevalecen las inquietudes metafísicas, teológicas, literarias, lúdicas y la pura fantasía. (Pero él tampoco pudo dejar de responder al reclamo político, y uno se siente tentado a ver en las declaraciones de extremo conservadurismo que Borges se complacía a veces en hacer –y que desconcertaban a los propios conservadores– una estrategia del sacrilegio a fin de que lo dejaran escribir en paz sobre lo que le importaba.) Entre los escritores hay, como entre las personas de cualquier otro oficio, muchos a quienes los problemas sociales y políticos no interesan, o no lo suficiente para convertirlos en el eje de su trabajo. Éstos son los casos desafortunados. Si obedecen a su predisposición íntima y escriben una obra sin vínculo aparente con lo social, la obra será de todas maneras entendida como un escamoteo, una acobardada toma de posición a favor de la iniquidad. Si se empeñan en escribir libros comprometidos, forzando su naturaleza y traicionando sus demonios, es probable que produzcan obras mediocres.

José María Arguedas experimentó este terrible dilema y hay huellas de ese desgarramiento en su obra y en su conducta ciudadana. Él había nacido en los Andes, y, pese a ser hijo de un abogado de clase media, debido al desamor de su madrastra convivió por largos periodos con indios sirvientes, peones y comuneros, y de niño fue, hasta los ocho años según su testimonio, por la lengua que hablaba, las cosas que sentía y su manera de ver el mundo, uno de aquéllos. Más tarde, ya joven tirando para adulto, se convirtió en un peruano avecindado en la costa, que pertenecía a la clase media y hablaba y escribía en castellano. Su vida osciló entre estos dos mundos culturales. Ellos se disputaron su espíritu, a veces de manera dormida y a veces tormentosa. La literatura significó para él una manera entre exaltada y melancólica de retornar a los días y lugares de su infancia, a la ternura, los miedos, los fantasmas sexuales y el horror que la colmó, el mundo de la aldea de San Juan de Lucanas, el pueblo de Puquio o la ciudad de Abancay, pero, sobre todo, al paisaje y al hombre de la sierra, a su fauna y a su flora, que era capaz de recrear míticamente, en una prosa feliz.

El dilema de un conservador cultural

En lo que respecta al indio, Arguedas fue un conservador, un ecólogo cultural. Esto se expresaba en él más por instinto y pálpito que mediante una elaboración consciente. Desde luego que lo exasperaban la explotación y los abusos de que era víctima el indio, y quería ardientemente que esa situación se corrigiera. En eso coincidía con los sectores llamados progresistas. Pero había otro aspecto de la realidad india, que él conoció y comprendió mejor que ningún otro escritor peruano, que lo fascinaba y que hubiera querido *conservar.* Y en esto entraba en una contradicción insalvable con la ideología de esos sectores. Este aspecto es el de la cultura india, en el amplio sentido que tiene la palabra para un antropólogo contemporáneo. Es decir, el sistema de supervivencia que ha permitido al indio de los Andes, pese a su desamparo y a las circunstancias adversas, de un lado, mantener, en el dominio de la lengua, de las costumbres, de los ritos, una cierta continuidad con el pasado, y, de otro, transformar las instituciones, creencias y aun la lengua que le fueron impuestas por la cultura occidental o hispana en algo sustancialmente distinto. Como, por ejemplo, esa corrida de toros que llegó al Perú con España y que según describió en *Yawar Fiesta* se ha convertido en una ceremonia india, en la que los comuneros se enfrentan al toro a pecho descubierto y lo embravecen con cartuchos de dinamita al son lúgubre de las trompetas de cuerno llamadas *wa-kawakras.**

La teoría de la lucha de clases nunca le pareció suficiente para entender de manera totalizadora la condición del indio.

> Las clases sociales —escribió en 1950— tienen también un fundamento cultural especialmente grave en el Perú andino; cuando ellas luchan, y lo hacen bárbaramente, la lucha no es sólo impulsada por interés económico; otras fuerzas espirituales profundas y violentas enardecen a los bandos; los agitan con implacable fuerza, con incesante e ineludible exigencia.**

Y en 1968: «¿Hasta dónde entendí el socialismo? No lo sé bien. Pero no mató en mí lo mágico».*** La frase sintetiza el drama de Arguedas, que Efraín Kristal ha resumido así: «Paulatinamente Arguedas sintió la necesidad de expresar la realidad andina según los criterios del indigenismo socialista, pero nunca supo cómo conciliar plenamente el socialismo con los elementos mágico-religiosos del mundo andino».**** Ambas opciones coexistían en él y él las presentía alérgicas

---

* Que la visión de Arguedas de la cultura india sea literariamente persuasiva no significa que sea exacta, y, de acuerdo con patrones científicos, no hay duda de que si alguna vez lo fue hoy ya no lo es. A partir de una experiencia profunda de la realidad india, y de sus propias inhibiciones, deseos y nostalgias, Arguedas construyó un mundo *original,* y, como espero mostrar en este libro, eso es lo que da a su obra riqueza literaria y accesibilidad universal. A partir de esta visión suya de lo indio, Arguedas forjó una utopía arcaica, fundamento del dilema político que fue una herida constante en su vida y, quizá, la clave de lo mejor (y también de lo peor) que escribió.

** «La novela y el problema de la expresión literaria en el Perú», en *Mar del Sur,* núm. 9, Lima, enero-febrero de 1950, pp. 66-72.

*** Discurso de José María Arguedas en el acto de entrega del premio Inca Garcilaso de la Vega (Lima, octubre de 1968), publicado como anexo a *El zorro de arriba y el zorro de abajo,* p. 298.

**** Efraín Kristal, «Lo mágico-religioso en el indigenismo y en la vida de José María Arguedas», en *Mester,* vol. XXII, núm. 1, primavera de 1993, p. 19.

una a otra. El socialismo no mató en él lo mágico, pero en sus mejores creaciones lo mágico mató al socialismo (es decir, a la ideología). Él hubiera querido abolir las injusticias sin privar al indio de esa cultura hecha de conservación de lo tradicional y transformación de lo foráneo, en la que veía la mejor prueba de su fuerza creativa y de su voluntad de resistencia. Era en suma el carácter «arcaico», «bárbaro» de la realidad india —lo tradicional y lo metabolizado de la cultura de Occidente— lo que Arguedas amaba y con lo que se sentía profundamente solidario, porque conoció de niño y desde adentro esa realidad y porque veía en ella la mayor proeza llevada a cabo por el indio para no dejarse destruir ni social ni espiritualmente. Lo mejor de su obra son los relatos en que —como *Yawar Fiesta, La agonía de Rasu-Ñiti, Los ríos profundos*— describe (mejor dicho, inventa) con palabra lírica y maravillada este «arcaísmo» y quizás ello explica la importancia que tienen en sus ficciones la ceremonia, las fiestas y la música. En ellas intuía Arguedas una expresión privilegiada de la creatividad del pueblo indio, una manifestación de su identidad. Y su constante reproche al Perú oficial fue que desdeñara lo que en *El Sexto* llamó «la voz de su pasado».

El problema era que, en esto, entraba en conflicto radical con las fuerzas e ideas progresistas, aquellas que —como lo mostró en los jóvenes discípulos del pensador marxista José Carlos Mariátegui de *Yawar Fiesta,* que quieren desaparecer la fiesta de toros india, o en esos ideólogos apristas y comunistas de los calabozos de *El Sexto,* que le parecen al narrador de la novela igualmente incapaces de entender al Perú andino— consideran que la única manera de salvar al indio es liberándolo, al mismo tiempo que de sus explotadores, de las supersticiones, usos bárbaros y ritos retrógrados como el *yawarpunchay.* Que, en nombre del progreso, se destruyera la realidad cultural india era inaceptable para Arguedas, y en su obra uno puede seguir las alternativas de ese conflicto. La ideología la invade después de *El Sexto* (donde la había rechazado) en una novela que es su mayor derrota al mismo tiempo que la más ambiciosa que escribió: *Todas las sangres.* En ella Arguedas cedió a la presión en favor del compromiso ideológico, que se ejerció sobre él con más fuerza que contra nadie. Era el escritor que sabía quechua y conocía la explotación del indio desde adentro: era él quien tenía que escribir la gran novela progresista del Perú. *Todas las sangres* es un gigantesco esfuerzo por obedecer ese mandato, la inmolación de una sensibilidad en el altar ideológico. Y un gran fracaso literario: por querer ser extremadamente fiel a la realidad, el libro se desvanece en la irrealidad.

Todas las sangres no fue el único esfuerzo de Arguedas por ajustar su comportamiento a la imagen que de él habían fabricado los progresistas. En sus últimos años, más o menos a partir de la separación de su primera esposa y su segundo matrimonio, cuando se comenzó a agudizar la crisis que desembocaría en sus dos tentativas de suicidio, realizó una serie de pronunciamientos y actos de índole política –algo que, la mayor parte de su vida, había evitado– que culminarían en la correspondencia con Hugo Blanco que he reseñado. Los más significativos fueron su viaje a Cuba, sus poemas a la Revolución Cubana y a la guerra de Vietnam y su semiadhesión al régimen militar izquierdista que imperaba en el Perú desde octubre de 1968.

La Revolución Cubana

ARGUEDAS ESTUVO en Cuba, entre enero y febrero de 1968, como jurado del premio Casa de las Américas, y durante el largo viaje (para llegar a La Habana desde Lima había que dar un absurdo rodeo por Madrid y Canadá) escribió en quechua el poema «Cubapaq» («A Cuba»), que en la isla regaló a Jacqueline Elau de Lobatón, viuda del guerrillero del MIR (Movimiento de Izquierda Revolucionaria) Guillermo

Lobatón.* Es un homenaje «al luminoso pueblo de Cuba» que comienza con una abominación de los Estados Unidos («los malditos corazón de dinero / los endemoniados odiadores del hombre»), a la que sigue un canto a la revolución:

> estoy llegando a ti,
> pueblo que ama al hombre,
> pueblo que ilumina al hombre,
> pueblo que libera al hombre,

y la convierte en parangón para el resto del continente:

> ¡Amado pueblo mío,
> centro vital del mundo nuevo!

La estancia en Cuba dejó una huella en su memoria, pues en el «Primer diario» de *El zorro de arriba y el zorro de abajo,* su novela póstuma, menciona con cariño a personas que conoció en la isla, y exclama: «¡... cuando llegue aquí un socialismo como el de Cuba, se multiplicarán los árboles y los andenes que son tierra buena y paraíso!».** En otro momento dirá que en Cuba encontró pruebas «de lo renovado, de lo desenvilecido» aunque «lo intocado por la vanidad y el lucro está, como el sol, en algunas fiestas de los pueblos andinos del Perú».

La dictadura de Velasco

El 3 de octubre de 1968, el Ejército peruano, bajo el mando del general Juan Velasco Alvarado, depuso al presi-

---

* *Katatay y otros poemas,* Instituto Nacional de Cultura, Lima, 1972, pp. 59-64 y 70, nota 6. Texto bilingüe; presentación de Alberto Escobar; notas de Sybila Arredondo.

** *El zorro...,* pp. 14 y 19.

dente constitucional Fernando Belaúnde Terry, instalando una dictadura castrense que duraría doce años. A diferencia de las precedentes, de orientación conservadora, ésta, mientras estuvo al frente de ella el general Velasco Alvarado (depuesto en 1975 por un golpe palaciego del general Francisco Morales Bermúdez), tuvo un sesgo socialista. Expropió los principales medios de comunicación —diarios, cadenas de televisión y muchas estaciones de radio—, nacionalizó el petróleo, las tierras y cerca de doscientas industrias y reclutó a buen número de intelectuales progresistas. Contó por ello con el apoyo de muchos partidos y organizaciones de izquierda, empezando por la facción prosoviética del Partido Comunista.

Arguedas, que al principio se había mantenido callado sobre el golpe, envió a mediados de julio de 1968 un texto a la revista *Oiga*,* fechado en Santiago el 6 de julio, en el que expresa una adhesión reservada al régimen. Su artículo es una reflexión sobre el Ejército, al que dice haber visto desfilar por primera vez cuando tenía dieciocho años, el 24 de septiembre de 1929, en Lima. Ese espectáculo «incomprensiblemente cruel» le mostró la naturaleza discriminatoria y racista de unas fuerzas armadas en cuya tropa no había «blanquiñosos», sólo indios o negros, en tanto que los oficiales, lo fueran o no, lucían como «mistis» blancos o *wiraqochas.* Esos soldados con bayonetas eran los mismos que tiroteaban a los campesinos alzados «contra los terratenientes que consideraban a los indios algo menos que a los perros» y «también contra los obreros en huelga y en manifestaciones de protesta». Desde entonces alberga la ilusión de que algún día esos militares «se decidieran a defender a sus hermanos en lugar de servir de instrumento invencible de los pocos monstruos egoístas que mantienen al Perú en la ignorancia y la miseria».

¿Ha ocurrido el 3 de octubre esa mutación? Aparentemente, sí, pues «el Ejército ha hecho en nueve meses mucho

---

* «El Ejército peruano», en *Oiga*, núm. 333, Lima, 18 de julio de 1968, pp. 15-16.

de cuanto los partidos de izquierda, los progresistas y la Iglesia católica renovada han reclamado desde los tiempos de González Prada y de Mariátegui» y «casi todo lo que el APRA ofreció para convertirse en un partido de masas hasta que sus líderes se vendieron a la oligarquía y el imperialismo». Su carta contiene un elogio al general Velasco, quien le dio la impresión «de un jefe que, de veras, se hubiera dedicado no solamente a disciplinar su tropa de indios y zambos sino a oír sus historias personales». El artículo concluye con una exhortación al dictador para que guíe al Perú por el camino «que conduce a la liberación».

La polémica con Julio Cortázar

COMO HA escrito el profesor Tracy K. Lewis, la polémica que tuvo con Julio Cortázar en el periodo final de su vida, cuando escribía *El zorro de arriba y el zorro de abajo* y se debatía en la peor crisis de su larga neurosis, «fue para Arguedas un hito en su largo viaje al suicidio».* También es cierto que, pese al ruido que causó y al aprovechamiento político que algunos hicieron de este intercambio para atacar a Cortázar y a los escritores «desarraigados» del *boom* y reivindicar las viejas banderas del nacionalismo y el nativismo literarios, las diferencias entre ambos polemistas fueron menos irreversibles de lo que la aspereza de los términos cruzados en el debate dejaría suponer. En todo caso, a Arguedas, en el estado de susceptibilidad y depresión en que vivía, el incidente «lo agobió» y «le tocó en su corazón», según su viuda, con quien, incluso, «se resintió... porque, según él, yo no le daba importancia suficiente».**

---

* Tracy K. Lewis, «Cortázar y Arguedas: una síntesis a través del lenguaje artístico», en *Plural*, núm. 186, México, marzo de 1987, p. 13.

** Galo F. González, «Entrevista con Sybila Arredondo de Arguedas», en *Amor y erotismo en la narrativa de José María Arguedas*, Editorial Pliegos, Madrid, 1990, p. 126.

Lo sucedido interesa más como testimonio sobre el estado psicológico en que Arguedas escribió su última novela y los conflictos que lo llevarían a quitarse la vida, que como intercambio de propuestas intelectuales o de posiciones éticas y políticas, pues no hubo nada de esto: sólo se repitieron los archisabidos argumentos de la vieja oposición entre el arraigo y el exilio que recorre la literatura latinoamericana desde principios del siglo XX por lo menos.

El arranque de la polémica fue una carta abierta de Julio Cortázar al poeta cubano Roberto Fernández Retamar, fechada el 10 de mayo de 1967, en Saignon (Vaucluse, Francia), que se publicó en la *Revista Casa de las Américas* (La Habana, Cuba, 1967), en un número especial dedicado a la situación del escritor latinoamericano.* Cortázar se extiende largamente sobre su evolución ideológica, su situación de exiliado voluntario en París desde 1951, su descubrimiento, en Europa, de «las verdaderas raíces de lo latinoamericano» y su recién asumido compromiso a favor de la revolución y el socialismo («De mi país se alejó un escritor para quien la realidad, como la imaginaba Mallarmé, debía culminar en un libro; en París nació un hombre para quien los libros deberán culminar en la realidad»). A continuación, Cortázar se esmera en deslindar esta toma de posición política de una estética determinada y ataca «el telurismo» y «los nacionalismos de escarapela y banderita», es decir, toda literatura concebida como exaltación patriotera de lo local o condicionada por una perspectiva etnológica o folclórica, en la que Cortázar, con buen criterio, veía las semillas ideológicas del peor nacionalismo e, incluso, del racismo:

> El telurismo como lo entiende entre ustedes un Samuel Feijó, por ejemplo, me es profundamente ajeno

---

* Julio Cortázar, «Acerca de la situación del intelectual latinoamericano», en *Revista Casa de las Américas,* núm. 45, La Habana, noviembre-diciembre de 1967, p. 5.

> por estrecho, parroquial y hasta diría aldeano; puedo comprenderlo y admirarlo en quienes no alcanzan, por razones múltiples, una visión totalizadora de la cultura y de la historia, y concentran todo su talento en una labor de «zona», pero me parece un preámbulo a los peores avances del nacionalismo negativo cuando se convierte en el credo de escritores que, casi siempre por falencias culturales, se obstinan en exaltar los valores del terruño contra los valores a secas, al país contra el mundo, la raza (porque en eso se acaba) contra las demás razas.

Arguedas se sintió aludido. Lo que más lo irritó fue que Cortázar sugiriese que la perspectiva del exilio europeo permitía tal vez una comprensión más cabal de lo latinoamericano que la de los escritores afincados en su propio país:

> ¿No te parece en verdad paradójico que un argentino casi enteramente volcado hacia Europa en su juventud, al punto de quemar las naves y venirse a Francia sin una idea precisa de su destino, haya descubierto aquí, después de una década, su verdadera condición de latinoamericano? Pero esta paradoja abre una cuestión más honda: la de si no era necesario situarse en la perspectiva más universal del viejo mundo, desde donde todo parece poder abarcarse con una especie de ubicuidad mental, para ir descubriendo poco a poco las verdaderas raíces de lo latinoamericano sin perder por eso la visión global de la historia y del hombre.

Cortázar habla por sí mismo, aunque su caso está lejos de ser el único, pues, como escribió Octavio Paz en su ensayo «Literatura de fundación»,* Europa —sobre todo, París— ha

---

* Octavio Paz, «Littérature de fondation», en *Les Lettres Nouvelles,* núm. 16, París, julio de 1961, pp. 5-12.

sido para muchos escritores del Nuevo Mundo, desde Rubén Darío hasta César Vallejo, la experiencia decisiva que les hizo descubrir su condición de latinoamericanos. Arguedas vio en esta frase una generalización que establecía una jerarquía intelectual entre el exilio europeo –garantía del conocimiento– y el arraigo, que condenaba al escritor a una suerte de aldeanismo o minusvalía intelectual. En esos momentos –mayo de 1969– escribía en Santiago de Chile, como un ejercicio catártico, el primero de los diarios que intercalaría en su novela sobre Chimbote, y en él dejó constancia de su disgusto.* Este capítulo se publicó como avance de la futura novela en la revista *Amaru* (núm. 6, Lima, abril-junio de 1969).

Lo curioso es que Arguedas responde a Cortázar reivindicando su condición de «provinciano» y oponiéndola a la del ciudadano del mundo que veía en éste, cuando el esfuerzo literario en que estaba empeñado era el primero que hacía, muy deliberadamente, para no ser «telúrico» y escribir una novela no provinciana, experimentando con la forma, algo que hasta entonces le había provocado desconfianza y sospechas (tuvo al respecto una polémica con Sebastián Salazar Bondy en el Primer Encuentro de Narradores Peruanos, de Arequipa, en 1965)** y su distancia hacia escritores excesivamente formalistas que confesaba no entender, como James

---

* Pese a lo que podría deducirse de lo que dice sobre él en los diarios de *El zorro...*, Arguedas no sentía hasta entonces antipatía alguna hacia Cortázar y, más bien, estaba en buena disposición hacia él. Unos meses o acaso un año antes de la polémica, cuando J. M. A. corregía en Lima –en su oficina del Museo Nacional de Historia– las pruebas de su traducción del quechua de la crónica del padre Francisco de Ávila, *Dioses y hombres de Huarochirí* (Museo Nacional de Historia/Instituto de Estudios Peruanos, Lima, 1966), al asegurarle yo que a Cortázar le deleitaría esa recopilación de mitos y leyendas recogidos por el destructor de idolatrías entre 1590 y 1595, Arguedas me entregó esas pruebas para que yo se las llevara a aquél de regalo a mi vuelta a Europa. Así lo hice, aunque no sé si Cortázar llegó a leerlas. Conociendo a ambos, siempre imaginé que harían buenas migas, pero mi intención de propiciar esa amistad no tuvo ocasión de concretarse.

** *Primer Encuentro de Narradores Peruanos. Arequipa, 1965*, Lima, Casa de la Cultura del Perú, Lima, 1969.

Joyce o José Lezama Lima, o que desautorizaba porque los creía inauténticos (Carlos Fuentes). ¿Había en este empeño modernizador una voluntad de romper el *ghetto* en que sentía confinada su obra, y de integrarse de algún modo al sonado *boom*, sobre cuyos componentes hablaría en esos diarios de *El zorro...* con desparpajo inusual en él? Es lo que creyó Guillermo Cabrera Infante, quien hizo un sarcástico comentario sobre el fin trágico de Arguedas.*

La respuesta no es directa sino al sesgo, en forma de breves apuntes y exclamaciones entreverados en el «Diario» (escrito los días 13, 15, 16 y 17 de mayo de 1967) con sus impresiones de los escritores del *boom:* su cariño por Rulfo, provinciano y de raíces campesinas como él, y su simpatía hacia el poeta Nicanor Parra por su afición a la música popular. Su respeto y admiración por João Guimarães Rosa parecen orientados más a la persona que a la obra, en razón de una charla privada en la que se sintió muy bien considerado por el brasileño. Son visibles sus distancias con Alejo Carpentier, cuyo europeísmo y erudición lo intimidan, aunque expresa esta reticencia de manera un tanto serpentina. Es muy explícita en cambio su antipatía por Carlos Fuentes («es mucho artificio»), de quien le molestan «los ademanes» y que esté trabajando, como un profesional, en una novela que debe entregar a plazo fijo.

Dice de Cortázar que no leyó *Rayuela* porque lo ahuyentaron «las instrucciones» que da al lector, es decir, las intenciones lúdicas y experimentales que advirtió en el libro. «Quedé, pues, merecidamente eliminado, por el momento, de entrar en ese palacio.» Este tono forzado de ironía y de falsa modestia, en el

---

* «Sucedió que un escritor sudamericano, que llevaba años escribiendo novelas de indios y ríos, se enteró que no podía pertenecer al *boom* jamás y resolvió esa dificultad suprema reproduciendo casi un cuento famoso de Stevenson. El escritor, desesperado ante la indiferencia del *boom* metafórico, creó un *boom* real y se disparó un tiro en la sien, matándose en el acto y casi fundando con su muerte el Club del Escritor Suicida –un anti*boom*, ese club del vivo–.» Guillermo Cabrera Infante, «Include Me Out», en *Mariel*, Miami, primavera de 1984, p. 4.

que supuran secretas emulaciones y rencores (los suyos propios y los del alma peruana), asoma constantemente en un texto en el que la desinhibición, el *strip-tease* emocional, son más originales que los argumentos pues, en vez de un pensamiento discursivo, se compone de impresiones consignadas a vuela pluma. (Así lo advierte en una frase que es una suave exculpación: «Creo que de puro enfermo del ánimo estoy hablando con "audacia"».)

La tesis de «que mejor se entiende la esencia de lo nacional desde las altas esferas de lo supranacional» le parece despectiva y pretenciosa («este Cortázar que aguijonea con su "genialidad"») y la contrasta con su actitud de identificación humilde ante el indio, usando para ello a un personaje de su niñez:

> Como si yo, criado entre la gente de don Felipe Maywa, metido en el *ocqllo* (pecho) mismo de los indios durante algunos años de la infancia para luego volver a la esfera «supraindia» de donde había «descendido» entre los quechuas, dijera que mejor, mucho más esencialmente interpreto el espíritu, el apetito de don Felipe, que el propio don Felipe. ¡Falta de respeto y de legítima consideración! No se justifica. No hablaría así ese García Márquez que se parece mucho a doña Carmen Taripha, de Maranganí, Cusco.

No sólo en García Márquez busca apoyo; también en Guimarães Rosa, de quien comenta la muerte reciente: «¡Cómo se murió mi amigo Guimarães Rosa! Cada quien es a su modo. Ese modo de escribir sí que no da lugar a genialidades como las de don Julio, aun cuando sean para utilidad y provecho». (Hay aquí una incoherencia o desconocimiento de la obra del autor de *Grande sertão: veredas,* pues la prosa de Guimarães Rosa era tanto o más «europeizada» que la de Cortázar y sus experimentos con el discurso narrativo, inconcebibles sin la influencia precisamente de un autor como Joyce.)

Pero también es bastante caprichosa la otra razón de su réplica a Cortázar: la del profesionalismo del escritor. No he localizado el texto al que Arguedas hace alusión en este caso, pues en su carta a Roberto Fernández Retamar aquél no se refiere para nada a este asunto, y me sorprendería que lo hubiera hecho, pues Cortázar siempre se jactó de ser un escritor informal y libérrimo, incapaz de escribir por encargo. Arguedas establece una línea divisoria entre escritores «profesionales» —lo que para él significa practicar el «oficio como una técnica que se ha aprendido y se ejerce específicamente, orondamente para ganar plata»— y los escritores que escriben «por amor, por goce y por necesidad, no por oficio». «Eso de planear una novela pensando en que con su venta se ha de ganar honorarios, me parece de gente metida en las especializaciones.» Entre los profesionales menciona a Cortázar, Fuentes, Pablo Neruda y Molière, y entre los desinteresados a Rulfo, Gabriel García Márquez, Vallejo y Miguel de Cervantes.

Semejante clasificación es ingenua, desde luego, como cualquiera que pretenda catalogar a los escritores, no por lo único que puede servir para una valoración objetiva de lo que son y lo que valen —sus obras—, sino por sus motivaciones íntimas, sus métodos de trabajo o sus domicilios. Pero, en el caso de Arguedas, este rechazo del escritor que se gana la vida con lo que escribe —del escritor en la vida moderna, a diferencia del escritor rentista o rentado por los mecenas de épocas pasadas— hay que entenderlo dentro del contexto —y como una manifestación más— de su romántico arcaísmo, de su rechazo de la sociedad industrial y de la cultura urbana, de la civilización basada en el mercado, y en su concepción del dinero como elemento envilecedor de todo lo que toca. La idea de que el libro sea, además de producto espiritual, objeto de transacciones comerciales, le parece un sacrilegio.

La otra clasificación que solapa a la de los «profesionales» y «desinteresados» es la de «provincianos» y «universalistas», que hace Arguedas para reivindicar a los primeros: «Así somos los escritores de provincias, estos que de haber sido comidos por los piojos llegamos a entender a Shakespeare, a Rimbaud, a Poe, a Quevedo, pero no el *Ulises*».* Y, finalmente, hay como una discreta marcha atrás, una muy peruana manera de componer las cosas confundiendo a los contrarios en una amalgama de ambigüedad:

> En esto de escribir del modo como lo hago ahora ¿somos distintos de Lezama Lima o Vargas Llosa? No somos diferentes en lo que estaba pensando al hablar de «provincianos». Todos somos provincianos, don Julio [Cortázar]. Provincianos de las naciones y provincianos de lo supranacional, que es, también, una esfera, un estrato bien cerrado del valor en sí, como usted con mucha felicidad señala.

Cortázar contestó a Arguedas en una entrevista que dio por escrito a la revista *Life en español*.** Su respuesta vino de refilón, al final de un largo texto donde habla de Cuba, ataca al imperialismo, explica la naturaleza de su compromiso político y el modo como afecta su trabajo de escritor. Es un comentario breve, salpicado de frases destempladas —«resentimiento consciente o inconsciente», «complejos regionales», «complejos de inferioridad», «provincianos de obediencia folklórica para quienes las músicas de este mundo empiezan y terminan en las cinco notas de una quena»— que a Arguedas debieron hacerle el efecto de un chorro de alcohol sobre una llaga. Debió dolerle en especial que Cortázar me utilizara a mí, coterráneo suyo, como garrote para responder a los que él le asestó utilizando a García Márquez y a Guimarães Rosa («Lo siento mucho, don

---

* En toda la polémica el piojo aparece como un animal emblemático: cada vez que coteja su caso con el de los escritores «universalistas» y «tecnicistas», Arguedas se jacta de haber tenido piojos en la cabeza en su niñez vivida entre los indios.

** «Julio Cortázar. Un gran escritor y su soledad», en *Life en español*, Nueva York, 7 de abril de 1969.

José María, pero entiendo que su compatriota Vargas Llosa no ha mostrado una realidad peruana inferior a la de usted cuando escribió sus dos novelas en Europa»).

No importa dónde viva un escritor, sino «que esos "exilados" no lo sean para sus lectores y que sus libros guarden y exalten y perfeccionen el contacto profundo con su tierra y sus hombres», dice Cortázar, recordando a Arguedas que establecerse en Londres o en París no da «las llaves de la sapiencia» y que hay «provincianos» como Lezama Lima, que sin haber salido casi de La Habana «sabe más de Ulises que la misma Penélope». Irse o quedarse en el país propio es una cuestión de «gustos» que hay que respetar, en vez de «dudar y sospechar» de los que parten al extranjero. Y, en última instancia, dejar que juzguen los lectores. Termina citando a Borges, quien a un «indigenista intransigente» le preguntó una vez «por qué en vez de imprimir sus libros no los editaba en forma de quipus».

Arguedas respondió («Respuesta a Julio Cortázar») en la revista *Marcha* de Montevideo (30 de mayo de 1969) y en sinnúmero de publicaciones de América Latina, como una persona maltratada por alguien que le habla «a la manera como ciertos gamonales interrogan a sus indios siervos». No son las razones de Cortázar las que lo llevan a responder, sino «el desprecio que Cortázar me dedica por la confesión de provincianismo» y que «un escritor tan importante a quien la gloria le hace comportarse, a veces, a la manera de un Júpiter mortificado» lo haya tratado sin el respeto con que él lo trató en el «Primer diario». Sin embargo, acaba dando la razón a su adversario en lo del exilio, pues reconoce que «ni Cortázar, ni Vargas Llosa, ni García Márquez son exiliados», ya que «no es exiliado quien busca y encuentra —hasta donde es posible hacerlo en nuestro tiempo— el sitio mejor para trabajar».

Esta nota retrata a Arguedas: el hipersensible, el artista que prevalecía en él sobre el intelectual y el ideólogo, el atormentado, el provinciano medio extraviado en el mundo moderno del cálculo y la eficacia, el escritor sólo a medias reconocido y aturdido –como muchos de sus contemporáneos– con la reciente eclosión de una literatura latinoamericana moderna –internacional y cosmopolita–, si no siempre por su temática, cuando menos por la condición itinerante o expatriada de muchos de sus autores, de la que se sentía indebidamente marginado. Ni Cortázar ni nadie podía sospechar en ese momento que Arguedas la había escrito mientras se debatía en la peor crisis, visitaba psiquiatras, trataba de materializar un audaz proyecto literario y urdía el suicidio que llevaría a cabo meses después.

Esta nota no lo desahogó, pues siguió la discusión con Cortázar en las páginas adoloridas del «Tercer diario» de *El zorro...*, escrito en Santiago los días 18 y 20 de mayo, después de un viaje de diez días a Arequipa. Tampoco aquí hay un discurso coherente, sólo alusiones amargas de quien se siente ofendido. Contrasta a los intelectuales de sabiduría «asupremada», como «los cortázares», con los de sabiduría modesta y «regocijada», como el crítico uruguayo Ángel Rama, y una vez más se queja de que Cortázar, que «cabalga en su flamígera fama», «ha querido atropellarme y ningunearme» por haberse declarado «provinciano de este mundo». Confiesa que escribió la nota para «bajar a don Julio» «de su flamígero caballo».

Evocando los días que pasó en Valparaíso en casa del crítico Nelson Osorio, dice que tuvo allí una paz como antes sólo conoció en el campo: «mi cuerpo se movía con una libertad nunca antes conocida en las ciudades» (p. 146). Y, en otro párrafo, se pregunta si no consigue terminar su novela sobre el mundo industrial de Chimbote «porque, quizá, me falta más mundo de ciudad». Nunca estuvo cómodo en la urbe, en la ciudad, en la vida moderna. Llevó siempre consigo su condición de hombre de pueblo, venido del mundo rural, crecido sin las complicaciones y códigos de la vida ciudadana, inmerso en los ritmos y secretos de la naturaleza y al mismo tiempo receloso y propenso a sentirse despreciado por esa condición por parte de los citadinos: «Con razón los cortázares nos creen tan microbianos». Por culpa de la enajenación urbana («demasiado traspasado y acaso medio rendido por el olor y hedor de las calles»), Cortázar sería incapaz de entender a «quien jugó en su infancia formando cordones ondulantes y a veces rectos de liendres sacadas de su cabeza». Y, finalmente, muy al paso, devuelve a Cortázar aquel proyectil humano que éste le envió, recordándole que Vargas Llosa «en vez de ningunear los resultados de esa experiencia, los aprecia con entusiasmo».

El asunto volvió a la memoria de Arguedas con frecuencia en los meses siguientes, y, como dijo su viuda a Galo F. González en la entrevista citada, lo hizo «deprimirse» y «sentirse agobiado». Sin embargo, en una carta del 19 de julio de 1969 le aseguró que se sentía vencedor del intercambio: «El asunto de Cortázar también, a la final, resultó positivo. Hasta Jorge Edwards me llamó para decirme que había acertado muchísimo; que Julio estaba escribiendo puras teorías, que estaba sumamente engreído y que yo le había aplicado un cocacho oportuno».*

Cortázar, por su parte, sólo volvió a referirse a este incidente después del suicidio de Arguedas, algo que lamentó —me lo dijo a mí mismo, deplorando que la muerte hubiera hecho imposible un acercamiento—, en algunas entrevistas, para confirmar sus puntos de vista y responder a quienes, en América Latina, blandiendo el cadáver de Arguedas, se aprovecharon de la polémica para atacarlo a él y a otros escritores en nombre del indigenismo y del arraigo (o, las más de las veces, de la mera envidia).

Donde se extendió más al respecto fue en la larga entrevista que concedió a Karl Kohut, en París, el 8 de noviembre de 1981:** «Sigo pensando lo mismo que traté de decirle a Arguedas y que no siempre fue bien comprendido. Él fue el primero en no comprenderlo demasiado bien». Que la oposi-

---

* Galo F. González, «Entrevista con Sybila Arredondo de Arguedas», en *Amor y erotismo en la narrativa de José María Arguedas, op. cit.*, p. 168.

** Karl Kohut, *Escribir en París (entrevista a Julio Cortázar)*, Verlag Klaus Dieter Vervuert, Francfort, 1983. Cito de la edición en español: Hogar del Libro, Barcelona, 1983.

ción entre el exilio y el arraigo «es un problema estrictamente individual», algo que no presupone nada sobre la obra del escritor, pues hay escritores tan universales como Lezama Lima, que casi no salieron de su ciudad, y otros «temperamentos», para quienes «el planeta es un atractivo permanente». Y explica que la polémica se envenenó porque

> había muchos intereses detrás de eso. Todos los indigenistas y todos los folkloristas, que son una especie humana que no me es muy simpática, se pusieron del lado de Arguedas, y entonces acusaron a gentes como Vargas Llosa, García Márquez, y a mí mismo, de extranjerizantes, de cosmopolitas. Yo creo que hubieran hecho mejor en leer nuestros libros en vez de decir eso.

Como he dicho antes, de esta polémica no se puede extraer una enseñanza intelectual porque en ella Arguedas cxpresó sobre todo sentimientos y emociones, y Cortázar, quien transparentemente llevó la razón, no hizo más que recordar que los escritores deben ser juzgados por lo que escriben y no por otra cosa, pues tratar de introducir, a la hora de analizar sus libros, criterios como los de la residencia (o la nación, la filiación política o religiosa, o la raza) sólo conduce a la arbitrariedad y la confusión.

Vietnam

POCO DESPUÉS de la polémica con Cortázar, en el mes de agosto, Arguedas escribió en quechua, y tradujo él mismo al castellano, un poema militante, «Al pueblo excelso de Vietnam»,* toma de posición a favor del Vietminh comunis-

---

* «Qollana Vietnam Llaqtaman», en *Oiga*, núm. 353, Lima, 5 de diciembre de 1969.

ta en el conflicto que esos días incendiaba el sureste asiático: «Cuando unas gentes, los yanquis, pretendieron inmolar en Vietnam al pueblo entero con máquinas de fuego, a fuego construidas, cuando creyeron que así podían dominar el mundo, el pueblo de Vietnam, con el solo vigor de sus manos eternas, los ha hecho correr hasta la Luna».

Todos estos textos y alardes parecían los de un militante revolucionario. Esto no correspondía a la realidad. Salvo su breve actuación antifascista, a favor de la República española, cuando era estudiante, por lo que pasaría cerca de un año en la cárcel, Arguedas no intervino luego en política y mantuvo siempre una distancia respecto de los partidos y grupos revolucionarios. Fue reacio a firmar manifiestos o a participar en actividades públicas. Su simpatía hacia la izquierda, que le ganó las antipatías del APRA y por las que se vio a veces hostilizado en su trabajo por el gobierno, fue discreta y algo distante, y no le impidió aceptar la dirección de la Casa de la Cultura del Perú durante el gobierno de Belaúnde Terry (1963-1964) ni viajar dos meses por los Estados Unidos (abril y mayo de 1965), invitado por el Departamento de Estado. En multitud de ocasiones afirmó: «Nunca he estado inscrito en partidos políticos».* Es interesante en este sentido el testimonio de amigos de toda la vida, a quienes les costaba trabajo identificar al Arguedas que habían conocido con la imagen que, en su última etapa, quiso acuñar para la posteridad.**

---

* Por ejemplo, en carta dirigida a Donna Oshel Levy el probable año de 1967 y reproducida en parte por Galo F. González en su obra citada (p. 157), que contiene un interesante resumen de la correspondencia de José María Arguedas en los años finales de su vida y una entrevista con la segunda esposa de éste, Sybila Arredondo, muy instructiva sobre la personalidad de Arguedas y su difícil relación con el sexo y la mujer.

** Véase lo que dice una amiga de juventud, Lily Caballero de Cueto, esposa del profesor y ensayista Carlos Cueto Fernandini, compañero universitario de Arguedas, que tuvo mucha influencia sobre él:

—Por lo que usted afirma, el suicidio de Arguedas obedeció a causas personales, ¿cómo explica entonces la carta que dejó, que es interpretada como un testamento político?

Lo cierto es que Arguedas –un indigenista, no un marxista– no creyó nunca que el progreso entendido en términos económicos fuera una solución para el problema del indio. Y ello se ve sobre todo en su novela póstuma –su libro-testamento–, *El zorro de arriba y el zorro de abajo*, visión de apocalipsis de lo que puede significar el progreso entendido en términos sólo industriales. La harina de pescado, que hizo florecer una próspera industria en la costa peruana y convirtió a Chimbote, pueblo de pescadores en los años cuarenta, en un gran centro industrial, está presentada en el libro como un flagelo que destruye física pero sobre todo moralmente a los hombres. A todos, sin excepción. Pero la víctima principal es el indio de los Andes, que, al bajar a la costa con el señuelo de mejorar su nivel de vida, abandonando el campo para convertirse en pescador y obrero, pierde sus raíces, su lengua, su ámbito y asiento social, y se convierte en una caricatura a la que los demás pisotean y que se ultima a sí misma en cantinas y burdeles de horror hasta la delicuescencia. La novela muestra cómo, por culpa del progreso, los indios en Chimbote han perdido su alma. Para tratar de rescatar ideológicamente a Arguedas para el Bien, los críticos celadores de la corrección política aseguran que *El zorro de arriba y el zorro de abajo* denuncia, en realidad, el desarrollo capi-

---

–Mire, le estoy hablando a usted con toda franqueza. Para mí, Arguedas era consciente que esa carta iba a ser publicada, que se le iba a dar publicidad a su muerte, y ése era un documento con el que iba a quedar bien. A mí me chocó un poco, porque no era el Arguedas que estaba acostumbrada a conocer. En ese momento, él estaba muy presionado para que tomara acción en la política; la prueba está en las cartas a Hugo Blanco y otras cosas de las que él estaba muy alejado. A él le interesaba muchísimo más su trabajo como novelista que como político. Él era un idealista en política, pero no un activista. Yo tengo la idea que él sentía que existía un movimiento de izquierda, con la revolución, y tenía que quedar bien. Creo que ahí él estaba mal, mal.

–¿Mal en qué sentido?

–Mal en el sentido que no fue sincero; mezcló sus propios sentimientos con lo que esperaban de él. Toda esa angustia en que vivía le impedía trabajar, escribía muy poco. Creo que todo eso lo tenía ofuscado y lo llevó a eliminarse... [«Testimonio sobre José María Arguedas recogido por Maruja de Barrig», en *Runa*, núm. 6, Lima, noviembre-diciembre de 1977, Instituto Nacional de Cultura, p. 14.]

talista, que el libro es un alegato contra el carácter anárquico, competitivo, basado en el lucro, de ese progreso. Ésta es una superchería motivada por la ingenua creencia de que la buena literatura debe serlo, al mismo tiempo que en lo artístico, en lo ideológico: defender y propagar las opciones progresistas. Sin embargo, cualquier lectura no entorpecida por el prejuicio descubre de inmediato que el Mal —con las connotaciones metafísicas y teológicas de la palabra— que contamina el mundo de la novela se enraíza en la esencia del sistema industrial, en los engranajes de esas máquinas que trituran la anchoveta y destruyen la Naturaleza, en el tipo de trabajo que genera y en las relaciones que establece entre los seres humanos. La noción misma de desarrollo, de modernización, de adelanto tecnológico, es exorcizada en el libro. La razón secreta de este rechazo es la intuición, a fin de cuentas certera, que nunca abandonó a Arguedas, de que este género de sociedad (aun cuando fuera de distinto signo ideológico) sólo puede surgir sobre las cenizas de esa sociedad arcaica, rural, tradicional, mágica (folclórica en el sentido mejor de la palabra), en la que Arguedas veía lo mejor del Perú. Esto era intolerable para él, al mismo tiempo que políticamente indecible.

Esta contradicción en que Arguedas se debatió toda su vida, y que lo mantuvo simultáneamente aliado y en disidencia con la modernidad y las fuerzas sociales y políticas que hacían pesar sobre él una coacción psicológica y moral enorme, a la que terminó por rendirse en el último tramo del camino, fue un factor importante en esa larga crisis («veintiséis años de una neurosis aguda», le dijo en su carta de despedida a Francisco Igartua)* que concluyó con el balazo del atardecer de finales de noviembre de 1969. Ese disparo todavía retumba cada vez que abrimos los libros de este escritor que vivió y recreó como pocos, en su delicadeza y sus tormentos, la realidad andina de su tiempo.

---

* *Oiga*, núm. 353, Lima, 5 de diciembre de 1969.

II. ENTRE EL FUEGO Y EL AMOR (1911-1935)

Mi niñez pasó quemada
entre el fuego y el amor.*

Serranito, huérfano, provinciano, nómade

JOSÉ MARÍA Arguedas nació el 18 de enero de 1911, en Andahuaylas, pequeña ciudad del departamento de Apurímac en la sierra sur del Perú.** Su padre era el abogado cusqueño don Víctor Manuel Arguedas Arellano, y su madre, doña Victoria Altamirano Navarro de Arguedas, señora principal de la localidad de San Pedro de Andahuaylas. Constituían

---

* José María Arguedas, intervención en el *Primer Encuentro de Narradores Peruanos. Arequipa, 1965,* Lima, Casa de la Cultura del Perú, 1969.

** Estos datos biográficos están tomados principalmente de las siguientes fuentes: Mildred E. Merino de Zela, «Vida y obra de José María Arguedas», edición facsimilar revisada de *Revista Peruana de Cultura,* núms. 13-14, Lima, diciembre de 1970, Casa de la Cultura del Perú; intervención de J. M. A. en el *Primer Encuentro de Narradores Peruanos. Arequipa, 1965,* Casa de la Cultura del Perú, Lima, 1969; Ángel Flores (editor), «José María Arguedas. Noticia biográfica», en *Historia y antología del cuento y la novela en Hispanoamérica,* Las Américas Publishing, Nueva York, 1959, pp. 503-504; Sara Castro Klarén, «Testimonio de José María Arguedas, sobre preguntas de Sara Castro Klarén», en *Hispamérica,* año IV, núm. 10, Takoma Park, abril de 1975, pp. 45-54; Sybila Arredondo, «Vida y obra de José María Arguedas y hechos fundamentales del Perú», en José María Arguedas, *Obras completas,* t. I, Editorial Horizonte, Lima, 1983, y *Las cartas de Arguedas,* Pontificia Universidad Católica del Perú, Fondo Editorial, Lima, 1996. Edición de John V. Murra y Mercedes López-Baralt.

una típica familia provinciana de clase media de los Andes, que, pese a los modestos ingresos del padre, juez de primera instancia, se hallaba en el vértice de aquella menuda y rígida sociedad gracias a su condición de blancos, hispanohablantes y, sobre todo, al cargo de don Víctor, ya que un magistrado compartía entonces con la autoridad política y el cura el pináculo de la respetabilidad y el poder en la comuna, sobre todo desde la perspectiva de los indios, inmensa mayoría en esa región campesina, casi exclusivamente quechuahablante* y sometida a dura explotación por parte de los dueños de tierras. Sin embargo, pese a estar tan por encima de ellos, las costumbres de los indios habían impregnado a don Víctor, pues, según José María, aquél «no iba donde los médicos», «se hacía curar por brujos» y «creía en por lo menos 80% de las supersticiones típicas indígenas».** Su hijo, que había heredado los ojos claros y la piel blanca de su progenitor, tendría ocasión de conocer pronto, debido a una desgracia familiar, los alcances de crueldad y racismo de que estaba hecha la vida en las alturas andinas.

Esta desgracia fue la muerte de su madre, de cólicos hepáticos, en 1914, cuando el niño no había cumplido aún tres años, el primero de los muchos traumas que marcarían con fuego su infancia («Yo no me acuerdo de mi mamá. Es una de las causas de algunas de mis perturbaciones emocionales y psíquicas»).*** Lo recoge su abuela paterna, con la que vive en Andahuaylas hasta 1917, año en que su padre se casa por segunda

---

* Según el censo de 1940, en el departamento de Apurímac, de una población de 216.243 personas hablaban quechua 215.333. El porcentaje era muy semejante en los departamentos de Ayacucho y Cusco. Una parte importante de los quechuahablantes se expresaba también en castellano, claro está.

** *¿He vivido en vano? Mesa redonda sobre* Todas las sangres, *23 de junio de 1965,* Instituto de Estudios Peruanos, Lima, 1985, p. 28.

*** Sara Castro Klarén, «Testimonio de José María Arguedas, sobre preguntas de Sara Castro Klarén», en *Hispamérica*, año IV, núm. 10, Takoma Park, abril de 1975.

vez, con una viuda adinerada, doña Grimanesa Arangoitia viuda de Pacheco, dueña de tierras y matriarca de horca y cuchillo del pueblecito de San Juan de Lucanas, en el departamento de Ayacucho, donde el doctor Arguedas había sido nombrado juez de primera instancia de la provincia de Lucanas.

La familia se instaló en Puquio. José María y su hermano Arístides, dos años mayor que él, fueron matriculados en una escuela particular. Allí aprendió el niño las primeras letras. Al año siguiente, 1918, los dos hermanos van a continuar el colegio en San Juan de Lucanas y a vivir en casa de la madrastra. El padre permanece en Puquio, trabajando, y los visita los fines de semana. En 1919, Arístides es enviado a estudiar a Lima. En 1920 don Víctor Manuel Arguedas pierde su puesto de magistrado por razones políticas, pues era partidario de José Pardo, adversario del presidente Leguía, y debe vivir desde entonces a salto de mata, recorriendo los pueblos de la sierra en busca de trabajo, en una peripatética existencia que lo mantiene alejado de su hijo menor. José María continúa en San Juan de Lucanas, a merced de su madrastra y de un hermanastro de los que guardará amargo recuerdo.

Los tres años que pasó, entre sus siete y diez años de edad, con dos breves vacaciones de verano en Lima, en San Juan de Lucanas, con doña Grimanesa y uno de los hijos de ésta, el joven gamonal Pablo Pacheco, diez años mayor que Arguedas, son seguramente los más importantes de su vida, por la huella que dejaron en su personalidad y porque los sufrimientos, las imágenes, las experiencias y recuerdos de lo que en ellos le ocurrió serán la más obsesionante materia prima de su obra literaria. Era entonces, según testimonio propio y de Arístides, un niño ingenuo, tímido, sensible, reservado y soñador, de una credulidad exagerada, al que era fácil asustar con historias de diablos y que se hizo fama de alelado. (Hasta viejo, acostumbraría firmar las cartas de despedida a su hermano mayor con la fórmula: «Tu zonzo, Pepe».)

La madrastra lo relegó a la posición de uno de los sirvientes indios de la casa, rol que sólo abandonaba durante las cortas visitas del padre a San Juan de Lucanas. Cuando éste partía, regresaba a dormir en la cocina, en una batea o sobre un pellejo, a andar desastrado y con la cabeza llena de piojos, a cortar alfalfa en las madrugadas, regar los sembríos en las noches y recibir raciones miserables de comida. Su idioma constante era el quechua; hasta los ocho años chapurreó tan defectuosamente el castellano que «a veces mi padre se avergonzaba que yo entrara en reuniones que tenía con gente importante». Su refugio y amparo fueron los indios y las indias de la servidumbre que «vieron en mí exactamente como si fuera uno de ellos, con la diferencia de que por ser blanco acaso necesitaba más consuelo que ellos... y me dieron a manos llenas».

Su situación se agravó con la llegada a San Juan de Lucanas del hermanastro Pablo Pacheco, prototipo del gamonal serrano, cruel, prejuicioso, racista, abusivo y despótico, y que, como si estas prendas no fueran bastantes, practicaba el exhibicionismo y el sadismo. Esto último tendría cataclísmicas repercusiones en la vida de Arguedas, pues afectó de manera irreversible su relación con la mujer y el amor físico.

La hostilidad del hermanastro contra el niño se debió a que veía en éste un advenedizo que podía disputarle la hegemonía familiar; pero ella reflejaba también una de las más corrosivas plagas de la sociedad peruana: los prejuicios y complejos raciales, que segregan odios y resentimientos a menudo irreparables —en una y otra dirección— entre «todas las sangres» que la componen. Pablo Pacheco era de facciones indígenas y José María blanco. Ésta fue una razón suplementaria que tuvo aquél para humillar —tratarlo como a un «indio» y hacerlo sentirse tal— al pequeño Arguedas. Además de vivir en la cocina, con los sirvientes, José María debía cuidar los becerros, traer el caballo y hacer de mozo del joven gamonal, quien, pese a no ostentar cargo alguno, llevaba consigo las llaves de la cárcel de San Juan de Lucanas y podía meter en el calabozo a cualquier campesino de la región, perteneciera a las haciendas de su madre o a otras.

Sexo y violencia

ENTRE LOS muchos malos recuerdos de aquella relación, hay dos sobre los que Arguedas, cuando por fin se decide a hablar de ello de manera explícita –lo hará sólo a partir de 1965–, volverá muchas veces, episodios que asoman en sus historias de manera directa o figurada en repetidas ocasiones. Ambos parecen ligados en el tiempo. Una noche, Pablo Pacheco vino a despertar con su bastón al niño que dormía encogido en su batea y le ordenó: «Sígueme, aquí vas a saber qué cosa es y cómo es ser hombre». Lo llevó a casa de una tía suya, a cuyo marido había mandado a comprar ganado. La mujer era una de las muchas amantes que el hermanastro tenía en el pueblo. Cuando ella vio que traía consigo al niño, de mirón, se negó a hacer el amor. En la sombra apenas atenuada por la luz de una vela, ante los ojos espantados del pequeño testigo, hubo una «lucha terrible» y, por fin, el hombre amenazó con despertar a los hijos de la mujer si ésta no se le entregaba. Entonces «la mujer se arrodilló y empezó a rezar. El hombre pronunciaba las palabras más vulgares. Yo me puse de rodillas y rezaba con la mujer, porque ella tenía hijos de mi edad».

Ésta no parece haber sido la única vez que el hermanastro llevó al niño a presenciar sus macabras proezas sexuales, a juzgar por lo que más tarde José María Arguedas relataría en los cuentos de *Amor mundo* (1967), escritos en su madurez y por consejo de un médico, para ver si de este modo, como le dijo a Sara Castro Klarén, se liberaba de aquellas «pervivencias de mi modo de ser de niño y adolescente» que «me traen muchos males». En todo caso, en esta u otra ocasión similar, Pablo Pacheco dejó a José María cuidando un potro negro que había comprado «con veinte bueyes y doscientos carneros» y lo acusó luego de la desaparición de un poncho de vicuña que había puesto bajo la montura. Estuvo a punto de pegarle con un látigo, pero no lo hizo. Más tarde, cuando el niño estaba comiendo, el hermanastro entró en la cocina, le arrebató el plato de mote y se lo arrojó en la cara, gritándole: «No vales ni lo que comes». Ésta fue la primera vez, a sus ocho años, en que José María Arguedas pensó en suicidarse: «Yo salí de la casa, atravesé un pequeño riachuelo, al otro lado había un excelente campo de maíz, me tiré boca abajo en el maizal y pedí a Dios que me mandara la muerte».

A mediados de julio de 1921, José María y su hermano mayor, que había regresado a la sierra, escapan de San Juan de Lucanas y de la tiranía de Pablo Pacheco y se refugian, a ocho kilómetros de allí, en la hacienda Viseca, de un pariente, José Manuel Perea Arellano, donde, con permiso de don Víctor Manuel, permanecerán cerca de dos años. Este periodo significó para José María una inmersión todavía más honda en un mundo de lengua y sensibilidad exclusivamente indias. En esa remota y desolada región vivió despreocupado y feliz, como un niño quechua, en relación mágica con el paisaje y compartiendo los ritos y creencias de una antiquísima tradición, abrigado por algunas figuras de la comunidad campesina, como don Felipe Maywa y don Víctor Pusa, a los que recordará toda su vida con gratitud. De esta época vienen buena parte de los recuerdos con los que escribe su primer libro de cuentos, *Agua* (1935), y también su amor y conocimiento de la música serrana, la que, afirmará más tarde, en la primera de las varias recopilaciones y traducciones que hizo de las canciones y relatos orales del pueblo quechua tenía una importancia central en la vida indígena. En *Canto kechwa* (1938) hay una bella evocación de las noches de la hacienda Viseca, cuando «hombres, mujeres y muchachos nos sentábamos sobre la bosta seca, y cantábamos waynos de toda clase», y de las danzas y cantos colectivos que acompañaban la cosecha del maíz y arrastraban a todo el pueblo en la *wifala:*

«En esos días, creo que nadie se acordaba de lo que había sufrido».*

Los viajes por los Andes

A PARTIR DE mayo de 1923, en que lo rescata su padre, y hasta 1926, cuando su vida se estabiliza algo en la ciudad costeña de Ica, José María llevará por cerca de tres años una existencia errante, cambiando de colegio, de ciudad, de paisaje, cuando apenas está comenzando a instalarse en cada lugar. La razón es la vida azarosa de don Víctor Manuel, abogado volante que transita por pueblecitos de los Andes en busca de clientes. Esos largos recorridos, de días y semanas a caballo y a mula, durmiendo a la intemperie o alojados en las humildes chozas del camino —«En cada pueblo oíamos música y cantábamos y bailábamos con los indios, a los que mi padre buscaba siempre aunque (de boca) hablaba mal de ellos»—, darán a Arguedas una entrañable percepción de la naturaleza andina y de adulto los recordará como una formidable aventura:

> En 1923 empezamos a viajar con mi padre. Mi hermano mayor Arístides estudiaba en Lima con la pequeña pensión que mi padre recibía por sus servicios al Estado. Viajamos a Ayacucho, ida y vuelta, 12 días a caballo; a Coracora, tres días a caballo; al Cusco, por el puerto de Lomas, seis días a caballo; luego a Cangallo y Huancapi, diez días a caballo; luego Huaytara, cinco días a caballo y uno en camión; luego a Huancayo, seis días a caballo; de allí a Pampas, en camión; de allí

* *Canto kechwa. Con un ensayo sobre la capacidad de creación artística del pueblo indio y mestizo,* Ediciones Club del Libro Peruano, Compañía de Impresiones y Publicidad, Lima, 1938, p. 6.

a Yauyos, cuatro días a caballo. De Yauyos mi padre se trasladó a Cañete y de Cañete nuevamente a Puquio, donde murió en 1931. Estuve en Abancay, capital de Apurímac, en 1924-1925, mi padre en Chalhuanca.

Con este régimen, sus estudios escolares son fragmentarios y caóticos; de los planteles por los que pasa, el que deja mayor huella en su obra es el Colegio Miguel Grau, de los padres mercedarios, experiencia que relatará, transfigurada con imágenes de los viajes acompañando a su padre, en *Los ríos profundos* (1958). En esa época, en la biblioteca de la hacienda Huaripata, por las vecindades de Abancay, un libro lo deslumbró: *Los miserables,* de Victor Hugo. En el verano de 1925, cuando se hallaba de visita en la hacienda Karkequi, en los valles del Apurímac, la rueda de un trapiche le cercenó dos falanges de la mano derecha y le dejó atrofiados los dedos restantes.

En esta época, también, fue testigo de una escena que marcaría su visión negativa de la Iglesia católica, como institución cómplice del sojuzgamiento del indígena y responsable en buena parte de su pasividad:

> En cierta gran hacienda de la provincia de Abancay escuchamos, personalmente, predicar, en nuestra adolescencia, a dos frailes franciscanos y proclamar que el patrón, dueño de la hacienda, es el representante de Dios y que la voz del terrateniente debía ser escuchada y obedecida como la de Dios mismo. Esas prédicas se pronunciaban en quechua, en quechua patético y conmovedor, riquísimo en metáforas y giros en que los elementos de la naturaleza eran empleados como símbolos de un poder convincente y enternecedor incomparable. Los indios lloraban a torrentes en la capilla de la hacienda. Y cuando los padres misioneros se marchaban, la multitud de indios siervos los seguían varios kilómetros, acompañándolos; y volvían como atacados

por una incurable desolación. Se reunían en la puerta de la capilla a llorar.*

Esta imagen será germen de un motivo recurrente en sus cuentos y novelas, pobladas de curas fanáticos que predican la resignación y alientan una actitud masoquista en los indios.

En 1926, por primera vez se instala por una larga temporada en la costa, donde hasta entonces sólo había estado de vacaciones. Él y Arístides son enviados internos al Colegio San Luis Gonzaga, de Ica, donde José María estudia los dos primeros años de la secundaria. Según Mildred Merino de Zela, la más confiable de sus biógrafos, Arguedas escribió por esta época un cuento, «Los gallos», donde por primera vez recrea la crueldad y las barrocas experiencias sexuales a que lo hizo asistir su hermanastro Pablo, y tuvo en aquella ciudad un romance apasionado con una muchacha iqueña, Pompeya, a la que escribía acrósticos y que acabó por despedirlo con un desplante racista: «No quiero tener amores con serranos». En 1969 escribió a su hermano Arístides: «las únicas mujeres a las que amé fueron Pompeya y Sybila». Su contacto con el paisaje y la mitología del desierto costeño, que dejan una impronta en su bello relato *Orovilca*, no lo aparta del todo de los Andes, pues mientras estudia en Ica pasa las vacaciones de verano en San Juan de Lucanas.

En 1928, luego de ese paréntesis en el litoral, se reanuda su vida trashumante, otra vez por la sierra, siempre junto a su padre, quien se ha separado de la madrastra. Vive entre Pampas y Huancayo, donde lo matriculan en el tercero de media del Colegio Santa Isabel. Allí escribió, al parecer, «una novela como de seiscientas páginas... que me quitó la policía», de la que no han quedado huellas, y sus primeros textos impresos, unos artículos en *Antorcha*, revista escolar. Hizo el cuarto y el

---

* *Las comunidades de España y del Perú*, Clásicos Agrarios/Ediciones Cultura Hispánica, Madrid, 1987, p. 205.

quinto de media en Lima, en el colegio de los mercedarios, casi sin asistir a clases, pues viajaba con frecuencia a Yauyos, donde se había refugiado su padre, quien, agobiado por los quebrantos económicos y la soledad, zozobraba en una decadencia sin regreso. Las relaciones de José María con su progenitor fueron siempre muy buenas; junto a él se sintió amparado y querido, y cuando el peripatético don Víctor Manuel Arguedas murió (en enero de 1932, en Puquio) experimentó un hondo vacío. Siempre hablará de él con veneración. Arguedas estaba en Yauyos, con su padre, cuando el golpe de Estado de 1930, con el que el comandante Sánchez Cerro derrocó a don Augusto B. Leguía y puso fin a su régimen de once años.

En la capital

CUANDO LLEGÓ a Lima, en 1931, para ingresar a la Universidad Nacional Mayor de San Marcos, tenía veinte años. Aprobó los exámenes de admisión e ingresó a la Facultad de Letras, un pequeño enclave de gente sensible y amistosa, donde fue recibido sin los prejuicios y la hostilidad que los costeños, y en particular los limeños, dispensaban a los serranos. Por el contrario, sus compañeros de estudios, entre ellos los futuros filósofos Luis Felipe Alarco y Carlos Cueto Fernandini, o los poetas Emilio Adolfo Westphalen y Luis Fabio Xammar, lo trataron «con una cordialidad tan auténtica y hasta con cierto respeto». Westphalen, le diría muchos años después a su psicoanalista, «fue quien mejor y más directamente me estimuló, cuando yo era un recién llegado de la sierra, "un huanaco de las punas", como solían llamarnos a los andinos».* Vivía en una modestísima pensión, en el centro

---

* Carta a Lola Hoffmann, fechada el 10 de septiembre de 1968, en *Las cartas de Arguedas,* Pontificia Universidad Católica del Perú, Fondo Editorial, Lima, 1996, p. 176.

de Lima, pero, gracias a sus nuevas amistades, visitaba a veces casas de «la aristocracia», como la de Luis Felipe Alarco, donde se sentía intimidado:

> Me asusté cuando entré a su casa con los muebles, los salones, los espejos y los muchos cubiertos que me pusieron en la mesa, que yo no sabía manejar bien. Pero ahí estaba Luis Felipe mirándome con un afecto que casi era proporcionalmente tan bueno como el de los sirvientes, concertados y lacayos de mi madrastra, que en paz descanse.

En esa época leyó, «parado en el patio de la Universidad, de un tirón», la novela *Tungsteno,* de César Vallejo.

En 1932, luego de la muerte de su padre, consiguió su primer trabajo estable: auxiliar de la Administración Central de Correos. Era apenas algo más que un portapliegos, pero los ciento ochenta soles mensuales de sueldo aliviaban las angustias económicas y dieron a su vida, por cinco años, cierta seguridad. Ese mismo año sus estudios se vieron interrumpidos con la clausura de la Universidad de San Marcos, que sólo se reabriría en 1935.

En esta época Arguedas parece haberse mantenido al margen de la intensa actividad política que agitaba al país. A diario había sangrientos enfrentamientos entre apristas y comunistas de un lado, y de otro, de estas fuerzas de izquierda contra la dictadura militar y el partido de corte fascista Unión Revolucionaria, de Luis A. Flores, que la apoyaba. El fallido atentado contra Sánchez Cerro de un joven aprista, José Melgar, en la iglesia de Miraflores, desencadenó una durísima represión, y los intentos de levantamiento popular que organizaba el APRA (sobre todo el de Trujillo, en julio de 1932, que degeneró en el asesinato de un grupo de oficiales de la guarnición local) fueron sofocados por las Fuerzas Armadas con matanzas de un salvajismo ilimitado, como los fusilamientos colectivos de apristas en las ruinas de Chan Chan. Aunque las simpatías de José María se orientaban hacia la izquierda —más en favor de los comunistas que del APRA—, sólo en 1936 y 1937, con su militancia a favor de la República española, traduciría estos sentimientos en acción.

A partir de 1933, el año en que el aprista Abelardo Mendoza Leyva asesina al general Sánchez Cerro y comienza la era política del general Benavides (elegido presidente por el Congreso, pero que instala pronto su propio régimen dictatorial), aparecen los primeros cuentos de Arguedas: «Wambra Kuyay», en *Signo* (núm. 1, Lima, 8 de noviembre de 1933), y «Los comuneros de Ak'ola» y «Los comuneros de Utej-Pampa», en el semanario *La Calle* (núms. 5 y 11, respectivamente, Lima, 1934). Y, en el suplemento dominical de *La Prensa*, Lima, dos cuentos más en 1934: «Kollk'atay-pampa» (30 de septiembre) y «El vengativo» (9 de diciembre), y otros dos en 1935: «El cargador» (27 de mayo) y «Doña Caytana» (29 de septiembre).

Los tres primeros relatos de esta serie conforman su libro *Agua*, que Arguedas dedicará a los indios de la hacienda Viseca y de Puquio, y que inaugura una nueva época en la historia del indigenismo literario.

III. VERSIONES DEL INDIGENISMO

José María Arguedas despertó a la vida intelectual en un país en el que, tanto en Lima como en provincias –sobre todo en Cusco y Puno–, había un vigoroso movimiento de reivindicación del indio y de la tradición y la cultura quechuas por parte de periodistas, escritores, artistas y profesores universitarios que se llamaban indigenistas y reaccionaban críticamente contra la generación del novecientos, los llamados hispanistas o arielistas (por el *Ariel* del pensador uruguayo José Enrique Rodó), cuyas figuras principales eran el historiador José de la Riva Agüero (1885-1944), el filósofo Víctor Andrés Belaúnde (1883-1966), el ensayista Francisco García Calderón (1883-1953), el poeta y tradicionista José Gálvez y el cuentista Ventura García Calderón (1886-1959).

Los hispanistas

El hispanismo consistió en una defensa apasionada y militante de la Conquista, la Colonia y los aportes españoles –el catolicismo y la lengua, principalmente– a la historia y la cultura peruanas, en los que los novecentistas veían una garantía de civilización y de modernidad para el futuro del Perú. Aunque había matices entre ellos, todos pertenecían a viejas familias de raigambre hispánica, algunas con ínfulas aristocráticas, y defendieron posiciones políticas conservadoras, se aliaron y sirvieron con frecuencia a las dictaduras militares, fueron católicos ultramontanos, y José de la Riva Agüero llegó, incluso, en sus últimos años, a hacer la apología de Benito Mussolini y el fascismo.

La seriedad y el rigor intelectual con que esta generación investigó el pasado (en el caso de un Riva Agüero) se nutrió del pensamiento filosófico y político occidental (en los de un Víctor Andrés Belaúnde y un Francisco García Calderón), y la solvencia artística con que tejió fantasías literarias de ambiente criollo y tradicional (como Ventura García Calderón o José Gálvez) contrastan de manera asombrosa con su ceguera frente al problema de millones de indios (unos cuatro a principios de siglo) que, en los Andes, vivían en servidumbre, explotados y maltratados de manera inicua por los dueños de tierra, por las autoridades, por los tinterillos y comerciantes, por las Fuerzas Armadas (para alimentar sus filas los campesinos eran levados a lazo), ante la general indiferencia del resto de los peruanos, blancos o mestizos, quienes desde la Colonia se habían acostumbrado a pensar en los indios (cuando se acordaban de ellos) como una raza inferior, sin redención posible, que no merecía más sentimientos que la cristiana compasión o el paternalismo asistencialista.

El protoindigenismo

Había habido excepciones, desde luego, pero casi siempre retóricas. El anarquista y panfletario Manuel González Prada (1844-1918) clamó, en bella prosa parnasiana, contra las vejaciones de que era víctima el indio, al que en su célebre discurso del Politeama de 1888 proclamó como el verdadero peruano («No forman el verdadero Perú las agrupaciones de criollos i estranjeros que habitan la faja de tierra situada entre el Pacífico i los Andes; la nación está formada por las muchedumbres de indios diseminados en la banda oriental de la

Cordillera» [publicado en *Páginas libres,* París, 1894]) y profetizó que, un día, los indígenas bajarían desde las cumbres andinas para ocupar las ciudades de la costa y, en un apocalipsis mesiánico, revertir la historia de victimarios y de víctimas que inició la Conquista. En el siglo XIX, algunos novelistas influidos por el naturalismo francés, como Clorinda Matto de Turner (1854-1909) (en *Aves sin nido,* Ediciones Sempere, Valencia, 1889) y Narciso Arestegui (*El padre Horán,* Tipografía de *El Comercio,* Cusco, 1918), denunciaron a los latifundistas, los caciques, las autoridades políticas y los curas por la miserable condición del indígena. Don Pedro Zulen y su notable mujer, doña Dora Mayer de Zulen, durante muchos años trataron de crear conciencia y aliviar la suerte de los indios a través de la Asociación Proindígena, una organización humanitaria. Pero estos gestos o esfuerzos tuvieron carácter excéntrico, y loables empeños filantrópicos como los de los Zulen no hicieron mayor mella en una realidad social y política que, desde la perspectiva de los indígenas de los Andes, permanecía inmutable desde antes de la Emancipación y, en algunos sentidos, había incluso empeorado. Así lo denunció, en 1921, desde el Cusco, en un libro pionero de las reivindicaciones indigenistas, José Frisancho, quien en *Del jesuitismo al indianismo* describe la lenta pero sistemática absorción de los *ayllus* (comunidades agrarias indígenas) por los latifundios desde la Emancipación, y, sobre todo, desde 1895, luego del triunfo de la revolución de las montoneras civiles de Nicolás de Piérola contra el Ejército de la dictadura militar del general Andrés Avelino Cáceres. Frisancho relata las matanzas de indios perpetradas en Chucuito, Puno, que luego se extendieron a Cusco y Apurímac, a las que califica de «sistema vandálico de masacrar indios, para precipitar la conversión de los *ayllus* en latifundios».*

La escasa calidad literaria de la literatura protoindigenista nacida al calor del naturalismo francés y la filosofía po-

---

* José Frisancho, *Del jesuitismo al indianismo,* Cusco, 1921, p. 38.

sitivista del siglo XIX conspiró para que esta escuela no tuviera continuadores. Pero, desde principios del siglo XX, surgió en el Perú un importante movimiento de interés por los temas indígenas, aunque, en sus comienzos, más histórico y arqueológico que preocupado por la situación contemporánea del campesino de los Andes. Un indio de Huarochirí, en las sierras de Lima, perteneciente cronológicamente a la generación del novecientos, Julio C. Tello (1880-1947), llevó a cabo una extraordinaria obra de investigación arqueológica, que contribuiría de manera decisiva a revelar al mundo la antigüedad y la riqueza de un pasado que se remontaba a muchos siglos antes del Imperio de los incas, y la importancia de las culturas preincaicas de la costa, entre ellas la de Paracas y sus hermosos tejidos, que el propio Tello descubrió.

Modernistas y racistas

EL MODERNISMO, con su fascinación por lo exótico y el color local, su propensión nacionalista y su amor por los motivos pintorescos y los usos y costumbres populares, abrió los ojos de poetas y narradores de esta tendencia sobre el mundo indígena de los Andes, el que, desde los años veinte, irrumpe de manera incontenible en la narrativa y la poesía. La visión que los modernistas —muchos de los cuales jamás estuvieron en la sierra ni tuvieron ocasión de ver a un indígena de carne y hueso— presentan del indio es más fantasiosa que fundada en la experiencia, a menudo caricatural, a veces risible por lo estereotipada (como los incas de «soñadora frente y ojos siempre dormidos» de los poemas de José Santos Chocano) y, otras, tan negativa y deshumanizada que podría llamarse racista.

Es el caso de los indios de Enrique López Albújar (1872-1966), quien, aunque nacido en la costa, en Piura, vivió en distintas ciudades de los Andes (sobre todo en Huánuco) como juez y escribió dos volúmenes de relatos, *Cuentos andinos*

(1920) y *Nuevos cuentos andinos* (1937), además de novelas y libros de ensayos y memorias, en los que, dentro de un marco geográfico de poderosa gravitación y con una prosa robusta y eficaz, los indígenas aparecían siempre perpetrando delitos, cometiendo atrocidades y actuando guiados por unos instintos tan retorcidos y perversos que se los diría una raza aquejada de taras congénitas. Se ha dicho muchas veces –entre otros, por José María Arguedas– que la visión del indio de Enrique López Albújar fue deformada por su condición de magistrado, que vio a los indios sólo en el banquillo de los acusados y que estos campesinos a los que tuvo que juzgar determinaron su prejuiciosa visión del mundo indígena.

En 1926, con un artículo «Sobre la psicología del indio», publicado en la revista *Amauta* (núm. 4, Lima, diciembre de 1926),* López Albújar provocó una polémica sobre el indigenismo que sirvió para mostrar las variadas actitudes que coexistían bajo este estandarte. Su texto, que quiere describir la idiosincrasia indígena, no puede ser más esquemático. El indio, según él, «Estima a su yunta más que a su mujer y a sus carneros más que a sus hijos», «Siempre que tiene ocasión roba y si no la tiene la crea o la aguarda», «en la vida todo lo hace tortuosamente», «Cuando besa una mano es cuando está más cerca de morderla», y es un hipócrita y un criminal compulsivo, pues «Cuando comete un crimen lo niega en el juzgado no tanto por pudor sino por atavismo; pero una vez libre de la cárcel, lo confiesa, lo grita y se jacta de él orgullosamente, olvidando que en ese hecho puso más traición que valentía». No es extraño que para semejante monstruo las vacas sean más importantes que sus vástagos: «La muerte de un hijo la festeja una semana, riendo y bebiendo, *chacchando* y bai-

---

* Véase Manuel Aquezolo Castro (editor), *La polémica del indigenismo. José Carlos Mariátegui/Luis Alberto Sánchez,* Mosca Azul Editores, Lima, 1976. Compilación de Manuel Aquezolo Castro; prólogo y notas de Luis Alberto Sánchez. Todas mis referencias a esta polémica están tomadas de este libro.

lando; la de su vaca lo exaspera, lo entenebrece y lo hace llorar un mes y lamentarse un año».

A esta generalización superficial y racista respondió otra equivalente, de signo contrario, por boca del indigenista José Ángel Escalante (1883-1965), diputado leguista de Acomayo, quien, en un artículo en *La Prensa* (Lima, 3 de febrero de 1927), «Nosotros, los indios...», atacó con saña a los indigenistas costeños, negando a quienes no fueran indios el derecho a redimir al hombre de los Andes de la explotación y servidumbre (lo paradójico es que en su artículo afirma que la dictadura de Leguía, para la que él trabajaba, había comenzado ya a emancipar al indígena). Sin nombrarlo, Escalante censuró a José Carlos Mariátegui por querer «aprovecharse de la gran masa indígena, de su exasperación y de su fuerza, para el entronizamiento de ideales bolcheviques y formas de gobierno soviéticas y comunistas en el Perú». El artículo es de un crudo racismo y, como lo hará una de las tendencias del indigenismo, se encarniza contra el mestizaje, al que responsabiliza de los males sociales del país: «todos los hibridismos y todos los mestizajes –dice– han maculado la contextura racial del Perú».

> Es el indio quien va a absorber al mestizo, al cuarterón, al chino-cholo, al mulato, a todas las variedades de injertos que en la Costa se han dado, excluyendo después, por acto de fuerza o selección natural, a las demás razas claudicantes y degeneradas que encontraron ambiente hospitalario tan sólo en la Costa, nunca en la serranía hermética e impropicia a toda bastardía y a toda contaminación.

La polémica duró meses y en ella intervinieron muchos escritores y periodistas, entre ellos Luis Alberto Sánchez, quien, aunque en minoría, se atrevió a oponerse tanto al racismo como al andinismo: «En lo que yo no convengo es en que se exalte "sólo" al elemento indígena serrano, olvidando al cholo, olvidando al criollo; que se separe para crear, en vez de reunir; que se fomente odio en lugar de amparar cordialidades». Sánchez puso el dedo en la llaga al señalar que el indigenismo, pese a sus protestas autóctonas, debía buena parte de su ser a ideas importadas («el indigenismo de rótulo tiene más de otros países europeos y bastante poco del Perú»), que idealizaban el pasado histórico, olvidando «que, bajo el Incanato, el indígena sufrió también opresión y vasallaje», y la comunidad indígena, «remota parodia de una organización autóctona», «ha probado su ineficacia hasta el presente». Sánchez esboza una severa crítica a la comunidad indígena, «vasto y paupérrimo latifundio» en el que el indio «no rinde el esfuerzo que debiera, ni desecha prácticas bárbaras, ni se culturiza, ni avanza, ni enriquece». Y llega a preguntarse si, para lograr la modernización del indígena, «habrá que ir a la parcelación de la comunidad».

Aunque la intervención de José Carlos Mariátegui en el debate fue discreta, este cotejo de ideas sobre el indio resultó un poderoso estímulo para que se dedicara a investigar y reflexionar sobre este asunto, pues su ensayo sobre «El problema de la tierra», pieza clave de las teorías indigenistas y de larga influencia en el pensamiento político peruano, comenzó a aparecer en la revista *Mundial* a fines de marzo de 1927, en plena polémica.

No menos discutibles que los de López Albújar resultan los indios de otro modernista, el elegante Ventura García Calderón (1886-1959), quien, en los cuentos de *La venganza del cóndor* (1924), escritos en París, refiere las rarezas pintorescas de los remotos hombres de los Andes que fornican con llamas blancas y se comen los piojos unos a otros. Los cuentos de García Calderón tendrían gran difusión en el mundo pues se tradujeron a diez idiomas. Al año siguiente de publicado este libro, apareció, también en Francia, el estudio fundamental de los esposos Raoul y Marguerite D'Harcourt sobre *La musi-*

que des Incas (París, 1925). Y, en esos mismos años, en las sierras del Cusco, un fotógrafo autodidacto, Martín Chambi (1891-1973), comenzó a documentar en imágenes de una extraordinaria calidad artística, que sólo medio siglo después valoraría el mundo, la verdadera cara del Perú andino, con sus señores feudales y sus muchedumbres de indios, sus ritos y ceremonias tradicionales y sus paisajes bravíos, sus aldeas y pueblos mestizos y sus violentos contrastes.

El nuevo indigenismo

LA REVOLUCIÓN Mexicana (1910-1920) fue el gran fermento indigenista en toda América Latina, donde, siguiendo el ejemplo de México, artistas, poetas y escritores se volcaron hacia el mundo campesino en busca de motivos de inspiración, a la vez que adquirió gran impulso la investigación histórica y sociológica de todo lo relacionado con el pasado y presente de la vida indígena. Bajo la pauta de la escuela muralista mexicana de Orozco y Rivera, también nació en el Perú un movimiento de pintores indigenistas, cuya figura más visible fue José Sabogal y en el que destacarán artistas como Mario Urteaga (el de mejor oficio entre ellos), Julia Codesido, Camilo Blas y algo más tarde Enrique Camino Brent. Se inspiran en el paisaje de los Andes y describen el mundo campesino, las fiestas populares, las procesiones y las danzas, los atuendos, las artes y artesanías regionales y, algunos, recrean en sus telas los antiguos motivos de la cerámica y los tejidos prehispánicos.

Paralelo al indigenismo en las artes plásticas es el que surgió en la literatura, y con un marcado sesgo andino, pues tuvo su foco fuera de Lima, sobre todo en las ciudades serranas de Puno y Cusco, en las que toda una generación de poetas —Alejandro Peralta, Nazario Chávez Aliaga, Emilio Armaza, Gamaliel Churata, Mario Florián y Luis Nieto— intentaría (con más entusiasmo que logros) aliar los experimentos formales vanguardistas del posmodernismo con los temas indígenas. La voz poética más original de esta generación es la de otro provinciano, el norteño César Vallejo, a quien por *Los heraldos negros* (1918) y *Trilce* (1922), publicados en estos años, críticos como José Carlos Mariátegui incluyen abusivamente entre los indigenistas. En verdad, el libro indigenista de Vallejo será su novela *Tungsteno,* escrita y publicada en España en 1931 y sobre la cual José María Arguedas diría más tarde que tuvo tanta influencia en su formación como la lectura de *Amauta,* la revista de Mariátegui.

El interés por el indio y los Andes no se confina en lo literario y artístico. En los años veinte surgen diversas publicaciones con una clara misión de esta índole, la más importante de las cuales es *Amauta,* la principal tribuna del indigenismo literario y político. Junto a ella se deben mencionar otras de menos significación, como *La Sierra,* aparecida en Lima en 1927 y que se publicó tres años, y algunas revistas de provincias, como *La Puna,* en Ayaviri, y *Pacha,* en Arequipa.* El 15 de diciembre de 1926 se crea en el Cusco el grupo Resurgimiento, con el objeto de llevar a cabo una «Cruzada por el Indio». Su manifiesto fundacional, que apareció en *Amauta* (núm. 5, Lima, enero de 1927), proclama su propósito de luchar «dentro y fuera del campo jurídico» por «los indígenas a quienes considera como hermanos menores en desgracia». La nueva institución defenderá a los indios «de los diarios abusos y vejámenes», promoverá su cultura –lengua, música y cantos–, creará escuelas rurales y campesinas de alfabetización y obrará por que se implante un «régimen de igualdad» con «los mistis» (blancos). Entre los firmantes del manifiesto figuran, junto a los arqueólogos Julio C. Tello y Rebeca Ca-

---

* Aunque estragado por el resentimiento político y por manías clasificatorias, el libro de Tomás Gustavo Escajadillo, *La narrativa indigenista peruana* (Amaru Editores, Lima, 1994), contiene una buena bibliografía sobre el tema.

rrión y a Dora Mayer de Zulen, dos jóvenes profesores de la Universidad San Antonio Abad del Cusco, uno historiador –Luis E. Valcárcel– y el otro sociólogo –José Uriel García–, que, junto con José Carlos Mariátegui, serán los teóricos más destacados del indigenismo. Ellos encarnan, dentro de este movimiento, tres versiones diferenciadas, que tendrán, las tres, en diferentes periodos, influencia determinante en José María Arguedas.

Éste es un aspecto central, pero a menudo escamoteado del movimiento indigenista: su diversidad, el rico debate entre las diversas versiones que de él daban sus principales mantenedores y que fue particularmente intenso en la adolescencia de Arguedas, cuando éste hacía los últimos años de colegio y los primeros de universidad. El cotejo de tesis, ideas, diatribas y mitos entre los profesores, pedagogos, antropólogos, revolucionarios, políticos y periodistas sobre este tema sería el telón de fondo ante el cual fue cobrando perfil propio la vocación de Arguedas.

Un indigenista mexicano: Moisés Sáenz

TENEMOS UN testimonio interesante de la efervescencia intelectual en torno al indio en el Perú de esos años, gracias a un intelectual mexicano –un dignatario cultural de la Revolución, precisamente–, Moisés Sáenz, quien estuvo en el Perú a fines de 1931 y comienzos de 1932, y publicó al año siguiente un libro sobre la situación del indígena peruano.* Sáenz fue enviado a América del Sur por la Secretaría de Educación Pública de su país, para hacer observaciones sobre el problema del indio, y visitó también Guatemala, Ecuador

* Moisés Sáenz, *Sobre el indio peruano y su incorporación al medio nacional*, Publicaciones de la Secretaría de Educación Pública, México, 1933.

y Bolivia. En el Perú recorrió el valle de Jauja y estuvo en Puno y Cusco, y se documentó cuidadosamente consultando muchos libros y revistas y dialogando con innumerables personas.

Su libro, ensayo de divulgación y diario de viaje, mezcla síntesis históricas, comentarios sociológicos y observaciones personales. Gira exclusivamente sobre el indio de los Andes y destaca por su rigor y ponderación, que en momento alguno ocultan la sensibilidad que muestra ante la injusticia atroz que encuentra a su paso por la sierra peruana. Lo anota todo, con ojo avizor y buena prosa: las artesanías, el régimen de propiedad, los monstruosos atropellos y la condición esclava del indio, el pongaje, los robos de tierras, el estado de la educación, los métodos agrícolas, el comercio, las costumbres, las viviendas. El material sociológico que recoge es de primer orden y atinado su análisis del entronque colonial y republicano de los abusos contemporáneos contra el campesino de los Andes. No hay en su libro ni politiquería ni demagogia, sino, en cada página, un esfuerzo denodado para contribuir intelectualmente a mostrar en toda su complejidad la condición del indígena y la manera de integrarlo («incorporarlo», dice él) a la sociedad peruana moderna.

Moisés Sáenz conoció tal vez en esta primera visita que hizo al Perú en 1931 a José María Arguedas (aunque no lo menciona en su libro); en todo caso, ambos se hicieron muy amigos, años más tarde –Arguedas le dedicará «El despojo», adelanto de *Yawar Fiesta*, que publica en 1937 la revista *Palabra*–, cuando Sáenz volvió al Perú como embajador de México, donde desarrolló una brillante labor como animador intelectual en todo lo relacionado con la investigación y promoción de la cultura andina. Según el antropólogo John V. Murra, muy amigo y confidente de Arguedas, fue Moisés Sáenz quien lo convenció de que escribiera en español en vez de hacerlo en quechua, como habría sido la intención primera de José María. El argumento de Sáenz habría sido: «Mira, esto del idioma no tiene futuro. Estos idiomas van a desaparecer».* No he visto corroborada esta afirmación por ningún otro testimonio.

Mariátegui: indigenismo y marxismo

EL AÑO DE 1927 es una fecha clave para el movimiento indigenista. Porque a comienzos de él tiene lugar en Lima aquella polémica en la que rivalizan las distintas tendencias de esta ideología, y, sobre todo, porque ese año publican sus trabajos sobre el tema José Carlos Mariátegui y Luis E. Valcárcel. Ese año aparece también, en Buenos Aires, *Por la emancipación de América Latina. Artículos, mensajes, discursos (1923-1927)*, el primer libro del exiliado Víctor Raúl Haya de la Torre, fundador del APRA, movimiento político cuya denuncia de la condición del indio y de la omnipotencia abusiva del latifundista y el gamonal en la vida política ayuda a propagar una conciencia indigenista en las capas medias y populares del país.

Tempestad en los Andes (1927), el libro de Valcárcel, arqueólogo e historiador nacido en Moquegua, pero avecindado en el Cusco y que habla de sí mismo como cusqueño, es una interesante miscelánea en la que se alternan el ensayo sociológico, relatos y semblanzas campesinas y proclamas mesiánicas, una conferencia y una pequeña antología de textos de diversos autores, peruanos y extranjeros, reivindicando al indio y a la tradición andina. El libro lleva un prólogo de José Carlos Mariátegui y un colofón de Luis Alberto Sánchez, que sirven para ilustrar lo contradictorio de las tesis sobre el problema indígena, pues las opiniones de los tres autores son incompatibles.

Para Mariátegui, el indigenismo es inseparable del socialismo, y sólo el reemplazo de la sociedad feudal y/o capitalis-

---

* John V. Murra, «Semblanza de Arguedas», en *Las cartas de Arguedas, op. cit.*, pp. 292-293.

ta por el colectivismo marxista hará justicia a los descendientes del Imperio incaico. El 21 y 28 de enero y el 4 de febrero de 1927 Mariátegui había publicado tres artículos en la revista *Mundial* (núms. 345, 346 y 347), con el título «El indigenismo en la literatura nacional», explicando que la tendencia creciente del indigenismo en la literatura peruana no era un mero fenómeno estético sino «una corriente, nacionalista y revolucionaria al mismo tiempo», paralela al protagonismo que tenía el problema indígena en la política, la economía y la sociología.

En esos artículos, aunque sin llegar a los extremos excluyentes y abiertamente racistas de Escalante, Valcárcel y otros indigenistas, Mariátegui sostuvo que, en el calidoscopio de razas de la sociedad peruana, sólo el indio podía ser considerado encarnación de lo nacional. El Perú era «una nacionalidad en formación» y el criollo no podía ser su fundamento, pues, a diferencia de lo que ocurría en Argentina, «no está netamente definido» y designa «una pluralidad, muy matizada, de mestizos». Tampoco podían serlo el negro ni el mulato, que «representan en nuestro pasado elementos coloniales» y que han mirado «siempre con hostilidad y con desconfianza la sierra». Sólo «el indio debe ser el cimiento de la nacionalidad» y los escritores indigenistas tienen la obligación de colaborar «en una obra política y económica de reivindicación, no de restauración ni resurrección».

Casi inmediatamente después de estos artículos, Mariátegui comienza a publicar, siempre en *Mundial* (a partir del 25 de marzo de 1927), «El problema de la tierra», el primero y el más importante de sus *Siete ensayos de interpretación de la realidad peruana* (1930), donde desarrolla sus ideas sobre el tema. El problema del indio, afirma en ese texto, es «fundamentalmente económico»: «No nos contentamos con reivindicar el derecho del indio a la educación, a la cultura, al progreso, al amor y al cielo. Comenzamos por reivindicar, categóricamente, su derecho a la tierra». El objetivo primero debe ser «la liquidación de la feudalidad en el Perú». Mariátegui explica que la Independencia, en teoría «liberal», mantuvo el régimen de la tierra cuyas dos expresiones son «latifundismo y servidumbre». Es demasiado tarde para aplicar la solución liberal; ésta debe ser colectivista, lo que se verá facilitado por la «supervivencia de la comunidad y de elementos de socialismo práctico en la agricultura y la vida indígena». Para Mariátegui, la democracia no pudo echar raíces en el Perú republicano porque «sobre una economía semifeudal no pueden prosperar ni funcionar instituciones democráticas y liberales».

Estas ideas están reafirmadas en el prólogo que escribe para el libro de Valcárcel. En la inminente «tempestad» que el historiador anuncia sobre las cumbres andinas, él oye retumbar el trueno de Karl Marx: «No es la civilización, no es el alfabeto del blanco, lo que levanta el alma del indio. Es el mito, es la idea de la revolución socialista. La esperanza indígena es absolutamente revolucionaria» (p. 10).

El indigenismo racista y machista

EN VERDAD, *Tempestad en los Andes* no dice nada de esto. Sus mentores ideológicos no son Marx ni Friedrich Engels (a quienes Valcárcel ni siquiera menciona), sino una extraña panoplia en la que Oswald Spengler y Friedrich Nietzsche se codean con el anarquista González Prada. Y su punto de mira del problema no es económico y social, sino racial y cultural. Las clases sociales no existen para Valcárcel, sólo las razas, y por eso usa la expresión Raza con mayúsculas para hablar del indio. La tormenta que anuncia es apocalíptica, mesiánica y al mismo tiempo vaga. Él mismo reconoce ignorar qué forma concreta adoptará. De lo que está seguro es que comienza una nueva era, en la que los indios de los Andes despertarán de la somnolencia con la que a lo largo de los siglos han aceptado el desprecio, la humillación y la esclavitud, y restablecerán su predominio —cuatro millones en un país de cinco— sobre sus explotadores y enemigos: el blanco y el mestizo.

Esta rebeldía será sin duda violenta, cuando esa mayoría descubra que tiene las armas —¿no son indios los soldados?— y que puede volverlas contra los opresores blancos, pero también podría adoptar el método de Gandhi con la huelga (¿no son los indios los que hacen funcionar las minas, las fábricas y las haciendas?). Lo seguro es que esta rebelión será andina, autóctona, antiespañola y antieuropea y que restablecerá la atávica hegemonía de la *sierra viril* sobre la *costa femenina* y del Cusco, capital precolombina e india, sobre Lima, capital extranjerizante y muelle creada por el conquistador.

En un lenguaje exaltado y poético, de reminiscencias modernistas, Valcárcel traza idílicas descripciones (en verdad, ficciones) de la vida de los *ayllus,* sociedades igualitarias y sanas, en comunión con la naturaleza y generosos sentimientos solidarios, donde pervive el espíritu secular de la Raza, al que la influencia extranjerizante (léase española) no ha conseguido degradar.

Los peores ataques del libro tienen como blanco al mestizaje y al mestizo, «híbrido» que «no hereda las virtudes ancestrales sino los vicios y las taras». «El mestizaje de las culturas no produce sino deformidades», según él. En contraste con la virgiliana limpieza de los *ayllus* indios, los pueblos mestizos aparecen desmoronándose por el abandono en que los tienen sus habitantes, masa abúlica y borracha que degenera en el parasitismo, pues el único tipo social que ha sido capaz de producir es el «tinterillo», ese rábula que mediante triquiñuelas legales birla al indio sus tierras y bienes y vive medrando del propietario y gamonal.

Los axiomas del indigenismo son, para Valcárcel, en 1927 (más tarde moderaría sus tesis):

1) superioridad de la Raza (sangre y cultura) inca sobre la europea;

2) superioridad de la sierra masculina sobre la costa femenina, a la que los incas despreciaban como blanda, sensual e inactiva, y

3) superioridad del Cusco autóctono sobre Lima, ciudad desnacionalizada y frívola.

El rechazo a «lo extranjero» alcanza en *Tempestad en los Andes* extremos pintorescos. En un apartado que se titula «La rebelión ortográfica», Valcárcel exhorta a los peruanos a rebelarse contra la gramática española y declara la guerra «a las letras opresoras» –la *b*, la *v*, la *d* y la *z*–, «que no se usaron jamás», y grita:

> afuera la c bastarda y la x exótica y la g decadente y femenina, y la q equívoca, ambigua./ Vengan la k varonil y la w de las selvas germánicas y los desiertos egipcios y las llanuras tártaras. Usemos la j de los árabes análogos./ Inscribamos Inka y no inca: la nueva grafía será el símbolo de la emancipación./ Que la vieja Academia de Madrid reconozca, vencida, la fuerza del andinismo filológico.

En lo religioso, en tanto que el catolicismo aparece como una religión intrusa y obtusa, insensible y ciega ante la injusticia, *Tempestad en los Andes* se refiere con simpatía a los pastores protestantes –en especial, los Adventistas del Séptimo Día–, a quienes presenta como auténticos amigos del indio, al que, dice, tratan de igual a igual, sin la despectiva arrogancia de los curas católicos, ayudándolo de manera práctica a enfrentarse a los problemas más acuciantes, como la enfermedad y la educación. Este entusiasmo de Luis E. Valcárcel por «el rubio misionero de Yanquilandia» (p. 127) alarmó previsiblemente a José Carlos Mariátegui, quien, en el prólogo, advirtió: «no acompaño sin prudentes reservas a Valcárcel en este entusiasmo por el misionero adventista, porque estas misiones podrían tener el carácter de avanzadas del imperialismo anglosajón».

Por su parte, Luis Alberto Sánchez, en el colofón de *Tempestad en los Andes,* rechaza los aspectos racista y andinista del libro en nombre de lo que llama «el totalismo», una nacionalidad peruana que integraría a todas las razas asentadas en el territorio, y reivindica al denostado mestizo. Se proclama «cholo» (lo es también el propio Valcárcel, dice) y señala el carácter esquemático y prejuicioso de las tesis anticosteñas y antilimeñas del ensayo.

Haya de la Torre, el APRA y el indigenismo

ESTA SERENA y sensata posición sobre el tema indigenista de Luis Alberto Sánchez, quien sería luego, en el curso de su larga vida, la más ilustre figura intelectual del aprismo, no coincide del todo en aquellos momentos con la de Víctor Raúl Haya de la Torre (1895-1979), pues éste se hallaba entonces mucho más cerca de las tesis marxistas de José Carlos Mariátegui.

Fundado en México, en diciembre de 1924, y nacido con una vocación continental (de ahí su nombre: Alianza Popular Revolucionaria Americana), el APRA, de larga gravitación en la vida política peruana del siglo XX, llegaría a tener un sólido arraigo en las clases medias y populares urbanas, y cierta implantación en el campesinado norteño, aunque no en el del centro y sur de los Andes, al que apenas llegó a amagar. Sus virulentas denuncias de los extremos a que llegaba la explotación del indio en las alturas serranas y la utilización que el partido aprista hizo de cierta simbología indigenista –rebautizar Indoamérica a América Latina, incorporar la estela de Chavín de Huántar a su bandera, llamar Incahuasi al escondrijo de Haya en tiempos de persecución– fueron un valioso irritante en los años veinte y treinta para la toma de conciencia por un amplio sector de la opinión pública del problema indígena y para que éste figurase desde entonces en la agenda política peruana.

Haya de la Torre estuvo exiliado (por la dictadura de Augusto B. Leguía) de 1923 a 1931, y en esos años centró su esfuerzo político en la constitución de un gran movimiento de «trabajadores manuales e intelectuales» que trabajaría por la unidad latinoamericana (la desaparición de las fronteras) y lucharía contra el imperialismo yanqui, al que hacía responsable del saqueo económico del continente y de la condición autoritaria de sus gobiernos, servidores o títeres de aquél. Estos temas, y, asimismo, denunciar el nacionalismo, definir sus coincidencias y discrepancias con el marxismo-leninismo ortodoxo de los partidos comunistas, absorben el quehacer intelectual de Haya de la Torre, según se advierte en sus dos primeros libros, *Por la emancipación de América Latina* (Buenos Aires, 1927) e *Ideario y acción aprista* (Buenos Aires, 1931), recopilaciones de cartas, mensajes, artículos y pronunciamientos, ninguno de los cuales se refiere exclusivamente a la cuestión indígena, aunque ésta aparezca mencionada en ellos con frecuencia. En un texto de 1924, «El monumento a Túpac Amaru», recusa con sarcasmo la pretensión del gobierno de Leguía de hacer un monumento al cacique rebelde y propone que la dictadura se lo erija más bien a Pizarro, «conquistador y destructor del gran imperio comunista del viejo Perú».* Todo el texto es una diatriba contra la Conquista, España, la Colonia, y una exaltación del indígena. La imagen sumisa con que éste aparece en los cuentos de Ventura García Calderón le parece falsa, pues, a su juicio, el indio «ha vivido siempre en estado de rebelión». No sólo de García Calderón toma distancia, sino de toda la generación del novecientos, a la que, en distintos textos, critica con dureza por su hispanismo. Se

---

* Víctor Raúl Haya de la Torre, *Obras completas,* vol. I, Librería-Editorial Juan Mejía Baca, Lima, 1977, p. 43. Todas las citas relativas a Haya de la Torre están tomadas de esta edición.

burla de las frivolidades nobiliarias de Riva Agüero –quien, «con femenina coquetería», pagó la elevadísima suma de cien mil pesos en Madrid para revalidar un título de marqués– y llama a Víctor Andrés Belaúnde «oportunista retrasado y católico». Todo el grupo de novecentistas (salva, a duras penas, a José Gálvez), en el que incluye a Felipe Sassone y José Antonio Miró Quesada, le parece un conjunto de «niños bien», «afeminados» y «fifís» (pp. 94-100).

El primer ensayo específico sobre el tema, una extensa carta enviada por Haya de la Torre desde el exilio al grupo Resurgimiento del Cusco, en 1927, sólo aparece publicada en su tercer libro, *Teoría y táctica del aprismo* (Lima, 1931), con el título de «El problema del indio» (pp. 181-191). En él resume y amplía todas sus tesis al respecto.

Ellas deben algo a González Prada, maestro de estilo sentencioso y oratorio al que Haya cita con admiración y emula, pero más todavía a la teoría marxista de la historia como una lucha de clases en la que el factor económico –la propiedad de los medios de producción– es determinante. Haya descarta la perspectiva racista («La causa del indio es social, no racial») recordando cómo hay «hombres de piel de cobre y de conciencia negra», en «eso que en Perú se llama Parlamento», que se valen de la coartada étnica «para ostentar el derecho de exprimir, engañar, explotar y corromper al indio». El problema indígena no debe encararse dentro de un horizonte nacional sino internacional, pues el 75% de la población de América Latina es de origen indio y padece abusos semejantes.

La lucha debe tener un carácter económico y arremeter contra el latifundio, «que se ha formado robando tierras a los indios» y es el obstáculo mayor para la liberación del campesino. Esta lucha es fundamental para «la restauración económica nacional». Una vez liquidada la gran propiedad esclavista y su cacique –el gamonal–, la revolución se valdrá de la comunidad indígena como punto de partida para la gran transformación de la sociedad. No se trata de resucitar «intacto el comunismo incaico», sino de modernizar «la maravillosa organización económica incásica» de tipo colectivista.

Ahora bien, esta lucha por una distribución socialista de la tierra al campesino no puede ser desligada de la lucha antiimperialista, pues, en última instancia, más aún que el latifundista, el gamonal o el tiranuelo militar, el responsable de la miseria y servidumbre del indio es el imperialismo, sobre todo el norteamericano. Sus capitales necesitan expandirse y sus empresas requieren materias primas. Ése es el acicate que los atrae hacia América Latina. Allí encuentran en abundancia el «cholo barato» al que pagan salarios miserables. Esas empresas pueden saquear las riquezas del continente sin escrúpulos, pues tanto los gobiernos como las oligarquías están de rodillas a su servicio. Y, si no lo están, las intervenciones armadas del imperio —México, Nicaragua, República Dominicana, Haití, Cuba— se encargan de doblegar las resistencias. La explotación que hace «Yanquilandia» del indígena se encubre de una insolente buena conciencia, porque «el cristianismo sajón ha logrado infiltrar... en la clase dominante... su incurable desprecio racial hacia los hombres de color, negros o cobrizos».

Con el paso del tiempo, las posiciones de Haya de la Torre sobre este y otros asuntos evolucionarían desde el radicalismo socialista de esta época hasta un nacionalismo reformista, social democrático. Pero, como indican estas citas, a fines de los años veinte, pese a la polémica que enfrentaría a Haya de la Torre y a José Carlos Mariátegui sobre la conversión del APRA en un partido político independiente de la Internacional comunista dirigida por Moscú o su preservación como movimiento antiimperialista de ancha base, sus posiciones sobre el tema indígena tenían profundas coincidencias en lo relativo al tema de la propiedad de la tierra y en el rechazo que ambos hacían de la perspectiva racista y del andinismo.

Los prejuicios racistas, regionalistas y anticapitalinos —contra el blanco, el mestizo, la costa y Lima—, respuesta en cierta forma a los prejuicios antiindios, antiserranos y antiprovincianos que habían dominado la vida peruana desde la Colonia, son un aspecto central del indigenismo y aparecerán en la obra de José María Arguedas, elaborados de manera sutil en la urdimbre literaria de sus ficciones y mezclados con ingredientes más personales. Pero es importante destacar que, aunque tenía remota ascendencia, Luis E. Valcárcel es el primer intelectual peruano del siglo XX en desarrollar de manera tan explícita y coherente el discurso «andinista» contra la costa y Lima, y quien de manera más influyente reactualiza la utopía arcaica inaugurada por el Inca Garcilaso de la Vega en sus *Comentarios reales* de una raza y una cultura quechuas preservadas metafísicamente a lo largo de la historia, esperando su momento para, en un gran estallido —una tormenta andina—, restaurar, en los tiempos modernos, aquella remota sociedad de seres iguales, sanos, libres de codicia y de cálculo comercial, que el Imperio incaico encarnó y que la Conquista habría deshecho.

El andinismo

UNA VERSIÓN más matizada, inteligente (y mejor escrita) del indigenismo, pero, por desgracia, mucho menos influyente en su momento que la de *Tempestad en los Andes,* fue la de un amigo y colega de Luis E. Valcárcel en la Universidad del Cusco, el sociólogo José Uriel García, quien en *El nuevo indio* (escrito en 1929 y publicado en 1930) defendió sobre el tema del indio tesis que se oponían a las de Valcárcel, Mariátegui y Sánchez.

La actitud polémica aparece desde el prólogo de *El nuevo indio:* «Nuestra época ya no puede ser la del resurgimiento de las "razas" ni del predominio determinante de la sangre en el proceso del pensamiento y, por tanto, de la historia». Para

Uriel García el indio no es «un grupo étnico sino una entidad moral» a la que puede optar todo individuo que sienta el llamado de los Andes:

> A ese hombre que viene a nosotros con el corazón abierto a saturarse de la sugestión de la sierra, henchir su alma a su contacto, siendo lo de menos el color de su piel y el ritmo de su pulso, a ése le llamaremos indio, tanto o más que a aquel que hizo las murallas incaicas o los monumentos coloniales.

El andinismo no debe ser una cultura signada por la sangre ni el pasado histórico, sino por el paisaje de la sierra («palpitación perenne de indianidad») que, por sus características, su especial belleza y las duras exigencias que impuso siempre a sus moradores, ha ejercido influencia central en el desenvolvimiento de la vida americana. Por ejemplo, en la espiritualidad del hombre andino. Uriel García explica, en el capítulo sobre «Los Apus andinos», la religiosidad del hombre de la sierra en función de la Naturaleza. El antiquísimo culto a los *apus* ha sobrevivido en el vínculo contemporáneo entre el hombre de los Andes y el río, la cumbre, el abismo, el trueno, la lluvia y el rayo del medio en que nació (la obra literaria de Arguedas será una bella ilustración de esta tesis). El culto al Sol y la creación, durante el Incario, de dioses abstractos como Wiracocha y Pachacútec son un desarrollo de aquel espíritu primitivo, que permitió al Tahuantinsuyo crecer, organizarse y asimilar a muchos pueblos dentro de aquella tradición religiosa de identificación con su paisaje y la realidad natural. Esto ha pervivido en los atuendos, la música y la idiosincrasia de los Andes hasta el presente.

Para Uriel García, el indigenismo es telurismo o andinismo, no racismo. Pero él también hace del machismo un valor. Explica el desarrollo del *ayllu* como el triunfo del espíritu *viril* sobre la *feminidad* sentimental y muelle de la comunidad indígena primitiva, incompatible con el expansionismo guerrero y conquistador de los incas. No idealiza al Incario, de «carácter feudal, aristocrático, hasta tiránico» y producto de una «virilidad dominadora». Influido por Sigmund Freud, una de las sombras tutelares del ensayo, analiza los aspectos eróticos del «vivir incaico», que no tuvo

> ese resplandor platónico ni ese lirismo que se le atribuye; es amor de macho que se *apodera* de la india por la fuerza de la virilidad antes que por la persuasión sentimental. La india antes que persuadirse con los deliquios amorosos se entrega al varón que la oprime entre sus músculos. Al menos, éste es el amor que caracteriza mejor la erótica indiana.

En una bella interpretación (que anticipa a la que haría Octavio Paz de México en *Postdata*), Uriel García advierte en la idiosincrasia de los hombres de cada uno de los *suyos* (o regiones) una influencia directa de la geografía. Ella incorpora al mestizo y acepta como positivos los aportes europeos «del bovino, del caballo y de la oveja», «elementos vitales para la conquista de esos espacios vacíos» de los Andes, a los que los incas, «por falta de ellos, no pudieron dominar debidamente».

La oposición machista entre la costa femenina y la sierra viril –*leitmotiv* de todos los indigenistas– aparece en *El nuevo indio* geopolíticamente justificada: «La costa convierte la dramaticidad de la vida andina en voluptuoso abandono y en blando regocijo de formas y colores». La sierra se torna en el litoral arte «deshumanizado», pues la «arquitectura viril» del Tiahuanaco y el Cusco muere «en la morbidez de la curva» costeña.

De otro lado, la costa aparece como más libre frente al pasado; ella «liberaba de la tradición». La Conquista española

> hizo de la costa un mundo de oposición a la entraña, porque en la costa triunfó el invasor, triunfó España,

triunfó el emigrante; mientras que en la sierra no ocurrió lo mismo, pues el conquistador fue dominado por la tierra. En el Kollao o en el Contisuyo el alma hispánica se *nacionalizaba*, mientras que en la costa no, dominó su modalidad de inmigrante.

Uriel García percibe el mandato geográfico en el arte indiano, en el que diferencia lo «adornado» y «decorativo» del arte *kolla* —que respondería así a la horizontalidad del altiplano— de la sobriedad austera y funcional del arte *cunti* (inca), una búsqueda de lo opuesto a lo abrupto de los roquedales y picachos andinos. En la arquitectura diferencia el individualismo de las construcciones preincas, aisladas en las cumbres, de la aparición de la ciudad, la que, como el *koricancha* del Cusco, reflejaría el espíritu gregario y organizado de la sociedad incaica.

La más abierta defensa del mestizaje se inicia con la descripción de la evolución musical. Uriel García ve en el huayno «un punto de encuentro que fusiona dos jerarquías espirituales de nuestros pueblos». El huayno «nacionaliza» pues «sujeta al hombre al agro patrio y al recuerdo de los antepasados». El mestizaje es la opción de lo *popular,* en tanto que «ningún indigenismo podría surgir de las posiciones de la burguesía o de la vida burguesa».

Ésta es una de las pocas concesiones de *El nuevo indio* a las tesis marxistas de José Carlos Mariátegui, a quien Uriel García se refiere con respeto, pero no hay huella del pensamiento de aquél (es decir, de materialismo dialéctico o histórico) en su libro. Ni la lucha de clases figura como motor de la historia andina, ni el tema económico aparece como clave del problema del indio. Las fuentes de Uriel García son más bien Nietzsche, Miguel de Unamuno, Thomas Carlyle, Vasconcelos, Freud, el Alcides Arguedas de *Pueblo enfermo* y hasta el hispanista Francisco García Calderón. Pero, en realidad, su pensamiento tiene un sesgo original, y, junto a agudas observaciones sobre el paisaje y la realidad social de los Andes, en su ensayo hay brillantes intuiciones de una mente que no se deja embridar por esquemas ideológicos. Se trata de un pensamiento literario más que histórico o científico, que, pese a su vehemencia y vuelo imaginativo, nunca se aparta del todo de la realidad concreta.

En el capítulo «Incanidad, indianidad» hay una crítica directa del pasadismo utópico de Valcárcel y de quienes ven en el Incario «ideales de vida y de cultura para el futuro», pues suponen que la «raza indígena» no ha cambiado en cuatro siglos de influencia occidental. En verdad, el Incario fue sólo un momento creativo en la larga historia de la indianidad. Ahora está muerto. Su valor estriba en que puede convertirse en «fuerza impulsora de lo que se ha de crear otra vez». En lugar de nostalgia por la historia utópica, Uriel García encara el presente del indio con talante optimista. El arte indio de la Colonia fue tan original como el de las épocas de Manco o Pachacútec. Las distintas razas forman parte del Perú y se equivocan quienes actúan «como si los mestizos y los blancos no pudieran hacerse aborígenes o autóctonos —de la tierra— y ser aún más indianos que los indios». «Los indios de hoy ya no son incaicos, como los otros ya no son europeos, forasteros o advenedizos.»

Para Uriel García, la indianidad «comprende a todos los hombres ligados a la tierra por vínculos afectivos sin que sea preciso tener el pigmento broncíneo ni el cabello grueso o lacio». Y en *El nuevo indio* aparece también algo que será luego una permanente preocupación de José María Arguedas: valorar la capacidad del indio para absorber lo ajeno, el «poder asimilativo de lo indígena».

El más largo capítulo, «Proceso del neoindianismo», ofrece una aguda síntesis histórica, de la Conquista al presente, que rebate con brillo las tesis de los utópicos arcaicos como Valcárcel de una vuelta al Incanato, con el argumento de que el indio y el español fueron igualmente cambiados por aquella «catástrofe psicológica». Tanto la Conquista como la Colonia «son episodios de una sola historia» que no pueden ser negados. Tampoco tenidos, como hacen los hispanistas, por paradigmas únicos y obra sólo de la vertiente española del Perú. Todo el capítulo es una apasionada defensa del «mestizaje espiritual» y de la tesis según la cual los indios y los conquistadores crearon «una cultura paralelamente modificada». La transformación de los españoles por los Andes y del paisaje andino por los trasplantes europeos (el caballo, el burro, la oveja, el trigo, la cebada y, por supuesto, la religión) es tema de uno de los más sugestivos capítulos, titulado, expresivamente, «Don Quijote en los Andes».

El mestizaje no es una aleación pacífica, un benigno proceso de intercambios; su estímulo ha sido muchas veces el odio (entre razas, clases y regiones), sentimiento en el que, fiel a Nietzsche, Uriel García ve un motor de cambio social. Su descripción de los enconos y atávicos rechazos de la sociedad peruana tiene un retintín actual:

> Entre el indio, el cholo y el blanco los odios son recíprocos, porque son tipos de individualidades a desnivel. La cabaña del ayllu odia al pueblo mestizo, como la aldea está en pugna con la ciudad. Sobre este odio se yergue la cruz que trajo el padre Valverde como una cordial mediación de paz y de entendimiento, por plazas y caminos, sin que hasta hoy la mediación sea eficaz.

Uriel García describe con fidelidad la maraña de prejuicios, resentimientos y fobias que fermentan desde tiempo inmemorial en la sociedad peruana y hacen de ella una caldera siempre a punto de estallar.

Su condena de quienes creen que «la cultura nacional y americana está reservada exclusivamente al indio» es explícita. Y, con buen criterio, explica que, para muchos pasadistas, mirar el pasado es una excusa que les permite no ver el presente. ¿Acaso la condición de los sirvientes indios recrimina sólo a la remota Conquista? También al Perú moderno: «es más acusador para nosotros, para las generaciones actuales que mantienen y encubren ese estado, pese a todos los lirismos declamatorios».

Uriel García advierte el mestizaje por doquier, incluso en la religión católica, contaminada de indianismo. Mitos autóctonos y dogmas cristianos se han impregnado recíprocamente. En los Andes los dogmas teológicos perdieron su carácter abstracto, «porque las lenguas vernáculas carecían de palabras que designaran esas nebulosas ideas». Por eso, en los Andes la religiosidad «adquiere un sabor pagano». Artesanos y artistas indios reinterpretan a los santos, imágenes de la Virgen, de Cristo, escenas de la Pasión, y los indianizan y andinizan, en tanto que las fiestas religiosas son adoptadas por los pueblos, que las convierten en «color y forma, resplandor pagano y sensualidad viril». La fiesta «se aplebeya y encanalla» (lo que para Uriel García es una virtud, no un defecto), en tanto que las iglesias, en manos de artesanos indios, «se llenan de formas, colores, símbolos que les prestan un resplandor de serranismo». En los conventos, por obra del «materialismo andino», desaparecen el ascetismo y el misticismo y triunfa «la barbarie creadora neoindiana». El plebeyismo y la vulgaridad que invaden la iglesia son «antidogmáticos».

En el análisis de las distintas manifestaciones del mestizaje aparecen las mejores páginas de *El nuevo indio.* La tesis central —«Las formas de expresión de la cultura de los incas perecieron para siempre con la Conquista y la única que continuó y continuará infundiendo vitalidad creadora a la tierra y a los pueblos americanos es la indianidad como ligamen emotivo hacia la tierra y como impulso creador del alma de los pueblos»— la confirman la arquitectura, la escultura, la pintura y, por supuesto, la artesanía. El mestizaje es una presencia ubicua en el arte, en la cultura, en la naturaleza y aun en la raza: «El panorama del indio de pura sangre es distinto del que tuvo en su pasado. Junto a ese indio vive el mestizo, la larva del nuevo indio. Y el mestizo forma el pueblo americano sustantivo».

Este «nuevo indio», es decir, el mestizo, es estudiado en los últimos capítulos a través de casos ejemplares, como el Inca Garcilaso de la Vega, el Lunarejo y Túpac Amaru. La Conquista fue una quiebra moral tanto para el victimario como para la víctima, y esos mestizos son modélicos porque representan un ansia de «reconstrucción moral». (El aspecto moral es, para Uriel García, el más importante en la creación del nuevo indio; más aún que las reivindicaciones económicas o raciales.) En su excelente análisis de Garcilaso, «hombre auroral del neoindianismo literario», halla la simiente de una literatura americana que será realidad cuando surja «el espíritu mestizo en la creación artística».

En la aldea serrana ve esa nacionalidad en ciernes que es el pueblo mestizo. Ella es «barbarie en ebullición, cultura en germen», nacimiento de una nueva identidad hecha de asimilación y recreación de lo antiguo y también (en su forma negativa) de frustración y resentimiento, envidia, celos y complejos de inferioridad. Pero ello no revela al «pueblo enfermo» del que habló Alcides Arguedas, sino al «pueblo elemental», matriz de la cultura y la nacionalidad.

En la chichería cusqueña (o la picantería arequipeña) Uriel García ve —hermosa metáfora— la *caverna de la nacionalidad.* Allí el hombre se despoja de disfraces convencionales y se muestra en su espontaneidad primitiva, en su libertad originaria. Entre esas paredes llenas de tiznes e inscripciones se codean razas y clases y se emancipa el instinto, subyugado en los hogares, las oficinas y las calles. Allí se amestizan los instrumentos europeos —el violín, el arpa, el pífano— tocando el huayno. La chichería es el «invernadero de la cultura» y de sus humosos y rústicos decorados nace «una bárbara energía». Ella contrasta con el moderno club, institución importada donde se estereotipan las gentes y los hombres «se desnacionalizan» imitando modelos forasteros.

Al igual que la chichería, en el atuendo mestizo —el poncho, el chullo y el champi— se manifiesta la fusión cultural de elementos disímiles y se anuncia la nueva identidad peruana. La chola, la mujer mestiza, es un personaje pionero, todo un símbolo, el prototipo de la futura nacionalidad. Uriel García elogia su energía, su aptitud para el trabajo y su ambición: «La chola es más trabajadora que el hombre y tiene más afanes de adquirir poder económico». Este elogio corrige en algo el machismo del que, aunque en escala menor que en otros indigenistas, tampoco está exento *El nuevo indio,* el más sugestivo de los ensayos que produjo este movimiento intelectual.

La revisión de Arguedas

José María Arguedas siguió el debate muy de cerca, leyó los textos y la polémica dejó rastros de largo efecto en su obra, la que, a veces, tomaría un sesgo próximo al del indigenismo histórico y racista de Luis E. Valcárcel, a veces se identificará con las tesis integradoras y comprensivas de la pluralidad peruana de José Uriel García y, en otras, se esforzará por hacer suya la opción revolucionaria y marxista de Mariátegui. Mucho después de los años en que tuvo lugar el debate intelectual del indigenismo, Arguedas dio su propia versión sobre este movimiento, en una ponencia que preparó en 1965 para un coloquio de escritores en Génova.*

---

* El texto, que Arguedas no llegó a corregir, se publicó póstumamente, incompleto, con el título «Razón de ser del indigenismo en el Perú», en *Visión del Perú,* núm. 5, Lima, junio de 1970, y fue recogido por Ángel Rama en su compilación de textos de J. M. A., *Formación de una cultura nacional indoamericana,* Siglo XXI Editores, México, 1975, pp. 189-195. La segunda y tercera partes de este ensayo —«El problema de la integración cultural» y «El problema de la integración»—, no incluidas en las anteriores publicaciones, fueron rescatadas por Alberto Escobar en *Arguedas o la utopía de la lengua,* Instituto de Estudios Peruanos, Lima, 1984, pp. 57-64. El texto apareció completo por primera vez con el título «El indigenismo en el Perú», en *Indios, mestizos y señores,* Editorial Horizonte, Lima, 1985, pp. 11-27.

Aunque tiene el esquematismo de un boceto, es indicativo de la manera como preservó la memoria de Arguedas aquella polémica y de sus tardías tomas de posición al respecto, en la etapa final de su vida. Es muy crítico de la generación hispanista –Riva Agüero y Víctor Andrés Belaúnde– e incluso de Julio C. Tello, pese a subrayar la importancia de su labor arqueológica. Les reprocha reivindicar el pasado imperial incaico y al mestizo aristócrata –como el Inca Garcilaso–, pero ignorar o despreciar al indio actual. Julio C. Tello, dice, fue ciego respecto al indio de hoy, sólo lúcido frente al indio del pasado («como arqueólogo pierde de vista al indio vivo»), y lo censura por haber vestido a un conjunto de bailarines de Huarochirí con trajes inspirados en el pasado prehispánico, despreciando «los vestidos típicos del pueblo de Huarochirí».

Hace grandes elogios de José Carlos Mariátegui, pero señala que éste «no disponía de información sobre la cultura indígena o india» y no hace suya, tampoco, la tesis económico-materialista de su interpretación ni la concepción ortodoxa de la lucha de clases como motor de la historia, pues, para él, «las luchas sociales tienen un trasfondo no sólo económico, en un país como el nuestro, sino un denso trasfondo cultural». Formula duras críticas a la Iglesia católica, cuya función histórica, afirma, ha sido la de predicar la resignación a los indios ante sus explotadores. Y, muy cerca de Uriel García –a quien, curiosamente, ni siquiera nombra–, subraya la labor callada de los indios a lo largo de siglos para «defender su integridad y aun desarrollarla, mediante la toma de elementos libremente elegidos o impuestos».

Toma discreta distancia con las posiciones de Luis E. Valcárcel (a quien llama el *mentor* del indigenismo luego de la muerte de José Carlos Mariátegui) sobre «la conveniencia de una restauración del Imperio incaico» y, en una infundada afirmación, acusa a Raúl Porras Barrenechea (historiador y discípulo de Riva Agüero e hispanista como éste), por sus comentarios sobre el cronista indio Felipe Guaman Poma de Ayala, poco menos que de proponer un genocidio: «Según estos hispanistas, el indio es el responsable de las limitaciones y defectos del país... y los seguidores providenciales del hispanismo llegan a proponer el exterminio total del indio para sustituirlo por inmigrantes europeos». (De más está decir que éste es un exabrupto: ni el texto hispanista más recalcitrante propuso jamás semejante cosa, y menos que ningún otro Porras Barrenechea, cuyas tesis coinciden en la defensa y revalorización del mestizaje con muchas de las ideas de Uriel García.)*

En su balance del «primer indigenismo», Arguedas destaca la reivindicación del pasado histórico indígena, las denuncias del indigenismo literario contra los abusos y crímenes de que eran víctimas los indios y la rectificación de la imagen del indio como ser inferior, lleno de taras y alérgico a la modernidad. Pero la nueva narrativa, dice Arguedas, hablando obviamente de sí mismo, ha dejado de ser indigenista «en cuanto abarca la descripción e interpretación del destino de la comunidad total del país».

La integración del indio no debe consistir en su occidentalización, sino en «un proceso en el cual ha de ser posible la conservación o intervención triunfante de algunos rasgos característicos no ya de la tradición incaica, muy lejana, sino de la viviente hispano-quechua». Por ejemplo, las formas comunitarias de trabajo y la vinculación social y las artes populares, sobre todo la música, que han penetrado ya en sectores sociales no indios. En la vieja línea de Mariátegui y de Valcárcel defiende el «colectivismo» y la «fraternidad comunal» del indio como algo que debe resistir «lo devorador del individualismo» occidental.

---

* Véase a este respecto lo que dice Porras Barrenechea de *El nuevo indio* en su libro *Fuentes históricas peruanas,* Instituto Raúl Porras Barrenechea, Lima, 1968, p. 374.

La verdadera defensa de esta quimera —de esta utopía arcaica— la hará, de manera más efectiva que en este ensayo, en su obra literaria.

IV. SAPOS Y HALCONES

ES ARRIESGADO aceptar a pie juntillas las interpretaciones que hace un autor de su propia obra, ya que ésta, por su cercanía —ese contexto que el escritor difícilmente distingue del texto—, puede resultar para él más enigmática que para sus lectores. Tomar al pie de la letra lo que José María Arguedas decía sobre lo que escribió ha llevado a muchos —a mí mismo, en una época— a pensar que el mérito de sus libros está en que ellos muestran más verazmente la realidad india que los de otros escritores indigenistas. Es decir, en el documentalismo de su ficción.

En varias ocasiones Arguedas afirmó que su vocación había surgido por la necesidad que sintió de rectificar la imagen que presentaba del indio la literatura peruana de su tiempo. Se lo oí decir en una entrevista que le hice en 1955;* dos años más tarde, en la revista *Américas,* volvió a asegurar que el estímulo para sus primeros relatos fue descubrir, al entrar a la universidad, que «la novela, el cuento y la poesía mostraban un indio sustancialmente distinto del verdadero, y no sólo al indio, sino todo el universo humano y geográfico de los Andes».** Y ocho años después, en el Primer Encuentro de Narradores Peruanos, lo repitió de manera categórica:

---

* «Narradores de hoy. José María Arguedas», en *El Comercio,* suplemento dominical, Lima, 4 de septiembre de 1955.

** «Canciones quechuas», en *Américas,* núm. 9, Washington, noviembre de 1957, Unión Panamericana.

Yo comencé a escribir cuando leí las primeras narraciones sobre los indios; los describían de una forma tan falsa escritores a quienes yo respeto, de quienes he recibido lecciones como López Albújar, como Ventura García Calderón. López Albújar conocía a los indios desde su despacho de juez en asuntos penales y el señor Ventura García Calderón no sé cómo había oído hablar de ellos... En esos relatos estaba tan desfigurado el indio y tan meloso y tonto el paisaje o tan extraño, que dije: «No, yo lo tengo que escribir tal cual es, porque yo lo he gozado, yo lo he sufrido» y escribí esos primeros relatos que se publicaron en el pequeño libro que se llama *Agua*.*

Sin embargo, junto al deseo de dar un testimonio fiel de la realidad andina, en los orígenes de su vocación, más decisiva, más secreta, había una razón personal. Esa infancia atormentada y exaltada que tuvo, su orfandad precoz, los maltratos de la madrastra y el hermanastro, las orgías que éste le obligó a presenciar y que laceraron su vida sexual, su condición de hombre desgarrado entre dos culturas, la necesidad de exorcizar de su memoria amarguras, nostalgias, odios, debieron ser tan determinantes como aquella otra razón en su destino de escritor. Afortunadamente ocurrió así. Gracias a esos factores que él, en una ocasión, llamó «individuales y perturbadores»,** José María Arguedas fue, además de testigo sutil del mundo de los Andes, un creador.

Mostrar la verdad andina, enmendar a los escritores que habían desfigurado al indio son declaraciones de buena intención. Y, algo distinto, las obras que fraguaron, en un proceso

---

* *Primer Encuentro de Narradores Peruanos. Arequipa, 1965, op. cit.*, pp. 40-41.

** En el artículo «Canciones quechuas» ya citado: «... pretendí escribir relatos en los que intenté describir ese mundo tal como vivía en mi memoria y en mi naturaleza. *Pero en los relatos podían intervenir elementos muy individuales y perturbadores*». (Las cursivas son mías.)

del que Arguedas sólo podía ser parcialmente consciente, sus sentimientos solidarios, su imaginación y ese sustrato de experiencias trastornadoras que se formó sobre todo en su infancia. Lo cierto es que, partiendo de un conocimiento más directo y descarnado de la sierra que los modernistas o los primeros indigenistas, Arguedas no desfiguró menos la realidad de los Andes. Su obra, en la medida en que es literatura, constituye una negación radical del mundo que la inspira: una hermosa mentira. Simplemente, en su caso, como era un escritor más personal y con mejores recursos que López Albújar o García Calderón, su visión de ese mundo, su mentira, fue más persuasiva y se impuso como verdad artística. Los cuentos de Arguedas no son «veraces» en el sentido que dan a esta palabra quienes creen que el valor de la literatura se mide por su aptitud para reproducir lo real, duplicar lo existente. La literatura expresa una verdad que no es histórica, ni sociológica, ni etnológica, y que no se determina por su semejanza con un modelo preexistente. Es una escurridiza verdad hecha de *mentiras,* modificaciones profundas de la realidad, desacatos subjetivos del mundo, correcciones de lo real que fingen ser su representación. Discreta hecatombe, contrabando audaz, una ficción lograda destruye la realidad real y la suplanta por otra, ficticia, cuyos elementos han sido nombrados, ordenados y movidos de tal modo que traicionan esencialmente lo que pretenden recrear. No se trata de una operación caprichosa; el desordenador verbal desobedece lo existente a partir de experiencias clave que estimulan su vocación y alimentan su trabajo. El mundo así forjado, de palabra y fantasía, es literatura cuando en él lo añadido a la vida prevalece sobre lo tomado de ella. Ese elemento nuevo, la originalidad de un escritor, resume, con impecable fidelidad, su más íntima historia. Si en ella otros seres humanos se reconocen, leen en ella sus propias vidas, la mentira literaria, como tocada por una varita mágica, deja de serlo y pasa a ser realidad cierta, mito y símbolo en los que el lector reconoce, transustanciados, sus heridas y sus deseos.

Esta reconstitución sediciosa de la vida en una ficción, a imagen y semejanza de una historia personal –en la que, desde luego, se refleja también la Historia a secas–, es lo que intentaré describir en este capítulo sobre los cuentos de Arguedas, género al que fue fiel toda su vida, pues los primeros que escribió aparecieron en diarios y revistas de Lima en 1934 y los últimos en 1967, dos años antes de su muerte.* Fueron concebidos, pues, con intervalos, prácticamente a lo largo de toda su trayectoria de escritor, y algunos de ellos –«Diamantes y pedernales», *La agonía de Rasu-Ñiti,* «El sueño del pongo», «Warma Kuyay», «El forastero»– son, con sus novelas *Yawar Fiesta* y *Los ríos profundos,* lo mejor que escribió.

La violencia

La más acusada característica de la sociedad que estos cuentos describen es una crueldad que, encubierta o impúdica, comparece en todas las manifestaciones de la vida. Se trata de una sociedad andina –sólo «El cargador», «Orovilca», «El forastero» y «El Pelón» y «Mar de harina» (dos bocetos extraídos de los borradores de su última novela y publicados como cuentos) y el trunco «El puente de hierro» no suceden en la sierra peruana, pero también en ellos se halla ésta presente como referencia–, feudal, en la que un puñado de mistis –gamonales, comerciantes–, de cultura medianamente occidentalizada, ejerce una

* La más completa recopilación –aunque sin ser exhaustiva– de los cuentos de Arguedas es la que figura en las *Obras completas,* t. I, Editorial Horizonte, Lima, 1983, de la que cito. Antes de ella, la mejor compilación fue hecha por Jorge Lafforgue, *Relatos completos,* Editorial Losada, Buenos Aires, 1974. A ella hay que añadir los primeros cuentos, que exhumó José Luis Rouillón, S. J., *Cuentos olvidados,* Ediciones Imágenes y Letras, Lima, 1973, y los relatos «Doña Caytana», en *La Prensa,* suplemento dominical, Lima, 29 de septiembre de 1935; «Yawar (Fiesta)», en *Revista Americana,* año XIV, núm. 156, Buenos Aires, 1937; *Runa Yupay,* Comisión Central del Censo, Lima, 1939; «El forastero», en *Marcha,* Montevideo, 31 de diciembre de 1964, y «El puente de hierro», en *Runa,* núm. 2, Lima, mayo de 1977, Instituto Nacional de Cultura.

explotación múltiple sobre la masa india de habla y tradición quechuas. Esta masa se divide en comuneros independientes, como los de Utej-Pampa, y comuneros adscritos a tierras patronales en calidad de tributarios, o concertados, pastores, mayordomos y sirvientes. Existe una capa de mestizos, tan delgada que no sirve de lazo de unión, ni de amortiguador, entre indios y mistis. Éstos viven incomunicados, odiándose y desconociéndose, y sus únicas relaciones resultan del abuso y la explotación que los unos infligen a los otros. La injusticia de que es víctima el indio está documentada a lo largo de los relatos, que pueden ser leídos como un catálogo de iniquidades. El misti se apodera de las tierras de las comunidades haciéndolas cercar y luego llama a la autoridad política y al juez para que convaliden el despojo (como don Ciprián); monopoliza el agua y concede a los campesinos raciones avaras, de modo que sus tierras se agostan (como don Braulio); se adueña de vacas, caballos, chanchos y demás animales de los indios con el pretexto de que han invadido sus heredades (como don Ciprián Palomino); viola impunemente a las indias (como don Froylán), y se hace justicia por su mano, sin rendir cuenta a nadie y de acuerdo con su código moral racista y machista (como don Silvestre). El misti, aunque habla quechua –para dar órdenes–, menosprecia a los indios, considera «asquerosas» sus costumbres (así califican los principales de San Juan al *ayla*), y, para castigarlos por faltas cometidas, o por simple maldad, es capaz de martirizarlos, como el patrón de «El sueño del pongo», que obliga a su sirviente a imitar a perros y vizcachas y lo expone a la mofa de los demás indios.

Sus lugartenientes en estos vandalismos son *el gobierno* y *el cura.* Aquél le envía soldados para que escarmiente a balazos a los indóciles, como a los chaviñas en «Agua» por insubordinarse contra don Pedro, o para llevar a cabo la leva de reclutas, operación en la que –se ve en «Doña Caytana»– los indios son cazados y arreados igual que animales. Sin embargo, algo positivo resulta de esta experiencia en la que el campesino es desarraigado, rapado, uniformado y enviado al cuartel. Una constante de la realidad ficticia es que los rebeldes sean casi siempre ex reclutas que han vuelto a sus pueblos, como el Victo Pusa de «Los comuneros de Utej-Pampa», como Pantacha y el varayok' de los tinkis en «Agua» y como Pascual Pumayauri en «Los escoleros». Incluso en «Runa Yupay», relato de encargo, escrito en 1939, aparece este personaje: Crispín Garayar, indio licenciado, que tranquiliza a sus hermanos recelosos y los exhorta a colaborar con el censo; y quienes recaban las informaciones son los «movilizables» Teodoro Garayar, Lucas Mayhua y Felipe Delgado. En cuanto al cura, su función no parece ser otra que la de predicar la resignación ante la injusticia, o, como se dice en «Los escoleros», ir «de puerta en puerta, avisando a todos los comuneros para que se engallinen ante el principal».

Si la denuncia de estas iniquidades hubiera sido el logro mayor de Arguedas, sus relatos no habrían sobrevivido a las narraciones indigenistas o costumbristas de sus contemporáneos, donde tales horrores se referían incansablemente. Lo innovador en su caso no estuvo en tratar estos temas ni en el sentimiento de indignación que impregna los cuentos. Éste es el aspecto más convencional de ellos, un tópico de la literatura de su época. La originalidad de Arguedas consistió en que, al tiempo que parecía describir la sierra peruana, realizaba una superchería audaz: inventaba una sierra propia. En 1950 dijo que, para escribir con autenticidad sobre el indio, debió efectuar «sutiles desordenamientos» en el castellano.* Los desordenamientos más atrevidos los llevó a cabo en las cosas, las personas y los asuntos, a la vez que en las palabras.

Observada de cerca, la pintura de la injusticia en sus relatos no es precisamente realista. El principal, por sus excesos, suele deshumanizarse, asumir las características abstrac-

---

* «La novela y el problema de la expresión literaria en el Perú», en *Mar del Sur,* núm. 9, Lima, enero-febrero de 1950, p. 70.

tas de ejecutante de una fuerza malvada e impersonal que se manifiesta por su intermedio. El don Rufino de «Kollk'ataypampa» es un depredador pertinaz: todo cae bajo el plomo de su carabina —carneros, llamas, caballos cerriles, vacas, vicuñas—, salvo las ágiles parionas (garzas), que siempre alzan el vuelo a tiempo. El don Silvestre de «El vengativo» es un psicópata sádico que goza con su rabia, un hombre al que el odio da tanto placer como el amor. Y el don Aparicio de «Diamantes y pedernales» perpetra crueldades vertiginosas, como despedazar contra las baldosas a su dócil arpista y cortar en vivo a su potro una lonja de carne. Los mistis de «Hijo solo», don Adalberto y don Ángel, dos hermanos «caínes», están enfrentados en una guerra sin cuartel, maldición autodestructiva más que lucha de intereses, en la que rivalizan en vesanias como arrasar cosechas, aniquilar animales y torturar a sus respectivos peones. Depredador, psicópata, «caín», el misti es también el corruptor, el que cancela la inocencia: el don Guadalupe de «Amor mundo» lleva en las noches a un niño a contemplar cómo estupra a las señoras del pueblo.

Estas últimas historias se basan, como dijo Arguedas a Sara Castro Klarén, en «experiencias traumáticas que sólo he relatado después de cuarenta años de meditar en cómo tratarlas».* El hermanastro del que, en los últimos años de su vida, Arguedas habló con tanta libertad, como rompiendo un tabú, no sólo lo sometió a ese género de espectáculos. La llegada de Pablo Pacheco, en 1918, a la casa de San Juan de Lucanas, donde José María vivía con la madrastra —pues el padre, como hemos visto, pasaba la mayor parte del tiempo en Puquio—, trastornó la posición del niño de siete años en el hogar. El hijo de sangre desplazó al entenado, quien se vio disminuido a la condición de sirviente. ¿Fue el hermanastro tan cruel con Arguedas como éste lo recordaba? En alguna oca-

---

* Sara Castro Klarén, «Testimonio de José María Arguedas, sobre preguntas de Sara Castro Klarén», *op. cit.*, p. 48.

sión, su hermano Arístides dio a entender que José María había exagerado las maldades del hermanastro. No tiene mucho interés precisarlo; lo importante es que, en la memoria y en los sentimientos del futuro escritor, este personaje de su infancia se convirtió en el responsable de sus desgracias y, en cierta medida, de las ajenas:

> Llegó e inmediatamente se convirtió en personaje central del pueblo. Desde el primer momento yo le caí mal porque este sujeto era de facciones indígenas y yo de muchacho tenía el pelo un poco castaño y era blanco en comparación con él. En la sierra, el blanco es superior, o había sido. Él era un sujeto de aspecto desagradable. Por lo menos, causaba cierto temor porque tenía una expresión de engreído, de esos que hacen lo que les da la gana. Yo le cogí temor. Con la presencia de este hombre me metí más que antes a la cocina. Aquí ya la cosa estaba clara. Yo fui relegado a la cocina e incluso, cuando mi padre no estaba, quedaba obligado a hacer algunas labores domésticas; a cuidar a los becerros, a traerle el caballo, como mozo. No era una labor que yo la sintiera como humillante. Por lo menos hasta que él no me hizo sentirlo, yo no lo sentí.
>
> Yo estaba completamente feliz. Yo lo que sentía cuando llegó este hombre era que la madrastra no trataba mal a los indios pero que este hombre impuso un cambio. Era un criminal, de esos clásicos. Trataba muy mal a los indios, y esto sí me dolía mucho y lo llegué a odiar como lo odiaban todos los indios.

Esto último es verdad, no cabe duda. El misti de los relatos está diseñado a partir del odio que brotó en esa infancia lastimada, un odio tan poderoso que pudo durar cuarenta años. Los rasgos demoniacos del misti de los cuentos de Arguedas deben menos, seguramente, a los modelos vivos de gamonales que conoció en sus años serranos que a ese «demonio» de su niñez, a los sentimientos de amargura y rencor que le inspiraba quien le arrebató la inocencia, lo maltrató e hizo de él —hijo de misti— un *pongo*.*

Por lo demás, es muy posible que ese temor que el niño sentía por el verdugo de su infancia —sensación de impotencia total que confiere al adulto un halo todopoderoso, que lo acoraza de invulnerabilidad— se haya proyectado en la realidad ficticia como elemento universal y objetivo, característico de las relaciones entre indios y principales. Estas relaciones parecen a veces mágico-religiosas más que económico-sociales. Es verdad que el poder de los mistis es grande —tienen armas, los soldados vienen a socorrerlos, los curas los ayudan predicando la sumisión—, pero la mayor parte del tiempo vemos que el temor y el servilismo de la masa son desproporcionados respecto de la fuerza del principal. Éste, hombre solo o rodeado de un reducido número de adictos, podría ser derrotado por la marea india si ésta atinara a moverse en su propia defensa. No lo hace porque aquél ejerce sobre ella una suerte de hechizo. Su presencia impone silencio y propaga el miedo. Sus órdenes, aunque bestiales, se acatan sin replicar y sus desmanes se aceptan como fatalidades. Cuando el patrón parte por unos días parece romperse un encantamiento y hay una explosión de júbilo, pues (como cuando sale de viaje el don Ciprián de «Los escoleros») «hasta el día era más claro y el pueblo mismo parecía menos pobre». Ser maligno, encarnación de una fatalidad, esa figura odiada y respetada parece existir por decisión de una divinidad implacable ante cuyos designios el indio no tiene más alternativa que la resignación

---

* «Aquel personaje poderoso e inmensamente malvado que presento en el cuento "Agua" fue sacado de la vida real. Era un hermanastro mío», le dijo Arguedas a Tomás Gustavo Escajadillo, «Entrevista a José María Arguedas», en *Cultura y Pueblo*, núms. 7-8, Lima, julio-diciembre de 1965, p. 22. Esto es parte de la verdad, porque casi todos los demás personajes principales de sus cuentos tienen la misma matriz.

o la rebeldía estéril, condenada (como la de Pantacha o la de los chaviñas) al fracaso, es decir, a la muerte.

La violencia que impera en la realidad ficticia está magnificada, además, por el hecho de que quien relata y protagoniza las historias, la víctima o el testigo de la crueldad, es casi siempre un niño, una persona indefensa y marginal, el ser más vulnerable, el menos preparado para defenderse. Una constante es el huérfano, hijo de misti, que por razones oscuras es criado como sirviente. Este personaje –el niño Ernesto y Juancha de «Agua», el niño Santiago de «Amor mundo», el niño anónimo de «Doña Caytana»– con ligeras variantes y distintos nombres reaparece obsesivamente en la realidad ficticia, y la desubicación, la tristeza, el miedo, la soledad y los arrebatos de exaltación en que vive contagian su contorno, se convierten en atributos del hombre, de la vida. Arguedas ha proyectado en ese personaje recurrente de sus relatos el niño que fue (o que, a la distancia, creyó o quiso ser) en esa época «tremenda» en que nacieron la mayoría de sus temas, esa infancia que –como escribió en el «Segundo diario» de *El zorro de arriba y el zorro de abajo*– se prolongó «encarnizadamente hasta la vejez». Cuando este personaje no aparece, ocupa el lugar del narrador alguien tan desamparado como él: seres recogidos, como el huérfano Singu y el perrito vagabundo de «Hijo solo»; el humilde hombrecillo de «El sueño del pongo», a quien por su poquedad una cocinera mestiza llama «huérfano de huérfanos»; madres que pierden a su hijo y enloquecen como doña Caytana o como la vaca Ene, que cada mañana va a lamer el cuerpo del becerrito Pringo; parias solitarios que son (o la gente los cree) pobres de espíritu, como el *upa* Mariano de «Diamantes y pedernales»; o fantasmas sin cara y sin nombre que deambulan enfermos de nostalgia por una ciudad desconocida como el antihéroe de «El forastero».

Estos marginales son, en la realidad ficticia, el centro del mundo, el eje en torno al cual se articulan las historias. Testigos privilegiados de la violencia congénita a la vida, sus lastimosas pruebas son, también, almas lúcidas respecto de esa condición trágica y viven acongojadas por su suerte. La compasión por el débil, por el indefenso, por la víctima que reina en esta sociedad disimula –aunque a veces la exhibe sin tapujos– una tendencia a la autocompasión, e, incluso, un latente masoquismo: el hombre se complace en sufrir para poder apiadarse de su sufrimiento. El arpista de «Diamantes y pedernales» se sienta un día a llorar en el poyo de la casa del patrón. Llora por las moscas, por una arañita de cuerpo grande y patas cortas: «Y era que el mundo le hacía llorar, el mundo entero, la esplendente morada, amante del hombre, de su criatura». Este desbordamiento de un ser que padece y se contempla padecer y llora por el padecimiento propio y universal es otra constante de la realidad ficticia. A veces, como en este caso, es actitud de un personaje, pero, en la mayoría de los relatos, es la actitud del narrador lo que explica en qué seres se encarna o a quiénes acompaña de cerca, la clase de historias que cuenta y las reacciones que trata de provocar en los lectores. Violenta y emotiva, de un sentimentalismo a flor de piel y de una sensibilidad tan aguzada, en la realidad ficticia hay una irreprimible vocación por experimentar el sufrimiento para poder compadecerlo.

La crueldad, por lo demás, no depende exclusivamente de la explotación de mistis sobre indios, no resulta sólo de la estructura socioeconómica o de los prejuicios de los blancos. Con la misma ferocidad que entre los hombres, hace estragos entre los animales. Vacas, becerros, vicuñas, perros, pájaros, insectos, nadie está a salvo de esa fuerza dañina que, a través de agentes varios, irrumpe contra todos y contra todo como resuelta a acabar con lo existente. Del martirio de los animales no sólo es responsable el misti; también el mestizo y el indio suelen descargar contra esos seres indefensos sus frustraciones y su cólera. Un motivo que pasa de relato a relato, estableciendo un denominador común, es la imagen de *seres desbarrancados* por culpa de la maldad o del azar. Así como en uno de los textos más antiguos, «El vengativo», divisamos a la amante infiel de don Silvestre «caer al barranco y rodar al fondo de la quebrada», veremos luego (en «El barranco»), atropellado por la mula nazqueña de don Garayar, al becerrito Pringo rodando al abismo y rebotando en los peñascos. En «La muerte de los Arango» será el sacristán don Jáuregui quien despeñe al caballo tordillo de un principal como conjuro contra la «peste»; y, en «Hijo solo», uno de los «caínes», don Adalberto, desbarranca veinte vacas de su hermano.

La maldad del hombre contra el animal alcanza extremos de vértigo. En la comarca devastada por la guerra de los «caínes» han desaparecido los perros, pues don Adalberto y don Ángel los han matado a todos «a balazos, con venenos o ahorcándolos en los árboles». En «Warma Kuyay», el indio Kutu se venga de su patrón empuñando el zurriago y rajando el lomo a los becerros más finos y delicados. El mestizo don Antonio, chofer del cuento de ese nombre, ciego de rabia porque se le ha muerto un novillo, se ceba contra su cadáver: le punza los ojos y trata de incrustarle una rama en el ano. He citado el caso de don Aparicio, que rebana a su potro preferido, Halcón, para alimentar a un cernícalo. No sólo los adultos son propensos a esta forma de crueldad; también los niños, como se dice en «El horno viejo», donde Santiago recuerda que Jonás –sin duda otro chiquillo– «atraviesa grillos con una espina, por parejas, y les amarra un yugo de trigo, para que aren».*

Violencia y sexo

«YO HE SENTIDO, desde pequeño, cierta aversión a la sensualidad», le confesó José María Arguedas a Tomás Gusta-

* En el testimonio citado, Arguedas le hizo esta confidencia a Sara Castro Klarén:

Cuando fui a Lima la primera vez, sufría por el maltrato a los animales. No había camiones, pero sí carros de carrera. Había coches y costaba igual tomar un

vo Escajadillo.** Si no lo hubiera dicho, de todos modos lo sabríamos, por el mundo que creó, espartano y frugal, donde los únicos placeres celebrados son espirituales, el goce de la naturaleza –ríos, árboles, plantas, cerros, pájaros– o la embriaguez de la música, pero en el que la menor concesión a los apetitos del cuerpo está presentada con repugnancia, como síntoma de deshumanización y envilecimiento. (Beber, por ejemplo, animaliza y enloquece, como le ocurre a don Braulio.)

El sexo, sobre todo, reviste formas temibles en la realidad ficticia. Es descrito (en verdad, inventado) con la sobrecogedora naturaleza que tiene en la literatura puritana. Éste quizá sea uno de los elementos más desrealizadores de la realidad ficticia, el que imprime al mundo literario de José María Arguedas una de las connotaciones más independientes de la realidad real. En estos relatos hacer el amor no es jamás una fiesta en la que una pareja encuentra una forma de plenitud, una acción que enriquece y completa a la mujer y al hombre, sino un impulso gobernado por oscuras fuerzas a las que es difícil desobedecer y que precipitan al que cede a ellas en un pozo de inmundicia física y moral. (Esto es visible, sobre todo, en la última novela de Arguedas, *El zorro de arriba y el zorro de abajo,* donde el sexo sólo aparece en manifestaciones repelentes.) Las palabras que inevitablemente designan la vida sexual son *sucio* y *suciedad.* Por lo pronto, en muchos relatos esta ex-

---

coche que un automóvil de carrera. Pero todo el transporte de carga se hacía en carretas. Había algunos carreteros sumamente crueles porque tenían frecuentemente mulas muy cansadas y les hacían una herida donde les hincaban con el palo y me acuerdo que una vez en la esquina de la calle Amazonas uno de estos carreteros le pinchó tanto que por el dolor el animal se arrodilló.

Entonces el sujeto fue y lo agarró a patadas. Pretendió levantarlo y no se pudo levantar y de lejos le empezó a pinchar con el palo y yo fui a mi casa y me puse a llorar sin consuelo (p. 49).

La escena está traspuesta en «Don Antonio» y la crueldad con los animales es omnipresente en la realidad ficticia.

** Tomás Gustavo Escajadillo, «Entrevista a José María Arguedas», *op. cit.,* p. 22.

periencia ha sido suprimida, la vida reorganizada aboliendo en ella el amor corporal. Pero cuando éste aparece, al principio de manera discreta, y luego, en 1967, en los cuatro relatos de *Amor mundo,* como una fuerza beligerante, descubrimos que en ningún otro orden de las relaciones humanas –incluido el económico– se hace presente la violencia con tanta brutalidad como en el sexual. No hay sexo sin crueldad; el cuerpo sólo es capaz de poseer a otro cuerpo causando o recibiendo dolor y esto afea la cópula. Hombres o animales, al aparearse, perpetran una acción bestial, como se ve en «El horno viejo», donde al niño Santiago le produce idéntico escándalo el enlace del caballero y doña Gabriela que la fornicación del burro con la yegua. Ambas escenas están hermanadas en la narración, dos caras de un mismo horror. Sucede que, en la realidad ficticia –lo dice don Antonio, chofer-filósofo del sexo–: «En eso de juntarse con la mujer, el hombre no es hijo de Dios, más hijos de Dios son los animales...».

La forma más común de este ejercicio de la crueldad que es el acto sexual es el abuso que perpetran los patrones con las indias, como don Froylán con Justina, o con mujeres más humildes, como don Aparicio con la ocobambina y sus abundantes queridas, objetos usados y abandonados a discreción. Pero hay formas más refinadas, en las que el sadismo y el exhibicionismo son componentes de la relación erótica. El misti de «El horno viejo», a quien el narrador designa con el apelativo solemne de «el caballero», no se contenta con seducir a la mujer de su tío, doña Gabriela; la obliga a someterse a su deseo en su propio hogar, a pocos pasos de donde duermen sus hijos y a la vista de un niño que ha llevado de testigo de su hazaña. El caballero hace el amor entre los rezos confundidos de su víctima y de la criatura. Y, en otra ocasión, en el curso de una orgía ordena a sus validos que tumben a la mujer de un ganadero, doña Gudelia, y le abran las piernas para violarla en público: «Mejor si se queja, Faustino. Más gusto al gusto».

Se trata de una sociedad a la que conviene como anillo al dedo la etiqueta de «chovinista fálica», un mundo donde, como explica con crudeza el chofer Antonio a Santiago: «Con su voluntad, sin su voluntad, por el mandato de Dios, la mujer es para el goce del macho». Sí, la mujer es en el dominio del sexo una víctima, sea india, mestiza o blanca, un ser ultrajado por el ardor del varón, ese demonio que, cuando ama, como «el caballero», se convierte en un animal que «babea y goglotea palabras sucias». Por eso, al oír que el guitarrista Ambrosio asegura que también la mujer goza, Santiago piensa, asqueado: «Ambrosio animal, Ambrosio chancho que persigue a chanchas, que hace chorrear suciedad a las chanchas, montándolas. Ambrosio anticristo». Sin embargo, una vez contaminada por la peste del sexo, la mujer, por esa *proclividad masoquista* de la realidad ficticia que comparten hombres y mujeres, se aficiona a él, y, como Irma la ocobambina, se desvive por seguir siendo esclava de quien la degradó. El caso más patético es el de la infeliz Marcelina, lavandera gorda y velluda, violada por unos soldados que le contagiaron una enfermedad y que se ha convertido en una ninfómana. Ella inicia al niño Santiago en el comercio carnal y su manera de tentarlo es «orinando para él». El olor de su sexo hechiza a Santiago, quien, pese al asco y al remordimiento que experimenta luego, vuelve siempre a la huerta en pos de ella, como tiranizado por una maldición.

No resulta difícil averiguar el origen de esta visión torcida del sexo (que, en última instancia, es de raíz cristiana), pues el propio Arguedas lo señaló, al revelar que las escenas exhibicionistas que observa Santiago en «El horno viejo» fueron fantaseadas a partir de las experiencias que le infligió su hermanastro Pablo Pacheco. Para ese niño, cuyo aprendizaje de la vida sexual consistió en vivencias que medio siglo después seguía llamando «traumáticas» y recreando en ficciones, es comprensible que el sexo fuera siempre algo perverso. En la realidad ficticia, el sexo se ha convertido en manifestación devastadora de la violencia que habita el mundo.

Como consecuencia, la mujer en ese mundo está escindida en figuras antagónicas. Una, la mujer de carne y hueso —Marcelina, doña Gaudencia, doña Gabriela, Irma—, víctima, herramienta y transmisora de la infección sexual, y que, por ello, es presentada con una mezcla de asco y piedad. (Quizás el mejor ejemplo de ello sea María, la prostituta de «El forastero», con la que el anónimo personaje del relato hace el amor como sumergiéndose en una turbia atmósfera donde el sexo se confunde y chisporrotea con la suciedad, el hambre, el abandono, la enfermedad y la muerte.) Otra, la mujer abstracta y asexuada, ideal, de los sueños y de las fantasías —como Justina, Adelaida o Hercilia—, cuyo modelo es la Madre, la Virgen de la mitología cristiana, ser puro, a salvo de ese flagelo de la vida. A ésta tiene presente Santiago cuando piensa: «La mujer es más que el cielo, llora como el cielo, como el cielo alumbra... No sirve para la tierra ella».

La ceremonia

SIN EMBARGO, es verdad que el sexo durante «El ayla», esa fiesta en que las parejas de solteros hacen el amor entre cantos y danzas, no tiene caracteres negativos. ¿Por qué? Porque en este caso hacer el amor no es acto individual sino social, una representación comunitaria que se lleva a cabo según la tradición y respetando un programa. Éste es un cambio importante, pues otro componente básico de la realidad ficticia, al igual que la violencia, es *la ceremonia.* La vida, al mismo tiempo que crueldad, sufrimiento, explotación, es rito, espectáculo, canto, danza.

Todos los actos significativos para la colectividad o la persona están acompañados de un ritual en el que son ingredientes centrales la música y el aire libre. Las historias ocurren en la plaza pública o en el campo antes que bajo techo, no tanto porque el mundo ficticio sea rural y campesino en la mayoría de los relatos, como porque esos lugares –la plaza, la campiña– constituyen el decorado más propicio para esas representaciones teatrales de que se compone la vida.

Muchas de las teorías de Mijail Baktin sobre la cultura popular y el carnaval –si se segrega de ellas el elemento humorístico, inexistente en Arguedas– encuentran confirmación en estos relatos. La sociedad de blancos y de indios, en la realidad ficticia, está dividida por razones económicas –explotadores y explotados– y culturales –castellano y quechua–, pero, también, porque aquéllos aparecen como individuos aislados –aunque, como hemos visto, se trate en la práctica de un solo misti que cruza los relatos con distintos nombres– y éstos, en cambio, son casi siempre colectividades que actúan coralmente, a veces como conjuntos armónicos, a veces como entidades disímiles, pero en todo caso como suma de individuos que comparten conductas, tradiciones, oficios y atuendos, que encarnan una misma personalidad.

Éste fue el elemento más novedoso que introdujo en la literatura peruana el primer libro de Arguedas, *Agua*, en 1935: un mundo donde se borran los individuos y los reemplaza un personaje gregario: los conjuntos humanos. Ahora bien, en esos tres relatos y en los que escribiría después, esto será un rasgo indio; entre los mistis prevalecen las figuras individuales. Pero la sociedad india no es uniforme. En su seno hay diferencias y ellas corresponden a colectividades constituidas por el lugar donde viven y por el trabajo que realizan sus miembros. Arguedas ha dado a cada uno de estos grupos, muchas veces, psicologías propias. Así, en «Agua», los sanjuanes son cobardes y sumisos, los tinkis bravíos y huraños, y los comuneros de Utej-Pampa indios «lisos» a los que hasta el patrón respeta.

Estos personajes colectivos pueden ser también de otro orden, aglutinarse, por ejemplo, en razón de la edad. El mundo de los niños –se ve en «Los escoleros», «El barranco» y «Orovilca»– es una ciudadela divorciada del mundo adulto y entre ambos reina la desconfianza e incluso la hostilidad que vemos (en «Los escoleros») entre lukanas y ak'olas. ¿Y mujeres y hombres no viven también en universos distintos y distantes? En este caso, además, como entre mistis e indios, hay entre las dos colectividades una relación de dominio: la mujer es siempre víctima del hombre, como el campesino lo es del patrón.

Analizando de cerca la realidad ficticia, se advierte que toda ella, de manera transversal y vertical, está organizada de este modo, en entidades colectivas, enemigas unas de otras. El mundo ficticio es una colectividad formada por colectividades antes que por individuos, una sociedad cuyas partes son, a su vez, sociedades (indios, mistis, *mak'tillos,* adultos, *dansak's,* músicos, *varayok's,* escoleros, sirvientes, etcétera). La mejor manera de comprobarlo es consultando la memoria: lo que más dura de estos relatos en el recuerdo del lector son esas presencias numerosas que evolucionan de manera sincronizada –los *mak'tillos* emotivos, los mistis crueles, las sirvientas maternales–, en tanto que los individuos se disuelven en lo gregario.

Es sobre todo *el movimiento* –la manera como comparecen o se apartan, como pasan ante el lector– lo que acentúa el relieve de las unidades colectivas de la sociedad ficticia. La acción de casi todos los relatos se compone de continuos desplazamientos de grupos sociales. Estos desfiles colectivos, por su color, por el dinamismo que imprimen a la narración, porque gracias a ellos la realidad ficticia se reviste de naturaleza ceremonial, son el aspecto más destacado del *elemento añadido,* ese factor al cual debe un mundo literario ser original y no un documento.

Hay relatos en los que, de principio a fin, este movimiento de conjuntos hace de la historia la descripción de un espectáculo (a veces trágico), como «Agua», «Los escoleros» y «El ayla». En «Warma Kuyay», la narración se abre con un coro de voces y entre los parlamentos y cantos hay brevísimas apuntaciones impersonales sobre el escenario («Noche de luna en la quebrada de Viseca»), lo que da al texto el semblante de un libro dramático. En los cuentos posteriores de Arguedas, a medida que la apariencia de realismo se va desvaneciendo y el elemento imaginario —lo mágico, lo fantástico— se presenta con menos disimulo, la ceremonia (que es siempre invención) es más importante y frecuente. Habrá relatos, como *La agonía de Rasu-Ñiti*, que consistan en referir un rito, la última representación que ofrece ante un auditorio privilegiado (su familia, sus músicos y su discípulo) un célebre *dansak'*. En todas las historias, la fiesta trasciende la mera diversión, es un culto que se cumple obedeciendo un mandato antiguo, oscuro, religioso, irrenunciable, una suerte de *postlach*, y en el que, como el misti don Juan de «La muerte de los Arango», un hombre puede dilapidar sus ganancias de tres años. Las devastaciones simétricas de los «caínes» de «Hijo solo», que sirven de telón de fondo a la anécdota, rodean a ésta de un ambiente de tragedia épica. En «Diamantes y pedernales» la historia está subliminalmente teatralizada por desfiles que puntúan la acción: el recorrido por la ciudad de los indios cargados de flores de las cumbres para Adelaida, el entierro de don Mariano, la cabalgata de don Aparicio y sus mayordomos con sus potros aperados de lujo para impresionar a la forastera, etcétera.* Y hasta en las idas y venidas de «El forastero» por ese infierno que es para él Guatemala, se advierte que el movimiento no es, en la realidad ficticia, el andar normal, funcional, expeditivo, que desplaza al ser humano de uno a otro lugar, sino el caminar ensayado, preciso, artificial, de quien —en el escenario de un teatro, ante el altar de una iglesia, en una plaza de desfile— actúa, oficia, danza o marcha.

Junto con el movimiento, es decisiva para la naturaleza ceremonial de la realidad ficticia la importancia principalísima que tiene en ella la música. Violenta y ritualizada, la

* Ya hemos visto que en las cartas-testamento que escribió antes de suicidarse, Arguedas estipuló el programa que quería para su entierro: quién debía pronunciar los discursos, quién cantar y qué instrumento tocarse. Ese amor a la *ceremonia*, en su caso, no tenía nada que ver con la vanidad, se trataba de algo más impersonal. En el «Último diario» de *El zorro de arriba y el zorro de abajo* escribió: «Me gustan, hermanos, las ceremonias honradas, no las fantochadas del carajo».

vida en este mundo es igualmente lírica. También en esto es posible rastrear un demonio de infancia que se ha proyectado universalmente en la ficción. La música fue siempre necesaria para Arguedas, que tenía fino oído y sensibilidad de melómano. Escribió estudios valiosos sobre bailes y cantos de los Andes, y esta pasión fue precoz y absorbente: «Pasé mi niñez siguiendo a bailarines y músicos de esas danzas, siguiéndolos noches de noches, imitándolos, hasta que gané el mote de "zonzo" que mi propio padre y mi hermano me lo aplicaban con todo convencimiento».*

Lo cierto es que la música, el canto, el baile son en la realidad ficticia medios de expresión tan importantes como la palabra, y, en algunos casos, más todavía que ella. Están asociados a los principales quehaceres de la comunidad, desde la siembra y la cosecha o la herranza del ganado hasta las procesiones, misas y demás ceremonias religiosas, así como a los grandes hechos de la vida: nacimientos, bodas, bautizos, sepelios. Pero también los pequeños entusiasmos o las menudas tristezas individuales se expresan cantando y bailando. Los ejemplos pueden multiplicarse. Los escolares expresan su alegría ante una bella mañana de domingo zapateando la danza de la hierra. Tres niños bailan en torno de la vaca Gringacha para mostrarle que la quieren. Los pastorcitos de «Kollk'ataypampa» saludan la aparición del sol bailando y cantando un ayarachi. El *upa* don Mariano acostumbra, a solas en su cuarto, bailar delante de su cernícalo Jovín. Y una de las maneras de hacer la corte es ofreciendo serenatas al pie del balcón, como los mistis en «Don Antonio».

Cantar, tocar el arpa, el violín o la flauta expresan, desde luego, contentamiento, afecto, duelo. Pero son, ante todo, elementos del rito, maneras de comunicarse con el *auki* (espíritu de la montaña), con los ríos, las pampas, el *tayta* Inti o Dios.

---

* Carta citada por Emilio Adolfo Westphalen, «José María Arguedas (1911-1969)», en *Amaru*, núm. 11, Lima, diciembre de 1969, p. 2.

Mediante el canto y la danza se conjuran calamidades y se atraen bonanzas y dádivas de la naturaleza y del más allá. Irma la ocobambina, para evitar que don Aparicio la abandone, le prepara una emboscada que consiste en cantar para él y hacerle oír, en el nido de sus amores, las milagrosas melodías del arpa de don Mariano. Porque la música y el canto también están vinculados al amor, al que en ciertos casos purifican. El sexo, esa fea manifestación de la violencia, se dulcifica cuando tiene lugar, durante el *ayla*, la celebración de la limpieza de los acueductos por la comunidad. Solteros y solteras, bailando cogidos de las manos y cantando sin cesar, forman una serpiente que cruza el pueblo y escala las faldas del cerro, donde, entre canción y canción, las parejas se aman. Es la única vez que el sexo no aparece en la realidad ficticia como innoble y vil; la razón es que en este caso el amor físico de las parejas no es fin sino medio, acción ceremonial o, más exactamente, religiosa.

El músico y, tal vez más que él, el *dansak'* son personajes imbuidos de una función sacerdotal y sagrada, que llegan más allá que los otros hombres en la comunicación con el espíritu que alienta en el fondo de las cosas. Uno de los mejores relatos de Arguedas, *La agonía de Rasu-Ñiti,* es prolijo en la descripción de este aspecto de la realidad ficticia. Como la corrida de toros de «Yawar (Fiesta)», la danza de las tijeras, columna vertebral de este relato ha sido importada de una cultura foránea y dominante, la española, pero el pueblo quechua la ha aclimatado e integrado de tal modo a su propia cultura que ahora parece rasgo inconfundible de su identidad.* El cuerpo del *dansak',* explica el narrador, alberga espíritus: de una montaña, de un precipicio, de una cueva, de la cascada de un río,

* El propio Arguedas señaló el origen de esta danza: «El danzante de tijeras fue introducido por los españoles; muy antiguos mates burilados lo describen con una indumentaria hispánica inconfundible que se ha conservado». «Notas elementales sobre el arte popular religioso y la cultura mestiza de Huamanga», en *Revista del Museo Nacional,* vol. XXVII, Lima, 1958, pp. 140-194.

de un pájaro y aun de un insecto. Toda la naturaleza está animada, todas las cosas son envolturas de espíritus. El alma de la materia se hace visible a través de personas misteriosamente designadas, como el arpista don Mariano o el Gran Untu, «padre de todos los danzantes de Lucanas», el Pachakchaki y Rumisonko, o Rasu-Ñiti y su discípulo Atok'sayku. En este mundo, en el que el cura cristiano aparece siempre como un ser obtuso, cómplice de la injusticia, los danzantes y músicos son reverenciados y queridos. Ellos son los verdaderos sacerdotes, intermediarios con el otro mundo, portavoces de las fuerzas mágicas de la tierra.

La naturaleza animada

¿ESTAMOS TODAVÍA en un mundo realista, en una realidad verificable? ¿O en un universo en el que, de acuerdo con las concepciones animistas, los seres naturales comparten con los hombres los atributos de la espiritualidad y la sapiencia? Porque, en la realidad ficticia, la música, una de las formas más elevadas de la vida, es también expresión de lo sagrado natural, de esa vida lúcida y secreta que late en el seno de la naturaleza. Hacer música es una operación mágica a través de la cual se aprehende y comunica el alma de la vida material. En «Diamantes y pedernales», los veinte arpistas de la capital de la provincia, la noche del 23 de junio, descienden por los cauces de riachuelos que van a aumentar el río principal. Allí, bajo las cataratas de los torrentes, reciben un mensaje:

> ¡Sólo esa noche el agua crea melodías nuevas al caer sobre la roca y rodando en su lustroso cauce! Cada maestro arpista tiene su *paklla* (santo de agua) secreta. Se echa de pecho, escondido bajo los penachos de las sacuaras; algunos se cuelgan de los troncos de molle, sobre el abis-

mo en que el torrente se precipita y llora. Al día siguiente, y durante todas las fiestas del año, cada arpista toca melodías nunca oídas, directamente al corazón; el río les dicta música nueva.

No existen, pues, fronteras entre lo humano y la naturaleza: ésta se halla animada y la música que dicta a los arpistas en esa fantástica ceremonia nocturna, la víspera de San Juan, es la voz de su espíritu.

Por eso, la naturaleza no necesita de los hombres para vivir intensamente y disfrutar de vida espiritual, como muestra «Huayanay» (cuadro o estampa más que relato), donde aparece un orden natural de plantas, ríos y animales, independiente del mundo de los seres humanos, que asoman sólo como remoto horizonte gracias a su música y sus coros. Casi sin movimiento ni tiempo, ni historia, la naturaleza es aquí la verdadera vida, una realidad virgen, pletórica y sagrada.

Como los ríos y las cascadas, los *cerros* de la realidad ficticia tienen un ánima que dialoga con los hombres, a quienes aconseja, protege y limpia espiritualmente. Las montañas lucen nombre propio: Santa Bárbara, Jatun Cruz, Chitulla, Kanrara, Ak'chi, Osk'onta, Chawala, Koropuna, Santa Brígida, Aukimana, Arayá. En «La huerta», cada vez que hace el amor con la lavandera borracha, el niño Santiago trepa luego al cerro tutelar al que, con humildad, pide la absolución: «Tú nomás eres como yo quiero que todo sea en el alma mía, así como estás, padre Arayá, en este rato. Del color del ayrampo purito». El cura del pueblo no entiende al padre Arayá; no niega que tenga una vida interior, pero, según él, se trata de una vida maléfica: «¡Este cerro que tiene culebras grandes en su interior, que dicen que tiene toros que echan fuego por su boca!». Por su parte, los indios respetan y adoran a esas montañas donde (en «El ayla») suben ceremonialmente a celebrar la limpieza de los acueductos degollando un carnero y una llama y donde el Auki Mayor va a transmitir las quejas y súplicas de los comuneros. *Auki* es el nombre de los sacerdotes indios; pero también se llama así al espíritu de las montañas, que, materializado en forma de cóndor, puede tomar posesión de un *dansak',* guiarlo en vida, y, en el momento oportuno, anunciarle que va a morir, como a Pedro Huancayre. Los niños llaman *tayta* (señor) a las montañas y (en «Agua») comparan sus voces y cóleras y discuten sobre cuál es más poderosa; están convencidos, como los indios sanjuanes, que también hay rivalidades y desafíos entre los cerros y que, por ejemplo, el *tayta* Chitulla y el *tayta* Kanrara, «en las noches oscuras, bajan hasta la ribera del Viseca y se hondean allí, de orilla a orilla». Y hasta ocurre que las montañas sean propietarias de tierras que, como el *tayta* Ak'chi de «Los escoleros», recorren de noche con un cuero de cóndor sobre la cabeza y con chamarra, ojotas y pantalón de vicuña. Muchos arrieros han visto a ese *auki* alto y silencioso ante el que «los riachuelos juntan sus orillas para dejarle pasar».

También las rocas y los pedruscos participan de la animación profunda de las cosas y tienen actividad e historia, igual que el hombre. En las afueras de Ak'ola está sentada una piedra que se llama Jatunrumi y a la que en ciertas ocasiones se oye cantar. Ese canto es el de los *mak'tillos* (niños) que las piedras se tragan «enteritos» cuando sienten hambre y que, prisioneros en el corazón de la materia, entonan nostálgicas melodías recordando la tierra, sus pueblos, sus familias.

Como los seres humanos, los árboles de la realidad ficticia pueden tener sexo. La maestra de «La muerte de los Arango» afirma que el eucalipto de cabellera redonda, ramosa y tupida de la plaza del pueblo «es hembra». Éste es un buen ejemplo del sistema de desrealización –mitificación literaria– de la naturaleza que lleva a cabo Arguedas, y recuerda lo que sucede en el «Tercer diario» de *El zorro de arriba y el zorro de abajo* con el pino de Arequipa. En la bellísima descripción del cuento, el eucalipto va perdiendo materialidad, espiritualizándose. Los niños creen que de sus ramas «caen lágrimas» cuando el árbol escucha el canto funerario de los indios que traen a sus muertos —abatidos por la peste— a reposar unos momentos a su sombra, como ante un altar, y el eucalipto cobra para ellos un significado fascinante. No es el único árbol animado de los cuentos; quizá lo sean todos, pues ¿acaso el protagonista recurrente —el niño misti que hace vida de indio— no habla en «La huerta» con un sauce llorón y en «El ayla» con un árbol de espino? En otras ocasiones lo hace con el sol y con las piedras.

Si la vecindad entre el orden natural y el humano es tan estrecha, si la materia inorgánica y las plantas son interlocutores del hombre, la comunión entre éste y los animales llega a ser absoluta. Hay historias, como «El barranco» o «Hijo solo», en las que la humanización del mundo animal es tan extremada que una vaca y un perro comparten con personas la función de protagonistas. Se trata de seres con emociones humanas, e, incluso —como la Ene—, dotados de una capacidad de ternura hacia sus crías más intensa que la de muchos seres humanos con sus hijos. En los animales los hombres encuentran compañeros compasivos y atentos a quienes contar sus penas, como hacen con las vicuñas y las torcazas los pastores de «Los escoleros», y entre un hombre y un animal puede brotar una fraternidad cálida, como entre el cernícalo y don Mariano, la vaca Gringa y los escoleros o el pequeño Singu y el perrito que recoge.

Éstos son animales concretos y tangibles. Pero en la realidad ficticia hay otros, de existencia respaldada sólo por la fe y la imaginación, como esa corvina dorada de cola ramosa y aletas ágiles que boga por los arenales de Ica, entre el mar y las lagunas, con una muchacha en el lomo. Algunos animales reales, por lo demás, tienen propiedades imaginarias, como las de este pez fantástico. Así, los *chaschas* (perros) poseen una mirada especial que les permite ver las ánimas y (en «Los escoleros») «cuando el alma anda en lejos, ladran; pero si está en el mismo pueblo aúllan de tristes». Si a un *chas-*

cha lo sacan de la querencia, su alma permanece en ella y él —como el Kaisercha de don Ciprián— al oscurecer ladra, llamándola.

La contrapartida de la humanización de los animales es el contagio de lo humano por la zoología. Esto acontece en los cuentos de Arguedas en un nivel formal, como recurso estilístico, pero de manera tan frecuente que esos símiles a que recurre el narrador, utilizando a perros, cóndores, chanchos, gallos, novillos, padrillos, pájaros, sapos, como puntos de referencia para precisar las conductas, los sentimientos y las apariencias de los personajes, acaban por establecer en el ánimo del lector un efectivo parentesco, una relación de familia en la que hombres y animales resultan ontológicamente semejantes: dos manifestaciones de la vida, indiferenciables desde el punto de vista de la emoción, la moral y el conocimiento.

Este mundo violento y ceremonioso, musical y encantado, de montañas que lavan los pecados y dibujan los arabescos de los danzantes, de árboles sensitivos y vacas sentimentales, de hombres lobo de corazón de piedra, no es una crónica de la realidad peruana. Está erigido, sí, a partir de vivencias profundas y dolorosas del país. Pero, con ayuda de la imaginación y de los condicionamientos del idioma, debido a la alquimia inevitable que realizan esas pasiones, frustraciones, ambiciones y rencores que intervienen en la tarea creadora, cuando un escritor, como lo hacía Arguedas, escribe con todo su ser, vertiendo en esa empresa lo mejor y lo peor de sí mismo, la realidad que fue materia prima se transformó en su ficción en algo distinto del modelo. Esta infidelidad prueba que fue un escritor original, que dio al mundo algo que no existía antes de que él lo inventara, y el carácter genuino de su narrativa, mentira persuasiva en la que otros hombres —de aquí o de otras geografías, de nuestro tiempo o del porvenir— pueden reconocer, en las caras cobrizas y las voces chillonas de los muchachos escoleros, en la ternura de esas sirvientas serranas, en esos comuneros hieráticos, en esa fauna espiritual y esa orografía mágica, un mito que perenniza, una vez más, la protesta de un creador contra la insuficiencia de la vida.

V. ENTRE EL FUEGO Y EL AMOR (1935-1941)

La literatura, la cárcel, la sierra, la educación

Los seis años que median entre la publicación de los cuentos de *Agua* y su primera novela, *Yawar Fiesta* —1935 a 1941— ampliarían de manera considerable el conocimiento que José María Arguedas tenía de la realidad peruana y de las iniquidades sociales y políticas del país. En esos seis años se incorporó al medio intelectual limeño, militó a favor de la República española, estuvo preso por razones políticas, se casó con Celia Bustamante Vernal, su primera mujer, volvió a la sierra en la región del Cusco, empezó su carrera magisterial y comenzó sus investigaciones sobre etnología y folclore andino y sus colaboraciones periodísticas sobre estos temas, a la vez que escribía una de sus mejores novelas. En esos años, el debate ideológico del indigenismo prosiguió, sobre todo con la aportación de las ideas de un socialista, estudioso de la comunidad indígena tradicional y empeñado en promocionar a ésta como modelo de la futura sociedad peruana: Hildebrando Castro Pozo.

Tenemos un precioso testimonio sobre estos años de Arguedas gracias al poeta Manuel Moreno Jimeno. Se habían conocido en 1933, a través de otro poeta —Luis Valle Goicochea—, quien los presentó en el Café Romano del centro de Lima, y desde entonces se estableció entre ellos una amistad fraternal que duraría toda la vida. A poco de conocerse, Arguedas propuso a Moreno Jimeno un viaje a pie, por el valle del Mantaro, en la sierra central, y en esas semanas que pasaron juntos recorriendo los poblados y las comunidades campesinas, compartiendo las modestas viviendas y a veces las faenas de los indios, Moreno Jimeno pudo observar de cerca el interés y la pasión amorosa de Arguedas por los hombres y mujeres de los Andes, así como lo desgarrado de su vida interior: ya entonces sufría de esos desvelos que lo atormentarían tanto en sus últimos años y de súbitas depresiones que lo dejaban debilitado y desmoralizado días enteros. La correspondencia entre ambos amigos, publicada por Roland Forgues,* ofrece una valiosa información sobre Arguedas en esta época y las circunstancias en que escribió *Yawar Fiesta.*

Trabajaba en el Correo Central, «sellando cartas», vivía en una habitación de la calle Plumereros, en cuya azotea practicaba a veces el boxeo, deporte que le encantaba, e iba con frecuencia a casa de Moreno Jimeno, en La Victoria, cuya familia lo adoptó como a un hijo. El poeta (que trabajaba entonces como obrero de construcción) había convertido esta modesta vivienda en un enclave de lecturas refinadas y de buena música, y entre esas paredes tomó contacto Arguedas con la poesía de vanguardia, con escritores europeos traducidos al español, y escuchó por primera vez obras de Johann Sebastian Bach y de compositores barrocos italianos como Antonio Vivaldi, Benedetto Marcello y Giovanni Battista Pergolesi.

Pero, gracias a la peña Pancho Fierro, foco de irradiación del arte popular y del folclore, fundada entre 1935 y 1936 por las hermanas Celia y Alicia Bustamante, que ejercerían gran influencia en su vida, Arguedas pudo también dedicar buena parte de su tiempo a la cultura andina. Alicia Busta-

---

* *José María Arguedas. La letra inmortal. Correspondencia con Manuel Moreno Jimeno,* Ediciones de Los Ríos Profundos, Lima, 1993, edición y prólogo de Roland Forgues.

mante, joven pintora, se había formado en la Escuela de Bellas Artes, cuando ésta, bajo la dirección de José Sabogal, era la ciudadela del indigenismo artístico en el Perú. Al cerrarse la escuela, al mismo tiempo que la universidad, por razones políticas, Alicia y su hermana Celia abrieron en una antigua vivienda de la plazuela de San Agustín, en el centro de la Lima colonial, la peña bautizada con el nombre del célebre acuarelista mulato Pancho Fierro (1803-1879), que en sus cartulinas y pinturas documentó con espontáneo talento y mucha gracia y picardía los tipos populares y las costumbres de la vida limeña del siglo XIX. El nombre era todo un programa de acción estética. La peña Pancho Fierro, donde Celia y Alicia fueron reuniendo una extraordinaria colección de artesanía popular procedente de todas las regiones y culturas del Perú, se convirtió en un centro de promoción y defensa del indigenismo artístico, de las artes populares —la música, las danzas, la imaginería, los vestuarios, todas las manifestaciones del folclore y, en especial, el procedente de los pueblos andinos— y en lugar de encuentro de escritores, poetas, pintores e intelectuales nacionales o extranjeros de paso por Lima.

Arguedas, que había hecho amistad con las hermanas Bustamante desde sus primeros años universitarios, estuvo ligado desde el principio a la peña Pancho Fierro, y su conocimiento de la música y de los Andes contribuyó en mucho a la vocación indigenista que desde su inicio tuvo esta institución, en la que, en 1939, Alicia Bustamante organizó, por primera vez en el Perú, una gran exposición de arte popular. En la peña frecuentó Arguedas a escritores e intelectuales con quienes mantuvo una estrecha relación todo el resto de su vida, como el poeta surrealista Emilio Adolfo Westphalen y el filósofo Carlos Cueto Fernandini, y, años más tarde, a los poetas de una generación posterior, Jorge Eduardo Eielson, Sebastián Salazar Bondy, Javier Sologuren y Blanca Varela, y al pintor Fernando de Szyszlo. La labor allí realizada en favor de la música popular y la ayuda que las hermanas Bustamante le prestaron en su aclimatación al medio de Lima fue recordada por Arguedas en una de sus cartas-testamento:

> Ella (Celia), su hermana Alicia y los amigos comunes me abrieron las puertas de la ciudad (Lima) o hicieron más fácil mi no tan profundo ingreso a ella y, con mi padre y los libros, el mejor entendimiento del castellano, la mitad del mundo. Y también con Celia y Alicia empezamos a quebrantar la muralla que cercaba Lima y la costa –la mente de los criollos todopoderosos, colonos de una mezcla bastante indefinible de España, Francia y los Estados Unidos y de los colonos de estos colonos–, quebrantar la muralla que cerraba Lima y la costa a la *música* en milenios, creada y perfeccionada por quechuas, aymaras y mestizos.*

El énfasis en lo de la música andina revela una de las pasiones precoces de Arguedas y una ocupación central en su obra de antropólogo y folclorista, como recopilador y traductor al español de canciones quechuas. Desde esos años, para escucharlas, frecuentaba los clubes provincianos y las fiestas populares de las asociaciones de migrantes de la sierra avecindados en Lima. En San Marcos había empezado a preparar una tesis de bachillerato sobre «La canción popular mestiza, su valor poético y sus posibilidades», que no llegó a presentar. Él mismo tenía una magnífica voz y cuando estaba de buen ánimo solía alegrar las reuniones sociales entonando las canciones serranas y zapateando un huaynito. La única vez que visité la peña Pancho Fierro, muchos años después de los que evoco, en junio de 1962, oí cantar en quechua a José María una traviesa tonada de los Andes.

---

* Carta de J. M. A. a su editor Gonzalo Losada, fechada el 29 de agosto de 1969 y publicada como colofón a *El zorro de arriba y el zorro de abajo,* ALLCA XX/Ediciones Unesco, Colección Archivos, 14, Madrid, 1990. Edición crítica coordinada por Éve-Marie Fell.

En agosto de 1936, con un grupo de compañeros de San Marcos –José Alvarado Sánchez, Emilio Champion, Augusto Tamayo Vargas y Alberto Tauro–, Arguedas aparece en el grupo fundador de la revista *Palabra, en defensa de la cultura* (órgano de los alumnos de la Facultad de Letras de la universidad), de la que saldrían cuatro números, en uno de los cuales publicará «El despojo», primer adelanto de su novela *Yawar Fiesta.* Uno de sus compañeros en esta aventura, el futuro profesor e historiador Alberto Tauro, publicaría en esos años un recuento histórico y literario –un balance intelectual– del movimiento indigenista.

En esta época, a la vez que participaba de manera activa en la vida cultural, José María Arguedas tuvo también, por única vez en su vida, abierta militancia política. Según Moreno Jimeno, la peña Pancho Fierro atraía a muchos «intelectuales de avanzada» y «era considerada como un centro de escritores y artistas comunistas» (p. 30). Quienes la frecuentaban se hallaban más cerca del Partido Comunista que del APRA en la rivalidad que oponía a las dos fuerzas de izquierda que luchaban encarnizadamente entre sí, al mismo tiempo que padecían la represión de la dictadura de Benavides.

En el Perú, al igual que en el resto de América Latina, la guerra civil española fue seguida con pasión y provocó movilizaciones y apasionadas e intensas polémicas.* La defensa de la República contra los insurgentes del general Francisco Franco fue una causa por la que se volcaron todos los intelectuales de izquierda. En Lima, un grupo de estudiantes universitarios y de militantes políticos constituyó un Comité de Acción en Defensa de la República Española (CADRE), del que Arguedas fue miembro activo. Desde 1936, en que hubo

---

* Véase a este respecto el interesante libro de Mark Falcoff y Frederick B. Pike, *The Spanish Civil War (1936-1939). American Hemispheric Perspectives,* University of Nebraska Press, Lincoln, 1982, y en especial el capítulo dedicado al Perú de Thomas M. Davis, Jr., pp. 203-249.

elecciones universitarias en San Marcos, ya hacía política. Ese año, con José Russo y Roberto Koch, José María salió elegido delegado de tercer año al Centro Federado de la Facultad de Letras. En ese contexto se produjeron los incidentes que lo llevarían a la cárcel.*

El sexto

El general italiano Camarotta, que había comandado las tropas italianas enviadas a España por Mussolini para ayudar a Franco, llegó al Perú, en misión oficial del gobierno fascista italiano, para asesorar a la dictadura del general Benavides en la reorganización de la policía. Alguien tuvo la peregrina ocurrencia de llevar al general Camarotta a visitar a su compatriota, el profesor italiano Hipólito Galante, que dirigía el Instituto de Filología de San Marcos, una universidad que, como dice Encinas, era «un incandescente foco de agitación en favor de la República española» (p. 24). Este clima se hallaba enardecido esos días con las noticias de bombardeos de poblaciones inermes efectuados por la aviación italiana en España. Al ver aparecer al general Camarotta, con vistoso uniforme y entorchados, en los patios de San Marcos se organizó un acto de protesta y los estudiantes, entre los que se hallaba Arguedas, lo rodearon cantando *La Internacional* e intentaron arrojarlo a la pila del patio de Derecho. Según Moreno Jimeno, que participó en los sucesos y pasó por ello más de un año en la cárcel, un grupo de profesores rescató al general Camarotta antes de la zambullida, pero no pudo impedir que fuera

---

* Para este episodio, además del testimonio de Moreno Jimeno, sigo el de José Antonio Encinas del Pando, compañero de Arguedas en San Marcos y que fue a la cárcel con él por los incidentes, *Agenda de un peruano exigente,* Publicaciones de la Universidad de Lima, Lima, 1993, pp. 23-24, y el de César Lévano, quien ha investigado lo sucedido en su libro *Arguedas. Un sentimiento trágico de la vida,* Editorial Gráfica Labor, Lima, 1969.

insultado y «sacudido». Una inmediata redada llevó a la cárcel a casi todos los miembros del CADRE, entre ellos a Arguedas, quien debido a ello perdió su empleo en el Correo Central. El general Benavides instituyó un consejo de guerra para juzgar a los detenidos.

Arguedas permaneció preso cerca de un año, entre mediados de 1937 y junio de 1938, periodo del cual pasó ocho meses en El Sexto, dos meses en la intendencia y un mes y medio en el hospital. En la tristemente célebre prisión de Lima llamada El Sexto convivían criminales, ladrones y vagos con los perseguidos políticos –apristas, comunistas o independientes–, innumerables en esa época de gran dureza represiva. Con los recuerdos de esa experiencia escribiría, años después, su novela *El Sexto* (1961). Según Encinas, en la cárcel «Arguedas, Ortiz Reyes (otro estudiante preso) y yo iniciamos, en la mejor tradición carcelaria, cursos de divulgación social, legal, económica y filosófica, acerca de los padecimientos del país y de la necesidad de erradicarlos» (p. 25). Pero, dada su sensibilidad y vulnerabilidad emocional, el año pasado en ese infierno carcelario, donde se vivía en la inmundicia y el hambre, se torturaba y asesinaba a ojos vistas de los demás presos, y donde las violaciones homosexuales, tráficos de alcohol, coca y drogas y los atropellos más horrendos eran cometidos a diario –ante la indiferencia de los guardianes– por bandas de delincuentes encabezados por los peores criminales del hampa limeña, contribuyó a agravar, con una pesada carga, la maltratada vida emocional de Arguedas, aguzando sus sentimientos de inseguridad y su patética identificación con los humildes y los indefensos.

En esos días de prisión, la ayuda que le prestó Celia Bustamante fue invalorable. Lo visitaba sin cesar, llevándole comida (la de la prisión era inmunda o inexistente) y animándolo a resistir la prueba, sin perder la fe en que saldría libre. Ese apoyo fue decisivo para que lo que había sido hasta entonces una relación de amistad cobrara otro sesgo y surgiera, en Arguedas, un sentimiento amoroso o, acaso, una gratitud tan honda hacia Celia que parecía amor. Arguedas diría, más tarde, recordando ese episodio que a Celia Bustamante Vernal

> debo haber sobrevivido en el hospital, sala de presos, donde estuve en medio de dos tuberculosos hemoptoicos. Los cuidados de mi novia me salvaron. Zurita, uno de los presos, ladrón sentenciado a ocho años, lanzaba sangre hasta salpicar mi cama. Yo lo atendía porque era un hombre extraordinario a quien llegué a querer mucho.*

(Según Moreno Jimeno, ésta no fue la primera relación amorosa de Arguedas, quien, antes de caer en prisión, había tenido una breve y «conflictiva» aventura emocional con una mujer llamada Adela, viuda de un comunista peruano muerto en Chile, con la que vivió por un breve periodo.)

Canto kechwa

EN LA PRISIÓN, además, se dio ánimos para traducir muchas de las canciones quechuas que aparecerían en su segundo libro, *Canto kechwa* (1938),** que, según Mildred Merino de Zela, Arguedas iba enviando desde la cárcel a su amigo Alberto Tauro para que se las comentara. Así, entre los barrotes de una cárcel, inició otra de las fundamentales tareas de su vida intelectual: recopilar y traducir al español el acervo cultural y folclórico del mundo quechua.

El segundo libro de Arguedas, publicado tres años después de *Agua*, tiene unas bonitas ilustraciones de Alicia Bustamante; en él se anuncia *Yawar Fiesta* (que sólo saldría tres

---

* Ángel Flores (editor), *Historia y antología del cuento y la novela en Hispanoamérica, op. cit.*, pp. 503-504.

** Todas las citas son de la primera edición de *Canto kechwa* ya mencionada.

años más tarde) y consta de veintiuna canciones traducidas al español. El prólogo-ensayo contiene una parte confesional y nostálgica muy interesante, pues revela las fuentes de algunos de sus relatos, así como de sus futuras novelas *Los ríos profundos* y *Todas las sangres,* todas experiencias de su infancia y juventud. Aunque hay referencias a la explotación y los prejuicios de que es víctima el indio, el ensayo se centra en la importancia de la música en la vida indígena, para lo cual cita Arguedas algunos recuerdos de su vida en la hacienda «Viceca» *(sic):* los huaynos que cantaban los campesinos en la noche y las danzas y canciones que acompañaban la cosecha del maíz. Acaso la fuente literaria más vívida que asoma en el texto sea una imagen de la hacienda Karkequi, en los valles del Apurímac. Aquel «pariente de mi padre», apodado el Viejo, que «tenía 400 indios» a los que sometía a una rígida disciplina —«como mulas de carga»— y que vivían paralizados por el terror y una reverencia religiosa al amo, será el modelo del Viejo de *Los ríos profundos* y del don Bruno de *Todas las sangres.* Para mostrar hasta qué extremos de indefensión y nulidad vital había llevado ese sistema de despotismo paternalista a sus víctimas, Arguedas dice que aquellos campesinos habían perdido la facultad que para él representaba mejor que ninguna otra la fuerza de la vida: «Esa indiada no sabía cantar».

Aunque señala que abundan todavía los prejuicios costeños contra todo lo que es indio, incluida su música (los limeños acomodados prefieren bailar el tango y el *one step* en vez de huaynos), Arguedas constata que «el movimiento en defensa del indio había crecido mucho y se iba convirtiendo en fuerza nacional» (p. 9). A la vez que elogia la pintura indigenista de Mario Urteaga y Julia Codesido, hace una educada crítica al «indigenismo» y el «cholismo» en el arte y la literatura pues se quedan «casi siempre en lo brillante y decorativo», sin lograr «la fluidez y la plenitud estética de la obra que expresa lo vivido, lo sentido en lo más íntimo de la propia carne» (p. 14). El ensayo termina con una nota optimista: en el Perú «se está creando el ambiente para el advenimiento de un gran arte nacional de tema indígena».

El pronóstico se confirmaría gracias a Ciro Alegría (que en esos años publica sus tres novelas) y a Arguedas, quien, como advierte este texto, se hallaba sumergido en la búsqueda de una forma artística capaz de recrear el mundo indígena con originalidad y vigor, algo que, en efecto, lograría en *Yawar Fiesta*. Para esta época, con sólo dos publicaciones, ya había adquirido firme prestigio en el pequeño medio intelectual peruano. A mediados de 1939 apareció un estudio dedicado a su obra, de Moisés Arroyo Posadas,* el primer libro de los muchos que al cabo de los años generaría el interés de los críticos por sus cuentos y novelas. Este breve texto, aunque de interés más bien simbólico, acierta al pronosticar que Arguedas alternará pronto con la mejor literatura latinoamericana del momento, entre cuyas obras cumbres cita a *Huasipungo*, del ecuatoriano Jorge Icaza, *Don Segundo Sombra*, del argentino Ricardo Güiraldes, *Los de abajo*, del mexicano Mariano Azuela, *La vorágine*, del colombiano Eustasio Rivera, y *El roto*, del chileno Joaquín Edwards Bello.

Sicuani y el folclore

EN MARZO de 1939, Arguedas, que, como señalamos, había perdido su puesto en el Correo Central, encontró un trabajo fuera de Lima: profesor de castellano y geografía en el Colegio Nacional de Varones Mateo Pumacahua, de Sicuani-Canchis, en Cusco, con un salario de doscientos soles mensuales. En esa provincia cusqueña pasaría los dos años y siete meses siguientes (hasta octubre de 1941), un periodo que recordará luego –en palabras de Moreno Jimeno– como el «más feliz de su vida». Partió al Cusco con Celia Bustamante,

---

* Moisés Arroyo Posadas, *La multitud y el paisaje peruanos en los relatos de José María Arguedas*, Compañía de Impresiones y Publicidad, Lima, 1939.

con quien contrajo matrimonio el 30 de junio de 1939 y quien sería hasta 1965 no sólo su esposa; también y acaso sobre todo una compañera devota, diligente y maternal, que lo protegió y rodeó de un cariño abnegado y absorbente, por el que Arguedas se sentiría alternativamente reconocido y abrumado. Pero, en esos primeros años, esta relación matrimonial, que soportó más tarde traumáticas pruebas, fue excelente, y la vida de la pareja en Sicuani –con la que Alicia, la hermana de Celia, pasó largas temporadas– transcurrió en paz, animada con proyectos literarios y una provechosa actividad intelectual. Las cartas a Moreno Jimeno muestran a un Arguedas entusiasmado con su trabajo como maestro, tomando iniciativas que desbordaban sus obligaciones, ávido de lecturas y de empeños literarios y también concernido –aunque a cierta distancia– con la situación política en esos años finales de Benavides y la campaña electoral en la que resultaría electo Manuel Prado. En su tiempo libre, dirigió un ambicioso proyecto de recopilación folclórica de la zona de Sicuani, con la colaboración de sus alumnos del Colegio Mateo Pumacahua, cuyos resultados envió al Ministerio de Educación, con un prólogo suyo. En Sicuani conoció a un gran folclorista y quechuólogo cusqueño, el padre Jorge A. Lira, con quien haría buena amistad y con el que publicaría un libro años más tarde.

Desde su salida de la cárcel, Arguedas comenzó a enviar artículos sobre danzas, ritos y ceremonias indígenas de los Andes al diario *La Prensa*, de Buenos Aires –su primer artículo, «Simbolismo y poesía de dos canciones populares quechuas», apareció los días 23 de octubre y 27 de noviembre de 1938–, con el que siguió colaborando regularmente con textos de divulgación folclórica y etnológica hasta 1944.* Su pe-

---

* Estos artículos han sido recogidos parcialmente por Ángel Rama en José María Arguedas, *Señores e indios. Acerca de la cultura quechua*, Arca/Calicanto, Buenos Aires, 1976, y en José María Arguedas, *Indios, mestizos y señores*, Editorial Horizonte, Lima, 1985. Edición ampliada y nota introductoria de Sybila Arredondo.

riodo más fecundo de colaboraciones con el diario argentino fue, precisamente, el de su estadía en la sierra cusqueña.

Pero lo más fructífero de su estancia en Sicuani fue la materialización de la novela cuyo tema lo rondaba desde hacía por lo menos tres años –la de una corrida de toros india, en Puquio, la ciudad ayacuchana de su infancia–, que por fin escribió aquí, en 1940, acicateado por un asunto circunstancial: un concurso de novela hispanoamericana convocado por una editorial de los Estados Unidos. Se constituyeron jurados nacionales, que debían elegir una obra por país. Las novelas seleccionadas serían juzgadas por un jurado internacional. Arguedas escribió *Yawar Fiesta* en el segundo semestre de 1940. Enviaba cada capítulo, apenas lo tenía terminado, a Manuel Moreno Jimeno, quien le hacía llegar sus comentarios. Éste se encargó de presentar el manuscrito al concurso, y para Arguedas resultó una gran decepción que el jurado –entre quienes se encontraban algunos compañeros de generación, como Augusto Tamayo Vargas y Estuardo Núñez, así como el padre del indigenismo, Luis E. Valcárcel– prefiriese a la suya la novela de un desconocido, José Ferrando, *Panorama hacia el alba*, de la que no ha quedado memoria. Pero, con el tiempo, los lectores y la crítica del Perú y de América Latina desagraviarían a *Yawar Fiesta*.

Ciro Alegría, *El mundo es ancho y ajeno* y el ideal asimilista

YAWAR FIESTA salió en 1941, el mismo año en que aparecía en Santiago de Chile *El mundo es ancho y ajeno*, de Ciro Alegría (1909-1967), contemporáneo de Arguedas, y, con él, el escritor peruano más personal dentro de la corriente conocida como regionalista, indigenista o de «la novela de la tierra». Las similitudes entre ambos son menos importantes que las diferencias, muy profundas, y que ilustran la heterogénea realidad que inspiró a los narradores del mundo andino y la diversidad de ficciones que ella produjo.

Ciro Alegría nació en 1909, en Huamachuco, sierra norteña del departamento de La Libertad, y vivió de niño en la vertiente oriental de la cordillera, donde ésta toca la selva, a orillas del río Marañón, en la hacienda de su abuelo Teodoro Alegría. Retornó allí de adolescente y su memoria quedó impregnada de ese paisaje, que evocaría en las estampas de su primera novela, *La serpiente de oro* (1935), y de las historias que oyó referir a los contadores de cuentos populares («Creo que mis primeros maestros, aun antes de que supiera leer, fueron estos narradores populares, a los cuales honestamente he plagiado, en un plagio honroso creo yo, que me contaron a mí muchas historias del pueblo peruano tal como ellos lo veían, tal como ellos lo imaginaban, o tal como ellos lo fabulaban»).* De niño, fue alumno de César Vallejo, en un colegio primario de Trujillo. Luego, por razones de salud, retornó a la sierra, a Cajabamba, a continuar sus estudios. Terminó la secundaria en Trujillo, donde hizo periodismo e ingresó a la universidad, pero, por su afiliación al partido aprista y su participación en los intentos revolucionarios de este movimiento de los años treinta, se vio perseguido y encarcelado por la dictadura de Sánchez Cerro. Estuvo dos años en la prisión —1931 y 1932— y fue luego desterrado a Chile, donde llegó debilitado por la experiencia carcelaria, a la que se sumarían ahora las penalidades del exilio. Contrajo una tuberculosis que lo tuvo dos años en el sanatorio de San José de Maipo.

Paradójicamente —o, tal vez, no—, en estos años del exilio chileno, de privaciones y añoranzas, entre 1935 y 1941, escri-

---

* *Primer Encuentro de Narradores Peruanos. Arequipa, 1965,* Casa de la Cultura del Perú, Lima, 1969, intervención de Ciro Alegría, p. 32. Véase también Ciro Alegría, *Mucha suerte con harto palo. Memorias,* Editorial Losada, Cristal del Tiempo, Buenos Aires, 1976, ordenamiento, prólogo y notas de Dora Varona.

bió las tres novelas que lo harían famoso en toda América Latina: *La serpiente de oro,* una serie de delicados cuadros costumbristas de la selva alta, a orillas del Marañón, tenuemente enlazados, con la que ganó el primer premio de un concurso de la Editorial Nascimento; un relato en forma de parábola sobre las injusticias sociales del mundo andino, *Los perros hambrientos* (1938), y su novela de gran aliento, *El mundo es ancho y ajeno* (1941), una de las más ambiciosas que haya producido la literatura regionalista continental y un auténtico clásico en su género, a la par de *La vorágine,* de Eustasio Rivera, *Don Segundo Sombra,* de Güiraldes, o *Doña Bárbara,* de Rómulo Gallegos. Misteriosamente, luego de este breve y fecundo periodo, la vocación literaria de Alegría se eclipsó. Aunque escribió crónicas, testimonios y algunos cuentos y dejó al morir, en 1967, una novela inconclusa, *Lázaro,* en su obra posterior no volvió a cuajar nada comparable con aquellas novelas de su temprana madurez.

Entre ellas, *El mundo es ancho y ajeno* descuella por su espléndido título y su empeño totalizador, que, a la manera de las grandes novelas realistas decimonónicas, abraza todo el movimiento de una sociedad en un vasto mural narrativo. Ella relata la trágica odisea de la comunidad de Rumi, que, en la sierra norteña, es primero despojada por el gamonal Álvaro Almenábar y Roldán de sus mejores tierras, arrinconada en un terreno pobre alrededor de la laguna Yanañahui, y que, por fin, robada también de este reducto, desaparece, unos quince años después, peleando contra un batallón de guardias y soldados enviados a exterminarla. La épica historia transcurre entre 1912 y 1927, aproximadamente. Tiene su núcleo narrativo en las sierras de La Libertad, pero se proyecta, siguiendo las venturas y desventuras de los comuneros desarraigados de Rumi por la adversidad, hacia otras regiones del Perú (Lima, El Callao, la selva amazónica, los asientos mineros de Pataz, Cajamarca, el Callejón de Huaylas). Y, aunque sus principales protagonistas son indios —muy diferentes de los que pueblan las ficciones de Arguedas–, también aparecen en la historia blancos y mestizos, y, de manera fugaz, negros, mulatos, inmigrantes italianos y aborígenes de las tribus amazónicas. En lo social como en lo geográfico domina el libro la vocación deicida –competir con Dios, emular la creación divina– de la novela que aspira a simular una realidad total.

La intención que la anima es la denuncia social y la pintura costumbrista de paisajes, usos y tipos humanos relevantes –el gran Rosendo Maqui, personificación de la sabiduría natural y la integridad ética, el Fiero Vásquez, bandolero de cara y alma curtidas a hachazos por la injusticia, el innoble tinterillo Bismarck Ruiz y el abogado idealista Arturo Correa Zavala, el pícaro risueño y vil apodado el Mágico y la autoridad corrupta, Zenobio García, la mesalina costeña Melba Cortez, etcétera–, así como la doble lucha del hombre contra la injusticia y contra una naturaleza indómita, que puede darle el sustento o destruirlo, como a Augusto Maqui y sus miserables compañeros de los asentamientos caucheros.

La novela es más regionalista que indigenista, si se toma este vocablo en la acepción que adopta en la literatura de Arguedas, es decir, la de describir una especificidad india, un mundo quechua racial y culturalmente diferenciado del blanco y que quiere preservar esta identidad sin aculturarla. Pero esta restringida noción de indigenismo dejaría fuera a una vasta literatura, incluso a libros de la significación de *El mundo es ancho y ajeno,* que proponen una visión de «lo indio» muy diferente y no menos persuasiva desde el punto de vista literario que la de Arguedas.

La novela de Alegría denuncia los abusos y la explotación de que son víctimas los comuneros de Rumi por un sistema semifeudal, de grandes propietarios que tienen a su servicio a jueces y autoridades políticas y en el que los humildes no hallan cómo defenderse ante un poder remoto y hostil. Este mundo es, en efecto, ajeno para los pobres. Pero los indios figuran en la novela más como pobres que como indios.

Rumi y los indígenas de toda la región (salvo los bolsones en el Callejón de Huaylas y en Cajamarca) están aculturados. Practican una religión católica coloreada por algunas prácticas supersticiosas atávicas y hablan español en vez de quechua. Y hay, entre ellos, mestizos, desde la época de las guerras entre las montoneras de pierolistas y caceristas, que pasaron por Rumi dejando embarazadas a algunas indias. De hecho, el último alcalde de Rumi, Benito Castro, es un mestizo occidentalizado que da una exitosa batalla contra las supersticiones de su pueblo (la mujer encantada de la laguna Yanañahui y el demoniaco Chacho de las punas) y, siguiendo el sueño del desaparecido Rosendo Maqui, se dispone a abrir una escuela y hacer de Rumi un pueblo moderno. (Rosendo ambicionaba que los hijos de los comuneros «jueran médicos, inginieros, abogaos, profesores...».)

Por ello, *El mundo es ancho y ajeno* nos parece íntimamente mestizo. Los comuneros pueden ser indios en un sentido racial, pero no lo son culturalmente, pues su lengua y sus costumbres se confunden con las de los mestizos, y cuanto los rodea tiene también el sello de la fusión y aclimatación de lo propio y lo importado, desde los animales (toros, caballos) hasta los cultivos (el trigo), y las bebidas (el cañazo, el pisco). Pero, sobre todo, porque a diferencia de lo que ocurre en las novelas de Arguedas, el mundo indio no aparece aislado, ni enfrentado étnica y culturalmente al del blanco, sino entreverado con él de manera irreversible. El enfrentamiento es entre comuneros y latifundistas, enemigos mortales en términos sociales y económicos, pero partícipes, ambos, de cierto denominador común cultural.

Esto se debe, desde luego, a que, a diferencia de lo que sucedía con los indios del centro y el sur del Perú, entre los que vivió Arguedas, que habían mantenido un relativo aislamiento y preservado mejor su lengua y costumbres, los de los Andes norteños, donde nació y pasó su infancia el autor de *El mundo es ancho y ajeno,* habían experimentado un avanzado proceso de aculturación. Así me lo recordó el propio Ciro Alegría, cuando, en un precipitado artículo juvenil, le reproché hacer hablar a los indios de sus novelas en un correcto castellano.* (¿En qué otro idioma hubieran podido hablar sino en el suyo?) Pero esa realidad sociológica, ajena a la novela, no es la única razón. Además, se trata de una clara elección ideal del narrador, una visión de la sociedad peruana como una sociedad chola, de indios y blancos integrados en un fecundo mestizaje.

Esto queda muy claro en el capítulo XX, cuando aparecen por la novela un escritor, un pintor y un folclorista que hacen buenas migas con el comunero Demetrio Sumallacta, quien descubre en ellos, sorprendido, a tres blancos «indigenistas», que se muestran amistosos y respetuosos con él. El trío está allí para hacer explícita la ideología subyacente del libro, el ideal asimilista: «Pero, volviendo al indio –dijo el folklorista–, creo que la primera tarea es la de asimilarlo, de incorporarlo a la cultura...».** El escritor asiente, matizando «que la cultura no puede estar desligada de un concepto operante de justicia» (p. 203). Para ellos, y quien los narra, el ideal es aquello que será la bestia negra de Arguedas: la asimilación del indio al Perú mestizo. El ideal de Alegría es un Perú cholificado, sin explotadores ni explotados, una sociedad integrada cultural y étnicamente, en una democracia genuina, con justicia y libertad para todos sus hijos.

¿Por qué una novela como ésta, de ambiciosa factura y de poderosa narrativa, animada por generosas ideas de coexistencia cultural y decencia política, nos parece anticuada en comparación con las que escribió José María Arguedas y cuyas ideas, en muchos sentidos, además de arbitrarias son

---

* Ciro Alegría, «El idioma de Rosendo Maqui», en *Expreso,* Lima, 5 de junio de 1964.

** Ciro Alegría, *El mundo es ancho y ajeno,* Editorial Milla Batres, Biblioteca de Autores Peruanos, Lima, 1974, vol. II, p. 203.

también falsas? Porque en una ficción la verdad y la mentira son, antes que un problema ético, político o histórico, un problema técnico, de escritura y estructura formal. Y los métodos narrativos de Ciro Alegría, aun en *El mundo es ancho y ajeno,* su mejor novela, cotejados con los de su contemporáneo Arguedas, pertenecen a una época anterior, no han superado las maneras de contar del siglo XIX.

Esto aparece en el estilo convencional y truculento, de corte romántico, sobre todo cuando relata el choque del hombre con los elementos –a veces en escenas de gran fuerza, como el cruce nocturno del caudaloso río Condebamba que hacen don Teodoro, el buen patrón, y el Fiero Vásquez–, pero, sobre todo, en la manera como Ciro Alegría encara el problema del narrador, el personaje clave de toda novela. A diferencia de Arguedas, que supo crear en sus mejores historias narradores sutiles y múltiples, Alegría diseñó el suyo como lo hacían los novelistas decimonónicos: un narrador intruso, egolátrico, que habla en plural mayestático e interfiere constantemente en el relato, a la manera de los narradores de las novelas de Victor Hugo o de Alejandro Dumas, para exhibirse a sí mismo y jactarse de sus omnímodos poderes, entre los que está el de disfrazarse, pretendiendo una falsa modestia para hacerse más visible: «... confesemos nosotros que hemos vacilado a menudo ante Rosendo Maqui. Comenzando porque decirle indio o darle el título de alcalde nos pareció inadecuado...» (I, p. 44); «Agreguemos nosotros que Valencio, desde luego, ignoraba que...» (I, p. 91); «En su oportunidad veremos más de cerca al Fiero Vásquez...» (I, p. 110). Hay decenas de momentos como éstos, en los que, a la vez que cuenta, el narrador detiene la acción para contarse a sí mismo y recordarnos que tiene en sus manos todos los hilos de la historia, que es él quien mueve a los personajes como un marionetista a sus muñecos. Esa manera de contar es perfectamente válida, desde luego; todas las grandes novelas clásicas se escribieron así, pero, por ello mismo, cuando una novela adopta esa estructura, el lector se siente retrocedido a los tiempos en que las historias se contaban así, como un doble espectáculo, en el que la peripecia novelesca iba pespuntada por las periódicas apariciones de un supremo narrador que comparecía ante el lector para recordarle que él estaba también allí, árbitro supremo de lo que ocurría, único ser verdaderamente libre de esa ficción donde todos los demás personajes eran sus esclavos.

Pese a haber aparecido en el mismo año, *Yawar Fiesta* nos parece una novela más actual que *El mundo es ancho y ajeno,* porque en ella Arguedas, como acostumbran hacerlo las novelas modernas no narradas en primera persona, oculta al narrador y finge la invisibilidad.

VI. DE LA UTOPÍA ARCAICA A LA UTOPÍA SOCIALISTA

AUNQUE MERMADO en comparación con la fértil vida intelectual de los años veinte en el Perú –fueron serios reveses la muerte precoz de Mariátegui y el cierre de *Amauta*, así como la clausura por tres años de la Universidad de San Marcos y el encarcelamiento o la partida al exilio de muchos profesores y escritores–, en la década del treinta, de gran violencia política y severas prácticas represivas desencadenadas por las dictaduras del general Sánchez Cerro y del general Benavides, continuó desarrollándose el debate entre las distintas posturas del indigenismo.

Indigenismo y nacionalismo

EN UN ensayo teórico sobre este tema, *Presencia y definición del indigenismo literario*, de 1940,* Alberto Tauro sostuvo tesis muy sensatas, que, tal vez por ello mismo, nadie tomó en cuenta ni se dignó refutar, y hasta ahora siguen siendo ignoradas por los historiadores literarios.

---

* Alberto Tauro, *Presencia y definición del indigenismo literario*, Editorial Cultura, México, 1940. Sobretiro de la memoria del II Congreso del Instituto de Literatura Iberoamericana, Los Ángeles.

Tauro cuestiona la exactitud de los vocablos *indigenismo* e *indigenista*, pues «se derivan de la palabra indígena», «que designa a lo originario de un país determinado», para designar a una literatura referida exclusivamente a los indios, ya que «es obvio que los indios no constituyen el único núcleo de población originario del Perú, pues a su lado estamos los cholos y otros mestizos, los negros y los descendientes de emigrados europeos» (pp. 3 y 4).

Luego de estudiar las débiles y espaciadas manifestaciones de una presencia india en la literatura colonial y en los comienzos de la Emancipación y la República –llama a Mariano Melgar «el precursor»–, con buen criterio encuadra al indigenismo dentro del realismo decimonónico, el costumbrismo y el modernismo, con los que comparte el descubrimiento del paisaje, la atracción por lo exótico, interés por la tradición y la actualidad regional. Estos fenómenos culturales, dice, se dan en el resto del mundo, de modo que el indigenismo peruano no es más que un reflejo localista de un movimiento cultural de proyecciones internacionales.

Según Tauro, debería llamarse indigenismo a toda literatura nacionalista: «Y a esta literatura que resume la cálida simpatía amanecida en la solidaria comunidad de la nación; a esta literatura la identifico con el nombre de indigenista» (p. 10). Propone por eso que se remedie «una flatulencia verbal» de «pretensiones exclusivistas» y que se integre dentro del indigenismo al indianismo que reivindica lo indio, al criollismo (emigrados europeos asimilados), al cholismo (cruce de culturas y razas que sería la peruanidad) y al negrismo, empeñado en reivindicar «las esencias» vertidas por los negros en la cultura peruana.

Tauro dice otras cosas evidentes, pero que brillan por su ausencia en la polémica del indigenismo: que la originalidad no viene de «volcar el espíritu hacia los propios valores» sino del factor individual, el aporte del propio creador. Ella «es síntesis de lo universal y lo particular, de lo permanente y lo perecedero» (p. 16).

Tauro dio en el clavo al identificar en el indigenismo literario una de las expresiones de la proteica ideología nacionalista. Pero, desde su punto de vista, esto no era un demérito, pues creía que la creación de una conciencia cultural nacional era indispensable para que el Perú constituyera algún día una verdadera nación.

Hildebrando Castro Pozo

En estos años, los temas de la condición del indio y de la comunidad indígena, así como el problema del latifundio y del gamonalismo, segregaron una abundante literatura en la que las teorías marxistas de José Carlos Mariátegui sobre la realidad peruana ya dejaban sentir su influencia.

Entre estos continuadores, el de mayor significación en lo que concierne al tema indigenista es Hildebrando Castro Pozo, cuyo ensayo *Del ayllu al cooperativismo socialista* apareció en 1936.* Nacido en una humilde familia campesina de las sierras de Piura, en Ayabaca, en 1891, profesor de colegio en Jauja, Piura y Lima, abogado y parlamentario, Castro Pozo (1891-1945) fue fundador del Partido Socialista del Perú, organización que, luego de una pasajera pujanza a comienzos de los años treinta, languidecería como un partido regional norteño. Ya en 1924, en su libro *Nuestra comunidad indígena,* había esbozado la tesis que desarrollaría de manera más ambiciosa en 1936: que los *ayllus* o comunidades indígenas debían transformarse en cooperativas de producción, pues

* Hildebrando Castro Pozo, *Del ayllu al cooperativismo socialista,* Lima, 1936. Prólogo de Julio C. Tello. Segunda edición: Librería-Editorial Juan Mejía Baca, Biblioteca de la *Revista de Economía y Finanzas,* Lima, 1969. Cito por esta última edición.

ése era el camino del progreso económico y la justicia social para el Perú socialista del futuro.

Del ayllu al cooperativismo socialista, aunque se refiere sobre todo al problema agrario, se desvía a menudo hacia otros temas relacionados con el debate indigenista y abunda en consideraciones sociológicas y opiniones sobre la actualidad política del Perú. Critica sin ambages la vertiente racista del indigenismo antiblanco, antinegro y antimestizo, y sale al paso de los prejuiciosos que describen al indio como un ser constitutivamente ocioso, pasivo y desleal. Es cierto que el trauma brutal de la Conquista, que lo despojó de sus bienes, de su sistema de vida colectivista y lo explotó hasta «dejarlo convertido en un ser casi irracional», «lo acostumbró a vivir una existencia cuasi pasiva, entre los claroscuros de la pereza y la imbecilidad» (pp. 170-171). Pero, añade, en lo que parece una réplica del retrato psicológico del indio hecho en *Amauta* por López Albújar, el comportamiento del campesino actual sólo es inteligible como resultado de la opresión o como estrategia de resistencia:

> La pereza... vino como reacción y defensa inconsciente, primero, y como hábito después, contra los métodos extorsionantes de trabajo y explotación a que eran sometidos... [p. 169].
>
> Si al indio no se le enseñó a leer ni a cultivar su espíritu, ni a ser aseado, ni a vestirse y calzarse; si se le hacinó en los galpones para que, sobre mugrientos pellejos, durmiera y reposara de las diarias fatigas del trabajo; si inquisitorialmente se le atisbó toda manifestación espiritual de índole religiosa, para reprimirle y castigarle; si se le destruyeron sus templos y sus dioses, y durante varios siglos llegó al estado de no poder disponer ni siquiera pensar acerca de su propia persona, era lógico que se mermara su condición de hombre a nivel inferior que el de las bestias de labranza, y que apareciera

> en su espíritu esa semblanza de algo que se agazapa, que se entumece, en presencia del «misti» o gamonal, lo que ha sido juzgado, erróneamente, como una redomada hipocresía [p. 171].

Para Castro Pozo, que en esto sigue a Mariátegui, al que cita extensamente, el dilema peruano se reduce a elegir entre dos formas de propiedad y uso de la tierra: la representada por el gran latifundio capitalista, «con sus regímenes económicos esclavizantes», o la comunitaria, encarnada en el *ayllu* tradicional, que ha sobrevivido a las exacciones de los conquistadores y colonizadores del virreinato y a las de los criollos liberales de la Emancipación y la República, y que, modernizado en cooperativas de producción socialistas, puede «racionalizar la producción y dar un nuevo contenido ideológico a la conciencia agraria de nuestras masas sociales» (pp. 6 y 7).

La feliz promiscuidad

CASTRO POZO contrasta el sistema «individualista y anárquico», «basado en la utilidad» del capitalismo («que suma a los más en el desempleo y el hambre y arruina a las naciones»), con el colectivista («comunalista o cooperativista»), que organiza racionalmente la producción en función del consumo y que «se funda en la solidaridad y las necesidades de la sociedad».

Señala la antiquísima tradición de colectivismo en la cultura peruana, a la que estudia desde que el primitivo clan «destruyó todo instinto egocéntrico individualista» (p. 44). Y, en una deliciosa mezcla de utopía arcaica y utopía socialista (parecida a la que postulará Arguedas en algunos momentos de su obra), evoca aquel Perú arcádico en el que todo era de todos, aun las mujeres: «No existía aún la familia monogámica, y, en tal estado de correlación sexual, este instinto no engendraba la pasión de los celos, y una mujer era la hermana y hembra de todos los hermanos del clan, así como todos los varones eran los hermanos y maridos de todas y cada una de sus hermanas» (p. 64). Esta fantasía histórico-sociológica de feliz promiscuidad colectivista fue bellamente ficcionalizada por José María Arguedas en su relato «El ayla», en el que los campesinos de los Andes aparecen viviendo ese ideal de sexo colectivo.

Castro Pozo estudia, con ayuda de los cronistas y los hallazgos de arqueólogos y antropólogos, la naturaleza y la función del *ayllu* durante el Incario. Gracias al sistema de prestaciones colectivas o trabajo social –la *minga* o *mincca*– se consiguió un sobresaliente rendimiento productivo («El Incanato supo aprovechar toda la energía vital de sus pobladores»), y asegurar el bienestar de todo el Imperio. Pero reconoce que el verticalismo incaico convirtió en «autómatas» a esos hombres, a los que trataba «como a sus llamas y alpacas». La falta de iniciativa individualista «fue fatal a los indios a la hora de enfrentarse a los conquistadores». Castro Pozo no advierte que pudiera haber una relación de causa-efecto entre esa pasividad de los súbditos del Incario y el sistema colectivista en que vivían inmersos. Por el contrario, está convencido de que si del cataclismo social que significó la Conquista se salvaron tantos *ayllus* fue por la fortaleza congénita al sistema comunal y por una predisposición de la cultura y la idiosincrasia del hombre peruano al colectivismo. Por eso sostiene que, en lugar de desaparecer para dar paso a la modernidad, el *ayllu* remozado gracias a la ideología socialista –convertido en cooperativa– será el mejor instrumento para alcanzarla.

Castro Pozo describe los despojos y exacciones cometidos por el conquistador español, el saqueo de las tierras y la conversión de los indígenas en bestias de carga, en el campo y en las minas, a través de la *mita*, el trabajo obligatorio que los indios debían prestar en las encomiendas y repartos, la imposición de tributos y los regímenes de servidumbre y vasallaje que los degradaban. Explica también la manera en que la encomienda se transforma en latifundio y cómo éste crea al gamonal, señor de horca y cuchillo para el que los indios que habitan sus tierras son parte del patrimonio, como las sementeras, los pastos y el ganado.

Castro Pozo acusa a la Emancipación, como lo había hecho Mariátegui, de ser obra de los criollos latifundistas y gamonales que hablaron de soberanía y de independencia pero que no dijeron «una sílaba respecto a las mitas, encomiendas, yanaconazgo, pongaje y tributo personal» (p. 181), instituciones que siguieron diezmando a los indios de los Andes durante la República. Los gobiernos republicanos fueron incluso más lejos que la Colonia en su empeño por destruir los *ayllus* y por reemplazarlos por propiedades privadas individuales, de acuerdo con la filosofía «demoliberal».

Castro Pozo abarca también en su libro al latifundio costeño y analiza el yanaconazgo, sistema de trabajo de la tierra a través de yanaconas, a los que el propietario cede lotes para que los cultiven a cambio de entregarle la mitad o más de su producción y de trabajarle sus propias tierras, régimen de explotación inicuo, que, sin embargo, dice, puede servir de punto de partida para, con la reforma socialista, crear cooperativas de producción asociando en esas propiedades colectivas a los yanaconas actuales de la gran propiedad costeña. Una de las mejores partes del libro es la descripción del rentismo en que se funda el yanaconazgo, muy extendido en las tierras piuranas de las que era oriundo Castro Pozo. Aunque sin la elegancia expositiva ni la cultura cosmopolita con que escribió sus ensayos José Carlos Mariátegui, este libro tendría también un efecto de largo aliento en la visión del problema indígena del Perú, donde muchos intelectuales y escritores de las generaciones siguientes creerán, como Hildebrando Castro Pozo, que el destino socialista del Perú estaba anunciado desde los tiempos prehispánicos y que gracias «al espíritu del señor don Carlos Marx rejuvenecerá el de los *ayllus*» (p. 212).

En *Yawar Fiesta* aparecerán estos ideólogos y veremos las consecuencias que en la vida social y política de los Andes pueden derivarse de las diferentes versiones del indigenismo.

VII. UNA CORRIDA DE TOROS EN LOS ANDES

LOS CRÍTICOS que con justicia han elogiado *Yawar Fiesta*, la primera novela de José María Arguedas, por lo común partían del supuesto según el cual debería existir una coincidencia esencial entre la realidad y la ficción que la describe, que una novela está más lograda en la medida en que expresa más fielmente a su modelo, y por eso han subrayado las semejanzas entre la «fiesta sangrienta» de este relato y la vida de los Andes. Mi supuesto es que entre realidad y ficción hay la incompatibilidad que separa la verdad de la mentira (y la complicidad que las enlaza, ya que la una no puede existir sin la otra), que una novela nace como rechazo de un modelo real y que su ambición es alcanzar la soberanía, una vida autónoma distinta de la que parece inspirarla y que finge describir. Para mí, lo genuino de una ficción no es lo que la aproxima sino lo que la aparta de lo vivido, la vida sustitutoria que ella inventa, aquel sueño, mito, fantasía o fábula que su poder de persuasión y su magia verbal hacen pasar por realidad. Y, precisamente en este sentido, es *Yawar Fiesta* una ficción lograda.

El tema de esta corrida de toros india como centro de un conflicto que enfrenta a las razas y clases sociales de un poblado andino rondaba a Arguedas desde julio de 1935, cuando, según confesión propia, hallándose de vacaciones en Puquio, asistió a una corrida como la que describe *Yawar Fiesta*, en la que uno de los capeadores indios, apodado el Honrao,

como el personaje de su novela, fue destrozado por el toro.*
En 1937 aparece en una publicación limeña «El despojo», que figuraría como segundo capítulo de la novela, y ese mismo año, en la *Revista Americana de Buenos Aires,* el cuento «Yawar (Fiesta)», versión rudimentaria del libro escrita el año anterior.** El proyecto de rehacer este relato se vio interrumpido por el año que Arguedas pasó en la cárcel, de modo que sólo pudo llevarlo a la práctica en el segundo semestre de 1940, después de asistir en México al Congreso Indigenista de Pátzcuaro. Aprovechando unas vacaciones de medio año, Arguedas escribió la novela de corrido. A medida que lo hacía, enviaba los capítulos a Lima, a Manuel Moreno Jimeno. La correspondencia de esos meses entre ambos amigos*** documenta al detalle el trabajo de Arguedas en esta su primera novela, que, aunque basada en experiencias personales como todo lo que escribió (como todo lo que escriben los novelistas), es más un esfuerzo de invención que de memoria, de despersonalización de la experiencia gracias a la fantasía y al lenguaje, para crear un mundo de ficción. En esta novela, Arguedas acertó, más aún que en *Agua,* su primer libro, en crear ese eje de toda ficción que es el narrador.

---

* *José María Arguedas. La letra inmortal. Correspondencia con Manuel Moreno Jimeno, op. cit.,* p. 101.

** «El despojo», en *Palabra,* núm. 4, Lima, abril de 1937, y «Yawar (Fiesta)», en *Revista Americana,* año XIV, núm. 156, Buenos Aires, 1937. Véase también José María Arguedas, *Obras completas,* t. I, Editorial Horizonte, Lima, 1983, p. 135. Todas las citas de *Yawar Fiesta* están hechas a partir de esta edición, que, aunque no exenta de ellas, adolece de menos erratas que las anteriores.

*** *José María Arguedas. La letra inmortal. Correspondencia con Manuel Moreno Jimeno, op. cit.,* principalmente las cartas de José María Arguedas a Manuel Moreno Jimeno que van de agosto de 1940 a junio de 1941 y que contienen datos sobre la gestación de la novela, el concurso literario a que fue presentada, la publicación del libro y los comentarios y reseñas que mereció. Entre éstas, hubo una de Luis E. Valcárcel, miembro de aquel jurado, el que, según Valcárcel, prefirió *Panorama hacia el alba* porque abarcaba «costa, sierra y montaña», en tanto que la de Arguedas sólo se refería a una región del Perú y era «ininteligible» para quien no hubiera «vivido con los indios» (p. 128).

El narrador versátil

PORQUE EL personaje principal, aunque casi en todo momento invisible, de esta intensa novela no son sus mistis, sus cholos ni sus indios, protagonistas colectivos que parecen actuar al unísono, siguiendo las pautas de una coreografía, ni las pálidas figuras individuales que se desprenden de sus placentas gregarias —el mestizo don Pancho Jiménez, el latifundista don Pascual Arangüena, el Subprefecto de la costa, el Sargento arequipeño—, ni tampoco el Misitu, toro a medio camino entre la realidad de la lidia y la mitología de los Andes, con vagas reminiscencias del Minotauro heleno, sino quien los muestra y oculta, desplazándose entre ellos con destreza, refiriendo ciertas cosas que dicen y acallando otras, retrocediendo en el tiempo para iluminar hechos del pasado que pueden arrojar luz sobre el presente (la crisis de la minería de la región que avecindó en Puquio a muchos blancos y las exacciones de que fueron víctimas las comunidades, lo que impondría al pueblo la estructura social y económica que luce al ocurrir los sucesos, en un año innominado de los treinta)* o viajando en el espacio desde los Andes hacia los pobres barrios de Lima donde viven los lucaninos emigrados, y yendo y viniendo sin cesar entre los mundos de blancos, mestizos y comuneros, paisanos o policías, quechua o hispanohablantes, andinos o costeños, el cristianismo y el animismo, la razón y la magia, con una libertad y desenvoltura que nadie fuera de él goza en esta sociedad piramidal y rígida en la que, según su testimonio, cada cual vive confinado en su grupo social, en su raza, en sus ritos y creencias y en su tiempo histórico como entre los barrotes de una cárcel.

---

* En el manuscrito original, la historia sucedía en el año 1931, pero luego Arguedas decidió borrar el «1 de la fecha, y poner dos puntos suspensivos», según le comunicó a Manuel Moreno Jimeno en carta sin fecha (8 de noviembre de 1940), en *José María Arguedas. La letra inmortal. Correspondencia con Manuel Moreno Jimeno op. cit.*, p. 94.

El narrador es el más importante personaje de toda ficción, se trate de un ser exterior a la historia y omnisciente –el Dios Padre egolátrico de los relatos clásicos y románticos o el discreto e invisible de los modernos– o de un narrador implicado, protagonista o testigo de lo que narra, el personaje primero que debe inventar un autor para que lo represente en la ficción. Y lo es porque de él depende –de sus movimientos, elocuciones y silencios, perspectivas y puntos de vista– que lo que cuenta parezca veraz o inconvincente, una ilusión que se impone como realidad o desluce como artificio. El narrador de *Yawar Fiesta* tiene una tarea ímproba, pues, aunque cuenta una historia breve, relato largo más que novela, el mundo que refiere está dividido en grupos étnicos y culturas que buscan destruirse, sociedades distanciadas por el odio y la incomprensión. Y, sin embargo, gracias a su versatilidad, cumple su cometido, presentando este mundo como indivisible aunque desgarrada totalidad.

¿Quién es y cómo es el narrador? Se trata de un varón y de un serrano (pues para él los costeños son «ellos» y los serranos los «nuestros»), blanco o mestizo que se siente anímicamente muy cerca de los indios, a quienes conoce de cerca (de adentro) y cuyas penalidades, fobias y creencias hace suyas. Narra desde la omnisciencia y el presente, pero efectúa mudanzas en el tiempo, para referir la llegada de los blancos a Puquio, hace tres siglos, cuando se arruinaron las minas de los contornos, para rememorar la construcción de la carretera Puquio-Nazca por el trabajo voluntario de los comuneros, unos años antes de esa corrida que es el hecho central de la novela, y para evocar las oleadas migratorias de campesinos hacia las ciudades de la costa que esa carretera y otras como ella permitieron.

A ratos se acerca a las bocas de mistis, cholos e indios y, por el instante de una exclamación, una canción, un intercambio de insultos, un discurso, les cede la palabra, pero pronto recupera el gobierno de la historia. Tiene una sensibilidad visual aguzada y sus observaciones sobre la naturaleza de ese rincón de los Andes –la provincia de Lucanas, el pueblo de Puquio– son vívidas, delicadas y poéticas. Es bilingüe y cuando describe el paisaje –los ríos, las quebradas, los árboles, los pajonales, las montañas– se expresa en un castellano neutro, elegante y castizo, que, luego, al acercarse a los hombres, se amestiza con vocablos quechuas o castellanizaciones de quechuismos y colorea y localiza con la escritura fonética de las deformaciones del lenguaje popular.

Tiene un espíritu musical, una vocación preferente por las canciones y las danzas, actividades humanas a las que confiere papel principalísimo en la vida social y engalana de un aura religiosa y sagrada, y posee un oído finísimo, capaz de registrar todas las diferencias de tono, acento y pronunciación entre los grupos sociales, y de una desenvoltura estilística que le permite hacer saber al lector, por la música con que se expresan, cuándo hablan los costeños como el Subprefecto y el Sargento (que, aunque arequipeño, parece de la costa), los principales alimeñados como don Demetrio Cáceres o don Jesús Gutiérrez, los provincianos aserranados como el latifundista don Julián Arangüena o el comerciante don Pancho Jiménez, los cholos leídos y politizados del Centro Unión Lucanas, o los indios de los cuatro *ayllus* de Puquio. Este acierto expresivo, la pluralidad de maneras de hablar de los personajes de *Yawar Fiesta* según su cultura y condición, ha sido destacado por la crítica como uno de los logros artísticos de la novela, aunque, a menudo, aquellos elogios equivocan el blanco, pues aplauden esos modos de expresarse de los personajes indígenas por su «autenticidad», por su carácter «genuino». En verdad, esas maneras de hablar son auténticas en un sentido literario, no histórico ni sociológico. Se trata de artificios narrativos, invenciones, no reflejos de un habla viva, de creaciones en vez de documentos lingüísticos.

El habla inventada

EN UNA carta a Manuel Moreno Jimeno, quien al leer el manuscrito de *Yawar Fiesta* había hecho reservas sobre el lenguaje de los personajes, Arguedas le respondió:

> Tengo la idea de que quien pueda escribir en castellano bien cernido, y dominado, desde buena altura del panorama y la vida de nuestro pueblo serrano, no podría, en cambio, describir con la fuerza y la palpitación suficiente este mundo en germen, que se debate en una lucha tan violenta y grandiosa.*

Es más bien al revés. Para inventar un lenguaje como el de los indios de *Yawar Fiesta* era indispensable dominar el castellano, además de tener una experiencia íntima del habla real de los indígenas. Pero ambas cosas son sólo materiales de trabajo y no predeterminan el resultado: en manos de un escritor menos artista que Arguedas ese lenguaje hubiera podido sonar tan falso como el de otras novelas indigenistas. Arguedas dominaba el castellano a la perfección y lo escribía con soltura y elegancia, dentro de la más estricta normativa castiza, en sus artículos y ensayos. Alberto Escobar ha subrayado un hecho significativo: que Arguedas fue profesor de castellano en distintos colegios nacionales (precisamente lo era en la época en que escribió *Yawar Fiesta*) y que en Sicuani organizó cursos para enseñar el español a los niños indígenas.**

---

* Carta mecanografiada, sin fecha (octubre de 1940), en *José María Arguedas. La letra inmortal. Correspondencia con Manuel Moreno Jimeno*, *op. cit.*, p. 90.

** Alberto Escobar, *Arguedas o la utopía de la lengua*, Instituto de Estudios Peruanos, Lima, 1984. Véase el capítulo «Lengua, discurso y escritura», pp. 65-92.

En el tan citado artículo de 1950, «La novela y el problema de la expresión literaria en el Perú»,* Arguedas explicó su «larga y angustiosa» búsqueda de un estilo que le permitiera hacer hablar en castellano, de manera que pareciese fidedigna, a personajes indios que, en la realidad, se comunicaban entre sí en quechua. Para «guardar la esencia», para «comunicar a la lengua casi extranjera la materia de nuestro espíritu», luego de múltiples intentos, la solución (Arguedas la llama «hallazgo estético») vino «como en los sueños» y consistió en «encontrar los sutiles desordenamientos que harían del castellano el molde justo, el instrumento adecuado». Esta solución, literaria, y, más precisamente, retórica, fue «crearles [a los indios] un lenguaje sobre el fundamento de las palabras castellanas incorporadas al quechua y el elemental castellano que alcanzan a saber algunos indios en *sus propias aldeas*». ¿Hablan de este modo los campesinos de carne y hueso de la sierra? El testimonio del propio Arguedas en ese artículo es inequívoco: «¡Pero los indios no hablan en ese castellano ni con los de lengua española, ni mucho menos entre ellos! Es una ficción».

Sí, ese lenguaje es una ficción, y, como todas las ficciones, apoyada en una realidad concreta: el bilingüismo andino de la región donde está situada la historia, donde Arguedas pasó su infancia: la provincia de Lucanas, la ciudad de Puquio. Allí hay indios que sólo hablan quechua y otros bilingües, y blancos y mestizos también bilingües o monolingües en castellano. Con todas esas variantes, Arguedas compuso una lengua que resume y trasciende esa multiplicidad lingüística, una lengua literaria que, como dice Escobar, se caracteriza por la «*copresencia* del castellano y el quechua en el texto» (define *copresencia* como «una relación *tensiva*, constan-

---

* Publicado en *Mar del Sur*, núm. 9, Lima, enero-febrero de 1950, pp. 66-72. Hay además una versión revisada y corregida por José María Arguedas que aparece como prólogo a la edición de *Yawar Fiesta*, Editorial Universitaria, Colección Letras de América, Santiago de Chile, 1968. Cito siempre por esta última versión.

te, entre el quechua y el castellano, que puede detectarse ante la presencia de expresiones de ambas lenguas, o en ausencia de una de ellas, pero que está subyacente y genera un entramado singularísimo y de distinto signo»).* Este lenguaje no es otro lenguaje, sino una de las posibles versiones literarias del castellano; no es una transcripción sino una creación y, como tal, entraña una distancia infranqueable entre ella y la realidad –el habla de los vivos– en que finge inspirarse. Es una ficción semántica y sobre todo musical, melódica, un lenguaje genérico, que disuelve a los individuos en categorías y los hace expresarse de manera despersonalizada, como conglomerados. Ahora bien, generalizar es adulterar; suprime lo específico individual para destacar lo colectivo, la cualidad común, la característica afín del grupo o de la serie. De este modo Arguedas crea un objeto verbal expresivo pero autónomo, distinto de la realidad lingüística andina. Ni el latifundista, ni el mestizo ni el indio son sólo masa –clase, raza, estrato sociológico–; son también individuos, con características propias que distinguen a cada cual de los demás miembros de su propia etnia, grupo social o colectividad. Al suprimir las diferencias particulares y registrar en los modos de hablar sólo los denominadores comunes, el narrador irrealiza la realidad ficticia, la separa del modelo real, la torna representación. (En un escenario todos los intérpretes de una danza, como los practicantes de un rito o una ceremonia, adquieren una transitoria identidad colectiva, sus rasgos individuales son abolidos por el gesto y el movimiento del conjunto al que todos contribuyen y del que todos son parte.)

El lenguaje inventado de los indios de *Yawar Fiesta*, de sintaxis desgarrada, intercalado de quechuismos, de palabras castellanas que la escritura fonética desfigura, en el que abundan los diminutivos y escasean los artículos, no expresa a un individuo, siempre a una muchedumbre, la que, a la hora de

* Alberto Escobar, *Arguedas o la utopía de la lengua*, *op. cit.*, p. 104.

comunicarse, lo hace con voz plural, como un coro. A diferencia de lo que sucede con otras novelas indigenistas o regionalistas, en las que el lenguaje figurado que aparece en boca de los indígenas resulta caricatural y mata la ilusión del lector, en *Yawar Fiesta* es persuasivo –parece auténtico– no porque sea más verdadero, sino porque su coherencia y su factura formal –sobre todo, la musicalidad y el colorido– le confieren categoría artística.

La fantasía de lo social

ESTE LENGUAJE inventado es funcional, contribuye de modo efectivo a dar consistencia literaria a uno de los rasgos más llamativos de la sociedad india de la novela, y elemento clave de la utopía arcaica: su colectivismo, la hegemonía que en ella tiene la comunidad sobre los individuos. Ello no impide que ese lenguaje sea espectáculo en sí mismo, que, además de vehículo expresivo, también sea, cada vez que irrumpen su rica sonoridad y su plástica, una realidad autónoma que concentra la atención del lector con prescindencia de lo que quiere comunicar. Cuando los indios de la novela hablan, sus palabras los borran: ellas viven, ellos desaparecen. Ni más ni menos que en un concierto, en que el hechizo de la música hace olvidar al melómano que hay unos instrumentos y unos instrumentistas que la producen, o la perfección de las voces de un coro desvanece detrás de la melodía a sus autores. Toda escritura regionalista, construida a partir de esos «desordenamientos» del lenguaje de que hablaba Arguedas, implica esteticismo y formalismo, pues emancipa la forma de la materia narrativa y establece el predominio de la expresión sobre la anécdota. Lo que el personaje dice queda opacado por la manera como lo dice y este exhibicionismo verbal –los disfuerzos, distorsiones, manierismos, anomalías y libertades que se toma con la norma lingüística– pasa a ser, mientras las bocas pintorescas parlotean, el verdadero tema del relato. Como buen número de esas historias regionalistas persiguen un propósito social, moral o ideológico antes que artístico, el formalismo expresivo de que hacen gala –el esteticismo que reemplaza en ellas las ideas por lo excéntrico y multicolor del lenguaje que las envuelve– produce una incongruencia que las priva de poder persuasivo, que las delata como fraudulentas. En realidad, se trata sólo –pero ese *sólo* lo es todo en literatura– de fracasos artísticos, de un desfase insuperable entre medios y fines.

¿Por qué en *Yawar Fiesta* no ocurre así? ¿Por qué, aunque el lenguaje inventado de los indios del libro sea tan fabricado como el de *La venganza del cóndor* de Ventura García Calderón o *Tungsteno* de César Vallejo, no nos da, como en estos libros, la impresión de ser hechizo? Por la mejor destreza literaria de Arguedas para «desordenar» el español, desde luego. Pero, también, porque en *Yawar Fiesta* una forma expresiva pintoresca coincide con la intencionalidad profunda de un relato que, antes que denunciar los horrores sociales en las alturas andinas, se propone reivindicar el derecho a la existencia de la cultura quechua a través de una de sus más controvertidas creaciones, precisamente un espectáculo: esa fiesta sangrienta que, para que no haya equívoco, ostenta el libro desde su título.

La cultura invicta

AHORA BIEN: *Yawar Fiesta* no es, como lo fueron muchas novelas costumbristas, una superficial y complaciente apología de una fiesta local. En verdad, la anima un propósito desmesurado: congelar el tiempo, detener la historia. La novela es un alegato contra la modernización del pueblo andino, una defensa sutil y vigorosa de lo que hoy se llama multiculturalismo: la evolución separada y autónoma de las culturas y el rechazo de una integración percibida como un proceso de absorción destructivo de la cultura indígena por la de Occidente. Esta problemática aparece simbolizada en una anécdota de fuerza y color: los conflictos que provoca en el pueblecito serrano de Puquio la decisión del gobierno central de prohibir la corrida de toros indianizada –el *yawarpunchay*, con capeadores espontáneos, dinamita, borrachera y enjalmas– que tradicionalmente celebran los *ayllus* el 28 de julio, día de la independencia nacional, y de reemplazarla por una corrida ortodoxa, lidiada en coso cerrado por un torero profesional.

La historia está presentada con la habilidad necesaria para que, al final, al lector no le quepa duda sobre la conclusión que el narrador quiere hacerle compartir: que quienes se empeñan en suprimir el *yawarpunchay* no entienden ni respetan las costumbres, las creencias y los ritos de los indios y, en verdad, quieren despojar a éstos de algo precioso: su identidad. En esta pretensión antiindia coinciden todos los personajes extranjerizantes de la novela, sean los principales obsecuentes al Subprefecto, los serranos alimeñados, los costeños prejuiciosos contra lo andino y los mestizos e indios aculturados, los cholos, a quienes vivir en Lima y ciertas doctrinas foráneas han confundido y descastado.

Defender la fiesta sangrienta no es defender la barbarie, aunque esta corrida consista en una exhibición de salvajismo, sino una soberanía cultural que, pese a la explotación secular, la ignorancia y el aislamiento en que se encuentran los indígenas de los Andes, sobrevive e incluso se renueva, pero en sus propios términos, aclimatando lo ajeno –como lo ha hecho con la danza de las tijeras y con la fiesta de la lidia del toro– a su propia tradición mágica, colectivista y animista, nítidamente diferenciada de la invasora (española, costeña, cristiana, blanca y occidental).

Hasta el capítulo quinto, el narrador de *Yawar Fiesta* es una presencia discreta y relativamente imparcial, aunque en el segundo capítulo haya acentuado algo el tono lírico, para describir aquel pasado arcádico, anterior al despojo efectuado por los blancos, en que los campesinos vivían esa utopía social que aparece a menudo como el horizonte prehistórico de las ficciones de Arguedas: no existía la propiedad privada, todo era de todos, la paternal autoridad de los *varayok's* resultaba casi inútil, pues la fraternidad reinante evitaba las rencillas y el trabajo se hacía siempre en común y por fines altruistas, no individuales sino colectivos. Esta visión es presentada por un narrador que guarda las apariencias de la neutralidad. Pero, cuando se declara el conflicto –la prohibición de la corrida sin diestros–, abandona su simulada objetividad y, sin demasiado exhibicionismo, toma partido con quienes defienden el *toropukllay.* Lo hace ridiculizando a los principales que apoyan al Subprefecto y se distancian del comerciante don Pancho Jiménez, e insinuando que actúan así no por convicción sino por servilismo, para congraciarse con la autoridad. Más tarde, los muestra en la sesión del concejo convocada para discutir el tema haciendo gala de racismo, pues todos ellos parecen creer, con «el señor vecino notable Cáceres», que los indios son «de retrasado cerebro».*

¿Por qué se banderiza el narrador con quienes defienden la corrida india? No porque ignore la violencia que anida en ella y de la que son víctimas los capeadores campesinos, como el Wallpa, a quien el Misitu despanzurra, sino porque ella es una creación cultural y un símbolo de la idiosincrasia del pueblo quechua, pues el *yawarpunchay,* en un principio imposición colonial, ha sido transformado y asimilado al acervo propio. Para el narrador, «extranjero» es un concepto negativo, implica peligro, traición a la cultura de la que se forma parte. Por eso, el narrador satiriza con saña a esos mistis del jirón Bolívar dispuestos a vender su alma, que proclaman: «Necesitamos de autoridades que vengan a enseñarnos y que estén resueltas a imponer la cultura del extranjero» (p. 102).

---

* José María Arguedas, *Obras completas,* t. II, *op. cit.,* p. 107.

Ideología, aculturalismo y traición

ESTAS CRÍTICAS no apuntan sólo a los principales de Puquio, alimeñados y racistas; también, a los cholos bienintencionados que están a favor de suprimir la corrida india para traer el progreso a Puquio, un progreso que para los lucaninos emigrados a Lima y admiradores de José Carlos Mariátegui, el promotor del socialismo y del marxismo, tiene una clara orientación política e ideológica. El narrador amonesta sin eufemismos a los «cholos leídos» por tomar partido contra la cultura del pueblo del que salieron y por aliarse, cegados por una visión abstracta del progreso, con los mistis y el poder político. Es verdad, sus motivos son altruistas: traer la modernidad a Puquio, impedir que continúe una fiesta bárbara en que muchos indios son destripados para diversión de los blancos. Para el narrador, ésta es una manera errónea de encarar el problema, una petición de principio, pues delata un supuesto occidentalizado, blanco y antiindio, de la idea de progreso, en la que todo lo que diverge o contrasta con ciertos patrones preestablecidos por el colono y conquistador es rechazado como expresión de atraso. Si aceptara esta concepción, al campesino quechua no le quedaría otra alternativa que la propuesta por las ficciones de Ciro Alegría, la asimilación al mundo de los blancos: renunciar a su lengua, a sus creencias, a sus usos y tradiciones. Y para el narrador –portavoz evidente en esto del José María Arguedas que escribió *Yawar Fiesta*– desindianizar a los indios («salvar a los indios de las supersticiones», como dice Guzmán, uno de los «cholos leídos») es un crimen todavía peor que explotarlos, discriminarlos y maltratarlos (p. 170).

Entre la magia y la ideología, el narrador de *Yawar Fiesta* no vacila: elige la primera. Previsiblemente, esta elección ha sido percibida por algunos críticos como una defectuosa interpretación de las luchas sociales de los Andes. César Lévano, por ejemplo, en una lectura de la novela no exenta de sutileza, señala que el libro describe, en la actitud de los «cholos leídos», «el drama de una izquierda que sabe lo que quiere; pero aún no ha aprendido cómo alcanzarlo». Para él, y, sin duda, desde la perspectiva marxista tiene razón, la lucha contra el feudalismo y la injusticia andina exige una modernización, aunque ella signifique «la desaparición de costumbres que, en último análisis, no son tan consustanciales al alma india».* En realidad, el narrador de la novela –y el Arguedas de esta época– cree que sí lo son y que despojar a los indios de sus costumbres es una manera de matarlos. Esto lo admite otro crítico «progresista» de la novela, William Rowe, quien, sin embargo, considera «la debilidad principal de la tesis» que Arguedas otorgue «mayor primacía a la identidad cultural que a la social de los indios».** Ambas críticas parten del siguiente presupuesto: la lucha social debe prevalecer sobre todo lo demás, incluido el aspecto cultural, que, no lo olvidemos, para el marxismo es una mera superestructura de la base económica y la lucha de clases. El mundo de *Yawar Fiesta* está erigido sobre una convicción distinta: el sustento básico de la realidad indígena es su *cultura* –sus creencias, su lengua, sus ritos, sus costumbres– y ella debe ser preservada aun en contra de la modernidad.

Por eso el narrador nos induce a compartir la simpatía y el respeto que siente por el mestizo don Pancho Jiménez y por el terrateniente don Julián Arangüena, quienes, aunque abusen de los indios, frente a la problemática de su identidad cultural muestran mayor lucidez que los «cholos leídos», tomando partido a favor del *toropukllay.* Aunque el primero sea

---

* César Lévano, *Arguedas, Un sentimiento trágico de la vida,* Editorial Gráfica Labor, Lima, 1969, pp. 54-56.

** William Rowe, *Mito e ideología en la obra de José María Arguedas,* Instituto Nacional de Cultura, Cuadernos, Lima, 1979, p. 40.

un negociante sin muchos escrúpulos y el segundo un explotador de los campesinos, ambos tienen un acendrado sentido del terruño y de las costumbres propias, no se avergüenzan de ser lo que son, no renuncian a su condición de provincianos y serranos, no aspiran a convertirse en extranjeros, a alimeñarse, y, a su modo rudo e instintivo, defienden como suya una fiesta de indios.

Un mundo de machos

Ambos tienen, además, otro mérito sobresaliente en el mundo visceralmente masculino de *Yawar Fiesta:* son valientes. El machismo es un tótem que todos reverencian en la realidad ficticia: blancos, mestizos e indios. Las oposiciones y antagonismos entre razas, culturas y regiones desaparecen en lo que concierne a la relación del hombre y la mujer, pues no importa cuál sea su educación, procedencia o patrimonio, todos los hombres son machistas. Y de manera tan obstinada y excluyente que las mujeres casi no figuran en la sociedad que describe la novela. Cuando asoman, en apariciones furtivas, no parecen dotadas del mismo grado de humanidad que los varones; se diría que pertenecen a una especie inferior, a medio camino entre el ser humano y el animal.

Son machistas mistis, cholos e indios, los principales despreciables como don Demetrio o los rescatables como don Pascual, el generoso don Pancho o la ruindad humana que es el Subprefecto. Todos rinden culto a la fuerza física y creen que el coraje –el desplante, el desprecio a la vida propia y ajena, la temeridad e incluso el sadismo– representa un valor. Todos desprecian a las mujeres, presencias que están allí para ser golpeadas sin motivo, a fin de que el macho afirme de este modo su superioridad ante sí mismo o para que desfogue su rabia. Todos usan la palabra «amujerado» como un empobrecimiento de la naturaleza varonil, algo que roza la ignominia. El propio narrador participa de este prejuicio, a juzgar por la imparcialidad con que presenta las actitudes abusivas y despóticas de hombres contra mujeres en la realidad ficticia, en tanto que adopta siempre una distancia crítica cuando se trata de los atropellos y exacciones que padecen los indígenas, y él mismo se vale de expresiones como «hasta el más amujerao» (de los comuneros) en un sentido despectivo (p. 161).

La condición de extrema inferioridad de la mujer en este mundo –víctima entre las víctimas– se hace manifiesta en que ella no es nunca convocada por el narrador como protagonista ni actora de sucesos: comparece esporádicamente y, siempre, como horizonte, sombra o bulto. Se mueve en colectividad, es poco menos que un paisaje y su única razón para estar allí es llorar o rezar por las proezas o tragedias de los hombres, y prestarse a ser empujada, insultada o maltratada cuando éstos necesitan volcar en alguien su rabia. Así le ocurre a la mujer del misti don Jesús, quien, furioso por haber sido víctima de un sablazo del Subprefecto, arroja a aquélla un plato de mote en la cara («porque su rabia contra el Subprefecto no se había calmado todavía» [p. 147]). Los indios k'ayaus la emprenden a puntapiés contra sus mujeres por la razón más baladí: para que saquen a los niños de la plaza del barrio (p. 154). Cuando, rabiosos por haber sido privados de su fiesta tradicional, los campesinos de los *ayllus* de Puquio insultan al torerillo español Ibarito II, ¿qué le gritan?: «¡Mujerao!» (p. 191).

La rabia

ESTAS FORMAS de conducta son expresiones de un fenómeno general, característico del mundo de José María Arguedas, y que François Bourricaud, en un buen estudio sobre el machismo en esta novela, llama «el desplazamiento de la agresividad».* Para desahogar los accesos de furor que los acometen, y que resultan de los abusos que sufren o de la frustración de sus expectativas, o que, muchas veces, no tienen razón aparente, los hombres ejercitan la violencia física contra algo o alguien más débil que ellos e incapaz de defenderse: las mujeres, los subordinados –siervos, empleados, niños–, los animales, las plantas o los meros objetos. Interpretar esta «rabia» en términos sociopsicológicos, como rebeldía empozada ante un estado de cosas intolerable que se exterioriza en explosiones individuales anárquicas e irracionales de los explotados, no da cuenta cabal de la manera como este fenómeno funciona en la realidad ficticia. Por lo pronto, estos arrebatos emocionales se apoderan de los personajes –de manera transitoria pero periódica– con prescindencia de su raza y su posición social: a explotadores como a explotados, a costeños y serranos, los ciegan e irresistiblemente los inducen a destruir, hacer daño, torturar o asesinar. En la realidad ficticia esta rabia de la que de pronto es presa un individuo o un grupo al que enajena y convierte en bestia maligna es más una plaga mágica o una misteriosa fatalidad inherente a la condición humana que una transferencia freudiana de los rencores y sentimientos de desquite que inspiran en los débiles las exacciones y brutalidades de los fuertes.

Los ejemplos en *Yawar Fiesta* de los exabruptos de la rabia en los ánimos varoniles son abundantes, además de los citados de mujeres humilladas y golpeadas. Luego de una reunión con don Pancho Jiménez, que termina en buenos términos, el Subprefecto, al ver alejarse al comerciante por la plaza en sombras de Puquio, ordena al Sargento, de modo inexplicable, que coja su rifle y lo mate por la espalda: «¡Tírele! Y quedará tumbado como un perro» (pp. 117-118). Y si el

* François Bourricaud, «El tema de la violencia en *Yawar Fiesta*», en *Recopilación de textos sobre José María Arguedas,* Casa de las Américas, Serie Valoración Múltiple, La Habana, 1976, pp. 209-225. Compilación y prólogo de Juan Larco.

Sargento no hubiera desobedecido, allí habría terminado la existencia del emotivo comerciante. Don Julián Arangüena, luego de una frustrada tentativa para capturar al Misitu, dispara a ciegas contra sus propios concertados, que han huido del impetuoso animal, y, luego, tirotea al cielo, en una curiosa mezcla de exultación y exasperación por su propio fracaso y por el poderío de *su* toro, que el narrador describe de manera inmejorable: «Iba a matarlo, pero siguió disparando al cielo, de rabia, como de alegría» (p. 136). Esta rabia que se confunde con la alegría lo lleva instantes después a matar al pobre caballo de su mayordomo, el cholo Fermín, para descargarse de los restos de furor que todavía lo soliviantan.

Las hazañas colectivas

La contrapartida a la rabia son esos arrebatos emotivos que se dan a veces en individuos como don Julián Arangüena, cuando regala a los comuneros k'ayaus el Misitu, el toro que es la niña de sus ojos, o de arrojo, como los que mueven a los capeadores, el Honrao, el K'encho, el Raura y el Wallpa, a enfrentarse temerariamente a los astados en el *yawarpunchay*. Pero, es sobre todo entre los indios y de manera colectiva, cuando el individuo se halla disuelto en el grupo, cuando la persona desaparece en lo social, que esas efusiones de entrega y sacrificio alcanzan su grado máximo de generosidad y altruismo. Así nacen las hazañas colectivas: la construcción de la plaza del mercado en un par de meses por los puquios en competencia con los parinacochas, o la construcción que los *ayllus* llevan a cabo de la carretera Nazca-Puquio —trescientos kilómetros en veintiocho días—, que el narrador describe como proezas épicas en las que se expresa la nobleza e idealismo de la idiosincrasia quechua. A veces, estas hazañas colectivas benefician a la comunidad —es el caso del mercado y de la carretera—, pero no es su utilidad lo que determina su grandeza moral. Sería difícil establecer qué provecho trae a Puquio toda la energía y temeridad que los k'ayaus gastan en capturar al Misitu, realización colectiva que en la novela aparece como modélica. Estas hazañas valen por sí mismas, por el hecho de realizarse, por la falta de cálculo egoísta con que se emprenden, porque muestran el poderío potencial de los comuneros, su capacidad de trabajo y sacrificio, la solidaridad y voluntad de mover montañas que las hace posibles. La noción de progreso, de modernización, está reñida con el espíritu que preside dichas hazañas colectivas. El narrador lo precisa al describir lo que ocurre cuando, a partir del ejemplo que dan los puquios con la carretera a Nazca construida por acción comunal, se desata en la sierra una fiebre constructora para abrir caminos hacia la costa. Los gamonales quieren que esas rutas pasen por sus haciendas y, entonces, construir carreteras se vuelve un despreciable negocio y se desnaturaliza un esfuerzo colectivo que, en un principio, había sido desinteresado, puro.

El comercio degradante

DE UNA manera todavía tímida, se manifiesta así algo que en posteriores novelas de Arguedas adquirirá forma más precisa: el rechazo a la civilización urbana, al mercado, al mundo industrial. El cálculo mercantil, el afán de lucro, son una manifestación del egoísmo individualista que ensucia la vida, un fenómeno de la ciudad. Lo humano sólo conserva su limpieza ética —aunque sea en la miseria y en lo que desde aquella perspectiva urbana representa el atraso— en el mundo rural: allí el hombre está en estrecho contacto con la naturaleza, lo colectivo prevalece sobre lo individual, el sentimiento sobre el cálculo y la razón no ha derrotado aún a lo religioso y lo mágico.

Estos supuestos aparecen en *Yawar Fiesta* de manera mucho más elaborada que en la primera versión de la novela, el cuento «Yawar (Fiesta)» de 1936. Al cotejar ambos textos se advierte lo mucho que mejoró entre uno y otro la técnica narrativa de Arguedas y cómo se refinó su mundo imaginario en los cuatro años intermedios. El cuento es un relato costumbrista y folclórico; el habla de los indios carece de reelaboración literaria y suena caricatural. Las tomas de posición del narrador son explícitas y su truculencia devalúa su testimonio e irrealiza la historia («¿Pero a quién le importaba esa sangre? ¿Quién sentía pena por ese cholo rajado de arriba abajo por las astas del toro?» [p. 135]). La violencia que en el cuento muestran los mistis roza lo inverosímil: principales o policías se solazan con la sangre india de manera demoniaca, en tanto que los comuneros, aunque capaces de hazañas colectivas –la construcción del mercado de Puquio–, no personifican, como en la novela, bajo su primitivismo, una rica y antigua cultura; son una masa embrutecida por el cañazo, «el veneno de la costa», que los insensibiliza; enloquecidos y codiciosos, los capeadores se lanzan contra los toros y se hacen cornear por las monedas que las señoritas de Puquio han prendido en las enjalmas con ese propósito corruptor. La maldad de los blancos tiene que ver con su individualismo y con la práctica del comercio: «sus almas eran casi siempre enemigas unas de otras, porque estaban dominadas por el espíritu del negocio, por la ambición; los indios, no».

La diferencia principal entre ambas versiones es que, en la de 1940, ha aparecido un nuevo sector social, una cuña entre los indios y los mistis que en la de 1936 no existía, los mestizos o cholos, y, con ellos, una nueva dimensión de la realidad: la ideológica, la de las ideas progresistas empeñadas en transformar la sociedad para establecer la justicia. Eso representan los humildes lucaninos emigrados a Lima y agrupados en el Centro Unión Lucanas,* el estudiante Escobar, el cho-

* Que efectivamente existió, y al que José María Arguedas acostumbraba frecuentar, pues en *Canto kechwa*, 16, recuerda una sesión de aquel centro en 1937, en la que escuchó «al comunero Ortiz Pumayllu, delegado del ayllu de Chaupi» referirle al presidente de la República «todos los sufrimientos del ayllu, en quechua».

fer Martínez, el conductor de ómnibus Rodríguez, el sastre Gutiérrez, a los que el viaje a la capital y los oficios y actividades que allí realizan han ido desindianizando y comenzado a aculturar, algo que, como vimos, el narrador reprueba,* pues lleva a estos ingenuos muchachos, en su afán de trabajar por la modernización de Puquio, a hacer causa común con el Subprefecto y los mistis —los explotadores de los indios— en un crimen mayor: la prohibición —o, peor, su extranjerización— de una creación cultural del pueblo quechua.

Lo que nubla el recto juicio de los cholos y los induce a ser cómplices de la autoridad política y de los gamonales es haber empezado a perder sus raíces étnicas al trasplantarse a la costa. Pero, afortunadamente, éstas no han desaparecido del todo, como se advierte cuando, contagiados por los comuneros que llevan al pueblo al Misitu recién capturado, piden al alcalde indio que les permita arrastrarlo a ellos también. Por un momento al menos, no actúan en función de convicciones intelectuales, sino de emociones y pulsiones atávicas, como los indios.

La derrota de la razón

LO QUE la razón dicta a los cholos es acabar con la fiesta india, que para ellos es manifestación de atraso, un espectáculo en el que los comuneros son corneados para diversión de sus verdugos («¡Nunca más morirán indios en la plaza de Pich'kachuri para placer de esos chanchos!», dice Escobar

* Véase lo que dijo Arguedas, muchos años más tarde, en el discurso titulado expresivamente «No soy un aculturado...»: «Y el camino no tenía por qué ser, ni era posible que fuera únicamente el que se exigía con imperio de vencedores expoliadores, o sea: que la nación vencida renuncie a su alma, aunque no sea sino en la apariencia, formalmente, y tome la de los vencedores, es decir, que se aculture». En *El zorro de arriba y el zorro de abajo.* Edición crítica coordinada por Éve-Marie Fell, p. 257.

[p. 130]). Estas ideas les vienen a los lucaninos de José Carlos Mariátegui, cuyo retrato preside las sesiones del Centro Unión Lucanas, y a quien los cholos invocan llamándolo «werak'ocha» y «taita» (señor y padre) (p. 131). Aunque Arguedas no estuvo nunca inscrito en el Partido Comunista, en muchas ocasiones declaró que la lectura de los ensayos de Mariátegui y la revista *Amauta* habían tenido mucha influencia en su formación. Por otra parte, en los años en que escribía *Yawar Fiesta* estuvo bastante cerca de los comunistas y su correspondencia con Manuel Moreno Jimeno lo muestra enviando artículos al periódico del partido, *Democracia y Trabajo,* y vendiendo bonos para su financiación, indicio de que, sin ser un militante, aprobaba por lo menos en parte las tesis racionalistas, modernizadoras y occidentalizantes del marxismo frente al problema indio.*

Pero, al ponerse a escribir la novela, siguiendo su inclinación natural, los dictados de su espíritu, sus demonios fueron más fuertes que sus simpatías ideológicas y terminaron por introducir en *Yawar Fiesta* una paradoja a la que esa historia debe en gran parte su tensión dramática. Pues, aunque el narrador se esfuerce por subrayar todas las buenas intenciones que guían a los ideólogos mestizos en sus propósitos modernizadores, la historia que cuenta los hace aparecer como obnubilados y ciegos frente al problema andino, víctimas de una mistificación intelectual que les impide entender este asunto de manera cabal: no sólo como una lucha contra los despojos económicos y los abusos políticos que padecen los indios, sino, al mismo tiempo, por la preservación del ser andino, de sus ritos, creencias y costumbres, que, precisamente por ser antiguos y apegados a la tradición, garantizan la perennidad de lo indio. Al elegir el socialismo contra la magia, los cholos dejaron de formar parte de su pueblo y se pasaron al bando enemigo.

---

* *José María Arguedas. La letra inmortal. Correspondencia con Manuel Moreno Jimeno, op. cit.*, p. 100.

El narrador, en cambio, enfrentado al dilema, opta abiertamente por el *yawarpunchay* y lo que simboliza: la fuerza de una cultura con raíces en el pasado y en la geografía de esos Andes de enhiestas montañas, cielos inmarcesibles y abismos escalofriantes, cuya secreta vida de mitos y prodigios y de intensa espiritualidad sólo ella conoce. De este modo, en *Yawar Fiesta*, Arguedas opta, entre las distintas versiones del indigenismo que rivalizaban en el Perú en la década del treinta, por la más excluyente, la de Luis E. Valcárcel: la racial y cultural.

Una victoria simbólica

AUNQUE ELLA se insinúa a lo largo de toda la novela,* esta cultura mágica y ceremonial, arcaica y andina, quechua y rural irrumpe con todo su colorido y fuerza atávica a partir del capítulo VII, «El Misitu», en el que el narrador nos pone al tanto de las creencias míticas y las prácticas mágicas de los indios de la puna, los k'oñanis, quienes se resisten a que los comuneros k'ayaus se lleven al toro de don Julián para torearlo en la fiesta del 28 de julio. Para ellos, este animal es una figura legendaria y semidivina: lo creen salido de las aguas de una laguna (Torkok'ocha) en una noche de tormenta y dotado de atributos mitológicos. En ese mismo capítulo vemos al narrador confundirse con el brujo Kokchi cuando éste hace una ofrenda a la montaña tutelar de los k'oñanis (el *tayta* Ak'chi) para que proteja al Misitu, y luego lo vemos, desde la perspectiva de los k'ayaus, compartiendo con éstos la ceremonia mági-

---

* Para Gladys C. Marín, *La experiencia americana de José María Arguedas*, Editorial Fernando García Cambeiro, Colección Estudios Latinoamericanos, Buenos Aires, 1973, p. 66, la realidad mágica aparece desde el primer capítulo de la novela, cuando el narrador, al describir Puquio, compara el jirón Bolívar, la calle de los mistis, con una culebra, el Amaru, animal que en el mundo mitológico indio representa el mal, la destrucción y la muerte. De este modo, el narrador estaría sutilmente calificando de entrada a los principales blancos del lugar como los malvados de la historia que va a referir.

co-religiosa en que los comuneros van, a su vez, a pedir la protección de otro espíritu de las montañas (el *auki* Karwarasu) para capturar al toro.

Así aparece, en todo su relieve, un mundo indio ancestral, animista, irracional y mágico que coexiste, semioculto, con el más moderno y occidentalizado de Puquio, y que, aunque, como éste, tiene divisiones y fracturas –k'oñanis y k'ayaus discrepan sobre el Misitu, a quienes éstos quieren torear y aquéllos preservar por su condición mítica–, denota, pese a su primitivismo, un carácter genuino, una autenticidad de la que adolece aquél, que, además de degradado por el servilismo y la crueldad, luce un semblante de total bastardía, de mala imitación, de ramificación mostrenca de algún modelo remoto y alérgico a ese lugar de los Andes y a sus gentes. En cambio, el de los indios surge como un trasunto natural de aquel paisaje bravío y de la idiosincrasia quechua, una cultura que emana de la experiencia vivida y que, aunque discriminada y explotada por los forasteros blancos, no ha sido aún corrompida, pues en ella no tiene vigencia el interés egoísta, el negocio no destruye el vínculo social comunitario y colectivista –todo se hace en función de la comunidad, instancia moral superior a la del individuo– y lo espiritual, lo religioso –el diálogo con lo trascendente– sigue presidiendo las actividades humanas.

Ese diálogo con el trasmundo se lleva a cabo de manera continua a través de la ceremonia, la música y la danza. Mediante ellas se produce una integración de lo humano con lo divino y del individuo con el mundo natural, un mundo que, a diferencia de lo que ocurre en la otra cultura, para los comuneros es sagrado y vivo, pues lo habitan los dioses tutelares, de cuya benevolencia u hostilidad dependen el éxito o el fracaso de las empresas humanas. Por eso, la captura del Misitu por los comuneros, descrita en un relato que lleva el significativo título de «El Auqui» (dios supremo de la montaña), no es proeza deportiva, es fiesta religiosa, con desfiles, ofrendas, la inmolación del *layk'a* (brujo) y la música de esas trompetas de cuerno, las *wakawakras,* cuyos lúgubres y vibrantes sonidos, multiplicados por los ecos de los cerros, ejercen una función encantatoria, llenando de misterio, pavor, inquietud y exultación a los vecinos de Puquio cuando llega la hora de la fiesta. Es este contexto el que da todo su sentido a la presencia de esos *dansak',* los bailarines Tunkayllu y Tayta Untu (que reaparecen en muchas ficciones de Arguedas, y, sobre todo, en su bello relato *La agonía de Rasu-Ñiti*), a quienes vemos recorrer las calles del lugar desde la víspera de la fiesta, trazando su misterioso laberinto de pasos y golpes de tijeras, como emisarios de un más allá, un panteón de dioses y espíritus del que la música sería manifestación impalpable.

Es este contexto el que explica y justifica el *yawarpunchay,* la terrible fiesta con la que, en el último capítulo, culminan estos preparativos rituales. Ella termina por imponer sus propias leyes, su incontenible fuerza mágico-religiosa, portadora de la fe y la solidaridad del pueblo indio, sobre las deleznables intrigas y prohibiciones de la autoridad costeña y su corte de mistis serviles y de cholos aculturados que pretendían reemplazar «el yawar punchay verdadero» por ese simulacro foráneo, la corrida española con el torerillo traído de Lima, Ibarito II, a quien los extraños y revueltas del Misitu expulsan del coso. Cuando, convocados por los gritos de la multitud, incluidos los de los mistis, salen los capeadores de los *ayllus* a enfrentarse al Misitu, y estallan los cartuchos de dinamita y, pese a toda la conjura de los mistis, se restaura la corrida en su sesgo indio tradicional, hay como un suspiro de alivio en el narrador, quien decide suspender allí la narración, en el apogeo del espectáculo. Ese final no es gratuito: la muerte del Misitu con el pecho destrozado por los explosivos de los comuneros es la victoria alegórica de una cultura que, aunque derrotada muchas veces y denigrada por sus enemigos, renace en espectáculos como éste y muestra lo que Arguedas llamó «la victoriosa supervivencia de su capacidad creadora»,* es decir, su voluntad de no desaparecer ni ser asimilada.

¿Cabe imaginar una ficción que, a pesar de sus denuncias y su indignación frente a las iniquidades que infligen los mistis a los indios, sea más *conservadora* que *Yawar Fiesta*?

---

* En una de sus notas a las *Canciones y cuentos del pueblo quechua*, Editorial Huascarán, Lima, 1949, p. 71.

VIII. ENTRE EL FUEGO Y EL AMOR (1941-1958)

ENTRE LA primera novela de Arguedas, *Yawar Fiesta* (1941), y la segunda, *Los ríos profundos* (1958), pasan diecisiete años, largo silencio que podría sugerir una merma de su capacidad creativa o de su vocación intelectual. No hubo tal cosa. En este periodo Arguedas trabajó intensamente, consolidó su formación académica y escribió su mejor libro. Pese a las crisis psíquicas que comenzaron a atormentarlo de manera recurrente y lo llevaron a buscar tratamiento psiquiátrico y a conflictos domésticos que estuvieron a punto de destruir su matrimonio con Celia, reanudó sus estudios en la Universidad de San Marcos y se graduó de Bachiller en Etnología, mientras se desempeñaba como profesor de castellano en diversos colegios nacionales de Lima o como funcionario en el Ministerio de Educación. Trabajó también en el Museo de la Cultura, junto a Luis E. Valcárcel, quien en este periodo publicó un ensayo que, aunque suaviza algunas tesis de *Tempestad en los Andes* (1927), es otro de los pilares de la ideología indigenista, una versión actualizada de la utopía arcaica: *Ruta cultural del Perú* (1945).

En estos años, además, Arguedas publicó infinidad de artículos de índole folclórica, así como recopilaciones de poemas, cuentos y leyendas quechuas, a menudo delicadamente traducidos por él mismo, y llevó a cabo investigaciones y trabajos de campo en los Andes de los que resultaron ensayos etnológicos y sociológicos de cierta trascendencia, como su tesis sobre la comunidad indígena del valle del Mantaro, de 1957, o el dedicado a Puquio, en 1956, donde describió el mito de Inkarri, de larga proyección en los estudios andinos. Si a todo esto se añade la copiosa colección de informes técnicos sobre los congresos a los que asistió y las evaluaciones de fiestas, atuendos, exposiciones regionales, danzas, grupos musicales y ferias de artesanía que preparó para el Ministerio de Educación (material que permanece hasta ahora inédito), se advierte que en estos tres lustros y medio la labor de Arguedas fue fecunda.

Pero es cierto que en estos diecisiete años publicó poca ficción: sólo algunos cuentos, como «Hijo solo» y «La muerte de los Arango», y el relato «Diamantes y pedernales». Aunque buena parte de este tiempo estuvo dando vueltas a *Los ríos profundos* —reflexionando, anotando, escribiendo, rompiendo, rehaciendo—, pues una carta suya de marzo de 1948 hace saber que lleva escritos dos capítulos de la nueva novela, los que ha dado a leer al poeta Emilio Adolfo Westphalen (*José María Arguedas. La letra inmortal*, p. 132). En esta época escribiría, también, su único trabajo teórico sobre los desafíos lingüísticos que encontraba su vocación de narrador, el artículo publicado en *Mar del Sur*, en 1950, sobre «La novela y el problema de la expresión literaria en el Perú».*

Retorno a Lima

Su estancia en Sicuani terminó en octubre de 1941, fecha en la que fue destacado al Ministerio de Educación

* Tal vez no sea justo decir que fue el único. Antecedente de este ensayo y su boceto es el artículo «Entre el kechwa y el castellano la angustia del mestizo», en *La Nación*, Buenos Aires, 24 de septiembre de 1939, y que se publicó también en el Perú en la revista *Huamanga*, año V, núm. 28, Ayacucho, 31 de diciembre de 1939.

para formar parte de una comisión encargada de reformar los planes de estudio de la secundaria. Desde entonces viviría siempre en Lima, aunque viajando de tanto en tanto a la región andina, a veces por varias semanas, así como al extranjero, para asistir a congresos o en viajes de estudio. Celia y José María fueron a vivir con Alicia y con la madre de las hermanas Bustamante. Esta convivencia parece haber sido armoniosa los primeros tiempos, según los amigos de la pareja, pero con el paso de los años produjo en Arguedas la sensación de hallarse prisionero entre los halagos y la vigilancia de su familia política. Surgirían entonces las primeras grietas en la unidad familiar.

Los tres primeros años de su retorno a la capital, bajo el suave despotismo del gobierno pradista, fueron sosegados y, en el testimonio de Moreno Jimeno, nos muestran a un Arguedas trabajando con entusiasmo en la reforma pedagógica, muy activo en la peña Pancho Fierro y haciendo paseos al campo con amigos, a una hacienda cercana a Lima propiedad de un pariente de Celia y Alicia, y a una rústica cabaña que adquirió esta última en la entonces solitaria playita norteña de Puerto Supe, donde, según Lily Caballero de Cueto, Arguedas disfrutaba enormemente de la tranquilidad y la vida menuda del lugar: «... íbamos mucho en grupo y vivíamos las cosas más sencillas, la gracia de un niño, el retozar de un gato... esas cosas lo hacían vibrar».*

A partir de 1942, además de su trabajo en el ministerio, volvió a dar clases de castellano en el Colegio Nacional Alfonso Ugarte, y, desde 1943, en el Colegio Nacional Nuestra Señora de Guadalupe, donde continuó como profesor hasta 1948. En estos tres primeros años en Lima siguió colaborando en *La Prensa*, de Buenos Aires, con artículos de divulgación folclórica y etnográfica sobre el mundo andino, pero el

---

* Lily Caballero de Cueto, «Testimonio sobre José María Arguedas recogido por Maruja de Barrig», *op. cit.*

ritmo disminuyó (seis artículos en 1940, diez en 1941, cuatro en 1942, dos en 1943 y dos en 1944) hasta interrumpirse del todo. También publicó algunos textos sobre asuntos similares o relativos a la enseñanza en revistas peruanas.

La antigua dolencia

Los primeros indicios de que la antigua dolencia está por reaparecer asoman en 1943, cuando su foja de servicios profesional señala que ha pedido treinta días de licencia por enfermedad. Por el mismo motivo, en 1944 pedirá sesenta días de licencia y al año siguiente un plazo todavía mayor: noventa días. ¿Qué dolencia es ésta? La versión que da él mismo, en la principal de sus cartas-testamento de 1968, los diarios de *El zorro...*, es la siguiente:

> En mayo de 1944 hizo crisis una dolencia psíquica contraída en la infancia y estuve casi cinco años neutralizado para escribir. El encuentro con una zamba gorda, joven, prostituta, me devolvió eso que los médicos llaman «tono de vida». El encuentro con esa mujer debió ser el toque sutil, complejísimo, que mi cuerpo y alma necesitaban para recuperar el vínculo con todas las cosas.

La «enfermedad» de Arguedas se parece a la célebre crisis de Gustave Flaubert, que hizo de él una suerte de inválido y sobre la cual todavía discuten psicoanalistas, médicos y críticos, sin ponerse de acuerdo sobre si se trató de una dolencia orgánica cerebral –la epilepsia es la más mencionada–, o de una afección psicosomática, elegida de modo inconsciente para, amparado en ella, librarse de tener que asumir la profesión y el trabajo rentado con que soñaba su familia y así poder dedicar su vida exclusivamente a escribir. No hay duda de que los traumas de la infancia –la pérdida precoz de la madre, la soledad, la ausencia del padre, su incierto estatuto social, racial y cultural, los maltratos de la madrastra y el hermanastro, las escenas de violencia sexual que éste lo obligó a presenciar— contribuyeron a configurar el carácter hipersensible de Arguedas y exacerbaron su susceptibilidad a extremos de paranoia, y que ellos explican, en parte, los altibajos de su psicología, en la que a raptos de exaltación y entusiasmo sucedían paralizantes estados de desmoralización y angustia que lo llevaban a desear la muerte.

Lo que más lo atormentaba era el insomnio. Moreno Jimeno cuenta que en el viaje de varias semanas que hicieron por el valle del Mantaro vio a su amigo pasarse noches enteras sin pegar los ojos y la desesperación que esto le producía. De otro lado, su vida sexual, a juzgar por la manera como aparece el sexo en el mundo que fantaseó y por indicios que han quedado de su vida privada, parece haber sido afectada por inhibiciones y una inseguridad profunda frente a la mujer de la que nunca se liberaría del todo, ni siquiera en su segundo matrimonio, con Sybila, mujer joven y moderna cuya falta de prejuicios en este dominio, según confesión del propio Arguedas, lo intimidaba.

Con Celia —que vivía dedicada a protegerlo y servirlo— su relación da la impresión de haber sido más filial que matrimonial («Ella lo cuidaba, lo consideraba; se desvelaba por él, no solamente como esposa sino como una madre muy tierna, increíblemente amorosa», dice Moreno Jimeno),* una relación apoyada en la gratitud y el afecto, y en las aficiones e intereses comunes, en la que el sexo desempeñó función secundaria. Que Alicia, su cuñada y a quien Arguedas tenía mucho cariño, viviera con ellos no parece haber sido fuente de problemas al principio. Pero luego —eso es lo que él dirá más tarde— llegaría a sentir cierta zozobra viviendo con «las dos mujeres con más

---

* *José María Arguedas. La letra inmortal. Correspondencia con Manuel Moreno Jimeno, op. cit.,* pp. 133-135.

cualidades que he conocido en el mundo» y que «han sido al mismo tiempo las que más me han hecho padecer».

La carta donde aparece esta frase —que hay que tomar con un grano de sal, pues la tendencia a la autocompasión, muy fuerte en él, lo llevaba a apreciaciones muy subjetivas— es de febrero de 1955 y la dirige a Moreno Jimeno desde Huancayo, adonde se ha fugado y está viviendo con una maestra campesina de la aldea de Apata, con la que, según aquél, «unos amigos», aprovechándose de su ingenuidad, estuvieron a punto de casarlo y de hacerle reconocer un hijo que aquella mujer esperaba y que no era de Arguedas. Vale la pena citar extensamente esta misiva, pues, aunque escrita con evidente ánimo de justificación y, sin duda, exageraciones, da una idea de las tensiones y dramas de que estuvo hecha también aquella convivencia tripartita, o, como escribió Cecilia Bustamante, «tríada unida por sus ideas y trabajos».*

Arguedas se queja de que las hermanas

> me trataron durante 14 años como a una pertenencia sin casi derecho a voz ni a voto. Yo no podía invitar a un amigo mío ni a la casa ni a la Peña; las veces que lo hice me gané el enojo de ambas, porque Celia se enojaba si yo llegaba del Colegio, en Sicuani, 15 minutos después de la hora en que salía de clases; cuando, la primera vez, porque bailé con una señora en una fiesta social Celia me miró con unos ojos duros e implacables, como si acabara yo de cometer alguna cosa horrenda. Me convertí en un hombre temeroso, casi en un niño asustado que lloraba de cualquier cosa. Le decía a Celia: «Cuando me celas, cuando me miras con esos ojos extraños, injusta e increíblemente crueles, se hace el vacío bajo mis pies; me siento solo y desesperado».

---

* Cecilia Bustamante, «Una evocación de José María Arguedas», en *Revista Iberoamericana*, vol. XLIX, núm. 122, Pittsburgh, enero-marzo de 1983, pp. 183-191.

Refiere que, en una de esas escenas de celos de su mujer,

> yo, verdaderamente estuve muy cerca de lanzarme del balcón y de clavarme el cuchillo con que tuve que cortar las cintas de su monillo... Porque en esas horas en que me celaba tan injusta e implacablemente me echaba a llorar, llamando a mi padre. Ella muchas veces se arrodilló para acariciarme, mientras lloraba, y me prometía no volver a darme tan injusto trato. «Debí ser tu hermana —me decía— y no tu mujer». Pero al día siguiente la historia se repetía. Y venía siempre a acariciarme cuando me veía el rostro cubierto de lágrimas.*

Más allá de lo anecdótico respecto a las tormentas que conmovían su vida conyugal, la carta dice mucho sobre la fragilidad anímica de Arguedas, su inexperiencia y desvalimiento ante la mujer y la emotividad que solía sumergirlo de pronto, rasgos que se proyectarán en la realidad ficticia de sus cuentos y novelas como atributos objetivos y universales de lo humano: una prueba más de que el creador recrea el mundo a su imagen y semejanza.

La separación de José María y Celia duró esta vez entre tres o cuatro meses, al cabo de los cuales Arguedas volvió a Lima y se produjo una reconciliación que mantendría unida a la pareja por algunos años más.

Compañero de viaje

PARA CÉSAR Lévano, la «crisis» de Arguedas tuvo también un componente político. Habría contribuido a ella la de-

---

* *José María Arguedas. La letra inmortal. Correspondencia con Manuel Moreno Jimeno, op. cit.*, pp. 133-135.

cepción que le produjo la deserción ideológica de algunos dirigentes comunistas, en especial la del líder obrero Julio Portocarrero, quien siguió los pasos de Eudocio Ravines, discípulo de Mariátegui que, luego de haber sido secretario general del Partido Comunista y jerarca internacional del Comintern enviado por Stalin en misiones a Chile y a España durante la guerra civil, se convirtió en anticomunista militante y colaborador del diario *La Prensa* y de los grupos de extrema derecha dirigidos por Pedro Beltrán:

> En una entrevista periodística, Arguedas me relató hasta qué punto había influido Mariátegui en la orientación de su vida, dándole una fe y una certeza en el triunfo de las clases explotadas. Pero nos habló también de un gran desengaño, que parece haberlo traumatizado y que quien sabe explica mucho de su ulterior abandono de toda lucha social. Nos referimos al caso Julio Portocarrero. Él había visto en este hombre un ejemplo excelso del luchador obrero: 30 años en la lucha sindical, 100 prisiones, viajes por la Unión Soviética, intransigencia y coraje frente al enemigo de clase. Mas un buen día este hombre «ejemplar» se pasa al enemigo, corrompido por el caudillismo de Eudocio Ravines e incorporado luego al más metalizado pradismo, para terminar finalmente de empleado de *La Prensa.* Pocos conocen, creo, este asunto. Puedo atestiguar que había dejado huella muy profunda en la mente de Arguedas. Quizás eso pueda explicar en parte el largo silencio entre *Yawar Fiesta* (1940) y «Diamantes y pedernales» (1953).*

Soy algo escéptico sobre esta interpretación, pero la consigno por la seriedad que suelen tener los testimonios de Lévano, el que, en ese mismo libro, revela que, durante el gobier-

---

* César Lévano, *Arguedas. Un sentimiento trágico de la vida, op. cit.,* p. 22.

no de José Luis Bustamante y Rivero (1945-1948), Arguedas, quien, como hemos visto, en sus años de Sicuani fue un simpatizante a distancia, «estuvo muy cerca de los comunistas, en labores, por ejemplo, de capacitación a círculos obreros». Según Lévano, el dirigente tranviario Federico Iriarte recordaba con gratitud «las clases de castellano que Arguedas daba a un grupo de sindicalistas» (p. 21).

Aunque sin inscribirse nunca en el Partido Comunista y pese a diferencias con la línea adoptada por éste sobre el tema del indio, Arguedas estuvo, como la mayoría de intelectuales peruanos de su tiempo, en sus vecindades —el típico intelectual progresista, de colaboración sentimental y retórica, que salvaguarda una cierta independencia y evita comprometerse del todo—, enviándole de tanto en tanto señales y gestos de solidaridad, sobre todo en su antagonismo ideológico con el partido aprista, a cuya prepotencia y demagogia siempre fue hostil. La rivalidad entre el APRA y los comunistas fue particularmente violenta en el paréntesis de democracia que representaron los tres años del gobierno de Bustamante y Rivero, cuando, amparados en su férrea organización y su fuerza popular, los apristas dominaban la calle y, fieles a los métodos fascistas tan admirados por Haya de la Torre en la Italia de Mussolini, sus grupos de choque —los búfalos— acallaban a sus adversarios a tiros y golpizas. Uno de estos sonados incidentes fue una huelga inspirada por el APRA en el Colegio Nuestra Señora de Guadalupe, en 1947. Arguedas formó parte de la comisión nombrada por el gobierno para investigar los sucesos, motivo por el cual el órgano aprista *La Tribuna* lo acusó de ser un «conocido militante comunista». Arguedas respondió con una carta pública, en *La Prensa*, afirmando: «... mi conducta ha estado normada siempre por la inspiración de mi propia conciencia, en la más absoluta libertad».* La acusación de

---

* Mildred E. Merino de Zela, «Cronología», en José María Arguedas, *Los ríos profundos*, Biblioteca Ayacucho, Caracas, 1978.

«comunista» lo persiguió por buen tiempo y fue la razón de que el consulado norteamericano en Lima le denegara en 1951 la visa de ingreso a los Estados Unidos –iba a asistir a un seminario para profesores–, y de que, luego del golpe militar que llevó al poder al general Manuel A. Odría, en octubre de 1948, lo declararan «excedente» del Colegio Mariano Melgar. La pérdida de estas clases significó un revés para su economía y lo obligó a reducir sus niveles de vida, ya modestos. El tiempo así ahorrado lo aprovechó inscribiéndose en 1949 en el Instituto de Etnología de San Marcos y reanudando su labor intelectual. Ese mismo año publicó *Canciones y cuentos del pueblo quechua.*

El transculturador

EL LIBRO* es una miscelánea de prosa y poesía. Recoge todas las canciones que aparecían en *Canto kechwa* y les añade otras, más nueve «canciones de trilla» recogidas y traducidas al español por una maestra del pueblo de Angasmayo, María Lourdes Valladares, y un puñado de cuentos populares repescados por el padre Jorge A. Lira en Maranganí (provincia de Canchis, Ayacucho) y traducidos al español por él mismo y Arguedas. El libro es una bonita colección en la que destaca, principalmente, un espléndido y tremebundo relato de filiación bíblica, «La amante de la culebra», donde se describen los amores de una joven con una serpiente que resulta ser el diablo. Éste embaraza a aquélla, quien termina pariendo unos vástagos ofídicos, que mueren apaleados, en una ceremonia apocalíptica, junto con su progenitor.

En el prólogo aparece el eterno *leitmotiv* de Arguedas, carta de presentación que, con cazurrería serrana, se las

---

* *Canciones y cuentos del pueblo quechua,* Editorial Huascarán, Lima, 1949.

arregla para ser al mismo tiempo una reivindicación y una excusa:

> Desearía manifestar que yo aprendí a hablar en quechua. Después de veinticinco años de intenso trabajo y estudio creo haber logrado un dominio equivalente del castellano, en forma y espíritu. Creo, por eso, que esta colección de canciones y cuentos pueden llevar al lector hasta el mundo íntimo del pueblo quechua, hasta su trasparente morada.

A donde lo llevan, en verdad, es al mundo íntimo de Arguedas, a su exquisita sensibilidad poética, a la destreza que alcanzó para impregnar las palabras españolas en que vertía el original quechua de un lirismo recóndito y una música exótica. Las fuentes eran quechuas, sin duda, pero el mundo amasado en castellano con esa materia prima era el de Arguedas, como lo demuestra este libro, donde la distancia que separa las canciones traducidas por él de las que tradujo María Lourdes Valladares es astral: éstas son tal vez una versión fiel del original, pero resultan ásperas, ajenas al genio de la lengua, en tanto que las de Arguedas parecen recreadas desde la más pura esencia del español.

En el prólogo que escribió para una recopilación de artículos de Arguedas, Ángel Rama definió a éste como «el transculturador», un intelectual cuya constante artística consistió en «transculturar» el mundo quechua dominado al mundo dominante de la cultura occidental, ofreciendo de este modo, en el nivel literario —es decir, ficticio— una integración entre ambos mundos que en la realidad histórica no se ha realizado y acaso no culmine jamás.* Este propósito asoma, según Rama, incluso en la técnica narrativa de Arguedas, en esas «ilu-

---

* Ángel Rama, «José María Arguedas transculturador», en José María Arguedas, *Señores e indios. Acerca de la cultura quechua*, Arca/Calicanto, Buenos Aires, 1976, pp. 7-38.

minaciones» o raptos de significación que estallan en sus historias y establecen enlaces y vínculos en unas construcciones anecdóticas entrecortadas, sin ilación lógica. Ello se debería a la presencia de una cultura secreta, soterrada, mágica, subyaciendo como recóndito basamento a las historias occidentalizadas que llegan al lector. A mi juicio esta tesis es válida como ficción literaria, no como logro sociológico y cultural, porque lo que Arguedas «transculturó» del quechua al español no fue una realidad preexistente, sino en gran parte inventada por él, una experiencia histórica subjetivizada, sesgada, recreada a partir de sus deseos, visiones y fantasías: una fabulación literaria. Se advierte de manera flagrante en sus trabajos de recopilación y traducción, como *Canciones y cuentos del pueblo quechua*, donde los textos traducidos por Arguedas tienen una poderosa impronta personal, un aire de familia con sus poemas y relatos originales. Son traducciones sólo en apariencia; en verdad, se trata de creaciones modeladas con la arcilla de una materia prima ajena.

El científico social

ESTO NO desmerece el valor científico de la tarea que Arguedas desarrolló como folclorista, etnólogo y antropólogo; subraya que el artista que había en él estaba también presente en sus trabajos de cateo de las manifestaciones culturales del pueblo quechua y los realzaba con una percepción de lo estético, algo infrecuente en ese tipo de estudios. Por lo demás, no emprendió de manera ligera sus estudios de etnología en San Marcos; en ellos volcó una vocación que había descubierto y comenzado a ejercitar desde Sicuani, como lo denotan las colaboraciones de los años 1940, 1941, 1942 y 1943 en *La Prensa* de Buenos Aires.

Ellas nos revelan a un Arguedas incansable en la observación del mundo indígena, recorriendo los pueblos de Cusco,

Puno, Apurímac y Ayacucho los días de feria y anotando cuidadosamente los productos que los campesinos compran y venden, las diferencias en el atuendo de las *pasnas* (solteras) y los *waynas* (solteros) de la aldea de Tinta, los ritos del día de los muertos, las técnicas de los ceramistas del Collao y del Cusco y las sutiles variantes con que cada pueblo fabrica el charango, «el instrumento más querido y expresivo de los indios y aun de los mestizos».* El interés etnográfico de estas crónicas que documentan la música, el vestido, las comidas, las bebidas, los usos y costumbres de los pueblos andinos es grande, desde luego, lo que no impide que muchas de ellas sean pequeñas joyas literarias, estampas de extraordinario colorido y, a veces, de un dramatismo desolador, como la descripción de la feria de Sicuani, cuando la ciudad era invadida y revuelta, cada sábado, por millares de indios de toda la región, que venían a comerciar, la animaban, convertían en un hervidero sus calles en la mañana del domingo y, al anochecer, la tornaban escenario de una lúgubre saturnal donde los cantos tristes, melancólicos o elegiacos de los huaynos servían de música de fondo a los llantos y disputas de una multitud ebria de chicha, cañazo o anís.**

Cuando entró al Instituto de Etnología de San Marcos, Arguedas era ya un etnólogo practicante. Había aprendido el oficio haciendo trabajo de campo muchos años, en toda la región andina, guiado por su intuición artística y su amor y devoción hacia todas las expresiones de la vida indígena así como al paisaje de la sierra. Pero lo que aprendió en la universidad sobre las teorías antropológicas, la metodología analítica, el trabajo con informantes, las técnicas de evaluación de datos y la perspectiva cultural lo equiparon con un instrumento teórico y práctico que, en la segunda mitad de los años cincuenta,

---

* José María Arguedas, «El charango», en *Indios, mestizos y señores, op. cit.*, p. 53.

** José María Arguedas, *Señores e indios. Acerca de la cultura quechua, op. cit.*, pp. 81-84.

comenzará a dar frutos en sus estudios sobre mitos, la comunidad indígena y el arte y la música popular y, en los años sesenta, terminará por convertirlo en el portaestandarte de una nueva versión ideológica del indigenismo.

Sus estudios en las aulas sanmarquinas se complementaron con frecuentes salidas al campo. En 1946 estuvo en Vicos, hacienda de Ancash, donde la Universidad de Cornell y el Instituto Indigenista Peruano iniciaron un programa de antropología social aplicada; en 1949, formó parte del equipo dirigido por José Matos Mar en la investigación de Tupe. Más tarde recordará con alegría estos esfuerzos y a sus maestros de San Marcos: «Tuve la suerte de ser alumno de Georges Kubler, de Jorge Muelle, de Allan R. Holmberg, de Jean Vellard y de Valcárcel».*

En 1950 empezó a enseñar etnología en el Instituto Pedagógico Nacional de Varones y fue nombrado jefe de la Sección de Folklore del Ministerio de Educación y enviado al año siguiente a una reunión de la OIT (Organización Internacional del Trabajo), en La Paz. Fue su segundo viaje al exterior. La visita a la capital boliviana lo entusiasmó, como atestigua una crónica —«La ciudad de La Paz: una visión y un símbolo»— que publicó en *La Prensa* (Lima, 18 de febrero de 1951), donde colaboraría desde entonces. Ese mismo año, con motivo del congreso de peruanistas organizado por San Marcos, preparó un espectáculo de danzas y canciones folclóricas en el Teatro Municipal, algo que lo enorgullecía, pues fue la primera vez que conjuntos de música india pisaron el principal teatro de Lima.

En 1952 hizo un largo viaje con Celia por la región central andina, donde recogió una abundante cosecha folclórica, que publicó con el título de *Cuentos mágico-realistas y canciones de fiestas tradicionales del valle del Mantaro, provincias de Jauja y Concepción.* Esta recopilación aparece en el primer número de la

---

* Mildred E. Merino de Zela, «Cronología», en José María Arguedas, *Los ríos profundos,* Biblioteca Ayacucho, Caracas, 1978.

revista *Folklore Americano,* que Arguedas dirigirá por diez años. En los nueve números publicados figurará siempre algún trabajo suyo. En 1953 fue nombrado jefe del Instituto de Estudios Etnológicos del Museo de la Cultura, que había fundado Luis E. Valcárcel en 1946, y asistió a una semana folclórica en Santiago. Fue su primer viaje a Chile, país de importancia creciente en su vida personal.

A partir de 1953 la literatura de creación reaparece en su obra –no volverá a eclipsarse tanto tiempo nunca más–, con el relato «Diamantes y pedernales», que presentó al premio Fomento a la Cultura Ricardo Palma, sin obtenerlo. El libreroeditor Juan Mejía Baca lo publica al año siguiente, junto con los cuentos de *Agua,* que Arguedas corrigió para esta edición. En 1955, su carrera literaria tiene un reconocimiento internacional, al ganar su cuento «La muerte de los Arango» el primer premio en un concurso del diario *El Nacional,* de México.

Pero su retorno a la literatura no lo apartó de la etnología: ficciones y ensayos de investigación alternarán en su bibliografía hasta su muerte, inseminándose unos a otros de manera recóndita y, a veces, explícita. En 1956, cuando ha retomado la redacción de *Los ríos profundos* iniciada quince años atrás, publica un ensayo sobre una región cara a su infancia, el escenario de *Yawar Fiesta,* que resultará capital para los estudios sobre mitología andina: «Puquio, una cultura en proceso de cambio».*

El mito de Inkarri

EL TRABAJO es el resultado de dos visitas de Arguedas a Puquio, en agosto de 1952 y de septiembre a octubre de 1956.

---

* «Puquio, una cultura en proceso de cambio», en *Revista del Museo Nacional,* vol. XXV, Lima, 1956, pp. 184-232. Publicado también en separata. Reproducido en José María Arguedas, *Formación de una cultura nacional indoamericana, op. cit.,* pp. 34-79.

En esta segunda estuvo acompañado de su profesor y amigo, el sociólogo francés François Bourricaud, y el musicólogo y folclorista Josafat Roel Pineda. El retorno a una localidad tan ligada a los recuerdos de su padre y su infancia, y sede de su primera novela, lo enfrenta a una realidad social y cultural profundamente transformada. Es como si los «cholos leídos» de *Yawar Fiesta*, tan desdeñados en aquella ficción por el narrador partidario del purismo étnico y cultural indio, hubieran triunfado en toda la línea: la ciudad se occidentaliza muy deprisa, los indios acomodados construyen y amueblan sus casas a la manera criolla y en los cuatro *ayllus* los mayores están empeñados en que sus hijos se vuelvan mestizos pues creen que ésa será para ellos la mejor manera de progresar. El abismo entre las generaciones es dramático; sólo los indios preservan la memoria de las antiguas creencias y tradiciones, en tanto que los jóvenes, los *qepa ñeqen*, las ignoran: la gran mayoría de ellos, por ejemplo, desconoce el mito de Inkarri. Arguedas concluye, con pesadumbre: «Consideramos que al cabo de pocos años los últimos depositarios del mito habrán, muy probablemente, desaparecido».

Arguedas no fue el primero en recoger versiones del mito de Inkarri, pero sí el primero en ser seducido por su rico simbolismo y quien advirtió antes que nadie su vasta difusión por el mundo andino, calibró su importancia, lo estudió con detenimiento y lo publicitó por un ámbito que desbordaba la esfera de los especialistas. El mito fue detectado por primera vez en 1955, en la comunidad indígena cusqueña de Q'ero, en Paucartambo, por una expedición etnológica que dirigió Óscar Núñez del Prado. Arguedas, en 1956, recogió en Puquio dos versiones del mito, y en esa misma ocasión y lugar Josafat Roel Pineda encontró una tercera. Siete años más tarde, en 1963, un discípulo de Arguedas, Alejandro Ortiz Rescanieri, rescató en la hacienda Vicos, de Ancash, un mito quechua poshispánico con ciertas afinidades con el de Inkarri —el mito de Adaneva—, y en 1965, otro discípulo de Arguedas, Hernando

Núñez, obtuvo de un informante en el pueblo ayacuchano de Quinua una nueva variante.* Según Alberto Flores Galindo, hasta el año 1972 se habían encontrado en distintos lugares de los Andes quince versiones de Inkarri.**

Inkarri es un híbrido de la palabra quechua *inka* y la española *rey*, y el mito, en la versión más extendida, se refiere a él como a un dios primero, y a veces segundo o derivado o instrumento de un supremo dios, capaz de detener al sol y a los vientos, fundador de cuanto existe –y sobre todo del Cusco, para lo cual lanzó una barreta de oro desde la cumbre de una montaña– que fue apresado por el rey español, martirizado y decapitado. Su cabeza fue llevada a la antigua capital del Incario. Pero ella no ha desaparecido. Está viva, enterrada, y, discretamente, a partir de ese cráneo el cuerpo de Inkarri se va reconstituyendo dentro de la tierra. Cuando su ser entero se haya rehecho, Inkarri volverá al mundo y tendrá lugar el juicio final.

Una de las conclusiones que Arguedas extrajo de sus estudios sobre la religión andina fue que

> el pueblo quechua no ha admitido la existencia del «cielo», de otro mundo que esté ubicado fuera de la tierra, y que sea distinto de ella y en el cual el hombre reciba compensaciones que reparen las «injusticias» recibidas en este mundo... Toda reparación, castigo o premio se realiza en este mundo.***

El mito de Inkarri ilustra este arraigo de la fe religiosa en el mundo concreto de lo social y de la historia: el trauma

---

* «Mitos quechuas poshispánicos», en *Amaru*, núm. 3, Lima, julio-septiembre de 1967, pp. 14-18.

** Alberto Flores Galindo, *Buscando un Inca. Identidad y utopía en los Andes*, 4.ª ed., Editorial Horizonte, Lima, 1994, p. 19.

*** «Mitos quechuas poshispánicos», en José María Arguedas, *Formación de una cultura nacional indoamericana*, Siglo XXI Editores, México, 1975, p. 181.

de la Conquista y la destrucción del Incario se personifican en la mutilación física y el desmembramiento del dios creador, y el rencor y la amargura del pueblo sometido se proyectan en la esperanza de su secreta reconstitución y en la profecía del retorno a la tierra del dios derrotado para hacer justicia y redimir a los oprimidos. Franklin Pease cree que el mito se había difundido por los Andes desde el siglo XVIII y algunos antropólogos perciben en él reminiscencias de la doctrina cristiana sobre el juicio final y la resurrección de los cuerpos.

No sólo la curiosidad científica o la pasión estética guiaban a Arguedas en el estudio de estas muestras de la tradición religiosa de los quechuas; también, una identificación profunda con esas creencias, ritos, músicas, magias, sacrificios votivos de animales, que para él eran la supervivencia de un esplendoroso pasado, de un ideal arcádico de total armonía entre la sociedad humana, el mundo trascendente de los dioses y la naturaleza sin domeñar. Por eso, el mito de Inkarri, al que se referiría muchas veces desde entonces, lo exaltó: ese dios mutilado que se reconstruía en su refugio subterráneo era un emblema del anhelo de resurrección de aquella utopía arcaica a la que fue siempre instintivamente fiel, aun cuando su razón y su inteligencia le dijeran que la modernización de la región andina era inevitable e indispensable. En este ensayo sobre Puquio de 1956 –interesante por el mito de Inkarri y porque en él está descrita aquella danza colectiva de los solteros del pueblo para la fiesta de la recepción del agua que él recreará, idealizándola, años más tarde en uno de sus mejores cuentos, «El ayla»– se advierte esa escisión. Arguedas parece aprobar racionalmente el proceso de mestizaje que advierte en el pueblo de su infancia y que los propios indios de Puquio quieren acelerar, pues la saben herramienta eficaz para resistir la injusticia, pero, oscuramente, se percibe a lo largo de todo el texto una profunda melancolía por la progresiva desaparición de la sociedad tradicional y una suerte de instintivo horror ante la perspectiva de que aquella comunidad donde imperaban el colectivismo solidario y mágico de antaño vaya rumbo «hacia el individualismo escéptico». El poético final del ensayo no puede ser más explícito en su abjuración irónica de la modernidad:

> Inkarri vuelve, y no podemos menos que sentir temor ante su posible impotencia para ensamblar individualismos quizá irremediablemente desarrollados. Salvo que detenga al Sol, amarrándolo de nuevo, con cinchos de hierro, sobre la cima del Osqonta, y modifique a los hombres; que todo es posible tratándose de una criatura tan sabia y resistente.*

Los últimos años de la década del cincuenta fueron para Arguedas muy fértiles intelectual y literariamente. En 1957, al mismo tiempo que su relato «Hijo solo» aparecía en la revista *Fanal*, se graduaba en San Marcos de Bachiller en Etnología con una tesis sobre «La evolución de las comunidades indígenas», que se publicaría ese mismo año** y por la que obtuvo el premio nacional Fomento a la Cultura Javier Prado, de 1958. En esos años su nombre y su obra, hasta entonces apenas conocidos fuera del Perú, comenzarían a resonar en el ámbito internacional. Para ello fue decisivo que la Editorial Losada, de Argentina, aceptara *Los ríos profundos.*

El libro apareció a mediados de 1958, cuando Arguedas se encontraba en Europa, donde permaneció siete meses gracias a una beca de la UNESCO, que le permitió conocer España, Italia y Francia. Su emoción al ver París quedó registrada en un artículo, «París y la Patria», en el suplemento dominical de *El Comercio* (Lima, 7 de diciembre de 1958). Pero

---

* *Formación de una cultura nacional indoamericana, op. cit.*, p. 79.

** José María Arguedas, «Evolución de las comunidades indígenas. El valle del Mantaro y la ciudad de Huancayo: un caso de fusión de culturas no comprometida por la acción de las instituciones de origen colonial», en *Revista del Museo Nacional*, vol. XXVI, Lima, 1957, pp. 78-151. Publicado también en separata.

la mayor parte de ese primer viaje europeo lo pasó en la provincia española de Zamora, en las zonas rurales de Bermillo y Muga de Sayago, investigando para su tesis doctoral, un estudio comparativo entre las comunidades agrícolas de España y del Perú.

IX. LA COSTA ES EL ANTI-PERÚ

NO ES exagerado decir que entre la aparición de *Yawar Fiesta* (1941) y *Los ríos profundos* (1958) la ideología indigenista se oficializa: pasa a formar parte de la cultura promovida por el Estado en sus diversas instancias –gobierno central, universidades, municipios–, lo que da origen a la creación de instituciones, museos, centros de estudio y festividades destinadas a exaltarla, como el Inti-Raymi, el 24 de junio, en el Cusco, celebración para la cual Arguedas elaboraría un «guión general».

Pese a ello, el indigenismo con sus mitos, símbolos, prejuicios e ideas básicas no llegó a calar de manera profunda en la comunidad nacional peruana, como caló en México, donde el gigantesco esfuerzo hecho por el poder político a partir de la Revolución para convertir esta ideología en piedra miliar de la cultura oficial mexicana, integradora de los distintos grupos sociales en un denominador común de pasado histórico compartido y sentimientos nacionalistas unificadores, tuvo éxito y ha sido, además, herramienta clave en el control de la clase intelectual y la manipulación de la opinión pública que permitieron al partido gobernante, el PRI (Partido Revolucionario Institucional), eternizarse en el poder.

Las razones por las que, en el Perú, el indigenismo, pese a ser, desde los años cuarenta, una doctrina oficial –mejor dicho, una retórica oficial–, que inspira los textos de historia y los manuales de educación cívica de los colegios públicos y contamina la palabrería de los discursos políticos, fiestas y celebraciones públicas, no prendió en la colectividad nacional y permaneció confinado en cenáculos académicos, artísticos y folclórico-regionales, son varias: los escasos recursos invertidos en este empeño por los gobiernos que en teoría lo propiciaban —dictaduras y democracias fueron idénticas en su desdén por la cultura—, la falta de continuidad en la política oficial respectiva y el mínimo entusiasmo por parte de la sociedad civil, sobre todo de la *intelligentsia* y los medios artísticos, en asumir y fomentar esta ideología.

Un país archipiélago

PERO LA razón principal es que, a diferencia de México, donde, a partir del cataclismo revolucionario iniciado en 1910, el mestizaje se aceleró considerablemente y surgió una mayoritaria clase mestiza —hispanohablante y de piel cobriza, educada en el culto nacionalista, la exaltación del México prehispánico, el orgullo de «la raza» y la abjuración verbal y ética de la Conquista y la Colonia—, en el Perú esa mezcla se produjo a cuentagotas y casi exclusivamente en los estratos más bajos de la escala social. De manera general, los blancos siguieron sintiéndose blancos, vanagloriándose de sus ancestros europeos y despreciando a los indios, y éstos correspondiéndoles con todo el rencor y el odio acumulado en siglos de abuso y explotación. Pero esta muralla entre indios y blancos es apenas una, entre otras muchas que hacen de la sociedad peruana, todavía ahora, a las puertas del siglo XXI, un archipiélago de etnias y culturas separadas por prejuicios, ignorancias y estereotipos no por aberrantes y estúpidos menos disociadores. Los peruanos de origen africano, de fuerte implantación en la región costeña, albergan hacia el indio el mismo desprecio y hostilidad que éste suele sentir por ellos, lo que no los salva de ser discriminados y despreciados por quienes en el Perú son blancos o aspiran a serlo. Porque el concepto de «blanco», en el contexto peruano –como en todos los países andinos–, es racial al mismo tiempo que económico, y, en muchos casos, este último factor es el determinante de la supuesta calificación étnica. Quien asciende en la escala económica se va blanqueando, en tanto que el que se empobrece se indianiza, achola o ennegrece a ojos de los demás. Como la palabra *negro*, *cholo*, peruanismo para designar al mestizo de indio y blanco, es un vocablo que cambia de valencia según quien lo profiera y a quien se aplique: palabra cariñosa si es musitada entre amantes o amigos, se vuelve ofensa, injuria racista, si la lanza un blanco a quien no lo es.

Paralelamente a esta maraña de oposiciones y distanciamientos de origen racial, se levanta otra, no menos encrespada, geográfica o regionalista: el costeño se considera superior al hombre de los Andes –*serrano* es un término peyorativo en boca de una persona nacida en el litoral–, al que tiende a caricaturizar como primario y chusco, en tanto que el menospreciado serrano desahoga sus complejos de inferioridad frente al costeño acusándolo de frívolo, casquivano, tramposo y poco viril. Se comprende que en esta fragmentada realidad humana roída por tantos prejuicios, la ideología indigenista –que se alimenta de buen número de estos últimos– no llegara a echar raíces como una cultura nacional unificadora a la manera de México y fuera apenas –con la excepción de algunos individuos e instituciones aisladas seriamente comprometidos en propagarla– una espuma o elemento decorativo más bien efímero de la vida social y cultural del país.

El indigenismo al poder

DE TODOS modos, entre 1945 y finales de los años cincuenta, el indigenismo vivió un apogeo en el Perú. Por lo pronto, encarnado en la figura de uno de sus más ilustres mantenedores, el doctor Luis E. Valcárcel fue llamado (por el presidente Bustamante y Rivero) a ocupar el Ministerio de Educación. Uno de sus mayores logros fue la organización del Museo de la Cultura, del que José María Arguedas sería luego funcionario. Se inauguró en 1946, bajo la dirección del propio Valcárcel. Como lugartenientes suyos, fueron a trabajar allí dos indigenistas prestigiosos: el arqueólogo y folclorista Jorge C. Muelle, al frente del Instituto de Estudios Etnológicos, y el pintor y estudioso de las artes populares José Sabogal, como director del Instituto de Arte. Pese a los magros presupuestos de que dispuso, esta institución propició exposiciones, seminarios y la publicación de libros y revistas que dieron impulso a los estudios indigenistas, tanto en la investigación del pasado arqueológico como en el estudio de las comunidades indígenas y la cultura andina. Al mismo tiempo, bajo la dirección de otro discípulo de Valcárcel, José Matos Mar, se creó el Instituto de Etnología de la Universidad de San Marcos, donde se formó Arguedas. Este instituto fue también motor de los estudios de tema indígena, de lo que son muestra los abundantes artículos y ensayos de Arguedas en estos años.

Fue, sobre todo, el folclore quechua, aymara y mestizo el que en este periodo (Mildred Merino de Zela lo llama «la edad de oro del folclore») tuvo notable desarrollo, al que, por cierto, el propio Arguedas contribuyó. Jorge C. Muelle se ocupó, desde mediados de los cuarenta, en sentar las bases científicas de una disciplina que hasta entonces había sido, en gran parte, obra de aficionados (a veces con admirables logros, como la colección de arte popular reunida por Alicia Bustamante en la peña Pancho Fierro). En 1945 se publicó el *Diccionario folklórico del Perú*, de Carlos Camino Calderón, y en 1949 el libro de Felipe Cossío del Pomar dedicado al *Arte del Perú precolombino.* Dos años antes, en 1947, se había creado en el Ministerio de Educación la Sección de Folklore, dirigida por Francisco Izquierdo Ríos, con quien Arguedas —nombrado Conservador de Folclore por el gobierno— publicará ese mismo año una antología anotada de *Mitos, leyendas y cuentos peruanos.* La bibliografía de trabajos, compilaciones y traducciones de relatos y poemas vernáculos en estos diecisiete años es enorme, más numerosa que todo lo que existía hasta entonces en la historia republicana del Perú, y ella se incrementa en Lima y también en provincias, sobre todo en la región andina y por lo general a partir de la universidad. En 1951 se formó en el Cusco, dirigido por Efraín Morote Best, el grupo Tradición, importante foco de rescate y divulgación del acervo folclórico serrano, y en Lima comienzan a aparecer los trabajos de numerosos investigadores del arte, la música y la literatura popular, como el musicólogo Josafat Roel Pineda o Mildred Merino de Zela, estrecha colaboradora de José María Arguedas, y, más tarde, su biógrafa y autora de la más completa bibliografía sobre su obra.*

Pero en el dominio de las ideas será un pionero de la ideología indigenista quien publicará en este periodo la más importante contribución a la ficción histórico-política de la utopía arcaica: Luis E. Valcárcel, quien, en 1943, inicia la publicación de una ambiciosa *Historia de la cultura antigua del Perú*, y edita en México, en 1945, su ensayo *Ruta cultural del Perú*, versión actualizada, matizada y enriquecida de su fogoso manifiesto indigenista de 1927: *Tempestad en los Andes*.**

Ruta cultural del Perú

EN LOS dieciocho años que separan a ambos libros, la visión de Valcárcel se ha hecho menos apocalíptica y restrictiva: su idea del Perú como «una patria antigua» ya no rechaza al mestizo y acepta también (a regañadientes) al negro y al

* Véase el catálogo de la exposición bibliográfica organizada por la doctora Mildred Merino de Zela en 1989 en el Instituto Riva Agüero de Lima, «Sobre Arguedas».

** Luis E. Valcárcel, *Ruta cultural del Perú*, Fondo de Cultura Económica, Tierra Firme, México, 1945.

blanco junto al indio. Pero el prejuicio antieuropeo y antiespañol sigue allí, terco y contradictorio, en su empeño de establecer una antiquísima filiación para la «patria peruana» en la que los tres siglos de la Conquista y Colonia no habrían existido, o, peor todavía, sólo hubieran dejado el horror y las lacras de las que el Perú moderno tendrá que sacudirse antes de alcanzar su liberación.

El andinismo también sigue en pie, más virulento que antaño: Lima y la costa son el anti-Perú («La costa, por su situación geográfica y por su composición social, a la larga vino a representar el Anti-Perú» [p. 86]). Los pueblos costeños tenían bien ganada su fama de bárbaros y ociosos entre los incas, pues todo lo productivo y creador del país salió de las alturas andinas. Por ello mismo, el desmoronamiento del viejo casco colonial de Lima –sus iglesias y conventos, sus palacios y paseos– por obra del abandono y la incuria, en vez de motivo de lamentación y nostalgia, debe ser celebrado como la purga necesaria de un lastre innoble: «La caída a pedazos de la vieja Lima es el símbolo de la destrucción de un pasado sin gloria, de un paisaje sin grandeza, de una vida pacata y oscura, injusta, oprobiosa. Muere la tradición perricholesca para que surja la Lima del porvenir» (p. 58). Optimista profecía: lo que en verdad surgió de los escombros coloniales de la ciudad fue –¡ay!– esa bochornosa mezcla de iniquidades arquitectónicas, callejones insalubres y basurales pestilentes que ganaron a la antigua Ciudad de los Reyes el bochornoso apelativo de *Lima, la horrible* con que la bautizó el poeta César Moro y cuyos contrastes –mito áureo y realidad sórdida– inspiraron a Sebastián Salazar Bondy un ácido ensayo con este mismo título.

El paraíso perdido

LA PERCEPCIÓN del Perú precolombino sigue siendo idílica e inconscientemente marcada por la doctrina de raíz cristiana del paraíso perdido y la moderna utopía colectivista del socialismo. Entre los incas no había miseria, ni opresión, ni egoísmo; el gobierno, paternal y laxo, daba amplia autonomía a las regiones y respetaba la idiosincrasia de los pueblos incorporados al Tahuantinsuyo. La humanidad india vivía feliz, en estado de naturaleza, hasta la llegada del conquistador, quien introdujo el pecado terrible de la codicia y el espíritu de lucro, que «arranca el oro del cuerpo de los dioses» y «envilece» aquel metal, con lo cual la vida «se cubre de lodo y de sangre, de lágrimas y sudor» (p. 19). La llegada del europeo cancela la inocencia de los aborígenes y el mal empieza a corroer espiritual y físicamente un mundo donde imperaba el bien. Su presencia significa el principio del fin para «la vida feliz bajo los Incas, en que la organización social, política y económica había conquistado para el hombre, cualquiera que fuese su lugar en el Estado, un mínimo de seguridades que lo libertaban de toda contingencia» (p. 19).

Estatismo, dirigismo y colectivismo

¿Por qué era feliz la sociedad india prehispánica? Porque en ella el Estado benévolo tomaba a su cargo la satisfacción de las necesidades de todos los súbditos, quienes, dóciles y diligentes, se plegaban a los designios planificadores del poder centralizador y filantrópico, paternalista y tolerante, que actuaba guiado sólo por el bienestar de la colectividad. Ésta era étnicamente homogénea –el desestabilizante factor racial de la mezcla que produjo a los mestizos «turbulentos, tornátiles, sin escrúpulos» (p. 23), aún no había tenido lugar– y de naturaleza gregaria. No existía el individuo sino el grupo y no era el espíritu mercantil el que orientaba el trabajo sino principios altruistas y religiosos, de servicio a la comunidad. Como no existía la propiedad privada, sólo la comunal y estatal, el Incario estuvo exento de la inevitable lacra que acompaña a aquella institución cuando la riqueza deja de ser social y se convierte en patrimonio de los individuos: la explotación del hombre por el hombre. Por eso entre los incas no hubo amos y esclavos, ni rentistas ni parásitos sociales: todos trabajaban y del trabajo colectivo resultaba el bien común. Aunque Valcárcel no usa nunca la palabra socialismo, es evidente en este libro que su arcadia indigenista, a diferencia de la que expuso en su ensayo de juventud, se ha impregnado ahora de las fantasías colectivistas que tejió el materialismo histórico a partir de Engels sobre el supuesto comunismo primitivo de las sociedades arcaicas.

Un mito europeo

ESTA DESCRIPCIÓN de aquel paraíso perdido no es histórica, pese a que quien escribe sea un historiador: es ideológica y mítica. Para hacerla posible, ha sido necesaria una cirugía que eliminara de aquella sociedad perfecta todo lo que podía afearla o atentar contra su perfección: los sacrificios humanos, por ejemplo, práctica generalizada desde mucho antes del Incario y que durante éste dio origen a rituales como el de la *capacocha*, en que se inmolaba a gran número de niños procedentes de todo el imperio, sobre lo que Valcárcel no dice palabra. Tampoco menciona las abrumadoras evidencias de los pueblos sojuzgados por los incas que, precisamente porque se sentían oprimidos, se apresuraron a servir a los conquistadores españoles contra sus opresores, como ocurrió con los huancas y los chancas de la región central andina, ni las feroces guerras intestinas como la que tenía lugar, por razones de sucesión dinástica, en el momento mismo de la llegada de Francisco Pizarro y su hueste a las playas de Tumbes, y que, como comprueban los primeros españoles que cruzan los Andes y llegan al Cusco, había sembrado literalmente el Tahuantinsuyo de cadáveres. Tampoco se refiere a los muy eficaces pero crueles métodos de control de población que servían al poder para prevenir la rebeldía, como el de los *mitimaes,* trasplantes masivos de poblaciones a regiones apartadas, donde se sentían desambientadas y eran por lo tanto más fáciles de sujetar.

Además de ideológica y mítica, esta utopía es profundamente occidental. Ella debe, mucho más que a los testimonios de las crónicas y otras fuentes documentales sobre la vida prehispánica, a la tradición utópica clásica y renacentista de la que se nutrió el Inca Garcilaso de la Vega, a quien el propio Valcárcel reconoce como fundador de la utopía arcaica peruana. Ésta es, por lo demás, una conexión que aparece en *Ruta cultural del Perú* pero con la cronología alterada. Refiriéndose a una antiquísima leyenda griega, la de la ciudad áurea de El Dorado, que los conquistadores trasplantaron a América y buscaron, en expediciones alucinadas como la de Lope de Aguirre, por las selvas, montañas y desiertos del nuevo continente —otros fuegos fatuos utópicos que los lanzaron en pos de la quimera fueron las Siete Ciudades de Cíbola, la Fuente de Juvencia, el País de las Amazonas, etcétera—, dice Valcárcel:

> El Dorado no quedaba lejos de Perú, era Perú en su origen o en su final destino. Junto a esta leyenda que se basa en las ingentes cantidades de oro extraídas por los españoles, brilla otra no menos deslumbradora: la del Perú de los Incas. Éste es el mito de la Sociedad Perfecta que inspiró las utopías de Moro, Campanella y Bacon [p. 15].

En verdad, el descubrimiento y conquista del Perú por los españoles es posterior en más de tres lustros a la publicación de la *Utopía* (1516), de Tomás Moro, libro del que arranca la palabra, aunque no la idea, del paraíso terrenal encarnado en la historia humana, que deslumbraría la imaginación renacentista. En realidad, las utopías de estos soñadores y filósofos empeñados en diseñar con las armas de la razón y la ciencia, *hic et nunc,* aquella sociedad perfecta de la bonanza y la justicia universales que prefigura el paraíso terrenal de las escrituras bíblicas, inspiraron a su vez la retrospectiva idealización mítica de la sociedad prehispánica, la que, de este modo, saturada con las fosforescentes imágenes que la búsqueda del absoluto ha sabido siempre inspirar a la ficción, daría lugar a la utopía arcaica indigenista. Ella, en ciertos periodos y circunstancias, terminaría por suplantar a la verdadera historia e imponerse como una realidad incuestionable, gracias al poder persuasivo de grandes creadores, como el Inca Garcilaso de los *Comentarios reales* o el José María Arguedas de sus mejores historias.

No deja de ser paradójico que una ideología tan agresivamente nacionalista y maniquea como el indigenismo, que funda toda su reivindicación de la cultura y la raza aborigen en el rechazo global de lo europeo, tenga sus raíces en remotas leyendas griegas y latinas reactualizadas por el humanismo renacentista italiano y anglosajón con el que –al mismo tiempo que con sus recuerdos de infancia– construyó su hermosa fabulación histórica el hijo de un conquistador español y una princesa incaica, en Montilla, un remoto pueblo de Andalucía. Esta antigua utopía nació a orillas del Mediterráneo en la Grecia clásica y se extendió por Europa en la Edad Media, disuelta y consagrada en el utopismo cristiano con los romances y ficciones de caballerías. El Renacimiento la racionalizó y tradujo en esquema teórico, ciencia histórica, sistema filosófico, doctrina política. Ella se apoderó de América, sobre todo a partir del siglo XVIII, época fascinada por lo exótico y las teorías rousseauistas del «buen salvaje» corrompido por la civilización. Así llegó hasta el llamado Nuevo Mundo, donde se aclimató y metabolizó en manos de intelectuales, artistas y literatos empeñados en afirmar su singularidad y la especificidad cultural americana.

Ruta cultural del Perú constituye, en cierto sentido, el último fogonazo importante del indigenismo ideológico impregnado de nacionalismo cultural y romanticismo idealista, que fue el de Arguedas y que con *Los ríos profundos* alcanzó su más alta realización literaria. A partir de entonces esta variante del indigenismo comenzará una sistemática declinación, al menos como ideología. La irá reemplazando una visión criolla, menos excluyente, más pluralista y universal de la cultura y la historia peruanas, propuesta –principalmente, aunque no sólo por él– por el historiador Jorge Basadre, cuya interpretación y análisis sobre el pasado y la realidad nacional alcanzan un consenso general en los años cincuenta.

Esto no significa que los trabajos académicos de tema indígena se extingan. Por el contrario, el indigenismo dejará de ser desde entonces literario y artístico y quedará recluido en las ciencias sociales, que prosperarán de modo inusitado. Los estudios andinos sobre religión y mitología, así como las investigaciones arqueológicas, sociológicas, folclóricas y lingüísticas sobre quechuas y aymaras y demás culturas prehispánicas, aumentan en las décadas siguientes. Gracias a antropólogos como Juan Ossio, Fernando Fuensalida, Luis Millones, y a historiadores como Franklin Pease y otros, se multiplican los análisis científicos, menos contaminados que los de antaño por el utopismo, más apoyados en técnicas y metodologías modernas y objetivas de una investigación que, en teoría al menos –no siempre lo consigue–, prescinde de la ideología. En tanto que otros antropólogos y arqueólogos, como Rodrigo Montoya o Alberto Flores Galindo, se orientarán más bien en una dirección marxista, más heterodoxa que ortodoxa.

Unos y otros tendrán como fuente de inspiración predilecta a un cronista indio, Felipe Guaman Poma de Ayala, el que reemplazará a Garcilaso como santo y seña clásico del moderno indigenismo. Ambos cronistas son modelos y cifras de la historia del pensamiento indigenista. Ambos fecundan la utopía arcaica de distinta manera: Garcilaso en su versión romántica y Guaman Poma en la multiculturalista actual. Garcilaso es la versión occidentalizada y renacentista, que traza una versión ideal del Incario en un elegante español del Siglo de Oro y con una perspectiva que es recónditamente europea, inspirada en lecturas, creencias, mitos y hábitos resultantes de su íntima experiencia cultural del Viejo Mundo. Guaman Poma de Ayala es un indio sólo a medias aculturado, que escribe en un español rudimentario, mechado de quechuismos y barbarismos, e ilustra su crónica con toscos y sugestivos dibujos que rezuman un talento poderoso, sin desbastar. Su versión del mundo indígena es menos elaborada e imaginativa, más directa y terráquea –en cierto modo, cruda– y, por eso, a partir de los años cincuenta, cuando el indigenismo deja de ser un movimiento literario, artístico e histórico y pasa a ser casi exclusivamente etnológico, sociológico y folclórico, Guaman Poma de Ayala reemplaza al autor de los *Comentarios reales* como su mentor.

La muerte en 1956 de José Sabogal, fundador de la escuela artística indigenista, es un símbolo. Los temas, motivos, ideas y mitos asociados a esta tendencia estética dejarán de ser centrales en la pintura peruana, y en la literatura surgirá, con la llamada Generación del 50, una promoción de narradores que situarán sus historias sobre todo en la ciudad, como Julio Ramón Ribeyro, Enrique Congrains Martín o Luis Loayza, o que, si escriben sobre la sierra, lo harán, como Carlos E. Zavaleta o Manuel Scorza, empleando técnicas modernas y a partir de una visión radicalmente distinta de aquella que generó la utopía arcaica. En cierta forma, el canto del cisne literario del indigenismo –un canto fugaz y sin continuación– lo dará en 1953 Eleodoro Vargas Vicuña con *Nahuín,* colección de relatos de tema andino, de delicada prosa lírica, que aprovecha el ejemplo de José María Arguedas. Éste será el último portaestandarte literario del indigenismo.

Lo cual no significa que los escritores peruanos dejen de escribir sobre temas andinos o que desaparezcan los indios en la literatura peruana. Significa que los Andes y el poblador andino dejan de aparecer como productos de una ideología reductora y nacionalista, o como objetos pintorescos y folclóricos, para ser recreaciones literarias de seres humanos y protagonistas de mundos de ficción que valen por su propio poder de persuasión. Las excepciones –las hay– son de escasa significación literaria y, hasta ahora al menos, están allí sólo para confirmar la regla.

X. ENSOÑACIÓN Y MAGIA

EN 1958 publica *Los ríos profundos,* su mejor novela. Aunque hondamente basado en experiencias personales —los viajes por la sierra acompañando a su padre, los periodos de soledad cuando éste partía, su internado en el Colegio Miguel Grau de los padres mercedarios de Abancay, sus recuerdos de los comuneros de Viseca, donde vivió feliz luego de escapar de casa de su madrastra, y los de las haciendas del Apurímac que visitó luego—, es más que un libro autobiográfico: una historia cuya diestra reelaboración ha despersonalizado los recuerdos del autor, confiriendo al mundo narrado la apariencia de soberanía que alcanzan las ficciones logradas. El libro seduce por la elegancia de su estilo, su delicada sensibilidad y la gama de emociones con que recrea el mundo de los Andes. Por su historia desfilan los contrastados grupos sociales de la sierra —indios colonos y gamonales, mestizos artesanos y propietarios pobres y medianos, soldados y chicheras, curas y autoridades, comerciantes, músicos y santeros ambulantes—, pero su núcleo son las crueles e inocentes ceremonias de la pubertad y el aprendizaje que hace un niño del mundo adulto, entramado social de rígidas jerarquías, impregnado de violencia y racismo.

El castellano amaestrado

ESA LARGA lucha por la expresión que, según dijo Arguedas en su ensayo de 1950, lo llevó a elegir «el castellano como medio de expresión legítimo del mundo peruano de los Andes»,* cristaliza en esta novela en un estilo de gran eficacia artística. No es más ni menos castellano que el de *Yawar Fiesta* o el de los cuentos de *Agua*, ni del que empleará en sus novelas futuras: es distinto, más controlado, funcional y flexible, y expresa con más matices la pluralidad de asuntos, personas y particularidades del mundo –medio real, medio inventado– de *Los ríos profundos.*

El narrador, bilingüe, traduce al castellano lo que algunos personajes dicen en quechua, incluyendo a veces en cursiva dichos parlamentos en su lengua original. No lo hace con demasiada frecuencia, de modo que las incrustaciones lingüísticas quechuas no estorban la fluencia narrativa, pero sí con la periodicidad necesaria para configurar el ambiente de sociedad dividida en dos pueblos, dos lenguas y dos culturas. Y no por ser «correcto», fraguado dentro de los parámetros de la sintaxis y la morfología ortodoxas, es el castellano del narrador menos apropiado para sugerir, con poderoso aliento, cuando se expresan los quechuahablantes o se hace referencias a la cultura mágico-religiosa de los indios, la existencia de la *otra* lengua, la que determina una forma de relación con el paisaje y la historia distinta de la implicada en el castellano. Arguedas no volvería a alcanzar esta maestría estilística en sus novelas futuras, salvo en algunos relatos, como *La agonía de Rasu-Ñiti*, de 1962.

Dos narradores

HE HABLADO del «narrador» como si se tratara de uno solo, y, en verdad, hay en la novela dos narradores que se turnan para contar la historia. Uno es el narrador-personaje, Er-

* «La novela y el problema de la expresión literaria en el Perú», *op. cit.*, p. 72.

nesto, adolescente solitario cuyos desasosiego y emotividad a flor de piel ocupan buena parte de la anécdota, y, el segundo, un narrador omnisciente –adulto, sabio, invisible e impersonal– que asume por breves momentos el gobierno del relato para introducir algunos excursos, por ejemplo la peroración lingüística de comienzos del capítulo VI sobre los significados de la voz onomatopéyica quechua *yllu*, o enriquecerlo con precisiones entre poéticas y técnicas sobre la fauna y la flora, como las hermosas descripciones del *tankayllu* («tábano zumbador e inofensivo que vuela en el campo libando flores» [p. 52]), del «limón abanquino, grande, de cáscara gruesa y comestible por dentro...» (p. 154), del canto y costumbres de la calandria» o *tuya*, cuya voz «transmite los secretos de los valles profundos» (p. 119), o de la *chirinka*, «mosca azul oscura que zumba aun en la oscuridad» (p. 165).* Muchas de estas *mudas* no son sólo espaciales (de un narrador-personaje inmerso en lo narrado a un narrador omnisciente exterior al relato), sino también temporales, pues, como sucede en las descripciones del limón, el *tankayllu*, la calandria, la mosca azul o el *ayak'zapatilla*, la narración se traslada por un momento de un pasado indefinido a un presente de indicativo. Varias veces en la novela hay ese sutil desplazamiento de los puntos de vista espaciales y temporales, que, por la destreza de su ejecución, pasa desapercibido al lector y contribuye de modo decisivo a dar mayor complejidad y densidad a lo narrado.

La más importante de esas mudas de Ernesto al narrador omnisciente y de vuelta a Ernesto ocurre en el capítulo IX, «Cal y canto», cuando aquél releva a este último para narrar la frustrada persecución de doña Felipa y las chicheras rebeldes por los guardias que quedan despistados en el puente del río Pachachaca, que las mujeres han cortado, como barrera mágica, con las tripas de una mula. El episodio comienza siendo referido a Ernesto, en el colegio, por otros alumnos, intermediarios

---

* Todas las citas provienen de *Obras completas*, t. II.

cuyas voces se alternan y llegan a los lectores transmitidas por la del narrador-personaje. Esa sucesión de voces genera un hábil desorden, cortina de humo que facilita la muda al narrador omnisciente y exterior al relato que se produce, exactamente, al comenzar la frase: «Los guardias montaron; pasaron a galope el puente...» (p. 115). Quien continúa refiriendo los diálogos y la frustración de los guardias que disparan en vano contra la desaparecida fugitiva ya no narra desde la primera sino desde la tercera persona y dispone de una información que está totalmente fuera del alcance del escolar confinado en el internado. El punto de vista retorna a Ernesto, mediante una nueva muda espacial, gracias a otro artilugio, una frase-rumor de ambiguo propietario (pues no hay manera de determinar si pertenece al narrador-personaje o al narrador omnisciente): «La historia la contaron muchos en Abancay...», con la que termina el párrafo, el que hace las veces de transición para la nueva muda que devolverá a Ernesto el timón del relato.

De los cuentos de *Agua* a *Los ríos profundos,* luego del progreso que había constituido *Yawar Fiesta,* Arguedas ha perfeccionado tanto su estilo como sus recursos técnicos, los que, sin innovaciones espectaculares ni audacias experimentales, alcanzan en esta novela total funcionabilidad y dotan a la historia de ese poder persuasivo sin el cual ninguna ficción vive ante el lector ni pasa la prueba del tiempo.

La doble filiación

EL HILO conductor entre los episodios de este libro traspasado de nostalgia y, a ratos, de pasión, es un niño desgarrado por una doble filiación que simultáneamente lo enraíza en dos mundos hostiles. Hijo de blancos, criado entre indios, vuelto al mundo de los blancos, Ernesto, el narrador de *Los ríos profundos,* es un desadaptado, un solitario y también un testigo que goza de una situación de privilegio para evocar la trágica oposición de dos mundos que se desconocen, se rechazan y ni siquiera en su propia persona coexisten sin dolor.

Al comenzar la novela, a la sombra de esas piedras cusqueñas en las que, al igual que en Ernesto (y en José María Arguedas), ásperamente se tocan lo indio y lo español, la suerte del niño está sellada. Él no cambiará ya y, a lo largo de toda la historia, será una presencia aturdida por la violencia con que chocan a cada instante, en mil formas sutiles o arteras, dos razas, dos culturas, en el grave escenario de los Andes. Subjetivamente identificado con los indios que lo criaron («Me criaron los indios; otros más hombres que éstos») y que para él representan el paraíso perdido, pero lejos de ellos por su posición social que, objetivamente, lo hace solidario de esos blancos de Abancay que lo indignan y entristecen por su actitud injusta, torpe o simplemente ciega hacia los indios, el mundo de los hombres es para Ernesto una contradicción imposible. No es raro que los sentimientos que le inspire sean el desconcierto y, a veces, un horror tan profundo que llega a no sentirse entre sus prójimos en este mundo, a imaginar que procede de una especie distinta de la humana, a preguntarse si el canto de la calandria es «la materia de la que estoy hecho, la difusa región de donde me arrancaron para lanzarme entre los hombres». Hay que vivir, sin embargo, y Ernesto, que no puede escapar a su condición, debe buscar la manera de soportarla. Para ello, tiene dos armas: la primera es el refugio interior, la ensoñación. La segunda, una desesperada voluntad de comunicarse con lo que queda del mundo, excluidos los hombres: la naturaleza. Estas dos actitudes conforman la personalidad de Ernesto y se proyectan curiosamente en la estructura del libro.

El refugio interior

¿POR QUÉ ese repliegue interior, qué fuerzas lleva en sí Ernesto que lo ayudan a vivir? Ocurre que hubo un tiempo en que todavía no tenía conciencia de la dualidad que malogra su destino y vivía en complicidad inocente con los hombres, dichoso, sin duda, al amparo de ese «ayllu que sembraba maíz en la más pequeña y alegre quebrada que he conocido», donde las «mamakunas de la comunidad me protegieron y me infundieron la impagable ternura en que vivo». Los dos alcaldes de esa comunidad india, Pablo Maywa y Víctor Pusa, son las sombras protectoras que el niño convoca secretamente en el internado de Abancay para conjurar sus sufrimientos. La corriente nostálgica que fluye por la novela proviene de la continua evocación melancólica de esa época en que Ernesto ignoraba la fuerza «poderosa y triste que golpea a los niños, cuando deben enfrentarse solos a un mundo cargado de monstruos y de fuego». Ese enfrentamiento coincide con su llegada a Abancay y su ingreso al colegio donde se educan los jóvenes de la ciudad, acomodados muchos de ellos, aunque también de familias medianas y modestas. Ante ellos, Ernesto descubre las diferencias abismales que lo separan de los demás, su soledad, su condición de exiliado: «Mis zapatos de hule, los puños largos de mi camisa, mi corbata, me cohibían, me trastornaban. No podía acomodarme. ¿Junto a quién, en dónde?». Ya no puede volver atrás, retornar al *ayllu:* ahora sabe que él tampoco es indio. No puede, pero, a su pesar, sin darse cuenta, tratará locamente de hacerlo y vivirá como hechizado por el espectáculo de su inocencia perdida. Este estado de añoranza y solicitación tenaz del pasado hace que la realidad más vívidamente reflejada en *Los ríos profundos* no sea nunca la inmediata, la que Ernesto encara durante la intriga central de la novela (situada en Abancay), sino una realidad pretérita, diluida y enriquecida por la memoria. Esto determina, también, el lirismo acendrado de la escritura, su tono poético y reminiscente, y la idealización constante de objetos y de seres que nos son dados tal como el propio Ernesto los rescata del pasado, a través de recuerdos.

En el último capítulo de *Los ríos profundos,* Ernesto se pasea por el patio del colegio «más atento a los recuerdos que a las cosas externas». En verdad, ésta es una actitud casi permanente en él; incluso cuando su atención recae en algo inmediato que parece absorberlo, su conciencia está confrontando la experiencia presente con otra pasada, apoyándose en lo actual para impulsarse hacia atrás. Ya desde las primeras páginas de la novela, el niño lamenta melancólicamente que su padre decidiera «irse siempre de un pueblo a otro, cuando las montañas, los caminos, los campos de juego, el lugar donde duermen los pájaros, cuando los detalles del pueblo empezaban a formar parte de la memoria». Es fácil suponer que desde entonces hay ya en él una determinación voraz: capturar esa realidad fugitiva, conservar en su espíritu las imágenes de esos paisajes y pueblos donde nunca se queda. Más tarde, vivirá de esas imágenes. Los recuerdos afloran a la mente de Ernesto en toda circunstancia, como si se tratara de un viejo, y con una precisión desconcertante («el charango formaba un torbellino que grababa en la memoria la letra y la música de los cantos»): ocurre que es un ser enteramente consagrado a la tarea de recordar, pues el pasado es su mejor estímulo para vivir. En el colegio (es significativo que el Padre Director lo llame «loco», «tonto vagabundo», por no ser como los otros) sueña con huir para reunirse con su padre. Pero no lo hace y espera, «contemplando todo, fijándolo en la memoria». En una novela tan visiblemente autobiográfica, se puede decir que Arguedas ha trasplantado de manera simbólica a la narración su propio empeño. Ese niño que el autor evoca y extrae del pasado, en función de una experiencia anterior de su vida, está presentado en una actitud idéntica: viviendo también del pasado. Como en esas cajas chinas que encierran, cada una, una caja más pequeña, en *Los ríos profundos* la materia que da origen al libro es la memoria del autor; de ella surge esa ficción en la que el protagonista, a su vez, vive alimentado por una realidad caduca, viva sólo en su propia memoria.

La utopía arcaica personal

TRAS ESA constante operación de rescate del pasado, Ernesto descubre su añoranza de una realidad, no mejor que la presente, sino vivida en la inocencia, en la inconsciencia incluso, cuando todavía ignoraba (aunque estuviera sumergido en él y fuera su víctima) el mal. En Abancay, los días de salida, el niño merodea por las chicherías, oye la música y allí «me acordaba de los campos y de las piedras, de las plazas y los templos, de los pequeños ríos adonde fui feliz». La idea de felicidad aparece ya, en esta evocación, asociada más a un orden natural que a lo social: habla de campos, piedras y pequeños ríos antes que de seres humanos. Porque ésta es la otra vertiente de su espíritu, el vínculo más sólido con la realidad presente: el mundo natural.

En cierta forma, Ernesto es consciente de esa naturaleza suya refractaria a lo actual, pasadista, y a menudo intuye su futuro condicionado por ella. Los domingos, sus compañeros de colegio cortejan a las muchachas en la plaza de armas de Abancay, pero él prefiere vagar por el campo, recordando a esa joven alta «de hermoso rostro, que vivía en aquel pueblo salvaje de las huertas de capulí». Sueña entonces con merecer algún día el amor de una mujer «que pudiera adivinar y tomar para sí mis sueños, la memoria de mis viajes, de los ríos y montañas que había visto». Habla de sí mismo en pasado, como se habla de los muertos, porque él es una especie de muerto: vive entre fantasmas y aspira a que su compañera futura se instale, con él, entre esas sombras familiares idas.

Un racismo omnipresente

UN MUERTO, pero sólo a medias, pues aunque una invisible muralla lo aísla de los hombres con quienes se codea, hay algo que lo retiene todavía, como un cordón umbilical, en la vida presente: el paisaje. Esa «impagable ternura» que lo habita se resiste a volcarla en sus condiscípulos crueles o insensibles y en los religiosos hipócritas o fanáticos del internado, y no tiene ocasión tampoco de hacerla llegar efectivamente al indio, a esas víctimas hacia las cuales sus sentimientos lo empujan, prisionero como está de un medio que practica una severa segregación racial.

El racismo es omnipresente en la sociedad abanquina: los blancos desprecian a los indios y a los mestizos, y los mestizos desprecian a los indios y alientan un sordo resentimiento contra los blancos. Y todos ellos —blancos, indios y mestizos— desprecian a los negros. Una de las más dramáticas escenas de la novela —uno de sus cráteres— ocurre cuando Lleras prefiere escaparse del colegio antes que pedir perdón al Hermano Miguel, por el asco que le merece el color de su piel: «¡No! ¡Es negro, Padrecito! ¡Es negro! *¡Atatauya!*» (p. 103). El racismo contamina inconscientemente al propio Ernesto, quien se pregunta asombrado: «¿Cómo, siendo negro, el Hermano pronunciaba con tanta perfección las palabras? ¿Siendo negro?» (p. 104). Por su parte, las señoras de Abancay, cuando se apiadan del Hermano golpeado por Lleras, aclaran que su compasión se debe a que se trata de un religioso, condición que a sus ojos lo redime del baldón de su raza: «Aunque sea negro, tiene hábitos», dicen (p. 116).

La música

YA QUE el mundo de los hombres lo rechaza y lo espanta, Ernesto verterá su «impagable ternura» en las canciones, las plantas, los animales y el aire de los Andes. A ello se debe que el paisaje andino desempeñe un papel primordial y sea, con la música, el protagonista de mayor relieve de la novela.

La música es central en la realidad ficticia. Su presencia es más acentuada todavía en *Los ríos profundos* que en los cuentos y la novela anterior de Arguedas. Se trata casi siempre de la música de los indios –los huaynos y los harahuis– aunque, a veces, los valses o las marchas militares que toca la banda del regimiento en la glorieta de la plaza encandilan también a Ernesto y lo llevan a un clímax emocional que se parece al estado de pura espiritualidad, de suspensión del ánimo, descrito por los místicos. Cada vez que estallan las canciones quechuas, arrancadas por las cuerdas de un arpa o por una garganta humana, el niño se enardece y llena de optimismo: «Yo me sentía mejor dispuesto a luchar contra el demonio mientras escuchaba este canto», dice, escuchando el huayno que toca el *Papacha* Oblitas (p. 138).

La música lo hace soñar y fantasear, como durante la retreta en la plaza, cuando convierte en espectáculo mágico el movimiento de los instrumentos de la banda, y lo llena de coraje y audacia como cuando, rumbo hacia la hacienda Patibamba con las chicheras rebeldes, canta con ellas una danza de carnaval. Del mismo modo, al final de la novela, el harahui que cantan los indios colonos que vienen a Abancay a escuchar misa tiene la virtud de sacar a Ernesto de la depresión en que está sumido y comunicarle una esperanza.

Esta propensión de Ernesto se contagia a toda la realidad ficticia, la que, podríamos decir, ha sido musicalizada: nada importante ocurre en ella que no esté realzado por la música. Sea de arpa, rondín, charango, platillo, tambor o voz humana, la música espiritualiza y colorea la realidad ficticia, la entristece o la alegra y ella es la más genuina manifestación de su alma.

La naturaleza humanizada

OCURRE ALGO semejante con la naturaleza en la novela. ¿No es sintomático que el título, *Los ríos profundos,* aluda exclusivamente al orden natural? Pero este orden no aparece, en la ficción, contrapuesto al humano y reivindicado en tal sentido. Todo lo contrario: se halla humanizado hasta un límite que va más allá de la simple metáfora e invade el dominio de lo mágico-religioso. De una manera instintiva, oscura, Ernesto tiende a sustituir un orden por otro, a desplazar hacia esa zona del mundo que no lo rechaza los valores privativos de lo humano. Ya hemos visto que a veces concibe una filiación entre él y el canto de un ave; en otra ocasión protestará con vehemencia contra los hombres que matan con hondas a los pájaros y a los loros, y en el primer capítulo de la novela se conduele amargamente por un árbol de cedrón «martirizado» por los niños cusqueños. Furioso clama más tarde contra aquellos que matan al grillo, «que es un mensajero, un visitante venido de la superficie encantada de la tierra», y una noche, en Abancay, se dedica a apartar los grillos de las aceras, «donde corrían tanto peligro». En el capítulo titulado «Zumbayllu» hay una extensa, bellísima y tierna elegía por el *tankayllu*, ese tábano de «cuerpo afelpado» que desaparece en la luz y cuya miel perdura en aquellos que la beben como «un aliento tibio que los protege contra el rencor y la melancolía».

En *Los ríos profundos,* como en todas las ficciones de Arguedas, las descripciones son siempre más logradas que los diálogos. En tanto que, a veces, éstos resultan un tanto forzados, siempre que describe flores, piedras, riachuelos, el relato adquiere su temperatura mejor, su ritmo más logrado, el vocabulario pierde aspereza, reúne los vocablos más delicados, discurre con animación, se musicaliza, endulza y exalta de imágenes pasionales: «El limón abanquino, grande, de cáscara gruesa y comestible por dentro, fácil de pelar, contiene un jugo que, mezclado con la chancaca negra, forma el manjar más delicado y poderoso del mundo. Arde y endulza. Infunde alegría. Es como si se bebiera la luz del sol».

Este entusiasmo por la naturaleza, de raíz compensatoria, colinda con el embeleso místico. El espectáculo de la aparición del sol en medio de lluvias dispares deja al niño «indeciso» y anula en él la facultad de razonar. Ese arrobo contiene en sí una verdadera alienación, entraña en germen una concepción animista del mundo. Su sensibilidad, exacerbada hasta el ensimismamiento por la realidad natural, lleva a Ernesto a idealizar paganamente plantas, objetos y animales, y a atribuirles propiedades no sólo humanas, también divinas: a sacralizarlas. Muchas de las supersticiones de Ernesto proceden de su infancia, son como un legado de su mitad espiritual india, y el niño se aferra a ellas en subconsciente manifestación de solidaridad con esa cultura: además, su propia situación favorece esa inclinación suya a renegar de la razón como vínculo con la realidad y a preferirle intuiciones y devociones mágicas. Desde su condición particular, Ernesto reproduce un proceso que el indio ha cumplido colectivamente y es por ello un personaje simbólico. Así como para el comunero explotado y humillado en todos los instantes de su vida, sin defensas contra la enfermedad y la miseria, la realidad difícilmente puede ser lógica, para el niño paria, sin arraigo entre los hombres, exiliado para siempre, el mundo no es racional sino esencialmente absurdo. De ahí su irracionalismo fatalista, su animismo, y ese solapado fetichismo que lo lleva a venerar con unción religiosa los objetos más diversos. Uno, sobre todo, que ejerce una función totémica a lo largo de la novela: el *zumbayllu*, trompo silbador que es para él «un ser nuevo, una aparición en el mundo hostil, un lazo que me unía a ese patio odiado, a ese valle doliente, al Colegio».

La razón y la tribu

ESTA INTERPRETACIÓN mía de *Los ríos profundos,* esbozada en un ensayo de 1966,* ha sido objeto de reparos por al-

---

* Mario Vargas Llosa, «Tres notas sobre Arguedas», en *Nueva novela latinoamericana,* 1, Editorial Paidós, Buenos Aires, 1969, pp. 30-36. Compilación de Jorge Lafforgue.

gunos críticos. William Rowe, por ejemplo, rebate mi afirmación de que el niño-narrador se refugia en el «irracionalismo» de lo mágico-religioso, con esta demagógica pregunta: «¿Por qué los explotadores tienen una visión de la realidad más racional que los explotados?».* El prurito ideológico impide a menudo advertir las evidencias. Quien cree que las piedras tienen «encanto» y «cantan de noche», o que el zumbido de un trompo puede llevar un «mensaje» allende los ríos y las cordilleras porque es «brujo» *(layk'a)* y que los indios colonos pueden ahuyentar a la peste con gritos, cree cosas muy bellas y poéticas pero su visión del mundo es un acto de fe, no un producto del conocimiento racional, el que se funda en la experiencia y subordina sus hipótesis al cotejo con la realidad objetiva. Las creencias de Ernesto no pueden ser contradichas, «falseadas» según el requisito esencial establecido por Karl Popper para el conocimiento científico, porque ellas no pretenden ser un verificable reflejo del mundo exterior. Ellas son, como las religiones o las ficciones, una construcción imaginaria o una verdad revelada cuyo apoyo en la realidad depende de su propia gravitación, de su recóndita fuerza persuasiva: la credibilidad bajo palabra. Subjetividad pura –lo que, por cierto, no es incompatible con su coherencia interna–, toda visión mágico-religiosa es irracional, no científica, pues presupone la existencia de un orden secreto en el seno del orden natural y humano fuera de toda aprehensión racional e inteligente, al que sólo se llega gracias a ciertos atributos innatos o adquiridos de orden sobrenatural. Una cultura mágico-religiosa puede ser de un notable refinamiento y de elaboradas asociaciones –de hecho, lo son la mayoría de ellas–, pero será siempre *primitiva* si aceptamos la premisa de que el tránsito entre el mundo primitivo y tribal y el principio de la cultura moderna es, justamente, la aparición de la racionalidad, la actitud «científica» de subordinar el conocimiento a la

---

* William Rowe, *Mito e ideología en la obra de José María Arguedas, op. cit,* p. 72.

experimentación y al cotejo de las ideas y las hipótesis con la realidad objetiva, actitud que, según mostró el mismo Karl Popper en *The Open Society and Its Enemies,* iría sustituyendo la cultura tribal por la sociedad abierta, el conocimiento mágico por el científico, y disolviendo la realidad humana colectivista de la horda y la tribu en la comunidad de individuos libres y soberanos.

En *Los ríos profundos,* como en toda la obra literaria de Arguedas, es motivo recurrente la añoranza de ese mundo primitivo y gregario –el de la «tribu» popperiana, colectividad aún no escindida en individuos, inmersa mágicamente en una naturaleza con la que se identifica y en la que se diluye, férreamente unida por una solidaridad que nace de la fe compartida en unos mismos dioses y unos ritos y ceremonias practicados en común– desde una caricatura de sociedad moderna en la que el individuo se halla –como el Ernesto de esta novela– desamparado y alienado, pues ha perdido el cordón umbilical con el conjunto social y a merced de fuerzas hostiles que a cada paso amenazan con destruirlo.

Que una cultura mágico-religiosa sea irracional y primitiva no impide que, gracias a su trabazón y coherencia internas, tenga un gran poder de convencimiento (ocurre en muchas ideologías, también), sobre todo si, como en este caso, aparece encarnada en una hermosa ficción. Ello habla bien del talento creativo de Arguedas, y no necesariamente, como creen los críticos ideológicos, de sus aptitudes de etnólogo y folclorista. Sin duda tenía estas aptitudes cuando ejercitaba su trabajo de investigador, pero, por fortuna, cuando escribía novelas lo hacía con suficiente libertad como para poder escapar de las rígidas limitaciones que el «conocimiento científico» de la cultura andina impone (debería imponer) al autor de un texto de antropología. Como cuentista y novelista Arguedas construyó un mundo que debía tanto a su conocimiento «científico» del mundo quechua como a sus propios demonios personales –sus frustraciones y anhelos, sus sufrimientos, emociones, pasiones, sueños y rencores– y al vuelo de su fantasía. Por eso, *su* mundo andino es distinto del de otros novelistas que escribieron sobre los Andes y sus culturas tradicionales, y distinto también de la realidad histórica y sociológica de los quechuas. Leer la obra narrativa de Arguedas como un manual etnohistórico o desde el rígido prisma de la ideología política, tratando de vislumbrar en ella, como en un espejo, el movimiento de la lucha de clases de campesinos contra latifundistas serranos, escamotea lo novedoso que hay en ella: la creación de un mundo imaginario, que, refundiendo y transformando en mito una heterogénea materia hecha de recuerdos y desgracias y nostalgias personales, realidades históricas y sociales y abundantes dosis de invención, trasciende su «modelo» –su espacio, su tiempo y sus fuentes– para vivir la vida autónoma de esas ficciones capaces de persuadir de su incierta verdad a toda clase de lectores, a los que su magia, hecha de verbo y sueño, ayuda a identificar y a soportar sus verdades particulares.

Un mundo mágico-religioso

EL DESAMPARO alimenta las supersticiones de Ernesto. El mundo es para él un escenario donde oscuras fuerzas batallan contra el hombre indefenso y atemorizado que ve por doquier la presencia de la muerte. Ésta es acarreada por las tarántulas o *apasankas*, «seguros portadores de la muerte» (p. 69), y anunciada por el *chirinka*, mosca azul que zumba en la oscuridad «y que siente al que ha de ser cadáver, horas antes, y ronda cerca». Y además hay la peste que en cualquier momento asoma «subiendo la cuesta», «disfrazada de vieja, a pie o a caballo». Pueden suceder tragedias, como las que vive Abancay, a consecuencia de que rozaran la hacienda Patibamba «los últimos mantos de luz débil y pestilente del cometa que apareció en el cielo veinte años antes» (p. 102). Frente a tales amenazas, el hombre se defiende con conjuros o extraños ritos, como los gritos y cantos con que los indios colonos expulsan a la peste de Abancay, o recurre a deleznables exorcismos mágico-religiosos que humillan todavía más su suerte. Los indios «repugnan del piojo» y sin embargo les muelen la cabeza con los dientes, «pero es contra la muerte que hacen eso».

Cuando muere la opa, Ernesto corta las flores del patio del colegio, en el que los alumnos venían a copular con la infeliz, porque cree que «arrancada esa planta, echadas al agua sus raíces y la tierra que la alimentaba, quemadas sus flores, el único testigo de la brutalidad humana que la opa desencadenó, por orden de Dios, había desaparecido».

Pero, junto a este aspecto macabro, el mundo mágico-religioso de Ernesto luce también un abanico de maravillas que rompen la rutina y hacen de la vida una sucesión de misterios y sorpresas. Un pequeño trompo fabricado con un «coco de tienda» y una «espina» se convierte –para aquél y su amigo el Markas'ka– en un objeto mágico, sobre todo si adopta una forma oblonga, en cuyo caso es un *layk'a* (un brujo) cuyo canto «sube hasta el sol» y puede llevar un mensaje de Ernesto a su padre, quien se halla a cien leguas de distancia (p. 105). Lo que para sus compañeros de internado es un simple juego, para el niño crédulo e hipersensible que es Ernesto resulta «un ser nuevo, una aparición en el mundo hostil» que le revela una «corriente entre el mundo de los valles profundos y el cuerpo de ese pequeño juguete móvil» (p. 56). Su predisposición y fantasía llevan a Ernesto a mitificar el trompo, a cargarlo de virtualidades y asociaciones misteriosas, y por eso su compañero Palacios le dice: «Los *zumbayllus* te están loqueando» (p. 61).

En verdad, esa vocación hacia lo mágico-religioso es un mecanismo que defiende a Ernesto contra una realidad que siente como permanente amenaza, y ella le permite trasmutar en hermosas ficciones las experiencias más banales, como la retreta que ofrece la banda del regimiento en la plaza de Abancay, que él percibe como una fantasmagoría en la que los tamboriles y el tocador de platillos «parecían brujos o duendes benéficos» y los instrumentos despiden «culebrillas de fuego» (p. 129).

Una religión personal

REFRACTARIO a los otros, Ernesto lo es también a aquello que los otros creen y adoran: su fe no es la de ellos, su Dios no es el de él. En el interior de ese mundo cristiano en el que está inmerso, el niño solitario entroniza una religión personal, un culto subrepticio, una divinidad propia. De ahí su hostilidad hacia los ministros de la fe adversaria: el Padre Director del internado, el «santo» de Abancay, es presentado como encarnación de la duplicidad humana y el más efectivo cómplice de la injusticia. Una ola de furor irrumpe en *Los ríos profundos* cuando asoma este personaje. El discurso masoquista que el Padre Director pronuncia ante los indios de Patibamba y su alocución untuosa y falaz para aplacar a las mujeres sublevadas rozan la caricatura. Ni el gamonal que explota al indio, ni el soldado que lo reprime, son tan duramente retratados en *Los ríos profundos* como el cura que inculca la resignación a las víctimas y combate la rebeldía con dogmas. Esto se comprende: el asiento de la novela, ya lo dijimos, es la realidad *interior,* aquella donde el elemento religioso despliega sus sutiles poderes. El gamonal no aparece sino de paso, aunque el problema del feudalismo andino es mencionado con frecuencia e, incluso, alegóricamente representado en la ciudad de Abancay, «pueblo cautivo, levantado en la tierra ajena de una hacienda».

Desde su refugio interior, Ernesto participa de la pugna que opone al indio y a sus amos. Dos episodios fundamentales de la novela dan testimonio de esta guerra secular: el motín de las placeras y los estragos de la «peste». Son los dos momentos de mayor intensidad, dos radiadores que desplazan una corriente de energía hacia el resto del libro, dinamizando los otros episodios, casi siempre concebidos como cuadros independientes. Y es como si la lava que brota de esos cráteres abrasara al narrador y convirtiese en otro hombre a ese niño cohibido y retraído: son los momentos en que la nostalgia es sumergida por la pasión.

Matriarca, demonio o virgen

CUANDO LAS placeras de Abancay se rebelan y los vecinos de la ciudad se parapetan en sus casas, acobardados, Ernesto se lanza a la calle y corre, regocijado y excitado, entre las multicolores polleras, cantando al igual que aquéllas en quechua. Y más tarde, con esa tendencia suya a sacralizar lo vivido y proyectar en mitos su experiencia del mundo, Ernesto hace de Felipa, la chichera caudillo, un símbolo de redención: «Tú eres como el río, señora. No te alcanzarán. ¡Jajayllas! Y volverás. Miraré tu rostro que es poderoso como el sol del mediodía. ¡Quemaremos, incendiaremos!».

A diferencia de las mujeres de *Yawar Fiesta*, seres pasivos, objetos humanos que estaban allí para ser maltratados por los hombres, en *Los ríos profundos* las mujeres se agigantan y perfilan como individuos singulares. Las vemos coqueteando con gracia y picardía, como la moza que sirve un vaso de chicha a Ernesto en la chichería de doña Felipa, y tomando iniciativas audaces, de las que son incapaces los hombres, como cuando, en ese mismo lugar, la «mestiza gorda» se enfrenta a los guardias que quieren llevarse preso al arpista Oblitas, en tanto que los cobardes parroquianos varones intentan escaparse «a cuatro patas» (p. 143). Pero es sobre todo en la rebelión por el reparto de la sal, de perfil exclusivamente femenino, donde apreciamos el valor de las mujeres. Son las cholas chicheras, guiadas por doña Felipa, las que toman los depósitos de la sal y las que deciden distribuirla gratuitamente a los miserables colonos de la hacienda Patibamba: los hombres son meros espectadores de los sucesos. Esta sustitución de roles alcanza una forma extrema en el caso de doña Felipa, pues, como cualquier «macho», la chichera caudillo se da el lujo de tener dos maridos, según descubren los guardias que vienen a Abancay a reprimir el motín (p. 116). Esta actitud ejecutiva y anticonformista de las mestizas de Abancay contrasta con la pasividad resignada de las indias de Patibamba, a las que aquellas cholas tienen que imponer casi a la fuerza que reciban la sal. El mestizo, que en la novela anterior de Arguedas aparecía con rasgos negativos y sumido en la confusión, despreciado por unos y otros, en *Los ríos profundos,* personificado por las chicheras, ha cambiado de valencia moral y muestra más bien unas reservas de energía, indignación y coraje frente a la injusticia que contrastan con el estado de total sometimiento y nulidad de espíritu en que la explotación y el maltrato han sumido a los colonos de Patibamba.

Pero aunque la mujer –por lo menos la chola– ha sido realzada en la realidad ficticia por su espíritu de rebeldía, la actividad sexual que la concierne sigue apareciendo como quehacer maldito, que la envilece y degrada. Así ocurre con la «opa babienta», pobre demente a la que estupran los internos en el «espacio endemoniado» que es el patio del colegio y que ejercita una atracción enfermiza sobre Chauca, el que asocia el olor de esa mujer con el de las letrinas («el excusado me agarra con su olor, creo»), lo que lo lleva a exclamar: «Creo que estoy endemoniado» (p. 67). La muerte de la opa, su cuerpo pecador hirviendo con los fantasmagóricos piojos de la peste, es como un símbolo del horror que acompaña el quehacer sexual en el mundo de Arguedas.

Por eso, Ernesto prefiere la mujer soñada o irrealizada por el recuerdo a la de carne y hueso, la que lo intimida, a la que busca defectos para distanciarla de su deseo, como las gruesas pantorrillas de Alcira o como esas «señoritas» de Abancay de las que dice: «Les temía, huía de ellas, aunque las adoraba en la imagen de algunos personajes de los pocos cuentos y novelas que pude leer» (p. 59). Para él, aquejado de un santo horror al sexo («¡Cómo temblaba yo en esas horas en que de noche ella [la opa] caía al patio interior, y los cielos y la tierra no podían devorarme a pesar de mis ruegos!» [p. 151]), la mujer no deber ser tocada, sólo adorada y reverenciada a distancia, igual que la Virgen o la madre. Por eso, cuando en la plaza de Abancay divisa, a lo lejos, a las muchachas de la ciudad paseando en torno a la glorieta, se irrita contra los jóvenes que les dirigen miradas «insolentes» y piensa que él, en cambio, «hubiera deseado ascender al cielo y bajar una estrella para cada una, a manera de respetuosa ofrenda» (p. 148). Y cuando sabe que Gerardo, el hijo del comandante, «ha probado a una abanquina», se lanza contra él loco de rabia gritándole «perro ansioso», convencido de que el joven costeño y Antero se han vuelto «sucios», «ahijados del demonio» (p. 159).

Es curioso cómo un libro volcado hacia el mundo interior, que extrae su materia primordial de la contemplación de la naturaleza y de la doliente soledad de un niño, puede, de pronto, cargarse de una violencia insoportable. Arguedas no se preocupaba demasiado por el aspecto técnico de la novela e incurría a veces en defectos de construcción, pero su intuición solía guiarlo certeramente en la distribución de sus materiales. Esos coágulos de violencia cruda insertados en el cuerpo del relato son un acierto estructural. Desde la primera vez que leí *Los ríos profundos* he conservado la impresión que dejan esos coágulos que iluminan la historia con una luz de incendio: la imagen de la niña, en el pueblo apestado, con «el sexo pequeñito cubierto de bolsas blancas, de granos enormes de piques», o esas manchas de piojos que embalsaman las cabezas y cuerpos de los agonizantes de la peste, como la opa. Minúsculos cráteres que crepitan aquí y allá en la superficie de la novela, crean un sistema circulatorio de tensiones y vivencias que enriquecen su belleza con un incontenible flujo de vida.

Ficción e ideología

¿Una conciencia atormentada? ¿Un niño al que contradicciones imposibles aíslan de los demás y enclaustran en una realidad pasada cuyo soporte es la memoria? ¿Un predominio del orden natural sobre el orden social? ¿Un mundo mágico-religioso que debe casi tanto a la fantasía personal y las propensiones y devociones del autor como a la cultura quechua? No han faltado quienes vieran en esta novela un distorsionado testimonio y la acusaran de inmadurez política o forzaran su interpretación para leer en ella una descripción explícita y ortodoxa de la lucha del campesinado contra el feudalismo y la explotación en los Andes, entre ellos el propio Arguedas, quien, en su etapa final, cuando multiplicaba los gestos públicos de corrección política, contribuyó a la confusión, declarando, en el Primer Encuentro de Narradores Peruanos, de Arequipa, que la entrada de los indios colonos de Patibamba a la ciudad de Abancay espoleados por la peste (para oír la misa del Padre Director) era una premonición literaria de los levantamientos campesinos de La Convención, que lideraría Hugo Blanco años más tarde.* Pero el reproche es injusto y los esfuerzos *a posteriori* del propio autor innecesarios: se trata de una novela, no de una ilustración anecdótica de las luchas sociales de la sierra peruana; de una ficción en la que ha quedado representada una realidad más vasta que la problemática social de un momento histórico, sin que, por lo demás, esta problemática haya sido esquivada. Ella aparece, también, de la manera encubierta y mitologizada con que la literatura refleja el mundo. Es lícito exigir a cualquier escritor que hable de los Andes dar cuenta de la injusticia en que

* *Primer Encuentro*..., p. 239.

se funda allí la vida, pero no exigirle una manera de hacerlo. Todo el horror de las alturas serranas está en *Los ríos profundos,* es la realidad anterior, el supuesto sin el cual el desgarramiento de Ernesto sería incomprensible. La tragedia singular de este niño es un testimonio indirecto, pero inequívoco, de aquel horror; es uno de sus innumerables productos. En su confusión, en su soledad, en su miedo, en su ingenua aproximación a las plantas y a los insectos, en su fuga constante hacia el pasado, lo imaginario y lo mágico, se transparentan las raíces del mal. La literatura atestigua así sobre la realidad social y económica, por refracción y por metáfora, registrando las repercusiones de los acontecimientos históricos y de los grandes problemas sociales en un nivel individual y mítico: es la manera de que el testimonio literario sea viviente y no cristalice en ideología, es decir, en un esquema muerto.

XI. ENTRE EL FUEGO Y EL AMOR (1958-1961)

CON LA publicación de *Los ríos profundos* (1958) se inició un proceso, lento al principio pero irreversible, de valoración de la obra de Arguedas en el Perú como en el extranjero. La novela ganó en Lima el premio nacional Fomento a la Cultura Ricardo Palma de 1959 y fue finalista en Estados Unidos del premio William Faulkner (1963). En las siguientes décadas, el libro se tradujo a varios idiomas y, a partir de él, creció el interés de la crítica por la obra de Arguedas.

En los tres años que median entre *Los ríos profundos* y *El Sexto* (1961), Arguedas se muestra muy activo intelectualmente. Al mismo tiempo que esta última novela, escribe cuentos y artículos, participa en dos polémicas, una literaria, iniciada por él, sobre la novela *La tierra prometida*, de Luis Felipe Angell,* y otra pedagógica, con Carlos Salazar Romero, sobre la reforma de la educación secundaria,** viaja a la Argentina y a Guatemala, y continúa sus investigaciones folclóricas, principalmente con la traducción de una colección de cuentos

---

* En la polémica participaron también Luis Jaime Cisneros, Mario Castro Arenas y Julio Ramón Ribeyro. Arguedas intervino con dos artículos, «¿Una novela sobre las barriadas?», en *La Prensa*, Lima, 4 y 23 de diciembre de 1958, ambos muy críticos de lo que consideraba un testimonio inauténtico y superficial del mundo creado por los campesinos andinos emigrados a la periferia limeña.

** Véanse «La sociología y la reforma de la educación secundaria», «Sociología y educación secundaria» y «En respuesta a Carlos Salazar Romero», en el suplemento dominical de *El Comercio*, Lima, 8, 15 y 22 de noviembre de 1959.

quechuas recogidos por él mismo en la región de Lucanamarca.* A la vez que dicta sus clases universitarias y se las arregla para avanzar en su tesis doctoral —un análisis comparativo entre las comunidades rurales españolas y andinas—, empieza a esbozar su más ambicioso proyecto novelesco: un fresco narrativo de todas las clases sociales, razas y culturas del Perú.

Hacen posible la dedicación al trabajo literario y académico de Arguedas estos tres años una vida familiar sin los traumas pasados y, sobre todo, venideros, y lo que parece una pausa en su cuadro neurótico; por lo menos, su correspondencia y los testimonios de amigos sobre este periodo no mencionan casi los insomnios, depresiones y angustias que amargarán tanto los últimos años de su vida.

Efervescencia política

SU PRESCINDENCIA en lo que concierne a la política es total, pese a que en el Perú, al igual que en toda América Latina, la fuga del dictador Fulgencio Batista de La Habana ante los barbudos de Fidel Castro el último día de 1958 y el inicio de la Revolución Cubana inician una gran efervescencia de izquierda, en la que escritores e intelectuales juegan papel destacado. Se vive un periodo de cierta bonanza económica, pero el régimen civil y pasablemente democrático que preside Manuel Prado experimenta algunas convulsiones en el campo, sobre todo en la región andina del sur. En el valle cusqueño de La Convención, Hugo Blanco organiza sindicatos campesinos y ocupaciones de tierras que terminan a menudo en enfrentamientos con la policía. Animada por las fuerzas de izquierda y algunos sectores nacionalistas conservadores —el diario *El Comercio*—, se inicia una campaña pidiendo la nacio-

---

* «Cuentos religioso-mágicos quechuas de Lucanamarca», en *Folklore Americano*, núms. 8-9, Lima, 1960-1961, pp. 142-216.

nalización de la Internacional Petroleum Company, subsidiaria de la Standard Oil, que explota el petróleo peruano del litoral norte. Éste será uno de los ejes del debate político en la década del sesenta; el otro, la reforma agraria. Aunque Arguedas alienta simpatías por ambas reivindicaciones —que se nacionalice el petróleo y se distribuyan los latifundios a los campesinos—, no participa en estas movilizaciones y se muestra reacio a adoptar compromisos políticos partidarios. Es interesante a este respecto el testimonio de Humberto Damonte, su futuro editor, miembro del Movimiento Social Progresista, grupo intelectual de izquierda fundado en esos años. Damonte conoció a Arguedas en 1960 y cuenta las vacilaciones de éste para colaborar con aquella agrupación, pese a simpatizar con ella: «Luego, cuando lo he tratado más, descubrí que era muy propio de él la indecisión para tomar posiciones políticas determinadas, no diría «firmes», porque él tenía una posición política muy reconocible al servicio del país, pero que no podía encauzarla dentro de un grupo, de una militancia».*

Rulfo, Arguedas y Roa Bastos

EN ESTOS tres años, su vida continuará escindida en empeños relativos a su doble vocación de literato y etnólogo. A comienzos de 1960 tuvo un accidente de auto, con tres costillas rotas y, como consecuencia, una «psicosis de angustia» que reactualizó sus crisis nerviosas y sus desvelos por varias semanas.** Ese mismo año viajó a Buenos Aires con el novelista Ciro Alegría, el librero-editor Juan Mejía Baca y el crítico José Miguel Oviedo para participar en el Tercer Festival

* Humberto Damonte, «Testimonio», en *Hoja Naviera*, año II, núm. 3, Lima, noviembre de 1994, p. 63.

** Carta a John V. Murra, fechada el 10 de abril de 1960, en *Las cartas de Arguedas, op. cit.*, p. 33.

del Libro Americano. Ese mismo año publicó un entusiasta comentario a la novela *Pedro Páramo,* de Juan Rulfo, que acababa de leer.* Es un entusiasmo comprensible. Como Arguedas, el escritor mexicano tuvo una infancia campesina, en una pequeña aldea indígena de Jalisco, y tanto los cuentos de su libro anterior, *El llano en llamas,* como esta novela reflejan su experiencia rural y un conocimiento íntimo, preñado de solidaridad, del humilde y la víctima, los seres sin nombre y sin rostro que forman el montón, esa vasta descendencia de las comunidades prehispánicas cuya servidumbre e infortunio en el mundo moderno –las hecatombes y secuelas de la Revolución, el caciquismo, los abusos de los poderosos, las supersticiones y ritos religiosos, la marginalidad– son la arcilla con que modeló sus delicadas historias. Leyendo a Rulfo, Arguedas descubrió un mundo afín al que él quería trasvasar en sus libros y un estimulante ejemplo de cómo emplear la lengua española y las técnicas narrativas modernas para fantasear un mundo literario que parece preservar, intactos, el primitivismo, el arcaísmo y demás rasgos de la «identidad cultural» del mundo indígena. Hasta en la persona del propio Rulfo –desvalido y como extraviado en la ciudad, corroído por angustias existenciales y depresiones crónicas– Arguedas halló un alma gemela. No es extraño que hiciera con él buena amistad y lo colmara de elogios.

Sin embargo, pese a estas afinidades, hubo entre ambos, como escritores, una distancia que Arguedas nunca llegó a salvar. Rulfo fue al mismo tiempo un creador de historias y de técnicas narrativas, un tierno y sensible fantaseador y un mago de infinitos recursos en la construcción de sus historias, que se movía como por su casa en el dominio de la forma y estaba al tanto de todo lo que los grandes narradores contem-

---

* «Reflexiones peruanas sobre un narrador mexicano», en *El Comercio,* suplemento dominical, Lima, 8 de mayo de 1960.

poráneos –sobre todo William Faulkner, un maestro cuyas enseñanzas supo asimilar como pocos– habían inventado para matizar y profundizar el mundo de la ficción. Arguedas fue un gran escritor primitivo; nunca llegó a ser moderno en el sentido que lo fue Rulfo, aunque escribiera también sobre el mundo rural. Estuvo cerca de serlo con *Los ríos profundos,* donde, gracias a una sensibilidad y una intuición que suplían su falta de contacto con las grandes innovaciones formales –en el uso de la lengua, en el punto de vista, en la organización del tiempo y el espacio– que la narrativa había alcanzado desde Marcel Proust, Franz Kafka, Joyce y Faulkner, llegó a construir una historia con la autonomía y coherencia internas que son rasgo esencial de la narración moderna. Pero, en vez de perseverar en esta línea, en sus ficciones futuras más bien retrocedió, formalmente hablando, a las técnicas más convencionales y rudimentarias del realismo y del naturalismo, lo que frustró en buena medida su más ambicioso proyecto novelístico: *Todas las sangres.* Que Arguedas fuera consciente de ello parece demostrarlo el desesperado intento final de ser «moderno» que es *El zorro de arriba y el zorro de abajo,* libro que, aunque fracasado también como obra de ficción, es un experimento, un temerario esfuerzo del escritor para liberarse de toda inhibición y mezclar fantasía, memoria, testimonio y acción en un relato al que la inmolación final de quien lo escribe dota de trágica autenticidad.

En esta época se publicó también la novela *Hijo de hombre* (1961) del paraguayo Augusto Roa Bastos, otro escritor que, por su vida y su obra, tiene como Rulfo un aire de familia con Arguedas. El mundo campesino es escenario de esas historias sutilmente trenzadas que van constituyendo, poco a poco, de sorpresa en sorpresa, la impalpable unidad novelesca de *Hijo de hombre,* escrita –como muchos de sus cuentos reunidos en *El trueno entre las hojas*– en un lenguaje mestizo, en el que el español está siendo constantemente mezclado con voces indígenas y recreado para expresar la alteridad lingüística –el guaraní— en el que dialogan a menudo los personajes. Arguedas se refirió alguna vez con simpatía a Roa Bastos, pero no dejó constancia de haber leído con la misma admiración que a Rulfo a este otro escritor, tan próximo a él —cuando menos en sus dos primeros libros— por sus temas, su sensibilidad para describir la naturaleza, su pasión por el mundo rural y que asimismo debió trabajar con denuedo para crearse una lengua literaria capaz de expresar en castellano el habla de los indígenas.

En 1961, Arguedas obtuvo una beca de la OEA (Organización de Estados Americanos) para hacer investigaciones en Guatemala sobre el arte popular. Estuvo allí un par de meses, recorriendo todo el interior, y, a juzgar por el relato «El forastero» que ese viaje le inspiró —el único que escribiría ambientado fuera del Perú—, se las arregló incluso para explorar los bajos fondos prostibularios de la capital guatemalteca; la atmósfera de ruindad y los detritus de lupanar del cuento prefiguran las tétricas escenas de delicuescencia sexual de su última novela.

Ese mismo año, coincidiendo con la publicación de *El Sexto*, Arguedas rindió un homenaje a William C. Townsend,* director del Instituto Lingüístico de Verano. Esta organización académico-religiosa vinculada a la Universidad de Oklahoma, cuya mayoría de miembros es evangelista, operaba en la selva peruana desde 1945, estudiando las lenguas indígenas, gracias a un convenio que firmó con el Ministerio de Educación cuando era ministro el doctor Luis E. Valcárcel. Aunque el ILV, desde los años cincuenta, fue blanco de continuos ataques por parte de la izquierda, que lo acusaba de ser instrumento de la penetración cultural imperialista, Arguedas fue siempre, como se advierte en este homenaje al funda-

* «Homenaje a William C. Townsend», en *El Comercio*, suplemento dominical, Lima, 23 de julio de 1961.

dor de la institución, uno de sus valedores, convencido de la solvencia intelectual del trabajo que realizaba y del esfuerzo de sus miembros por entender y ayudar a las comunidades amazónicas.

XII. UNA TOTALIDAD SIN ENSAMBLAR

A PARTIR DE la década de los cincuenta, y sobre todo en los sesenta, la ideología indigenista se diluye como discurso intelectual hasta, de hecho, sobrevivir sólo encarnada en las ficciones y trabajos folclóricos de Arguedas. Siempre hay narradores que escriben sobre la sierra, y algunos con conocimiento profundo del quechua y del indio, como Porfirio Meneses, pero en ninguno de ellos aparece una versión tan bien trabada y sutil de la utopía arcaica como en Arguedas. De otro lado, la preocupación académica por los temas indígenas, ya lo vimos, cristaliza en trabajos de investigación antropológica, histórica, sociológica o económica que no encajan dentro de las tesis ortodoxas del indigenismo, porque se llevan a cabo con imparcialidad científica —John Murra, Juan Ossio, Luis Millones— y evitan las interpretaciones esquemáticas o porque, si los anima una visión ideológica, como en Alberto Flores Galindo, se trata de marxistas cuyos análisis de la problemática andina tienen serias discrepancias —en el tema racial y regionalista, sobre todo— con el indigenismo.

En este periodo, en el que José María Arguedas escribe su primera novela costeña, *El Sexto,* y prepara su ambicioso mural narrativo sobre *Todas las sangres* de la sociedad peruana, la visión del Perú, que llega a alcanzar vasta aceptación, tanto en el campo intelectual y los sectores cultos como dentro del público más heterogéneo y primario, aspira, superando las dicotomías excluyentes del indigenismo y el hispanismo, a ser síntesis de ambas culturas y a sumarle los otros aportes étnicos y culturales en la historia peruana: los del negro y el chino, los de las comunidades amazónicas y los nuevos inmigrantes europeos. Se trata, en palabras de Jorge Basadre, su principal artífice, de «la concepción del Perú como problema y posibilidad, la del Perú como totalidad en el espacio y continuación en el tiempo, opuesta desde 1937 a los exclusivismos indigenista e hispanista, la de la promesa de la vida peruana y otras».*

Nacido en Tacna, en 1903, y autor de una monumental *Historia de la República*, iniciada en su juventud y ampliada y corregida a lo largo de toda su vida (hasta su sexta edición, 1968-1969, de dieciséis volúmenes), Jorge Basadre fue el más sistemático de esa brillante generación de intelectuales que coincidió en la Universidad de San Marcos alrededor de un célebre conversatorio, el año 1919, y el que, además, junto con su obra de investigador del pasado peruano, desarrolló, en múltiples ensayos, conferencias y artículos, la propuesta intelectual mejor concebida y más generosamente inspirada (lo que no quiere decir la más verídica) para definir la realidad peruana.

Ni hispanista ni indigenista

EN VERDAD Basadre había optado por una posición alejada del sectarismo de hispanistas e indigenistas, y distinta también de la marxista de José Carlos Mariátegui y la aprista de Haya de la Torre, desde antes de 1937. Esta concepción, ecléctica y pluralista, se esboza en su juvenil ensayo de 1929, *La multitud, la ciudad y el campo en la historia del Perú*, donde atacó por igual las tesis «españolista» e «indianista», y defendió la idea de una «nacionalidad peruana integral», pues «el Incanato

---

* Jorge Basadre, *La multitud, la ciudad y el campo en la historia del Perú*, 2.ª ed., Ediciones Huascarán, Lima, 1947, p. v.

fue sólo el terreno y el Coloniaje tan sólo el aluvión de los cuales ha salido, va a salir la cosecha óptima» (p. 135).

En este ensayo, Basadre rebatió la teoría (puesta de moda por Louis Baudin) del supuesto socialismo de los incas, explicando que el Tahuantinsuyo fue gobernado por una casta, no por una clase, y que la «absorción absoluta del individuo» ocurrida en el Incario era típica de la «mentalidad primitiva», incompatible con «un producto esencialmente científico y técnico» como el socialismo (pp. 24 y 25). Para rebatir la tesis hispanista de que la Conquista fue obra altruista «de fundación», describió las violencias sufridas por los indios a manos de conquistadores y de encomenderos, y mostró a aquéllos, después de haber sido robados de sus mujeres y pertenencias, encadenados, sirviendo de bestias de carga, muriendo de hambre y de sed en los desiertos, o molidos a palazos si se detenían a descansar abrumados por el peso que transportaban. Y señaló la condición de los esclavos negros, a quienes se marcaba con hierro candente y se castigaba en caso de robo con cien azotes y, si reincidían, cortándoles «su natura» (p. 66).

Pero, a la vez que contradecía la visión embellecedora e idílica de la Conquista y la Colonia de los hispanistas, criticó a quienes querían excluir de la realidad peruana lo no indio y defendió el mestizaje, «la más genuina originalidad de América» (p. 248). Por eso, fue severo su juicio sobre las rebeliones indígenas de sesgo racista —tema sobre el que volvería a menudo—, como la de Túpac Amaru en el siglo XVIII y la de Atusparia en el XIX. Estos levantamientos, escribió,

> sirven para hacernos ver que el problema humano, que el problema indígena, son capitales y que deben ser abordados para evitar largas y tremendas injusticias y breves y sangrientas rebeliones. Pero ni ambos caudillos ni quienes siguieron sus huellas pueden ser un modelo. Y si de buscar se trata una figura tutelar para referirnos al indigenismo benéfico, incorporado a la civiliza-

> ción y a la nacionalidad sin desmedro de su conciencia y de su dignidad de raza, cabría mencionar a Mateo Pumacahua, el cacique de Chincheros, rebelde en 1814,

pues, de haber triunfado, él hubiera establecido «un gobierno netamente peruano, ni extranjerizado ni regresivo» (p. 133).

Entre la atonía y el estallido

ESTAS IDEAS se depuran dos años más tarde, en otro libro de juventud: *Perú: problema y posibilidad* (1931). Los aciertos que contiene no están exentos de omisiones, pues, pese a tratarse de un esfuerzo de explicación de la problemática peruana, ciertos temas relativos a la condición del indio —el gamonalismo, los latifundios serranos, la explotación y servidumbre de millones de indígenas en los Andes— son apenas mencionados, como si se tratara de asuntos secundarios en comparación con los que Basadre considera principales problemas del país: el caudillismo, el centralismo, la falta de integración, la ineptitud de las élites políticas, la flaqueza de las instituciones y el despilfarro que los sucesivos gobiernos han hecho del poder que disfrutaron, de los recursos nacionales y de la fe en ellos depositada. Una frase resume esta frustración: «Carecemos de victorias y de grandes hombres».* Los mejores gobernantes, Andrés de Santa Cruz, Ramón Castilla y Nicolás de Piérola, murieron «apartados y aislados». Lo que ha caracterizado la vida del Perú desde la Independencia ha sido la falta de un designio progresista y democrático, continuidad y consenso nacional: «El país no marcha en una dirección ya fijada

---

* Jorge Basadre, *Perú: problema y posibilidad. Ensayo de una síntesis de la evolución histórica del Perú*, Biblioteca Peruana/Librería Francesa Científica/Casa Editorial E. Rosay, Lima, 1931, p. 240. Cito por la segunda edición: Banco Internacional del Perú, Lima, 1978, que reproduce facsimilarmente la de 1931 y va acompañada de un apéndice: «Algunas consideraciones cuarentisiete años después».

sino oscila entre la dictadura y la anarquía, entre la atonía y el estallido» (pp. 240-241).

En este libro tocó temas que nadie había abordado antes, como el problema de la mujer, denunciando «las deficiencias de la instrucción femenina que entre nosotros se encuentra en un estado espantoso» y «los prejuicios contra el trabajo que la han relegado a la sensualidad, tradicionalismo, catolicismo, frivolidad, vanidad e ignorancia» (p. 228). Basadre fue el primero en referirse al «resentimiento» y el «complejo de inferioridad» como factores de la vida peruana que han generado parálisis y escapismo: «Agrégase a ello el "complejo de inferioridad" tan distinto, por ejemplo, a la vanidad argentina o el orgullo chileno, "complejo" que lleva al ausentismo de muchos, mal endémico cuyo exponente es la frase "Éste es un país imposible"» (p. 241).

Elogia al pintor José Sabogal, fundador de la escuela artística indigenista en el Perú, pero no destaca este aspecto de su obra, sino que su pintura reconcilie razas, culturas y regiones. Su arte le parece «lo más logrado y definitivo» en expresar lo peruano «en su variedad histórica, geográfica y étnica». ¿Qué es lo peruano? Lo indio y lo negro, lo blanco y lo criollo, la sierra y la costa, y todo ello está presente en Sabogal, creador de peruanidad «esencial y vertical», a diferencia de la del poeta Chocano, «enumerativa y horizontal» (p. 231). (A la distancia, la bonita antítesis pierde fuerza, pues ahora sabemos que el nacionalismo plástico de la pintura de José Sabogal no hubiera existido sin las bien digeridas influencias del pintor español Solana y de los muralistas mexicanos.)

Basadre rechaza el andinismo y el racismo, pero sus críticas apuntan al mismo tiempo contra los prejuicios costeños: «El separatismo, el indigenismo puro y anticivilizado, el antilimeñismo envidioso, el limeñismo pedante y ensimismado, todo lo que hay de aldeano y de lugareño aquí, envenenan más nuestra vida estrecha» (p. 241). Y reitera su sentencia contra las rebeliones indígenas, que llama «retrógradas», «rebeldías contra la civilización» y de una «orientación regresiva», a diferencia de la de Mateo Pumacahua, que no excluía a los criollos y representó «el Perú fusionado» (p. 191).

Integrar, unir, reconciliar, hacer coexistir en una pacífica diversidad la pluralidad étnica, regional, histórica y cultural peruana fue la meta que guió toda la obra de Basadre, y este empeño, de un intelectual que se declaraba un «socialista moderado», lo llevó a censurar todo lo que atentara contra aquella coexistencia en la diversidad. No sólo las tendencias excluyentes del hispanismo y del indigenismo; también, posiciones extremistas, como las de Manuel González Prada, cuyas diatribas históricas y políticas le parecían dictadas por el resentimiento y a cuya postura inflexible de «aristócrata anarquista» prefería la de José Carlos Mariátegui, a quien, aunque sin coincidir con sus tesis, consideraba más cerca de la modernidad.

La promesa perpetua

En los años cuarenta y cincuenta, a medida que profundizaba sus estudios sobre la historia republicana y el derecho peruano, Basadre publicó una serie de ensayos con nuevas ideas en favor de su tesis totalizadora e integracionista.* La más fértil: que la Emancipación es apenas una etapa, en un largo proceso utópico de búsqueda de reinos áureos o de la salvación mística que arranca desde los tiempos prehispánicos, se fortalece en la Colonia con la persecución de El Dorado y otros espejismos de tesoros terrestres o espirituales (el oro y la santidad), y culmina en una Independencia «hecha con una inmensa promesa de vida próspera, sana, fuerte, feliz».

---

* Reunidos muchos de ellos en *Meditaciones sobre el destino histórico del Perú*, Ediciones Huascarán, Lima, 1947, y en *La promesa de la vida peruana y otros ensayos*, Editorial Juan Mejía Baca, Lima, 1958.

En el ensayo de que está tomada esta cita, «La promesa de la vida peruana» (1943), Basadre desarrolla el atractivo postulado de «la promesa», ideal soterrado y perenne que establecería una unidad en la trayectoria o continuidad que es el Perú, pese a su geografía, su cultura y su historia fragmentadas. En su largo recorrido por el tiempo, los peruanos, de manera inconsciente la mayor parte de las veces, pero en ciertos periodos claves –como la Emancipación– con absoluta lucidez, habrían estado buscando materializar un anhelo de justicia, prosperidad y paz, que, aunque nunca realizado, habría seguido llameando en medio de las peores frustraciones políticas y económicas.

La idea de la promesa, como las del Perú profundo y el Perú superficial, del Perú legal opuesto al Perú real –antítesis sobre las que Basadre, inspirado en parte en ciertas propuestas de José Ortega y Gasset sobre España, reflexionó y escribió en muchas ocasiones–, es muy persuasiva, pero no deja de ser algo general, aplicable a todas las sociedades, incluidas aquellas que han llegado más lejos en el poderío y la riqueza (pues siempre habrá un ideal incapaz de ser satisfecho aun con los mejores logros en la vida práctica).

Respecto al indio, Basadre se muestra por lo general prudente, algunas veces evasivo, pero en todos los casos crítico de quienes quisieran que prevaleciera el factor racial e identifican «el indianismo» con lo peruano:

> Los empiristas se han desgañitado hablando de la necesidad de que el indio sea «redimido». Les preocupa que el campesino Pedro Mamani, por ejemplo, no tenga piojos, que aprenda a leer y a escribir y que sea garantizado en su posesión de sus ovejitas y su terrenito. Pero al mismo tiempo que la higiene, la salud, el trabajo y la cultura de Pedro Mamani, importa que el territorio en el cual él viva no disminuya sino acreciente su rendimiento dentro del cuadro completo de la producción nacional. Si eso no ocurre, aun cuando goce del ple-

no dominio de su chacrita y sus ovejitas y aunque lea toda la colección del Fondo de Cultura Económica, Pedro Mamani no tendrá resueltos sus problemas básicos.*

Este argumento, que el «indianismo» debe ser evitado por su racismo implícito y porque constituye un obstáculo al progreso económico del campesino, es recurrente en Basadre.

Y también lo es su defensa del mestizaje, entendido en sentido racial y cultural. En un texto de 1941, «Colofón sobre el país profundo», analiza los resultados del censo del año anterior y comprueba que «la raza indígena en el Perú no constituye una mayoría», la que se halla ahora conformada por mestizos. Pero esto tampoco autoriza exclusiones: «Lo peruano es un término ancho en el cual sociológicamente la nota más visible es la mestiza; pero al lado de ella caben muchas otras».**

En ese mismo ensayo hay otra idea, que Basadre matiza en sucesivos trabajos: no es el pasado sino el futuro lo que determina el ser nacional.

> Sólo aquello que tiene un futuro posee un pasado fecundo. Por eso, para la patria, que es totalidad en el espacio y continuidad en el tiempo, comunidad de destino, convivencia en el presente, el ayer vale si sus vibraciones repercuten aquí y si van a prolongarse más allá, lejos del lugar adonde nuestra propia vida perecedera llegue [p. 280].

Nostalgia de lejanías

EN «EL PARAÍSO en el Nuevo Mundo», la primera parte de su ensayo sobre *La promesa de la vida peruana,* Basadre pasa

---

* Jorge Basadre, *Meditaciones sobre el destino histórico del Perú, op. cit.,* pp. 38-39.
** Jorge Basadre, *La multitud, la ciudad y el campo en la historia del Perú, op. cit.,* p. 273.

revista a los mitos y leyendas que el Perú generó desde la llegada de los españoles (las Amazonas, el Gran Paititi, El Dorado) y los relaciona con algunos mitos recogidos por las crónicas sobre la fundación del Incario (el de Manco Cápac y Mama Ocllo emergiendo del Titicaca, el de Pacari Tampu). Entre ambas materias mitológicas, la prehispánica y la que surgió con la Conquista, percibe una sola tradición, que daría vida luego a la renacentista

> leyenda dorada acerca de la sabiduría y el orden creado por los Incas. Los elogios que de éstos hicieron algunos cronistas como Garcilaso de la Vega, algunos polemistas como Bartolomé de Las Casas son usados por la propaganda antiespañola de las otras potencias europeas. Aunque en sentido distinto de aquel que León Pinelo diera a su obra, en realidad trátase de afirmar también aquí que «el paraíso perdido» estuvo en América, o, más concretamente, en el Perú. El espejismo de bienaventuranzas truécase en nostalgia de lejanías. Ante las impurezas del presente, los ojos no miran entonces hacia el futuro en busca de compensaciones; miran hacia el pasado, pero esta vez no hacia el pasado concreto del hombre en estado de naturaleza: siempre es el consuelo onírico, el goce lunar, o sea, de reflejo.*

La cita es una espléndida descripción de la razón de ser del mito y de la ficción en las sociedades, de la manera como sirven de desagravio subjetivo a las derrotas históricas y a las frustraciones sociales, y puede aplicarse, con puntos y comas, a la utopía arcaica fraguada por Arguedas. Éste se halla, pues, paradójicamente, en la tradición más hispánica que cabe: la del renacentista Garcilaso y la de Antonio León Pinelo, quien, en su erudito *El paraíso en el Nuevo Mundo,* examinó todas las posi-

---

* Jorge Basadre, *Meditaciones sobre el destino histórico del Perú, op. cit.,* pp. 21-22.

bilidades de domicilio geográfico del paraíso terrenal y las fue descartando todas para quedarse sólo con el Perú. (León Pinelo era, como Arguedas, un «indiano».)

El peligro de los micronacionalismos

La segunda edición de *Perú: problema y posibilidad* (1978) vino acompañada de un extenso colofón —«Algunas reconsideraciones cuarentisiete años después»—, que revisa muchas ideas del ensayo primigenio. La rectificación más importante concierne al indio: «El autor expresa que hállase en desacuerdo con cualquier frase que en *Perú: problema y posibilidad*, de un modo u otro, lleve a una subestimación del factor indígena en la vida nacional» (p. 325).

En estas notas, escritas casi al final de su vida, Basadre volvió a resumir su visión de la historia peruana como una totalidad aún sin ensamblar, una trayectoria hacia la fusión de todas sus razas y culturas, iniciada desde el fondo de los tiempos —los periodos Preinca, Inca, Conquista, Virreinato y República— hasta una actualidad en marcha: «No son el Perú de hoy, el de la Colonia y el de los sistemas imperiales que antaño dominaron su territorio, entidades extrañas a una trayectoria, aunque los elementos esenciales de nuestra vida colectiva se hallan demasiado lejos de haber alcanzado, repetimos, su integración» (p. 294). La unidad está lejos, pero no es imposible, y ella es indispensable al desarrollo del país. Quien la simboliza mejor es la persona y la obra del Inca Garcilaso de la Vega, pues la anticipó dedicando la segunda parte de los *Comentarios reales* «a los indios, mestizos y criollos de los Reinos y Provincias del grande y riquísimo imperio del Perú» y firmando «su hermano, compatriota y paisano».

Que entre los escritores, artistas y científicos haya habido «una toma de conciencia acerca del indio» es «el fenómeno más importante de la cultura peruana del siglo XX» (p. 326), y todo lo que contribuya a favorecer la integración debe ser visto con ojos favorables, por ejemplo, las migraciones masivas de campesinos de los Andes hacia las ciudades de la costa.

Su posición equidistante del hispanismo y el indigenismo se reafirma al recordar, con desprecio, el racismo blanco de algunos aristócratas peruanos, como el mariscal José Mariano de la Riva Agüero y Sánchez Boquete, el primer presidente del Perú, quien en 1809, en su manifiesto de las veintiocho causas contra el régimen colonial, protestaba: «Los militares españoles van multiplicando la especie americana y la especie más temible, la de los mestizos» (p. 313). Pero tampoco acepta la ablación de la Colonia de los cirujanos indigenistas, ya que «el periodo virreinal fue una época dinámica e incesante de creación», en la que se produjo «el desarrollo incompleto de una heterogénea sociedad hispano-indígena-mestizo-criolla, que hasta hoy existe en fermento» (p. 281).

Basadre lamenta que los españoles hicieran de Lima, ciudad costeña excéntrica, la capital, en vez de Jauja o Huancayo, andinas y no alejadas «del verdadero Perú» (p. 282).* Y se pronuncia sobre el problema del lenguaje y el multiculturalismo de la sociedad peruana. El castellano «debe llegar a ser el medio usual de comunicación de unos peruanos con otros peruanos», sin que por ello desaparezcan las lenguas aborígenes:

> El estudio del quechua y del aymara y de los demás idiomas nativos no sólo debe servir, pues, para la investigación y la difusión de nuestras muy valiosas culturas autóctonas, sino como uno de los factores para seguir construyendo un Perú lejos de separatismos suicidas, más unido, más coherente, con el debido respeto a sus distintos grupos históricos [p. 329].

---

* No parece aceptable aquello del «*verdadero* Perú», pues, si sólo los Andes y quienes los pueblan lo fueran, ¿habría pertenecido Basadre, nacido en la costeña Tacna y descendiente de vascos y alemanes, al «falso» Perú?

Hay que atajar los particularismos culturales que ciertos intelectuales irresponsables han puesto de moda:

> Luchemos con todas nuestras fuerzas contra el nacionalismo interno. Y mirando más allá de donde miran algunos antropólogos y etnohistoriadores no fomentemos los micronacionalismos, la creación de las repúblicas quechua y aymara que los *apparatchik* comunistas plantearon al enfrentarse a José Carlos Mariátegui en 1929 [p. 331].

El sueño generoso

EN ESTAS apostillas hechas al final del camino, Basadre vuelve a asegurar que sus ideas se inspiran en un socialismo que quisiera ser «mezcla de dos ideales»: los de la libertad individual y el interés colectivo, los de un Estado planificador y redistribuidor con «la sociedad abierta de que habló Karl Popper» (pp. 413-414). La intención es buena, aunque, tal vez, poco realista. No hay duda, su visión del Perú era noble, de amplio horizonte, apoyada en un sólido conocimiento de la realidad histórica y en una sensibilidad alerta a todas las inquietudes de la cultura en el mundo. Pero los tiempos que corren —del multiculturalismo, los integrismos religiosos y los nacionalismos étnicos— no parecen demasiado propicios para esa pacífica aleación de culturas, razas, lenguas, tradiciones y creencias que Jorge Basadre se empeñó en ver operando a lo largo de todas las vicisitudes del acontecer peruano. Aquella integración no ha ocurrido aún al terminar el milenio y no hay indicios de que vaya a acelerarse en un futuro inmediato.

En un ensayo de 1952, «Notas sobre la experiencia histórica peruana», resumió Basadre su visión de la «personalidad» del Perú con estas hermosas palabras:

> Pero esa personalidad histórica ostenta un valor que no depende de la cultura aborigen que, al fin y al cabo, fue sumergida por la conquista española. Tampoco depende en forma exclusiva de la expansión europea, de la que somos, en realidad, sólo uno entre muchos exponentes. Depende, sobre todo, de la conjugación de todos estos factores dentro de condiciones y circunstancias únicas, para crear dentro de un medio geográfico específico una sociedad llena de rica solera social y cultural que llegó a ser libre, desde el punto de vista de su organización jurídica y de su mentalidad abierta al porvenir.*

La visión es tan limpia y bien intencionada, tan afirmativa y optimista, que por ello ha ganado esa amplia aquiescencia que se llama consenso. Resulta casi sacrílego ponerla en duda. Pero ¿además de seductora, es ella verídica? Esa *conjugación* de los elementos que forman la sociedad peruana, muy deseable sin duda, está lejos de ser confirmada por los hechos. Salvo en un sentido administrativo y simbólico —es decir, el más precario que cabe—, «lo peruano» no existe. Sólo existen los peruanos, abanico de razas, culturas, lenguas, niveles de vida, usos y costumbres, más distintos que parecidos entre sí, cuyo denominador común se reduce, en la mayoría de los casos, a vivir en un mismo territorio y sometidos a una misma autoridad. Pero tampoco esto último es del todo cierto, pues ni siquiera las leyes a que en teoría la sociedad entera está sujeta rigen para todos los ciudadanos de la misma manera ni los problemas se comparten de modo que podría considerarse semejante, equitativo o aun aproximado. Hay peruanos que no han salido de la Edad de Piedra y otros que

* Jorge Basadre, *La promesa de la vida peruana y otros ensayos, op. cit.*, p. 76.

están ya en el siglo XXI. Grandes sectores de la sociedad no pueden comunicarse entre sí, no sólo por razones lingüísticas —aunque también por éstas—, sino porque unos viven aún inmersos en una cultura mágico-religiosa y otros en la revolución informática. Para millones de indios de los Andes y varios miles de la Amazonia, la autoridad asentada en Lima es simbólica, no real, pues viven confinados en un mundo tradicional, al que las instituciones políticas, judiciales y económicas del país moderno casi no llegan, o, peor aún, llegan deformadas, sólo para perjudicarlos. Y entre las distintas comunidades las influencias e intercambios son lentos, pues los frenan y filtran los prejuicios raciales y sociales y los abismos culturales y económicos. Un indio, un negro y un blanco viven tan separados como un rico y un pobre, un campesino y un industrial, un poblador de barriadas y un habitante de un barrio residencial, a tal punto que cabe preguntarse si realmente pertenecen a un mismo país o son ciudadanos de países distintos entreverados en el artificio de una nación.

Sin el ruido y la furia de otras teorías, la interpretación de Basadre del Perú como una sociedad que progresa de manera sistemática hacia la totalidad, aunque aceptada de boca para afuera por la mayoría de los peruanos y convertida en la versión oficial del Perú de hoy, resulta, todavía, en la práctica, ante la sociedad fragmentada y violenta de nuestros días, un hermoso designio, la predicción de un lejano ideal, más que una realidad contemporánea. Es decir, es aún una ficción histórica, a la que refutan otras, como la también hermosa, aunque llena de brasas y encono, que crearon los cuentos y novelas de Arguedas.

XIII. EL HORROR CARCELARIO Y LA CONDICIÓN MARGINAL

El Sexto, la tercera novela de Arguedas y la ficción más explícitamente política de las que había escrito hasta entonces, aprovecha —con grandes libertades— los recuerdos de una durísima experiencia de sus veintiséis años: los once meses que pasó en una cárcel de Lima —de noviembre de 1937 a octubre de 1938—, durante la dictadura del general Óscar R. Benavides, por participar en los incidentes que provocó la visita a San Marcos del general fascista italiano Camarotta. Aunque, según el epígrafe de la primera edición (1961), Arguedas decidió escribirla apenas salido de la cárcel, en 1939, sólo comenzó a poner en práctica esta idea en 1957, lo que muestra, una vez más, cómo en esa operación de rescate y conjuro de determinadas imágenes de la memoria que suele ser una ficción, el novelista necesita cierta perspectiva temporal para trabajar con libertad los materiales que le impone la vida.

Aunque de ambiente distinto al de las anteriores (*Yawar Fiesta* y *Los ríos profundos*) y al de las que escribiría después (*Todas las sangres* y *El zorro de arriba y el zorro de abajo*), pues transcurre en Lima y dentro del perímetro de una prisión, tiene elementos en común con ellas, sobre todo con *Los ríos profundos*. A primera vista, se trata de un libro-testimonio, que denuncia el horror carcelario y las iniquidades sociales y toma partido frente a los grandes problemas nacionales del momento, como la dictadura y la rivalidad ideológica que opone a sus dos principales adversarios: el aprismo y el comunismo. En realidad, la prisión es el decorado que usa Arguedas para representar, igual que en *Los ríos profundos,* un drama que lo hostigó toda su vida, el de la marginalidad, y para soñar desde allí con una sociedad alternativa, mítica, de filiación andina y antiquísima historia, incontaminada de los vicios y crueldades que afean la realidad en la que vive.

También en *El Sexto,** el eje del relato es, como el Ernesto y el Juancha de *Agua* o el Santiago de *Amor mundo,* un solitario aturdido por la violencia de un mundo en el que no consigue integrarse. El Ernesto de *Los ríos profundos* ha dejado de ser un escolar; ahora se llama Gabriel y es un joven provinciano y universitario que lee a Cervantes y a Walt Whitman; ya no vive en Abancay sino en Lima, aunque sus recuerdos de la sierra no lo abandonan y le sirven de refugio y alimento espiritual. Pero sigue siendo un ser desamparado, soñador e individualista, al que desgarran opciones contrarias por las que no quiere ni puede decidirse. Y sus tomas de posición, inspiradas en un ardiente deseo de justicia y de solidaridad con los débiles y las víctimas, son tan personales y subjetivas que, en vez de unirlo a sus compañeros de prisión, lo apartan de ellos. Lo que da significación histórica a su caso es que los antagonismos que lo atormentan (costa-sierra, ciudad-campo, aprismo-comunismo, cultura castellana-cultura quechua) son también los del Perú, víctima de los mismos conflictos y dualidades que padece el joven Gabriel.

Aunque situada en Lima y con personajes en su mayoría urbanos y limeños, esta novela, que no tiene el vistoso simbolismo de *Yawar Fiesta* ni la fuerza poética de *Los ríos profundos,* desarrolla sin embargo, incluso con más precisión y coherencia

---

* El título del libro es el de una prisión, de fama siniestra, que existió en Lima hasta fines de los años ochenta. Se le llamaba El Sexto porque su edificio servía también de cuartel «a la sexta zona policial de la República», según Edgardo J. Pantigoso, *La rebelión contra el indigenismo y la afirmación del pueblo en el mundo de José María Arguedas,* Editorial Juan Mejía Baca, Lima, 1981, p. 210.

que estas ficciones, aspectos centrales de la utopía arcaica: el andinismo, el pasadismo histórico, el inmovilismo social, el puritanismo y, en suma, el rechazo de la modernidad y de la sociedad industrial, sobre todo en lo que se refiere a cualquier forma de intercambio del que sea vehículo el dinero.

El andinismo

ERNESTO VIVÍA escindido entre los indios y los mistis y con la memoria fijada en su infancia. Gabriel enfrenta, ante todo, una división que es geográfica al mismo tiempo que racial: la de costa y sierra. Serrano entre costeños que tradicionalmente han desdeñado y hecho víctima de burlas al hombre de los Andes, tiene una visión defensivamente prejuiciosa del Perú costeño, que para él, de modo oscuro e instintivo, simboliza el mal. Al mismo tiempo, la nostalgia ha borrado de su memoria lo que pudiera haber de negativo en las alturas andinas. Su visión de la sierra es tan idealizadora como la de los doctrinarios más anticosteños y antilimeños del indigenismo, digamos el Valcárcel de *Tempestad en los Andes.* Su vehemente patriotismo indigenista asume a veces un aspecto cultural y se alimenta de folclore: «¿Tú no has bailado el toril en Sapallanga y en Morococha misma? No te has sentido superior al mundo entero al ver en la plaza de tu pueblo la "chonguinada", las "pallas" o el "sachadanza"».* «¿Qué sol es tan grande como el que hace lucir en los Andes los trajes que el indio ha creado desde la Conquista?» Otras veces, esa superioridad estética pretende convertirse en superioridad moral. Este andinismo según el cual la sierra y el indio son símbolo de la pureza y del bien, enfrentados a la corrupción y el mal que encarnan Lima y lo costeño, uno de los *leitmotiv* del indigenismo como hemos visto,

---

* Cito por la siguiente edición: José María Arguedas, *El Sexto,* Editorial Laia, Ediciones de Bolsillo, Barcelona, 1974, pp. 115-116.

reaparece aquí con virulencia y constituye el aspecto más convencional de la ideología del libro.

Nada más simple que dar un asiento geográfico a la injusticia, una explicación regional a la maldad, y es lo que hace Gabriel, por ejemplo, la noche que Puñalada y sus matones sodomizan al niño serrano:

> Hermano Cámac: ... ¡Llévame tú, que ya eres todopoderoso, llévame a la orilla de alguno de los ríos grandes de nuestra patria! Al Pampas, al Apurímac o al Mantaro. ¡Yo veré el río, la luz que juega sobre el remanso, las piedras que resisten el golpe de la corriente, y me purificaré de todo lo que he visto en esta cueva de Lima! [p. 177].

Ciertas convicciones ingenuas del valiente minero han prendido en Gabriel, quien había oído desarrollar a Cámac una versión andina de las tesis pavlovianas según las cuales en el campo no nacen homosexuales y el «vicio» es flor de la urbe:

> La corrupción hierve en Lima –dijo– porque es caliente; es pueblo grande. La suciedad aumenta cada día; nadie limpia; aquí y en los palacios. ¿Tú crees que junto al Mantaro viviría, habría este Maraví y esos lamesangres, el «Rosita» y ese pobre «Clavel»? Lo hubiéramos matado en su tiempo debido, si hubiera sido. Allá no nacen. El alma no le hace contra a su natural sino cuando la suciedad lo amarga (pp. 53-54).

El encierro, la distancia y la nostalgia han hecho que Gabriel y Cámac olviden algo que el Ernesto de *Los ríos profundos* y los niños de *Agua* habían experimentado en carne propia: que en materia de violencia los Andes no tenían nada que aprender del litoral, que en Abancay o en San Juan de Lucanas la vida podía ser tan «impura» como en Lima.

El racismo

EL ANDINISMO cristaliza en la estructura de la sociedad ficticia y dota de características raciales precisas al mundo de *El Sexto.* Todo lo que hay de depravado, inmundo y vil en la prisión es costeño. Los violadores del niño serrano, el degenerado que exhibe su gran miembro viril por cuarenta centavos, el sádico repartidor de comida que se divierte a costa del hambre del japonés y del Pianista, los que trafican con ron y coca, los que degradan a los demás y se degradan y representan los abismos del comportamiento humano como Puñalada, son negros o zambos. Los oficiales cínicos y corruptos o el sanguinario soplón apodado el Pato son criollos, sin duda limeños. En cambio, los espíritus generosos y nobles, o son serranos como Alejandro Cámac y Mok'ontullo, o por lo menos provincianos como el piurano don Policarpo Herrera (en realidad también serrano, pues es de las alturas de Piura, Chulucanas) o Pacasmayo. Esta repartición esquemática y sin duda no premeditada, este inconsciente maniqueísmo topográfico y étnico asimilado por Arguedas de la variante más radical de la ideología indigenista, es una de las claves del *elemento añadido* en la novela, una de las propiedades del mundo ficticio que lo distinguen e independizan del real.

Un país antiguo

ESTA CONCEPCIÓN ético-social no es tan cruda, su racismo está matizado y encubierto por el pasadismo histórico y la mitología arcaica. El rechazo de la costa tiene en Gabriel raíces más profundas que la mera nostalgia de los Andes, el resentimiento por la discriminación de los serranos y provincianos en la capital, o el prejuicio contra el negro. Aunque su ideología parece vaga –porque es instintiva, apenas racionalizada, como veremos más adelante–, hay en ella un rasgo muy claro y consciente, que, por lo demás, es constante en la obra y el pensamiento de Arguedas: la certeza de que el crimen mayor cometido por el Perú blanco es haber desoído la voz de su pasado, haber vuelto la espalda a su historia, olvidado que es un país *antiguo.* Para él, los Andes y el indio encarnan la originalidad y antigüedad peruanas, despreciadas y reprimidas por el Perú centralizado en la costa y en Lima, que vive imitando modelos foráneos, negando lo más profundo y genuino de él: la realidad india. Gabriel reprocha a los amos del Perú tanto la explotación física del campesino como su sordera histórica, la mutilación de lo quechua: «Si no han sido capaces de entender ese lenguaje del Perú como patria antigua y única, no merecen sin duda dirigir este país» (p. 117). La cordillera y el hombre que la puebla son para Gabriel los depositarios de un legado cultural que, pese a la negación secular, ha conseguido sobrevivir y espera su reivindicación.

Es lo que Gabriel explica al dirigente comunista Pedro, en los lóbregos calabozos de El Sexto: «Usted no conoce la sierra. Es otro mundo. Entre las montañas inmensas, junto a los ríos que corren entre abismos, el hombre se cría con más hondura de sentimientos; en eso reside su fuerza. El Perú es más antiguo. No le han arrancado la médula...» (p. 148). Esa aguda conciencia de lo histórico, su convicción de que mientras el Perú no asuma su pasado no podrá realmente cambiar, mejorar, determinan el recelo de Gabriel hacia la noción de progreso. Para él la idea de modernidad, de avance tecnológico del país, es inaceptable sin una empresa espiritual de rescate de la cultura india. Se lo dice a Pedro, en una frase que suscribiría cualquier filósofo conservador: «A un país antiguo hay que auscultarlo. El hombre vale tanto por las máquinas que inventa como por la memoria que tiene de lo antiguo» (p. 148). Los extremos se tocan: aunque carentes de la sensibilidad de Arguedas para el drama social, muchos hispanistas peruanos

—como José de la Riva Agüero y Osma y Raúl Porras Barrenechea— coincidirían con él en este nacionalismo conservador de estirpe historicista.

Ni APRA ni comunismo

LAS IDEAS de Gabriel no son compartidas por sus compañeros de prisión, encerrados también en El Sexto por sus convicciones políticas y que se distribuyen en dos bandos: apristas y comunistas. Como en la realidad peruana de los años treinta en que está situada la novela, en El Sexto aquéllos constituyen una gran mayoría (varios cientos) y éstos un pequeño núcleo (treinta), enfrentados entre sí en un conflicto tan feroz como el que los opone al régimen que los reprime. Gabriel es un enemigo de la dictadura, pero, al mismo tiempo, un hombre sin partido, un francotirador. Se halla lejos de los apristas, a quienes reprocha su caudillismo, sus métodos, un anticomunismo visceral, actitudes exclusivistas y propensión autoritaria. Aunque se siente más cerca de los comunistas, a quienes el APRA acusa de agentes de Moscú y antipatriotas, tampoco es uno de ellos. Lo dice de una manera muy suya, cazurra y solemne, «serrana»: «Yo no tengo el honor de ser comunista» (p. 92). ¿Por qué no lo es? Porque también le parecen «fanáticos» (se lo dice a Cámac) y porque, al igual que en los apristas, detecta en ellos cierta deshumanización, como si la búsqueda hipnótica de ciertos fines hubiera terminado por hacerles olvidar los medios (los «detalles»), tan importantes para Gabriel como las metas. A unos y otros los siente víctimas de una alienación abstracta: la adopción mecánica, no creativa, de ciertas fórmulas doctrinarias, les ha deformado la comprensión de la realidad, operación que para él no puede ser obra exclusiva del intelecto sino también de la sensibilidad y el sentimiento.

Al mismo tiempo, lo aísla políticamente su nacionalismo andinista, que sus amigos marxistas no comparten. Los comunistas lo consideran un intelectual enajenado y pequeñoburgués. Así lo califica el líder, Pedro: «Eres un soñador, Gabriel. No aprenderás nunca a ser un político. Estimas a las personas, no los principios». Gabriel está de acuerdo: «Quizás es eso cierto. El político debe entender el todo y cada cosa en su naturaleza especial, prever y conducir no sólo el presente sino el futuro. Eso no me es posible. Además, no admitiría ninguna disciplina que limite mis actos y mi pensamiento. Estoy afuera» (p. 162). Repite esto, en términos casi idénticos, a otro de sus camaradas, Torralba: «Ustedes tienen una ideología y una disciplina. Yo soy libre» (p. 188). En boca de Gabriel, *ideología* es una palabra afectada de un vicio innato, la frialdad cerebral, que a él, en su profundo sentimentalismo, le produce espanto.

En las discusiones que lo enfrentan a apristas y comunistas, Gabriel se nos aparece como un individualista acérrimo, alguien a quien lo separa de los comunistas de El Sexto su temor de que la visión general, indispensable a una acción política, sumerja y pulverice lo particular, destruya al individuo y lo «uniforme». Cuando Pedro, el dirigente comunista, lo acusa de «idealismo desbocado», Gabriel le responde:

> No sé bien a qué llamas idealista y a qué «poner los pies en el suelo». Sin duda existe un conflicto entre tu pensamiento y el mío, entre las raíces de nuestro pensamiento... ¿Quién está más desbocado? ¿Quién tiene más el jugo del suelo? Quieres cambiar y uniformar a los otros. Necesitas más de mí que acaso percibo mejor cada detalle del mundo... [p. 163].

No nos engañemos. Tras las proclamas de independencia política de Gabriel, se ocultan una fe y un compromiso no menos militantes que los de sus compañeros y camaradas de prisión. Y su rechazo «individualista» de la utopía social del marxismo se apoya en la defensa de una utopía no menos colectivista, en la que, al igual que en aquélla, el individuo, pieza inseparable del conjunto social, sólo vive dentro y para la comunidad. Es verdad que, a la abstracción teórica que descubre en los revolucionarios, Gabriel opone esa emotividad serrana concreta que los comunistas no ven con buenos ojos en un Cámac ni los apristas en un Mok'ontullo y que hace precisamente que Gabriel sienta gran afinidad con ambos militantes heterodoxos. Pero Gabriel, vocero inequívoco en esto de José María Arguedas, es mucho más que un puñado de pasiones; en verdad, es el edificador de una compleja y hermosa fabulación histórico-social.

La utopía arcaica

GABRIEL OPONE a apristas y comunistas ideas y sentimientos que no encuentra en esas ideologías y sí, en cambio, a menudo, en bruto y de forma espontánea, en el comunista Cámac y el aprista Mok'ontullo, dos serranos que tienden a guiarse por sus emociones e intuiciones aun cuando no coincidan con las directivas de sus respectivos partidos. En ellos sí hay ese «jugo del suelo», el reconocimiento de «esos poderes de la historia y la geografía» que para Gabriel desaparecen dentro de la frialdad y rigidez de los esquemas políticos marxista y aprista.

La alternativa que él defiende parece vaga porque es sólo en parte racional y por lo tanto no puede explicarse exclusivamente con ideas. Ella se alimenta de inspiración y de fe, pues es religiosa, mítica y poética: una utopía. Está hecha de creencias simples e indemostrables, como las del andinismo: que los Andes, por sus características geográficas y culturales, representan una forma más profunda y auténtica de humanidad que los desiertos y valles de la costa, que por eso el pueblo quechua creó en esas alturas una civilización moralmente superior a la occidental, que, aunque cercada y negada por los invasores y explotadores blancos, sobrevive en los indios de hoy. Esta cultura tradicional ha sido capaz de aclimatar, en sus propios términos, muchas instituciones y costumbres traídas por el conquistador, las cuales han pasado a formar parte de su idiosincrasia e identidad, las que deben ser preservadas, ya que sin ellas el indio perdería su alma.

Agrarismo y arcaísmo

COMPLEMENTO INSEPARABLE del andinismo son el agrarismo y el arcaísmo: la antigüedad es virtud, como lo es el campo, en tanto que la modernidad y la urbe significan vicio y decadencia. En el pasado prehispánico están las raíces de ese Perú ética y socialmente puro, virtuoso, incontaminado («Como en el tiempo de los incas, no habrá jamás un invertido ni un ocioso» [p. 114]), que no ha muerto y que puede resucitar algún día como el dios Inkarri para ser cimiento de una nueva patria. Este arcaísmo se expresa a lo largo de la novela, por boca de Gabriel, en frases que apristas y comunistas sólo pueden encontrar «reaccionarias», reñidas con su idea de progreso. Ocurre sobre todo en el discurso que Gabriel pronuncia ante Cámac (pp. 115 y 116), en el que rechaza toda forma de internacionalismo y de occidentalización y asegura que «el hombre peruano antiguo triunfante» «se ha servido de los elementos españoles para seguir su propio camino».

El sueño de la pureza étnica

EL ANDINISMO y el afán de conservar la tradición quechua en su mayor pureza generan el inconsciente racismo que informa la novela: la distribución de cualidades morales y espirituales según la condición étnica de las personas. Ya hemos visto que los serranos en la novela tienden a ser buenos, generosos y virtuosos, en tanto que los costeños, sobre todo si son negros o mulatos, se los diría condenados a la crueldad, codicia y corrupción. Lo que dicta esos sentimientos, más todavía que el prejuicio contra el hombre de color, es el sueño de la pureza étnica –otra pieza clave de la doctrina indigenista–, el oscuro temor de que la hibridación racial, el mestizaje, la confusión de razas, puedan destruir la integridad del pueblo quechua, una integridad que, para el Arguedas que orgullosamente proclamaría años después «No soy un aculturado...», es al mismo tiempo étnica que cultural y lingüística.

Olvidar sus cantos

ESTA SECRETA repugnancia por el mestizaje está simbolizada en uno de los episodios más sentidos del libro: aquel en el que el enloquecido Clavel, una ruina humana ya a causa del tráfico sexual a que lo tiene sometido Puñalada, echa a cantar y lo hace mezclando letras y ritmos de huaynos, rumbas y tangos. Esta patética mescolanza aparece como el clímax de su decadencia, como el emblema de la disolución de su ser. La escena entristece hondamente a Gabriel y a Cámac, quien comenta: «Ya no tiene cabeza, no puede recordar ni sus cantos» (p. 139).

No es casual que este episodio simbólico tenga lugar en el dominio de la música, que en toda la obra de Arguedas desempeña una función central. También en esta novela, donde, en muchos momentos, las canciones superponen a su valor emotivo y artístico una significación moral, como los huaynos que entona el desesperado Gabriel, tal un conjuro purificador, la noche que Puñalada y otros negros sodomizan al niño serrano. *El Sexto* se inicia con los dos himnos –*La Marsellesa* aprista y *La Internacional* comunista– con que los presos políticos reciben al nuevo lote de detenidos en el que se encuentra Gabriel y termina con una canción alborozada de Rosita, el asesino trasvestido y cantor. Entre ambos extremos se escuchan multitud de canciones, que sirven para identificar los espacios regionales y étnicos de la población del penal: valses de los costeños, huaynitos serranos y zapateos de los negros. De una manera general, puede decirse que la música es un indicio: si la persona es sensible a ella, es buena o no está perdida sin remedio para el bien, en tanto que a los malvados absolutos como Puñalada jamás se los oye cantar. Rosita, en cambio, que canta con delicada voz de mujer, es un asesino capaz de gestos compasivos, como cuando ayuda a Gabriel y a Cámac a auxiliar al Pianista, llevándole una cocoa caliente. El héroe moral de la novela, el minero Cámac, no sólo expresa su exaltación cantando, igual que Gabriel; además, sobreponiéndose a la enfermedad que lo devora, se empeña en fabricar una guitarra como santo y seña de su amistad con su compañero de celda. Y, en su discurso indigenista ante el minero, Gabriel explica que la música quechua es mucho más que una mera expresión artística, que ella es cifra de la realidad andina: «Los ríos, las montañas, los pájaros hermosos de nuestra tierra, la inmensa cordillera pelada o cubierta de bosques misteriosos, se reflejan en esos cantos y danzas» (p. 116).

Si la música —si el arte en general— tiene ese valor sagrado y simbólico con que aparece en el mundo de Arguedas, se comprende el afán de éste por preservar cantos y danzas, ceremonias y ritos, fiestas y artesanías quechuas en una suerte de intangibilidad, a salvo de toda contaminación o mezcla que, desnaturalizándolos, atentaría contra aquello que encarnan: el alma de un pueblo, su realidad cultural y física. Buena parte de los artículos y ensayos folclóricos que Arguedas escribió a lo largo de su vida tienen este empeño: denunciar las sutiles o groseras deformaciones de que es víctima el arte popular, los antojadizos injertos foráneos que lo degradan, sobre todo cuando, para complacer a los turistas y por razones comerciales (siempre malditas para él), los artesanos o artistas populares indios dejan de expresarse con autenticidad y empiezan a reflejar gustos ajenos.

Este afán inmovilista en la esfera del arte y la cultura es, desde luego, tan quimérico como en el de las creencias y usos, algo sólo posible en el mundo de la ficción, donde –si quien escribe tiene el necesario poder de persuasión– las mentiras se vuelven verdades y las verdades mentiras. En la realidad real, ya en tiempos de Arguedas, el pueblo quechua había comenzado a cambiar rápidamente en todos los sentidos, y en las décadas del sesenta y del setenta más todavía que en todo lo que iba corrido del siglo. La razón principal: las masivas migraciones andinas hacia las ciudades, sobre todo a la capital. En los últimos veinticinco años Lima se llenó de serranos y de quechuahablantes, un fenómeno social (descrito por José Matos Mar en *Desborde popular y crisis del Estado*)* de enormes consecuencias en los campos económico y político. También en el cultural. Ya muerto Arguedas, a partir de los años setenta, surgió en el Perú la llamada música chicha o cultura chicha, de extraordinario impacto en los sectores populares urbanos, donde aparecieron conjuntos musicales como el de Los Shapis, cuyos discos se vendían por decenas de millares, difundiendo una música nueva en la que se reconocían esas poblaciones trasplantadas de los Andes a la costa. Siempre me he preguntado cómo habría tomado José María Arguedas esos bailes y cantos, donde los ritmos y tonalidades de los huaynitos serranos se mezclan con los de los bailes y canciones internacionales de moda: el rock, la salsa, el merengue, la samba. ¿Con el entusiasmo que merece esa capacidad creativa y asimilativa de los mestizos en que sin remedio se han ido convirtiendo esas mujeres y hombres de los Andes afincados en Lima? ¿O como un triste ejemplo de la aculturación que rechazaba, es decir, de esa delicuescencia ejemplificada por el popurrí de tonadas –no muy distinto de las audaces mezclas de la música chicha– que canta el desdichado Clavel en un calabozo de El Sexto?

---

* José Matos Mar, *Desborde popular y crisis del Estado,* Instituto de Estudios Peruanos, Lima, 1984.

El veneno del lucro

LA UTOPÍA arcaica lo es, también, en un sentido económico: ella rechaza la economía mercantil, como fuente de corrupción ética y de injusticia social, en nombre de una sociedad rural, que habría existido en el pasado, donde la producción y el intercambio de bienes no se hacían por el incentivo egoísta del beneficio sino por razones espirituales y altruistas, de servicio a la comunidad y la obediencia a los dioses. Este aspecto de la utopía arcaica es de raíces cristianas y está en la línea de la célebre afirmación bíblica de San Pablo a Timoteo: «... porque la raíz de todos los males es el amor al dinero» (1 Tim. 6, 10). Así lo cree Gabriel, para quien incitar al indio al comercio venal forma parte de una siniestra conspiración de sus explotadores para privarlo de su alma: «Se empeñan en corromper al indio, en infundirle el veneno del lucro y arrancarle su idioma, sus cantos y sus bailes, su modo de ser, y convertirlo en miserable imitador, en infeliz gente sin lengua y sin costumbres» (p. 117). Hasta dos veces repite el joven narrador de *El Sexto,* en un mismo párrafo, en su discurso «reaccionario» ante Cámac, la expresión «veneno del lucro», como para que no quede la menor duda de su firme convencimiento: si modernizarse significa renunciar a aquella economía agrarista comunitaria premercantil y preindustrial que garantiza la pureza espiritual, el indio debe resistirse a ser «moderno».

Los gringos y el billete

ESTAS IDEAS a favor del inmovilismo social y económico para salvar la integridad del espíritu indígena aparecían ya en *Yawar Fiesta* y en otros relatos de Arguedas, pero en *El Sexto* figuran de manera más explícita, en discursos de aliento misionero pronunciados a veces por Gabriel y a veces por Cámac. La novedad es que en esta novela, por primera vez, se denuncia a «los gringos» y a las empresas extranjeras —en este caso la Cerro de Pasco Copper Corporation, que explota las minas de la región central andina donde ha trabajado Cámac— como instrumentos del veneno del lucro. El rechazo del imperialismo no tiene que ver tanto con la explotación material del indígena, los bajos salarios, las pésimas condiciones de trabajo, los abusos y discriminaciones de que es objeto —aunque, por cierto, todo ello es también condenado—, como con el miedo a que el sistema industrial destruya anímica y moralmente al indio. Al pasar de campesino a proletario su naturaleza humana se envilecerá:

> No queremos, hermano Cámac, no permitiremos que el veneno del lucro sea el principio y el fin de sus vidas. Queremos la técnica, el desarrollo de la ciencia, el dominio del universo, pero al servicio del ser humano, no para enfrentar moralmente a unos contra otros ni para uniformar sus cuerpos y almas, para que nazcan y crezcan peor que los perros y los gusanos, porque aun los gusanos y los perros tienen cada cual su diferencia, su voz, su zumbido, o su color y su tamaño distintos. No rendiremos nuestra alma [p. 117].

Naturalmente, el minero Cámac comparte estas ideas de Gabriel y participa del oscuro temor que induce a éste a rechazar el cambio social. Ambos sospechan —con fundada razón— que si el indio se proletariza e integra a una sociedad industrial perderá «su diferencia» y, poco a poco, hasta su «nación», pues esa modernidad que representa «el billete», al articular a los países en una interdependencia económica, erosiona insensiblemente las fronteras y va vaciando de sentido la idea misma de «patria». A ambos, nacionalistas irredentos, esta perspectiva los abruma. Por eso Cámac se indigna tanto:

«Los gringos, pues, no son de aquí ni de allá; son del billete. ¡Ésa es su patria!» (p. 33).

No es de extrañar que el dirigente comunista Pedro crea que Gabriel padece «la enfermedad de los soñadores» y exclame «¡Lástima incurable!» (p. 137). Él es tan enemigo de las empresas de los gringos como Gabriel, pero no extiende este rechazo a todo el sistema industrial moderno, pues, sin fábricas, sin comercio, sin economía monetaria, cerrada a piedra y lodo sobre su inmutable identidad, ¿qué clase de sociedad sería la de los indios? Mágica y colectivista, sin individuos y pletórica de color, pero, también, desprovista de las formas más elementales del bienestar, vulnerable a todos los agravios de la naturaleza y, lo peor de todo, como les ocurrió a los viejos ancestros, los incas, sin defensas frente a otros pueblos y culturas a los que las odiadas urbanización e industrialización han hecho prósperos y poderosos. Pero estas razones son las del mundo real y no tienen por qué ser las de los mundos que la ficción crea para, justamente, ofrecer a los seres humanos una alternativa, una realidad hecha a la medida de sus deseos, miedos y fantasías.

La enfermedad de los soñadores

LA UTOPÍA que tan celosamente defiende Gabriel delata a un personaje, emboscado en él tras el joven que sufre cárcel por sus actos políticos de resistencia a la tiranía: el futuro creador, el deicida, el fantaseador de mundos, víctima y a la vez producto de cierta segregación humana, de un conflicto personal con la realidad real que resuelve subjetivamente, sustituyéndola con la realidad ficticia que crea en sus cuentos y novelas.

Para el Gabriel de *El Sexto,* el mundo es todavía más feroz que lo era el suyo para Ernesto en *Los ríos profundos.* Hay el mundo de afuera de la prisión, espacio maldito donde reina la violencia de los poderosos, la codicia de los «místeres» de la Copper, las autoridades venales, los parlamentarios cínicos, donde ejerce su vileza sin fronteras la dictadura del General, el mundo donde no se puede abrir la boca por temor a la represión. En este último aspecto, la cárcel es menos asfixiante que la calle. Gabriel descubre, sorprendido, que en El Sexto es posible hablar sin tapujos de la situación política, expresar ideas afuera impronunciables: «Tenía 23 meses de secuestro en el penal y había recuperado allí el hábito de la libertad». Alberto Escobar interpreta exactamente el trágico alegato contra la tiranía que hay en esa frase: «No se había juzgado con tan punzante amargura a nuestros regímenes dictatoriales; en ellos, la cárcel, negación de la persona, disforme reflejo de la sociedad, le ofrece al hombre lo que la vida ciudadana le arrebata: la libertad de comprender y expresarse...».* Pero la libertad de palabra es la única ventaja que el mundo de adentro tiene sobre el del exterior. El Sexto está estratificado según un sistema clasista (la descripción recuerda la de Puquio, en *Yawar Fiesta*, topografía rigurosamente parcelada según las clases sociales), que simboliza la compartimentación del país. Hay presos de tres categorías y cada una de ellas ocupa una de las tres plantas en que se escalonan las celdas: abajo, los vagos, asesinos y delincuentes avezados; en medio, los ladrones y forajidos principiantes; y arriba, en el último círculo infernal, los políticos.

Excremento y sadismo

EN LA descripción de la vida en El Sexto, la novela incluye todas las atrocidades comunes a la literatura carcelaria.

---

* Alberto Escobar, «La guerra silenciosa en *Todas las sangres*», en *Revista Peruana de Cultura*, núm. 5, Lima, 1965, pp. 37-49.

Pero además de las constantes –homosexualismo, tráfico de alcohol y droga, colusión de criminales y policías, bestialidad de los guardianes, existencia de pandillas sometidas a jefezuelos que reinan por el terror–, la sociedad ficticia luce aquí algunos toques originales, matices dentro de lo horrible: los vagos se distraen arrojando sus piojos a quienes se aventuran por la planta baja; los cabecillas Puñalada y Maraví defecan sobre periódicos que sus acólitos –los paqueteros– se encargan de arrojar al excusado; un prefecto ordena a los soplones que hagan tragar excrementos a los presos políticos; la comida es hedionda y podrida, además de escasa, y para los débiles nula; así, los vagos deben contentarse con devorar cáscaras y pepas, lamer el suelo y englutir los escupitajos y sobras de los fuertes.

El sadismo es un deporte generalizado: al japonés, uno de los asesinos le ha prohibido defecar inmóvil y debe hacerlo a la carrera; un muchacho ultrajado por los matones es luego prostituido: lo alquilan a los demás delincuentes por cincuenta soles «pase» y cuando los guardias lo encierran en un calabozo el negocio prosigue a través de los barrotes. Esta atmósfera de vertiginosa brutalidad empuja al suicidio a Pacasmayo, enloquece al Pianista y al Clavel, hay quienes mueren por falta de atención médica, los violados contraen sífilis que acaba con ellos rápidamente y los sobrevivientes suelen entrematarse a puñaladas. La única ley imperante en esta selva es la fuerza. No existe principio alguno de solidaridad, una moral que merezca este nombre; no hay otra vida de relación que la de amos y sirvientes o enemigos que esperan el momento propicio para destrozarse. La vida es un campo de batalla donde cada cual libra varias peleas pues todos están contra todos: costeños contra serranos, indios y cholos contra negros y zambos, apristas contra comunistas, policías y soplones contra detenidos, delincuentes comunes contra presos políticos, etcétera. Incluso, en el sector de los políticos, lo que une a los hombres no es un sentimiento fraternal, ni ideas compartidas, sino la obediencia de cada grupo a un jefe (los apristas a Luis, los comunistas a Pedro) y cierta obcecación sectaria. Por eso, Gabriel juzga a los individuos no por sus diferencias políticas sino por su personalidad individual, y llega a sentirse hermano de adversarios como Cámac y Mok'ontullo o el apolítico Pacasmayo, en quienes, por sobre las ideologías, predomina cierto instinto justiciero.

Poesía e idealismo

ESTA SOFOCANTE acumulación de iniquidades podría haber convertido a la novela, como a otras del género, en uno de esos catálogos de basura humana en los que la reiteración llega a desaguar el horror de toda agresividad, a ahogarlo en la monotonía, si no fuera porque el horror es sólo uno de los ingredientes centrales de la realidad ficticia. Es algo frecuente en las ficciones de Arguedas: sus mundos suelen estar compuestos de extremos, el agua y el aceite, cuya fusión, según un procedimiento de vasos comunicantes, produce un intermedio tolerable: la verosimilitud. El antídoto del horror carcelario, el contrapunto humanizador, es la personalidad soñadora de Gabriel, la poesía que su delicadeza de sentimientos, pureza e idealismo propagan en torno. A la animalidad que lo rodea, la imaginación y, sobre todo (como siempre en Arguedas), la memoria de Gabriel contraponen imágenes de exquisita melancolía, estampas embebidas de ternura, que tienen casi siempre como objeto (la excepción es la isla que los días sin niebla se divisa desde el último piso de El Sexto) al paisaje y al hombre de los Andes: flores, canciones, valles, fiestas. El momento más artísticamente logrado del libro es una de esas evocaciones: los cóndores cautivos que cruzan un pueblecito andino, en procesión. Es la dimensión lírica, ese escudo espiritual que está oponiendo siempre Gabriel a la vida carcelaria, la que consigue para los hechos atroces de esta vida el asentimiento del que lee: sin ese complemento forzarían su rechazo y el lector decretaría su irrealidad.

Ocurre que Gabriel es un artista, lo que tal vez explique su marginalidad. Ésta no sólo es política, o, mejor dicho, lo es en segunda instancia, porque la soledad de Gabriel tiene raíces más hondas que las ideológicas. En esto es como el Ernesto de *Los ríos profundos,* como el Ernesto desubicado e infeliz de «Warma Kuyay» (escrito en 1932), que se sentía en los desiertos de la costa «como un animal de los llanos fríos». Gabriel es un ser supersensible, extremadamente apto para percibir la violencia agazapada en todas las formas de la vida, y, al mismo tiempo, furiosamente inapto para aceptar que la realidad está hecha así y acomodarse a ella. Esta aptitud/inaptitud han hecho de él un ser distinto. En un sentido, una víctima; en otro, un ser superior a los demás. Gabriel es consciente de ello, ha asumido esa inadaptación que es su tragedia como un destino al que se aferra con soterrada soberbia. Hay en él un discreto masoquismo, cierta complacencia en comprobar a cada instante, en cada experiencia, su marginalidad, su rebeldía frente al mundo, su soledad. Esto es muy visible en uno de los episodios más seductores de la novela, el que sigue a la muerte del Pianista, a quien la víspera Gabriel, por compasión, bajó a socorrer y abrigó con sus ropas. Su gesto fue malinterpretado por todos –apristas, comunistas y vagos–, pues nadie parece concebir en ese antro que se pueda obrar sin interés ni cálculo político, por amor al prójimo. Cuando el Pianista muere, se acusa a Gabriel de ser responsable de su muerte, se dice que las ropas que le regaló atrajeron la codicia de los vagos y que éstos lo asesinaron para robárselas. Entre insultos y amenazas, Gabriel sube las gradas de la prisión hacia su celda, estoico, silencioso, digno como un Cristo. Al mismo tiempo, su memoria resucita imágenes, recuerda «uno de los días más grandes de mi infancia»: esa procesión de los cóndores capturados en la cordillera para ser amarrados a los toros en la fiesta del pueblo y a los que se hace desfilar cruelmente ante la gente de la aldea, que contempla gozosa el suplicio de los animales. *Sólo él* llora desconsolado, enfermo de piedad y de amor por los enormes pájaros. Él es ahora uno de esos cóndores, un elegido del odio y de la incomprensión del mundo.

De esa contemplación secreta de su marginalidad Gabriel extrae un sentimiento de orgullo, una sensación de superioridad moral –la del mártir sobre los verdugos– que le dan fuerzas para resistir a El Sexto y soportar la vida. Es esa condición marginal la que lo hace tan sensible hacia los seres más segregados, aquellos escombros a quienes la sociedad martiriza salvajemente, como el japonés y el Pianista. Cuando ambos mueren, Gabriel afirma: «En el japonés y en el Pianista había algo de la santidad del cielo y de la tierra». Esa misma razón desencadena su solidaridad con las víctimas, hombres o animales. Cuando ve cómo los zambos prostituyen al Clavel, a quien han enloquecido de tanto usarlo sexualmente, Gabriel compara al pobre muchacho con un sapo y a sus victimarios con los niños que se entretienen torturando a ese animalito:

> No tendrá ya sosiego, como los sapos que parvadas de niños martirizan echándoles mazorcas de espinos sobre el cuerpo, hincándolos con palos, cortándoles las patas, regocijándose con la sangre que brota de sus heridas, mientras él se arrastra, cada vez más lentamente, marcando el suelo con la baba que cae de su boca [p. 177].

La violencia no sólo es política y social, contamina todas las acciones humanas. Es la especie la que es cruel, el hombre en sociedad el malvado. Por eso Gabriel siente «el mundo como una náusea que trataba de ahogarme». En un país como el Perú, esta maldad inmanente se hace manifiesta en la explotación económica, en la represión política, pero también en otras actividades. Principalmente, la sexual. Si en toda la obra de Arguedas el sexo es temible y destructor –su visión del sexo, lo hemos visto, es la de un puritano: significa una maldición y no una fiesta humana, una fuente de dolor y angustia y jamás de placer y comunicación–, en esta novela la negatividad del sexo se acentúa por los estrechos cauces que el encierro carcelario le inflige: homosexualismo o masturbación. Gabriel sufre lo indecible con los excesos, crímenes y aberraciones que la pulsión sexual provoca entre los detenidos. Pero no olvida que, más allá de los muros de El Sexto, el sexo «normal» tiene también un aspecto ruin, inaceptable para su estrictísima moralidad. Por eso, en su discurso ante Cámac, sostiene que «en los señores y en los místeres que dominan nuestra patria» ya no hay vida espiritual, pues «Sus mujeres tienden a la desnudez» y «casi todos los hombres a los placeres asquerosos...» (p. 116).

Parábola del escritor

LAS MUELAS, huesos que sirven para masticar, son presas, a veces, de la más espiritual de las enfermedades: se vuelven hipersensibles y deben ser sometidas a un tratamiento de elíxires para que tornen a la normalidad. De pronto, a causa de un proceso químico, el nervio de una pieza dental multiplica su capacidad receptiva en un nivel varias veces superior al normal y dota de este modo al hueso que recubre de una delicadeza tal que hasta el roce de la saliva lo lastima. No hay caries alguna, la muela se conserva tan entera como sus vecinas; simplemente, se ha cargado de una suspicacia tan irritable que *todo* la entristece y hiere. Así, todas las experiencias de su vida –la leve caricia del dorso de la lengua, para no hablar del bocado de comida, la uña maleducada o el repelente escarbadientes– son para ella suplicio, formas del martirio. Ésa es la situación de Gabriel en el mundo: termómetro que registra el sufrimiento y la desgracia que lo rodea, espejo que refleja todas las miserias humanas. Como otras ficciones de Arguedas, ésta se resume en la imagen de un combate desigual. De un lado, el mundo atroz de los hombres; del otro, un solitario, susceptible como una sensitiva, padeciendo por todo y por todos. La delicadeza y la sensibilidad, potenciadas a este grado, llevan a un ser a los límites de lo inhumano. Sólo hay dos elíxires para esa hipersensibilidad. El primero es aquel por el que opta el sensible Pacasmayo: la autodestrucción. El otro, más ambicioso y al mismo tiempo más prudente, es la destrucción simbólica del mundo, su recreación novelesca. *El Sexto* muestra la primera etapa del proceso, el enfrentamiento de Gabriel y la vida, el tenso conflicto. Pero la novela misma es el fin de esa historia inacabada. Por haber sido escrita —en primera persona, además— descubrimos la estratagema que permitió a ese condenado de la vida poder vivir, a ese objetor de la realidad pactar finalmente con ella: coger la pluma y, a partir de su rechazo del mundo real, inventar otro, ficticio; convertir la negación que es el origen de una vocación en la afirmación que es su ejercicio. Como tantas otras novelas, por encima de su anécdota y de su protesta contra la barbarie, en el corazón de sus espejismos utópicos, *El Sexto* puede ser también leída como una parábola sobre la condición del escritor, deicida discreto que rehace la creación del Creador, Narciso que sólo puede inventar mundos a partir del mundo y hablar de los otros hablando de sí mismo.

Un mundo de tropas

El Sexto es, con *Yawar Fiesta*, la más breve de las novelas de Arguedas, y, con *El zorro de arriba y el zorro de abajo*, la más imperfecta que escribió. En lo que se refiere a la anécdota, hay demasiados cabos sueltos, episodios, como la disputa entre apristas y comunistas por el banal incidente del Pianista, que carecen de poder de persuasión, o que no armonizan con el contexto como el de los discursos a la muerte de Cámac, o momentos que debieron ser de gran dramatismo pero no lo son por estar mal resueltos, como la muerte de Puñalada a manos del zambo que exhibe su miembro. Muchos personajes resultan borrosos y la historia transcurre sin soltura, pues el tiempo narrativo no está bien estructurado.

Lo mejor es la parte estática del libro, el ambiente de rutina embrutecedora, envilecimiento y podredumbre que sirve de marco a la acción; ésta es débil. Uno de los aciertos del libro son los «personajes colectivos» –otra constante del mundo creado por Arguedas–, entidades gregarias en las que el individuo es absorbido y borrado por el conjunto, que funciona con el sincronismo de un ballet. Como en *Yawar Fiesta*, la sociedad de *El Sexto* tiene propensión gregaria: se organiza en colectividades de gentes afines en las que –como en la tribu primitiva– el individuo no existe, es apenas una *parte* al que el todo protege, gobierna y da sentido. La vocación de «entroparse» –disolverse la persona singular en una tropa o rebaño humano– es muy extendida en la realidad ficticia. Es lo que don Policarpo Herrera aconseja a Gabriel que haga, cuando éste le confiesa que se siente solo: «¡Anda arriba, muchacho! Esos qui'han cantao por nosotros son trejos. Entrópate con ellos» (p. 224). *Entroparse* es un verbo que no recuerdo haber leído en otro autor –probablemente viene de la literatura gauchesca– y que en Arguedas aparece desde sus primeros cuentos, como manifestación nostálgica de ese rasgo definitorio de la utopía arcaica que es el colectivismo. Entre las tropas humanas de El Sexto –los vagos, los paqueteros, los apristas, los comunistas, los policías– quienes tienen una presencia más vívida son los vagos, pandilla de desarrapados que hace todo al unísono, desde rascarse hasta lanzar sus piojos a los demás, y que se arrastran asquerosamente por la prisión lamiendo la sangre y los detritus. Pese a ser tan repulsivos, Arguedas consiguió preservar en estos engendros un relente de humanidad, y sus apariciones, a la vez que disgusto y pavor, provocan compasión y hasta ternura por esos desechos empujados a un horror sin fondo.

El libro ha sido construido a base de diálogos; la parte descriptiva es menos importante que la oral. Esto significó un cambio en la narrativa de Arguedas. En *Yawar Fiesta* había ensayado con acierto una reelaboración castellana del quechua para hacer hablar a sus personajes indios, y ese estilo mestizo alcanzaba un alto nivel artístico en *Los ríos profundos.* En *El Sexto,* con una sola excepción, quienes hablan no son indios sino limeños, serranos que se expresan ordinariamente en español y gentes de otras provincias de la costa. Arguedas trató de reproducir las variedades regionales y sociales –el castellano de los piuranos, de los serranos, de los zambos, de los criollos más o menos educados– mediante la escritura fonética, a la manera de la literatura costumbrista, y aunque en algunos momentos acertó (por ejemplo, en el caso de Cámac), en otros fracasó y cayó en el manierismo y la parodia. Esto es evidente cuando hablan los zambos o don Policarpo; esas expresiones argóticas, deformaciones de palabras trasladadas en bruto, sin recreación artística, consiguen un efecto contrario al que buscan (fue el vicio capital del costumbrismo): parecen artificios, voces gangosas o en falsete.

De todos modos, aun con estas limitaciones, por su rica emotividad, sus hábiles contrastes y sus relámpagos de poesía, el libro deja al final de la lectura, como todo lo que Arguedas escribió, una impresión de belleza y de vida.

XIV. ENTRE EL FUEGO Y EL AMOR (1961-1964)

EN LOS tres años que van de *El Sexto* (1961) a *Todas las sangres* (1964), Arguedas, pese a un recrudecimiento de sus conflictos interiores y al inicio de una aventura amorosa con la chilena Sybila Arredondo, que pondrá fin a su matrimonio de un cuarto de siglo con Celia Bustamante, tuvo una intensa actividad intelectual, académica y administrativa, lo que parece denotar un disciplinado y sereno régimen de vida, algo muy distinto de lo que en realidad le ocurría.

En ese periodo se graduó de Doctor en Letras, en la Universidad de San Marcos, con su tesis sobre *Las comunidades de España y del Perú* (1963); fue director de la Casa de la Cultura (de agosto de 1963 a agosto de 1964) y director del Museo Nacional de Historia (desde septiembre de 1964); y editor de la revista *Cultura y Pueblo* (desde marzo de 1964), dirigida al gran público y en la que escribió muchos textos de divulgación folclórica y etnológica, y de otras dos más especializadas: *Revista Peruana de Cultura* (núm. 2, 1964) e *Historia y Cultura* (que saldría sólo a partir de 1965).

Su larga dedicación a la enseñanza fue premiada por el gobierno de Belaúnde Terry con las Palmas Magisteriales, en el grado de Comendador, en julio de 1964. Desde agosto de 1962 se incorporó a la Universidad Nacional Agraria La Molina, donde fue ascendiendo hasta profesor principal y jefe del Departamento de Sociología. Continuaría en ese centro académico hasta su muerte (literalmente, pues se suicidó en una de sus aulas).

Su prestigio internacional se había ido consolidando y era invitado con frecuencia al extranjero. En septiembre de 1962 asistió en Berlín Occidental al Primer Coloquio de Escritores Iberoamericanos y Alemanes, y en 1964 representó al gobierno peruano en la inauguración de varios museos mexicanos, sobre lo que escribiría una crónica.*

Refugio en lo mágico

AUNQUE SU más ambiciosa realización literaria en estos tres años es la novela *Todas las sangres* (1964), la más extensa que escribió, su verdadera proeza como creador fue la publicación, en 1962, de un bello relato de pocas páginas, *La agonía de Rasu-Ñiti,* que condensa admirablemente su visionaria interpretación de la cultura andina y es ejemplo de la buena factura artística que lograba cuando escribía con espontaneidad, sobre lo que íntimamente lo motivaba, sin imponerse temas y tesis por razones morales o ideológicas.

Pese a su brevedad, el cuento irradia una rica gama de símbolos y significados sobre lo que Arguedas quería ver en el mundo indio: una cultura que ha preservado su entraña mágico-religiosa ancestral y que extrae su fuerza de una identificación recóndita con una naturaleza animada de dioses y espíritus que se manifiestan al hombre a través de la danza y el canto. En un pequeño caserío andino, el indio Pedro Huancayre, célebre bailarín de tijeras conocido como Rasu-Ñiti («Que aplasta nieve»), agoniza, danzando, acompañado de un violinista y un arpista, su mujer y sus hijas y su discípulo, el joven Atok Sayku («Que cansa al zorro»), al que lega,

* «México: los museos y la historia del hombre», en *El Comercio,* suplemento dominical, Lima, 4 de octubre de 1964.

en el instante de su muerte, el Wamani o espíritu de la montaña que hizo de él un eximio *dansak'*.

El encanto del relato está en la envoltura realista que tiene la fantástica historia. El espíritu del dios montaña que ha escoltado siempre al danzante infundiéndole la sabiduría de su arte se corporiza en forma de un cóndor, al que la mujer de Rasu-Ñiti, sus músicos y Atok Sayku ven aletear sobre la cabeza del agonizante, mientras éste ejecuta los últimos pasos y tiene poéticas visiones. Ver a ese «espíritu» es un atributo espiritual, que sólo algunos han alcanzado; las hijas del bailarín, por ejemplo, no tienen aún la «fuerza» necesaria para lograrlo. Todo el amor de Arguedas por la vida en forma de programado ritual se hace evidente en esta agonía, representada como ceremonia de rígidas reglas que todos conocen y respetan. El narrador, que en el relato muda de impersonal a implicado —de tercera a primera persona—, para instruir al lector sobre el significado mítico y religioso de lo que está ocurriendo, desvela, al mismo tiempo que cuenta la muerte del *dansak'*, las presencias secretas —espíritus materializados en precipicios, toros áureos, cascadas o pájaros— que mueven los músculos y deciden los movimientos de los bailarines, animan los compases de la música y, en última instancia, tejen y destejen los destinos humanos, en este mundo mágico y sagrado, inmunizado contra el tiempo y la historia.

¡Somos todavía!

En este periodo, también, publicó Arguedas el primero de sus poemas escritos directamente en quechua (escribiría cinco más), un *haylli-taki* o himno-canción en homenaje a Túpac Amaru, el cacique cusqueño líder de la gran rebelión indígena del siglo XVIII, que sacudió todo el sur del Perú y buena parte de Bolivia y que terminó descuartizado por orden de las autoridades coloniales en la plaza de armas del Cusco.* De Túpac Amaru diría, en un reportaje, que era, con Cristo y Tolstoi, uno de los tres personajes históricos que más admiraba.** En la nota introductoria, explicó que había escrito el poema en el quechua chanca (variante que se habla en los Andes centrales, sobre todo en la región de Apurímac y Ayacucho), pero de modo que pudieran entenderlo todos los hablantes del antiguo idioma de los incas. El poema nació de «un impulso ineludible», al darse cuenta de que «el quechua es un idioma más poderoso que el castellano para la expresión de muchos trances del espíritu y, sobre todo, del ánimo». El texto exhorta a quienes saben quechua a escribir en ese «idioma milenario» para mostrar que «es un idioma en el que se puede escribir tan bella y conmovedoramente como en cualquiera de las otras lenguas perfeccionadas por siglos de tradición literaria».

En verdad, en este empeño de los últimos años de Arguedas por escribir textos en el idioma de su niñez y reivindicar la posibilidad de una literatura moderna en quechua, debe verse algo más: la zozobra y la cólera que le producía advertir a su alrededor, incluso en el ambiente de antropólogos y etnólogos estudiosos de la cultura andina, una suerte de resignación —y, a veces, de entusiasmo— frente al proceso de aculturación del indio (la llamada, por los sociólogos, cholificación), es decir, el declinar de la cultura prehispánica —lengua, creencias, usos y costumbres— al ser absorbida la población campesina indígena por el Perú urbano e hispanohablante. Abundantes textos de los años sesenta delatan la desesperación de Arguedas ante este proceso, que, aunque sabía irreversible, rechazaba con todas sus fuerzas como un crimen de lesa cultura y la culminación de la secular injusticia contra el indio perpetrada por el invasor europeo. Este sentimiento ex-

* *Tupac Amaru Kamaq taytan-chisman; haylli-taki. A nuestro padre creador Túpac Amaru. Himno-canción*, Editorial Salqantay, Lima, 1962. Texto bilingüe quechua-castellano. La traducción es del mismo Arguedas.

** En *El Comercio Gráfico*, Lima, 11 de agosto de 1962.

plica, además de los poemas que decidió escribir en quechua, la radicalización de su indigenismo ideológico, volcado en sus ficciones con resultados a veces positivos, como en *La agonía de Rasu-Ñiti,* o desastrosos, como en *Todas las sangres.*

El himno-canción a Túpac Amaru debe filiarse entre los positivos. Es un largo y hermoso poema de aliento épico, con intermedios líricos, en el que una voz plural, la del pueblo indio contemporáneo, exalta la memoria del gran «hijo del Dios Serpiente» y le hace saber que está vivo —«Aquí estoy, fortalecido por tu sangre, no muerto, gritando todavía»—, resistiendo las penalidades que le siguen infligiendo unos «señores» cuyo corazón es todavía «más sucio, más espantoso» e «inspira más odio» que antaño. El poema refrenda la vieja comunión del ser andino con la naturaleza encantada de la cordillera, pero registra, asimismo, los cambios sociales, la gran migración campesina hacia la costa y la capital —«Ahora, como perro que huye de la muerte, corremos hacia los valles calientes»—, donde, edificando sus hogares en el desierto, los «miles de millares» de indios están «apretando a esta inmensa ciudad que nos odiaba, que nos despreciaba como a excremento de caballos». La angustia de Arguedas por la posible extinción de lo indio se enmascara en un optimista anhelo: que la presencia andina en la odiada ciudad de «los señores» en vez de perder su identidad sirva para materializar en ella la utopía: una «ciudad feliz, donde cada hombre trabaje, en inmenso pueblo que no odie y sea limpio, como la nieve de los dioses montañas donde la pestilencia no llega jamás». Motivo recurrente, estribillo que hace las veces de conjuro, este grito quiere atajar por el medio mágico de la palabra y el canto la desaparición del pueblo quechua: «¡Somos todavía!».

Psicoanálisis y amor

COMO SE VE, este periodo fue fecundo en lo que concierne a trabajo intelectual. Ello tiene más mérito considerando que, en esta época, reaparecieron las antiguas torturas psíquicas y su corolario —el insomnio, las dudas y el desánimo—, que tanto obstaculizaban su trabajo creativo. Una gran ayuda fue la psicoanalista chilena de origen letón Lola Hoffmann, quien comenzó a tratarlo desde esta época, para lo cual José María hizo desde entonces repetidos viajes a Santiago. La relación que Arguedas llegó a tener con esta psicoanalista de la escuela junguiana fue entrañable y las interesantísimas cartas que le escribió entre 1962 y 1969* revelan una devoción ilimitada. En una de ellas, de julio de 1969, le diría: «No he conocido sino dos amores totalmente desinteresados: el de mi padre y el suyo» (p. 215). Y, pocos meses después: «A usted, a quien le debo haber escrito tres libros: *Todas las sangres, Hombres y dioses de Huarochirí* y el inconcluso de *Los zorros...*» (p. 234).

Y otra debió serlo también la ilusión de nuevos amores, aunque luego ello provocaría efectos traumáticos en su personalidad hipersensible. En 1962 se enamoró perdidamente de una profesora universitaria chilena casada, Beatriz, con la que vivió una aventura de varios meses y con la que pretendió incluso casarse. En una carta a la doctora Hoffmann del 31 de agosto de 1962 le dice que, por no recibir noticias de Beatriz, está tan desesperado que «hasta anhelé morir». Sin embargo, otro amor vino a curarlo de esa pasión. En uno de estos viajes a Chile conoció a Sybila Arredondo, hija de la escritora chilena Matilde Ladrón de Guevara y esposa del poeta Jorge Tellier, de quien se separaría en esa época. Según Sybila, se vieron por primera vez en casa de Pablo Neruda, en una reunión en la que Arguedas cantó unas canciones en quechua. Luego se encontraron en la librería de la Universidad de Chile donde ella trabajaba. Arguedas la buscó en sus viajes a Santiago, llevándole regalos: «Yo me quedaba impresionada. Además, él era muy simpático. Realmente, un tipo en-

* Reunidas en *Las cartas de Arguedas, op. cit.*

cantador. De una ternura extraordinaria».* Así nació la relación sentimental que marcaría poderosamente los últimos años de Arguedas.

Según el interesante testimonio del antropólogo John V. Murra, que en esta época mantuvo una nutrida correspondencia con Arguedas, éste escribió buena parte de su tesis doctoral en Santiago, en el año 1962, discutiéndola con la psicoanalista Lola Hoffmann, a quien José María agradeció siempre haberlo ayudado a salir de la «esterilidad».** Que el libro –aparecido por primera vez en Lima, en 1968, y reeditado en España en 1987–*** esté dedicado a ella refrenda esta información.

Un indigenista en España

ARGUEDAS CONSIDERÓ siempre que su formación de antropólogo había sido insuficiente y que sus trabajos de investigación etnológica denotaban sus vacíos académicos, algo que profesionales destacados han refutado, elogiando la seriedad científica de sus estudios sobre las comunidades andinas de Puquio o el valle del Mantaro. Es lo que hacen, también, los profesores John V. Murra, de la Universidad de Cornell, y Jesús Contreras, de la Universidad de Barcelona, en los elogiosos prólogos que escribieron para la reedición en España, en 1987, de su tesis doctoral de 1962.****

---

* Galo F. González, «Entrevista con Sybila Arredondo de Arguedas», en *Amor y erotismo en la narrativa de José María Arguedas, op. cit.*, p. 118.

** John V. Murra, «José María Arguedas. Dos imágenes», en José María Arguedas, *Las comunidades de España y del Perú*, Clásicos Agrarios/Ediciones Cultura Hispánica, Madrid, 1987, p. 8.

*** *Las comunidades de España y del Perú.* Cito siempre por la segunda edición, que lleva prólogos de los antropólogos John V. Murra y Jesús Contreras.

**** El profesor John V. Murra ha señalado en sus ensayos sobre Arguedas, con mucho tino, cómo la sensibilidad de artista y su imaginación poética, en vez de socavar, enriquecieron su tarea antropológica, dándole una vía de acceso a lo más íntimo de las culturas que investigó. Véase John V. Murra, «José María Arguedas. Dos imágenes», en *Las comunidades de España y del Perú, op. cit.*, y «Semblanza de Arguedas», en *Las cartas de Arguedas, op. cit.*, pp. 265-298.

Pero lo cierto es que, sin que ello desmerezca necesariamente el rigor técnico de sus trabajos de campo y la elaboración analítica de esos materiales, en los abundantes artículos y ensayos de etnología y de folclore que escribió, Arguedas no se desprendió nunca del artista —el creador de ficciones— que lo habitaba. Afortunadamente fue así, pues gracias a ello esos textos están escritos en una limpia prosa y marcados por un toque personal, enriquecidos de confesiones y reminiscencias autobiográficas, finas descripciones del paisaje y reflexiones sobre los asuntos que lo obsesionaban, aunque no tuvieran relación con el tema tratado.

Un ejemplo mayor de ello es su libro sobre *Las comunidades de España y del Perú*, que desborda largamente el propósito que lo anima: un estudio comparativo de dos comunidades agrarias de la región de Zamora —Bermillo y La Muga, ambas pertenecientes al partido judicial de Sayago— y el Perú andino. Aunque en él se destacan muchos aspectos coincidentes de la vida cotidiana, métodos de trabajo, instituciones, creencias y costumbres de ambos mundos, acaso lo más valioso del ensayo sea su testimonio sobre el régimen franquista y el género de vida que impuso en los estratos más humildes de la población campesina española. Este testimonio es tanto más persuasivo cuanto que no fue deliberado, pues aparece al trasluz de un material informativo que se empeña en ser neutral y apolítico.

Arguedas estuvo unos seis meses viviendo en Bermillo y La Muga, en 1958, gracias a una beca de la Unesco. Eligió esta región por lo aislada y atrasada —pensó que los modelos tradicionales de organización social se conservarían allí más puros—, y no deja de ser irónico que un indigenista tan ardiente consagrara un estudio tan atento y cariñoso a unas aldeas del país conquistador y destructor de los incas. Llegó a interesarse por el mundo que estudiaba, consultó la bibliografía disponible y se entusiasmó leyendo a Joaquín Costa, cuyos ensayos sobre *Colectivismo agrario* y *Derecho consuetudinario* cita con frecuencia. Como en los Andes, o, en su última época, en

Chimbote, en Extremadura el instinto guió a Arguedas directamente hacia los más pobres y maltratados del lugar –vivió en una miserable pensión de traperos, arrieros y campesinos desvalidos–, con los que hizo buena amistad y que resultaron excelentes informantes.

Como siempre, su ternura se volcó con la misma generosidad hacia los seres humanos que hacia el mundo natural. En su descripción de Bermillo aparece una empecinada higuera que ha conseguido romper el muro del templo para sobrevivir y un «negrillo», árbol donde se trepan los niños y donde viene a cantar la tutubía, «un pequeño pájaro que vuela a golpes de ala y va elevándose muy alto», con el que Arguedas, por supuesto, entabló una relación tan entrañable como con las personas y los burros del lugar. Atormentado por la violencia con que las gentes de Bermillo tratan a los asnos («jamás fui testigo de mayor crueldad de parte de un ser humano contra un animal tan útil»), registra todos los refranes y dichos que oye contra los pobres burros de Sayago y las burlas que le lanzan los campesinos al verlo perder tanto tiempo acariciando a esos animales, a los que ellos –que son tan afectuosos con las vacas– están convencidos debe tratarse siempre con palo (p. 81).

Arguedas descubre que el pasamontañas que usan en invierno los sayagueses es tal vez el origen del chullo (gorro con orejas) de los indios peruanos (p. 46), y lo impresiona la semejanza arquitectónica de las viejas casas castellanas con muchas construcciones coloniales de Ayacucho que suponía andaluzas. Son idénticos los «zapatos de llanta» que se venden en las ferias locales y los que compran los indios en las ferias andinas y algunos vestidos femeninos, así como los arados con que se rasga la tierra en la Extremadura pobre y en los Andes. Pero la gran diferencia es «que ya no existe entre ellos el vínculo mágico que une al comunero indio con la naturaleza» (p. 102). Hay parecidos y también diferencias entre las relaciones de «padrinazgo» y «compadrazgo» en uno y otro mundo, y una gran similitud en las fiestas religiosas, con su despliegue de cohetes, fogatas, adornos a las bestias y a las calles y plazas, e incluso en detalles como la tabla de carnaval de Huaylas, idéntica a «la configuración del ramo de Sayago» (p. 222).

La diferencia que más apena a Arguedas es que en los pueblos de Sayago el canto y la danza tradicionales están desapareciendo y no cumplen ya la función central que tienen aún en la sierra peruana. Con patetismo y nostalgia comprueba que los adultos de Bermillo: «No cantan». Todavía lo hacen las niñas, cuando juegan en la plaza, y Arguedas sigue fascinado los corros de las pequeñas y transcribe en una veintena de páginas esas canciones que son el canto del cisne de una cultura popular tradicional en vías de desaparición. Ocurre que la modernidad llegó a Sayago con el cultivo del trigo, en los años treinta, y, como le dicen los lugareños, «el trigo acabó con los piojos». No sólo con ellos; también, con «las hermosísimas canciones» «y ciertas formas de bailes tradicionales» (p. 125).

Arguedas estuvo en esas aldeas a fines de los años cincuenta, en vísperas del gran despegue que trajo a España, en la década del sesenta, el desarrollo del turismo y la exportación de cientos de miles de trabajadores a los países europeos avanzados, cuyas remesas de divisas significaron una poderosa inyección económica. Este proceso transformó la vida social española hasta volverla irreconocible, al extremo de que muchos olvidarían luego la realidad precedente. El libro de Arguedas es un notable documento sobre ese sombrío pasado, entrevisto en dos aldeas aisladas y pobres donde la historia parece atrofiada por un sistema rígido y opresor de privilegios institucionalizados.

En Bermillo, La Muga y demás pueblos del partido de Sayago todo está congelado en una tradición sin energía, de la que sólo quedan gestos, repetidos de manera mecánica. La vida ha sido encapsulada en una rutina de la que son directores absolutos el clero y la autoridad política, aliados para mantener un sistema de castas donde nada puede ser alterado y contra el que nadie es capaz de rebelarse. El miedo a la autoridad y a la Iglesia mantiene a todo el mundo en su sitio y resignado; ni siquiera es posible faltar a misa, pues el párroco, cuyo poder en la vida civil de la comunidad es tan grande como en su vida espiritual, publica listas de los ausentes. Pero por debajo de ese conformismo social anida, disimulado, un odio feroz de los campesinos pobres contra los «señoritos» y contra los jerarcas de la Iglesia, a los que llaman «anticristos» y prometen liquidar sin contemplaciones si estalla una nueva guerra civil. Los señoritos, por su parte, no ocultan su desprecio por ese pueblo de gentes cerriles y cobardes con quienes evitan mezclarse, pese a compartir con ellos buena parte de la embrutecedora y asfixiante rutina cotidiana. La religión o, mejor, los rituales, normas y prohibiciones de la Iglesia regulan toda la existencia, desde el nacimiento hasta la tumba, y son universalmente acatados, por costumbre, dejadez o temor. Aunque los niveles de vida de la gran mayoría de las familias son modestos y aun frugales, no es este aspecto el más deprimente del cuadro, sino la falta total de esperanza, de libertad y de alegría, de unas vidas autómatas cuyo solo horizonte es ir tirando hasta la hora de la muerte.

A pesar de este lúgubre clima de acabamiento y frustración colectivos, el libro no deja en el lector una conclusión derrotista, tal vez porque expresa, en cada página, un sentimiento de entrañable solidaridad y comprensión por el drama de unos seres humildes y desamparados, tipos humanos a los que —en Extremadura como en los Andes y en cualquier parte— Arguedas siempre fue capaz de entender y con los que toda su vida se identificó.

Frágil paréntesis democrático

TAMBIÉN ÉSTA fue una época de convulsiones, esperanzas y frustraciones políticas en el Perú. En las elecciones presidenciales de 1962 los principales candidatos fueron Haya de la Torre, el ex dictador Manuel Odría y el líder de Acción Popular, Fernando Belaúnde Terry. Ganó Haya de la Torre, pero el Ejército intervino para impedir el acceso al poder de su antigua bestia negra —el aprismo—, y, en las postrimerías del régimen de Manuel Prado, luego de anular la elección, asumió el gobierno una junta militar presidida por el general Ricardo Pérez Godoy. Fue una dictadura militar breve y «benigna» que, luego de ser reemplazado Pérez Godoy por el general Nicolás Lindley, convocó a nuevas elecciones, en 1963. Éstas llevaron a la presidencia al arquitecto Fernando Belaúnde y su partido, Acción Popular, con lo que parecía un proyecto reformista, decidido a realizar una reforma agraria que acabara con el gamonalismo y el latifundismo y fomentara un desarrollo económico sustentado en un ambicioso programa de obras públicas y el fortalecimiento de un capitalismo nativo, dentro de un régimen nacionalista («La conquista del Perú por los peruanos» era el eslogan del régimen).

Acusado por la derecha de izquierdista y aun de comunista, el muy moderado régimen de Belaúnde despertó grandes esperanzas entre los sectores progresistas y unas clases medias ansiosas de que el Perú saliera de la vieja politiquería y el círculo vicioso de las dictaduras militares y los ineptos gobiernos civiles. Arguedas no fue indiferente a este entusiasmo, como muestra el que aceptara la dirección de la Casa de la Cultura que le ofreció el gobierno y ejerciera ese cargo, con empeño, todo un año. Renunció a él en solidaridad con Carlos Cueto Fernandini, presidente de la Comisión de Cultura, a quien la mayoría parlamentaria apro-odriísta hostilizó sistemáticamente, como a todos los colaboradores de Belaúnde. La alianza del APRA y el ex dictador Odría, cuyos parlamentarios dominaban el Congreso, redujeron a la inoperancia al gobierno, bloqueándole todas las reformas y censurando a sus ministros, hasta crear un clima de gran crispación política. Pero, respetuoso de la Constitución, Belaúnde se negó a cerrar el Congreso y convocar nuevas elecciones, como le exigían muchos partidarios exasperados por la frustración de sus ilusiones reformistas.

Para envenenar aún más la precaria situación de la renacida democracia (ella sólo duraría hasta 1968), sobrevinieron en estos años los primeros brotes guerrilleros, inspirados en el ejemplo de la Revolución Cubana. En 1962 hubo un amago insurreccional en Jauja y en 1963 un grupo armado del Ejército de Liberación Nacional, que había recibido entrenamiento militar en Cuba, penetró al Perú por la selva amazónica y fue capturado en Puerto Maldonado. En el enfrentamiento con la policía murió el joven poeta Javier Heraud. En toda la región andina del sur continuó la agitación campesina, con tomas de tierra y choques con las fuerzas del orden, y en 1963 fue capturado Hugo Blanco, que había liderado la movilización agraria en la zona de La Convención. Aunque Arguedas no participó en el intenso debate político de la época, dejó una huella muy fuerte en la novela que terminó en 1964, pues *Todas las sangres* está impregnada de preocupaciones ideológicas y políticas de principio a fin.

XV. ¿LA VISIÓN DE LOS VENCIDOS?

HE SEÑALADO el auge que alcanzaron los estudios sobre la cultura andina a partir de la década del sesenta, cuando el indigenismo literario y político iba marchitándose (la novela que publica en estos años José María Arguedas, *Todas las sangres*, sería su canto del cisne), y la abundancia de estudios antropológicos, históricos, etnológicos y sociológicos sobre el mundo indio, emprendidos con un criterio más científico que ideológico (con algunas excepciones). También, que en esta década la figura de Guaman Poma de Ayala sustituye a la del Inca Garcilaso de la Vega como símbolo de esa visión indígena –llamada por Miguel León-Portilla «visión de los vencidos»– de la Conquista, la Colonia y la vida republicana que los investigadores se esforzarán ahora en identificar y diferenciar de la de los vencedores, la «visión occidental» de la historia americana.

El mundo al revés

ESTE EMPEÑO encuentra una diáfana expresión en la tesis que Juan Ossio presenta en Oxford,* en 1970, espigando en la célebre *Carta al Rey* del cronista una cosmovisión india tradicional –no racionalizada sino mítico-religiosa– del Ta-

* Juan Ossio, *The Idea of History in Guaman Poma de Ayala*, Oxford University Press, 1970. Tesis doctoral inédita.

huantinsuyo, la llegada de los europeos y la situación del Perú a principios del siglo XVII, que impregnaría su *Nueva corónica y buen gobierno,* como un secreto contrapunto a los parámetros cristianos y lógicos —los de la versión oficial imperante— que aparecen superficialmente en el texto. Si hay algo que caracteriza esta cosmovisión es estar más anclada en el mito y la ficción que en la realidad histórica, y por ello puede considerarse como un remoto ancestro de la que, siglos más tarde, trazaría la fantasía de Arguedas. Por lo demás, las afinidades entre ambas son considerables.

Según Ossio, Guaman Poma «propone un modelo estático de sociedad en el cual toda movilidad social queda completamente excluida y en el cual las personas quedan paralizadas en sus propios estamentos, casándose solamente entre iguales y en el cual el estatus se decide sobre la base de la sangre».* Semejante concepción no es prototípica de la sociedad prehispánica; aparece con frecuencia en las sociedades tradicionales y primitivas, de cultura mágica, y en los grandes imperios autoritarios del pasado, donde, como en la utopía arcaica de Guaman Poma desentrañada por Ossio, fue siempre aspiración suprema (aunque, sin duda, nunca realidad cotidiana) la forja de un mundo inmóvil, ahistórico, jerárquico, colectivista, ritual y étnicamente incontaminado. En esta fascinante descripción asoman algunos pilares de la ideología indigenista del siglo XX; por ejemplo, el racismo.

Ossio explica que Guaman Poma «insiste sobre la necesidad de mantener la pureza de la sangre» porque «los vínculos de sangre» son «el criterio crucial de adscripción dentro de este orden jerárquico» del mundo. Por eso, en el Incario no era permitido casarse fuera de la propia dinastía, pueblo o clan;

---

* Todas estas citas de la tesis de Ossio están tomadas del fragmento de su tesis «Guaman Poma: Nueva Corónica o Carta al Rey. Un intento de aproximación a las categorías del pensamiento del mundo andino», incluido en la antología preparada por él mismo, *Ideología mesiánica del mundo andino,* Lima, 1977, pp. 153-211. Edición de Ignacio Prado Pastor.

quien lo hacía producía bastardos, seres que constituían una anomalía social. Ésa es la razón de las diatribas de Guaman Poma contra los mestizos y sus feroces insultos contra el «putirío» de las indias que se acuestan con españoles y tienen hijos de sangre mezclada. Ellos, explica Ossio, «estaban en conflicto con la idea de una sociedad ordenada» y eran para Guaman Poma «producto tangible del desorden introducido por los españoles», un símbolo del caos, de ese «mundo al revés» que imperaba desde la llegada de los conquistadores. El cronista descarta toda posibilidad de fusión entre españoles e indios y postula un sistema de recíproco *apartheid:* «Los dos mundos eran completamente irreconciliables y debían de mantenerse separados si el orden original fuera a restaurarse en este reino; de lo contrario, el mundo continuaría al revés».

Con generosidad, Ossio sostiene que este «ideal endogámico» no es racista. Pero ¿qué es el racismo sino, precisamente, la absurda idea de que mientras se preserve impoluta, libre de mezclas que la degraden, una comunidad étnica alcanzará su máxima potencia creadora y su superioridad sobre las otras? En todo caso, su lectura de Guaman Poma sirvió para mostrar que la ficción histórica y literaria del indigenismo moderno tenía raíces antiguas y que ella se dibujaba ya, a grandes rasgos, en ese extraordinario documento, de cerca de mil doscientas páginas (la tercera parte de dibujos), enviado en 1615 al rey Felipe III por un indio del Perú, y que tras misteriosa peripecia llegó a la Biblioteca Real de Dinamarca, donde permaneció ignorado hasta 1908, en que lo descubrió el bibliófilo alemán Richard A. Pietschmann.*

---

* Lo publicó por primera vez, en edición facsimilar, en 1938, Paul Rivet, en el Museo del Hombre de París. La edición más reciente y depurada de la *Nueva corónica y buen gobierno,* con excelentes estudios y abundante bibliografía, es la de John V. Murra, Rolena Adorno y Jorge L. Urioste, Siglo XXI/Historia 16, Crónicas de América, Madrid, 1987, vols. 29a, 29b y 29c.

Mesianismo andino

El mismo Juan Ossio publicó en 1973 una antología, *Ideología mesiánica del mundo andino,** importante testimonio del desarrollo que alcanzaron en los quince años precedentes los estudios andinos, por obra de especialistas peruanos y extranjeros que impondrían una visión más diversificada y en consonancia con las últimas escuelas de pensamiento antropológico —el estructuralismo de Claude Lévi-Strauss y los estudios sobre mesianismo y religión de Mircea Eliade, entre ellos— de la cultura andina, tanto en lo que se refiere a su pasado como a su presente. La selección de Ossio es un rico mosaico de la multiplicidad de perspectivas con que, en los años en que José María Arguedas escribe el más largo e ideológico de sus libros, se abordó el estudio de la realidad india, hasta entonces casi exclusivamente investigada por arqueólogos e historiadores. La labor de éstos va a ser continuada —lo que a menudo quiere decir contradicha y corregida— por sociólogos, etnólogos y antropólogos, o por historiadores que, como Franklin Pease recurrirán en sus trabajos sobre el pasado prehispánico a todo el arsenal de las ciencias humanas, desde la economía a la lingüística, evitando la historia descriptiva y anecdótica que practicaban sus antecesores. Una preocupación central de esta nueva aproximación es el estudio de la religión y la mitología andinas y de los movimientos milenaristas campesinos que surgieron durante la Colonia.

El Taki Ongoy

Dentro de estos movimientos reviste significación particular el Taki Ongoy, cuya importancia puso de mani-

---

* Juan Ossio, *Ideología mesiánica del mundo andino,* 2.ª ed., Lima, 1973. Antología de Juan Ossio; edición de Ignacio Prado Pastor.

fiesto Luis Millones Santa Gadea, con dos artículos que revelaron la amplitud de un hecho histórico hasta entonces menospreciado por los historiadores.*

Este movimiento, que partiendo de la región de Huamanga (Ayacucho) hacia 1560 se extiende hasta Lima, Cusco, Arequipa, Chuquisaca y La Paz, se prolonga, según Millones, hasta principios del siglo XVII. Se trata de un verdadero levantamiento religioso –la rebelión de las «huacas»– contra el Dios y las creencias de los conquistadores, un retorno al culto prehispánico. Las huacas (recintos o dioses indígenas) han resucitado y van a destruir a los templos y a los santos cristianos que las habían invadido y deshecho. Y castigarán con enfermedades y epidemias a los indios que aceptaron el bautismo, los que, en el futuro, deberán andar de cabeza y con los pies en alto o se transformarán en animales.**

La resurrección de los dioses indígenas pondrá fin al dominio de los europeos, quienes serán también liquidados por plagas. En el imperio restaurado sólo serán admitidos los indios fieles al culto de las huacas, las que, según los profetas, además de resucitar, ahora se han unificado en torno a dos huacas principales, las del Titicaca y Pachacamac. Los fieles debían seguir instrucciones muy estrictas: no podían comer ni vestirse como los españoles ni entrar en las iglesias ni llevar nombres cristianos. El canto y el baile tuvieron, en el movimiento, una importancia semejante a la que desempeñan en el mundo de Arguedas. Los fieles bailaban sin descanso hasta caer en trance y, entre temblores y espasmos, repudiaban el catolicismo. Al re-

---

* Luis Millones, «Un movimiento nativista del siglo XVI: el Taqui Ongoy», en *Revista Peruana de Cultura*, núm. 3, Lima, 1964, y «Nuevos aspectos del Taki Ongoy», en *Historia y Cultura*, núm. 1, Lima, 1965. Millones publicaría también, en 1971, *Las informaciones de Cristóbal Albornoz*, el visitador religioso encargado de combatir la herejía (Centro Interamericano de Documentación, Cuernavaca, 1971), testimonio esencial para conocer el movimiento.

** Además de los artículos de Millones, utilizo también para esta descripción del Taki Ongoy el estudio de Nathan Wachtel, «Rebeliones y milenarismo», en *Ideología mesiánica del mundo andino, op. cit.*, pp. 103-142.

cobrar el conocimiento, decían estar poseídos por dioses (las huacas) que, venidos de montañas, nubes o fuentes, usaban de su cuerpo para manifestarse. Se restablecieron los ayunos y las ofrendas de la época del Incario. Los seguidores del Taki Ongoy (nombre de incierto significado) buscaban los restos de los santuarios indígenas derribados por los misioneros y, una vez hallados, hacían en ellos los mismos sacrificios que antaño.

El movimiento tuvo un líder espiritual, Juan Chocne, y, pese a su indigenismo intransigente, mostró indicios de aculturación, pues entre los dirigentes figuraban dos mujeres llamadas Santa María y María Magdalena.

La represión del movimiento fue severísima. Se encargó de ella el visitador Cristóbal de Albornoz, con quien colaboró nada menos que el futuro cronista Guaman Poma de Ayala. Juan Chocne y los otros chamanes y cabecillas fueron llevados al Cusco, donde debieron abjurar públicamente de sus creencias. Las mujeres fueron recluidas en conventos, los curacas recibieron multas, cincuenta azotes y confinamiento vigilado, en tanto que a los indios del común, además de azotes, se les infligió la humillación de ser trasquilados.

Movimiento espiritual más que político, acaso de ramificaciones más vastas que lo que los escasos documentos rescatados por los investigadores permiten verificar, en el Taki Ongoy se descubre, de un lado, una reacción de autodefensa de un sector considerable de la población nativa ante un proceso de absorción cultural y religioso, y del otro, las semillas de lo que, con el tiempo, adquirirá las formas elaboradas de una utopía arcaica: la resurrección de un pasado míticamente embellecido con elementos asimilados de la cultura «dominante» y la fantasía creadora de los escritores y artistas.

Juan Ossio, en su presentación de los textos reunidos en *Ideología mesiánica del mundo andino,* acertadamente asocia la visión del mundo puesto al revés por la conquista de Guaman Poma con la imagen, propalada por el Taki Ongoy, de unos indios que por haber aceptado el bautismo serían condenados a andar patas arriba y con el testimonio de un comunero, recogido por Alejandro Ortiz Rescaniere en la hacienda Vicos, según el cual en el otro mundo los ricos estarán condenados a hacer lo que los pobres hacen ahora en éste y viceversa. Estas reversiones y simetrías se reproducen en «El sueño del pongo», cuento que relató a José María Arguedas, en quechua, un indio de Quispicanchis, y que él tradujo al castellano. En esta historia de desquite redentor, un humilde *pongo* sueña que él y su patrón comparecen ante san Francisco, el que los unta, al primero de excremento y al segundo de miel. Luego, les ordena que se laman uno al otro.

En esas creencias, mitos o imágenes hay una constante: la vida, individual o social, es un orden y el desorden o caos también lo es, de modo que ambas realidades se excluyen y no deben nunca entreverarse. El mundo sólo puede estar de pie o de cabeza, y los seres humanos sólo pueden ser ricos o pobres, buenos o malvados, indios o blancos, sin que entre ambas categorías adversarias haya matices o mezclas. El rechazo del mestizo, símbolo de confusión o aleación de razas o culturas distintas, debe verse como una proyección extrema de este maniqueísmo, del que, curiosamente, se hará eco, y no sólo en lo político, la nueva novela de Arguedas.

Ahora bien, el abundante material etnográfico y folclórico sobre el mundo andino recogido en esos años —por ejemplo, los mitos y leyendas recopilados en las regiones de Cusco y Ayacucho por Efraín Morote Best— muestra que aquella autarquía es largamente irreal, una ficción, pues aunque la cultura tradicional indígena se mantiene viva y operante, ella aparece por doquier intensamente contaminada de influencias occidentales. Así lo muestra, por ejemplo, la encuesta llevada a cabo por el jesuita Manuel M. Marzal, en Urcos, capital de la provincia cusqueña de Quispicanchis.* Según ella, la

---

* Manuel M. Marzal, S. J., *El mundo religioso de Urcos,* Instituto de Pastoral Andina, Cusco, 1971.

doctrina católica no ha desplazado del todo a las viejas creencias indígenas, pero éstas sobreviven mezcladas con aquélla o como enclaves de un sistema religioso al que cabe —más aún que el de sincrético— el apelativo de mestizo. El padre Marzal no encontró huellas del mito de Inkarri entre los indios de Urcos, pero sí de otro, el de los *machus,* seres míticos a los que Dios habría creado antes que al hombre y a quienes destruyó un cataclismo. Los sucedieron los seres humanos. Pero los *machus* no han desaparecido del todo: languidecen escondidos en cerros, grutas y cuevas y reaparecen a veces, en las noches de luna, cuando salen a calentarse al sol o durante los eclipses, para hacer daño a los hombres.

Inkarri diseminado

OTRA DE las comprobaciones importantes en estos años es la vasta irradiación del mito de Inkarri, del que, en sus versiones pre o posthispánicas, antiguas o modernas, se recogen nuevos testimonios y huellas, en Cusco, Ayacucho, Ancash, los barrios marginales de Lima y hasta en la región amazónica. El propio José María Arguedas hará un balance al respecto en uno de sus últimos artículos.* Todo ello confirma la pervivencia de una tradición mesiánica desde los tiempos de la Conquista y la Colonia, y acaso anterior, diseminada por todas las regiones del país. En este sentido, es curioso el hallazgo del profesor Nathan Wachtel,** quien, luego de analizar tres piezas folclóricas (de los Andes, Guatemala y México) que representan el drama de la Conquista con notables simetrías en la manera de teatralizar el sentimiento de desquite contra el

---

* José María Arguedas, «Mitos quechuas posthispánicos», en *Amaru,* núm. 3, Lima, 1967.

** «La visión de los vencidos: la conquista española en el folklore indígena», en *Ideología mesiánica del mundo andino, op. cit.,* pp. 37-81.

conquistador, concluye que el mesianismo fue constante en el periodo colonial peruano, algo que no ocurrió en México. La única explicación de ello es sin duda que estas tendencias mesiánicas eran poderosas en las culturas prehispánicas y que la llegada de los españoles no hizo más que atizarlas.

Que ellas desbordaban el marco andino y contaminaban a las pequeñas culturas amazónicas a las que ni incas ni conquistadores, ni la Colonia ni la República, llegaron a sojuzgar, se hizo evidente en los estudios sobre estas comunidades que, también a partir de los sesenta, proliferaron. Uno de los más completos fue el dedicado por Stefano Varese a los campas o asháninka del Gran Pajonal,* entre los mitos de los cuales detectó un rechazo del dinero –de la cultura mercantil– idéntico al que aparece en el mundo de Arguedas y por las mismas razones: la negativa de una sociedad primitiva de aceptar un sistema secularizado, del que ha sido abolido lo mágico-religioso –lo sagrado–, y a modernizarse renunciando a sus creencias y costumbres tradicionales.

Otra visión de la historia del antiguo Perú

QUIZÁ LO más característico de esta época, en lo que concierne al pasado prehispánico, es el surgimiento de una nueva lectura histórica, desdeñosa de la historia anecdótica y lineal de los historiadores de las generaciones anteriores, que aspira a reemplazar esa visión unívoca por enfoques múltiples, interdisciplinarios, apoyados en todas las ciencias humanas, desde la arqueología hasta la lingüística y prestando atención especial a las creencias religiosas, míticas y legendarias. He mencionado los libros del peruano Franklin Pease, a los que hay que añadir los de investigadores norteamericanos, europeos

* Stefano Varese, *La sal de los cerros,* Universidad Peruana de Ciencias y Tecnología, Lima, 1968.

o asiáticos, como R. Tom Zuidema, John Earls, Pierre Duviols, John H. Rowe, Nathan Wachtel, Shozo Masuda, John V. Murra y otros, algunos de los cuales ejercerían fuerte influencia en las nuevas generaciones de historiadores y antropólogos peruanos.

La antología de Ossio sobre *Ideología mesiánica del mundo andino* pone énfasis especial en la contribución del holandés R. Tom Zuidema, cuyos estudios sobre el «Sistema Ceque del Cusco» y la visión histórica de los incas son atrayentes y originales. Acaso parezca irreverente, pero, desde el punto de vista que en este libro se aborda de la realidad andina –como materia prima generadora de ficciones literarias e ideológicas–, la manera como el profesor Zuidema ha rastreado el testimonio de los cronistas y elaborado sus atrevidas tesis sobre el Tahuantinsuyo parece demostrar que las fronteras entre la ficción y la historia son mucho menos claras y precisas de lo que quisieran los «científicos» sociales. Lejos de mí poner en duda el rigor y la integridad intelectual del historiador holandés; sólo quiero destacar que a ellas se añade en su caso una fértil imaginación, que ha producido una imagen histórica del pasado andino que tendría derecho de ciudad en cualquier antología de la literatura fantástica.

Aunque es laborioso seguir sus cálculos algebraicos sobre la composición de la sociedad incaica, su postulado central no puede ser más sugerente: que los incas tuvieron una «historia mítica» de sí mismos, es decir, una historia imaginaria, independiente de la real, cuya razón de ser era reflejar la organización social del imperio. Ella estaba rigurosamente establecida según cálculos aritméticos que agrupaban a los hombres por dinastías, según el principio dual o bipolar del *huri* y *hanan* (alto y bajo). Las fuentes principales del profesor Zuidema son cronistas como Polo de Ondegardo, Cristóbal de Molina y Miguel Cabello de Balboa, cuyas enredadas y laboriosas enumeraciones de emperadores y dilatadas cronologías del Incario habían parecido, antes de él, a historiadores como Riva Agüero y Porras Barrenechea, delirantes. Gracias a las sutiles y novedosas interpretaciones de Zuidema, esos cronistas resultan menos fantaseosos de lo que se pensaba, o tal vez ellos hayan permitido comprobar que la verdad histórica está mucho más cerca de las ficciones fraguadas por la imaginación humana que de las verdades de las ciencias exactas.*

La cultura andina lo habría entendido de este modo desde los tiempos más remotos, si las tesis de Zuidema son ciertas. En su artículo sobre los mitos quechuas posthispánicos, Arguedas escribe:

> Toda la literatura oral hasta ahora recopilada demuestra que el pueblo quechua no ha admitido la existencia del «cielo», de otro mundo que esté ubicado fuera de la tierra, y que sea distinto de ella, en el cual el hombre reciba compensaciones que reparen las «injusticias» recibidas en este mundo... Toda reparación, castigo o premio se realiza en este mundo.**

Y, cabría añadir, si no ocurre así en la realidad objetiva, surge entonces la irresistible necesidad de realizarla en sueños utópicos, como *Todas las sangres.*

---

* R. Tom Zuidema, *The Ceque System of Cuzco. The Social Organization of the Capital of the Inca*, Leiden, 1964. *Ideología mesiánica del mundo andino* reproduce, traducidos al español, amplios extractos con el título «Una interpretación alternativa de la historia incaica», pp. 3-33.

** *Ideología mesiánica del mundo andino, op. cit.*, p. 389.

XVI. LA IDEOLOGÍA Y LA ARCADIA

Una novela frustrada

TODAS LAS SANGRES, publicada en 1964,* es la novela más larga y la más ambiciosa que Arguedas escribió, aunque, tal vez, la peor. Pero una novela frustrada puede ser más elocuente sobre la visión del mundo de un escritor, sus técnicas y el sentido profundo de su arte, que una lograda. *Todas las sangres* es una novela sumamente instructiva. Él dijo, cuando la publicó, que hasta entonces su obra había ido creciendo espacialmente; pues comenzó escribiendo sobre una aldea –*Agua* gira sobre la vida de un pueblecito, San Juan de Lucanas–; que su segundo libro describió una provincia –*Yawar Fiesta,* situada en Puquio–; que *Los ríos profundos* había abarcado todo un departamento, y que, por fin, en *Todas las sangres* había conseguido retratar el conjunto de la vida peruana.

En realidad, lo que retrata *Todas las sangres* es una de las grandes limitaciones de la literatura indigenista, algo que el propio José María Arguedas en sus mejores momentos logró superar: el ideologismo. Es una limitación que él había percibido cuando era todavía adolescente y denunciado en *Yawar Fiesta.* Curiosamente, veinte años más tarde incurriría en la

---

* José María Arguedas, *Todas las sangres,* Editorial Losada, Novelistas de Nuestra Época, Buenos Aires, 1964. Todas las citas son de esta primera edición.

misma falta que convirtió tantas novelas indigenistas en documentos folclóricos y panfletos políticos.

La ambición totalizadora

EL LIBRO, sin embargo, al mismo tiempo que sucumbe al ideologismo, internamente lo contesta, con una visión mágico-religiosa opuesta a la ideológica. Y esta contradicción le da una curiosa tirantez, a pesar de sus defectos. Presenciamos en ella una lucha de dos fuerzas: una racional y otra irracional, que se disputan el mundo inventado, como se disputaron, en vida, la persona de José María Arguedas. En la historia comparecen un elemento premeditado y uno espontáneo, inconciliables. La ambición de la novela se refleja en el título. *Todas las sangres:* todas las razas, todas las regiones, todas las culturas, todas las tradiciones, todas las clases sociales del mosaico que es el Perú. Efectivamente, aparecen los Andes y la costa; los indios, los blancos y los mestizos; los ricos y los pobres, desde la cúspide millonaria hasta la base campesina, con muchas divisiones y subdivisiones de esta pirámide social. Pero el propósito no sólo es cuantitativo; también, mostrar que este mundo está signado por la injusticia y revelar los mecanismos de la desigualdad y el sufrimiento social en el Perú.

La historia como lucha de clases

EL ESQUEMA ideológico sobre el cual está construida la novela es simple y quiere ilustrar esta tesis marxista elemental: que la historia es una lucha de clases, de intereses antagónicos, en la que los poderosos someten a los débiles y los explotan o destruyen, y en la que los débiles sólo pueden alcanzar su liberación destruyendo a los poderosos. El Perú aparece como un campo de batalla de fuerzas irreconciliables, o como una pirámide de distintos pisos en la cual los más prósperos aplastan brutalmente a los que tienen debajo. El vértice todopoderoso es una compañía imperialista, la Wisther-Bozart, que liquida a un capitalista nacional, don Fermín Aragón de Peralta, quien ha descubierto una mina de plata en los Andes, la de San Pedro de la Apark'ora. Ésta es la primera oposición: la que existe entre el capitalismo imperialista y el capitalismo burgués nativo. La novela muestra cómo en la sociedad peruana el imperialismo impide que se desarrolle un capitalismo nacional y cómo el capitalista local está condenado a entrar en transacciones (es decir, a doblegarse ante él) con el imperialismo de los consorcios «apátridas».

A su vez, el capitalismo nacional ha prosperado gracias a una falta de escrúpulos y una brutalidad semejantes a las que el consorcio ejerce contra él. Don Fermín Aragón de Peralta para levantar su negocio minero ha debido destruir a los agricultores de San Pedro de Lahuaymarca, de cuyas tierras se apoderó mediante fraudes y violencias, poniendo fin a la agricultura que daba vida a la región.

Ésta es la segunda oposición: minería *versus* agricultura, industria *versus* agricultura, capitalismo nacional *versus* feudalismo. Los señores feudales de San Pedro de Lahuaymarca, descendientes de los conquistadores, han sido arruinados por don Fermín Aragón de Peralta. El latifundismo imperó en la región desde la llegada de los españoles en el siglo XVI. La novela retrocede hacia el pasado para explicar cómo se constituyó el feudalismo andino, que surgió también del pillaje de las tierras de las comunidades indígenas. El mundo feudal está dividido en distintos tipos humanos, como el del capital nacional y el del imperialismo. Hay señores feudales de espíritu paternalista y benigno, como el cristiano antiguo don Bruno, hermano de don Fermín, y feudales primitivos y brutales, como el cholo Adalberto Cisneros, don Lucas y otros explotadores implacables de sus siervos.

Se advierte cierto esfuerzo en la novela por mostrar que esta estructura social no es rígida, que consta de cierta flexibilidad y que en los segmentos que la componen se pueden encontrar distintos comportamientos, mentalidades y éticas. Así como dentro de los feudales asoman gentes de talante positivo, como don Bruno, en tanto que otros son puramente negativos, en el mundo del capital, extranjero o peruano, hay *buenos* y *malos,* gentes capaces de tener cargos de conciencia, de percibir los horrores del sistema, y otros, impermeables al escrúpulo.

El feudalismo está representado por una serie de personajes, que son variantes de grado, tono o psicología, de una misma especie. El señor feudal prototípico fue don Andrés, padre de los Aragón de Peralta. Ahora lo es su hijo Bruno, dueño de la hacienda La Providencia, con centenares de indios. Es católico tradicional y fanático, que, aunque poseído por el demonio de la lujuria parte de su vida, cree que «sus» indios deben conservarse inocentes y que él responderá de ellos ante Dios. Se opone a toda forma de progreso técnico, a sus ojos fuente de pecado y corrupción. En él encarna el ideal arcádico y el amor a lo antiguo, caros a Arguedas. En cambio, otros latifundistas, como Cisneros y Lucas, no son señores, sino gamonales, vampiros que succionan a sus indios.

La tercera oposición es la de feudales y gamonales contra los indios; entre estos últimos se distinguen, también, dos categorías: siervos adscritos a los latifundios (ni más ni menos que los animales) y comuneros libres. La suerte de unos y otros depende de los amos. Los campesinos sometidos al régimen teocrático paternalista de don Bruno son privilegiados en comparación con los de don Alberto, quien los hambrea.

La economía-ficción

He dicho que esta descripción de la sociedad peruana ilustra una tesis marxista elemental —la lucha de clases como motor de la historia—, y ahora debo añadir que lo hace de manera rudimentaria y caricatural, desde la propia perspectiva marxista. En el libro, los capitalistas, a diferencia de lo que Marx creía de ellos –feroces portadores de modernización y progreso y muy hábiles en la defensa de sus egoístas intereses–, son de una crasa ignorancia económica y empresarial. No obran en favor del desarrollo del capitalismo sino para atrofiarlo y destruirlo, es decir, como enemigos declarados de sus propios intereses.

La empresa, en la economía-ficción de *Todas las sangres,* no existe para crecer y multiplicarse (principio básico de una firma que compite en un mercado) sino para diseminar el mal: hacer sufrir a los débiles, despojarlos, arruinarlos y humillarlos. Su meta no es el beneficio; es causar daño. No de otra manera se explica que el poderoso Zar diga: «Tenemos que evitar que el Perú se desarrolle, hay que seguir conteniéndolo» (p. 447). Pues, siendo él dueño del Perú o poco menos, el primer perjudicado con la parálisis de la sociedad que es su patrimonio sería él mismo.

No sólo el Zar tiene esta propensión autodestructiva y masoquista, insólita en un hombre de empresa. También el capitalista nativo, don Fermín, quien, dibujando lo que será el futuro de su mina ante su mujer Matilde, le anuncia que, una vez que haya controlado a todo el pueblo, se las arreglará para «congelar los salarios» y «desvalorizar la moneda». Matilde, de una ignorancia económica tan supina como la de su marido, apostilla: «Es la fórmula conocida» (p. 76). Si congelar los salarios de sus obreros es una ambición comprensible en el dueño de una empresa, es difícil entender qué beneficio podría traerle la depravación del signo monetario con el que trabaja –es decir, la inflación y sus secuelas: los controles, la inestabilidad, la dolarización o el encarecimiento vertiginoso del crédito–. Salvo que este empresario participe de la convicción del narrador y los personajes buenos de la novela, de que la «plata-veneno» (p. 82) es un agente corruptor cuya sola presencia, como agente de transacción, degrada las relaciones humanas y el alma.

Este sentimiento de abominación del dinero, del comercio, de toda forma de intercambio mercantil, del «negocio» (mala palabra siempre para el ideal arcádico de Arguedas) no es marxista. Es de raíz cristiana, inspirado en el precepto evangélico («más fácil será a un camello pasar por el ojo de una aguja que a un rico entrar en el reino de los cielos») de condena de la riqueza y exaltación de la pobreza, entendidas ambas como símbolos negativo y positivo de valor moral. La noción de lucro, o de simple beneficio económico, aparece en este contexto asociada a la idea de falta espiritual, de pecado. Y en esta novela, justamente, la presencia de Dios y del cristianismo es mucho más significativa que en los libros anteriores de Arguedas, en los que el catolicismo aparecía encarnado sobre todo en las siniestras siluetas de curas fanáticos y crueles, cuya misión era enseñar la resignación a los indios. Esa cara ominosa del catolicismo, como aliado de los feudales, también asoma en *Todas las sangres,* en el cura fornicario de San Pedro, que se ha acostado con la señora Domitila (p. 24). Pero, por primera vez, como contrapunto, aparece también la de un Dios y una religión que no son los de «los señores», sino de cristianos puros, íntegros, como don Bruno, consecuentes con el mensaje de solidaridad con los pobres y las víctimas a quienes el cristianismo ha imbuido de ideales reformistas, como el ingeniero Hidalgo Larrabure.

Por debajo de ciertos estereotipos marxistas, la visión del capitalismo aquí expresada delata la desconfianza y el miedo instintivos del hombre mágico, prerracional, a la idea de cambio social y al advenimiento de una modernidad industrial que pondría fin a lo que Popper llama «el espíritu de la tribu», aquella cultura rural, colectivista, de religiosa identidad entre el hombre y el mundo natural, y la reemplazaría por un mundo urbano, secularizado, impersonal, de individuos aislados y gobernado no por los dioses, ritos y creencias ancestrales sino por leyes abstractas y mecanismos económicos. Es por eso que en *Todas las sangres* la palabra *abstracción* es con la que más se asocia a la empresa, odiada por Arguedas como emblema deshumanizador. Y es por eso que el malvado sirviente de los capitalistas, Cabrejos, considera que para que este sistema triunfe hay que acabar con el colectivismo de los indios; sus designios son «desintegrar esa baja masa», alentando «la ambición individual», el régimen de «unos contra otros; y luego el del predominio del individuo; que piquen el dulzor del veneno, de la ambición individual» (p. 153). La desaparición de lo gregario, la irrupción del individuo en lugar de la masa como centro de la vida es equivalente en *Todas las sangres* a la desaparición de lo humano. No hay duda de que el narrador comparte la tesis de don Bruno: «El individualismo es el veneno que nos hace odiar a los señores; nos enfrentamos unos a otros como chacales» (p. 410).

Ésa es la razón por la que las gentes buenas de este mundo detestan la plata «que pudre», como los indios enviados por don Bruno a don Fermín, quienes «no toman esta tarea de la mina como trabajo ordinario, sino como una faena comunal» (p. 101). No cobran y convierten el trabajo en una ceremonia, en danza colectiva. Por esta misma razón, Rendón Willka se niega a recibir la «plata-veneno» (p. 82) y por eso resulta tan horroroso a los indios que las cholas *cobren* por hacer el amor. Extraviados ante semejante aberración, preguntan, incrédulos: «¿Por billete, palomita? ¿Por billete?» (p. 377), como si se tratara de un sacrilegio.

Nacionalismo y patrioterismo: lo extranjero es el mal

LUEGO DE «abstracto», las otras bestias negras de esta visión del mundo son «extranjero» y «apátrida». La más horrible característica de los consorcios es que no tienen una patria conocida, carecen de raíces, y deambulan por el planeta sin que nada los ligue a una geografía y a una cultura. Se trata de «monstruos anónimos» manejados por seres «apátridas»

(p. 288) y quienes los sirven se vuelven también «entes internacionales, sin patria, sin nido» (p. 329). Es otra de las leyes no escritas de esta realidad ficticia, aquella que es la simiente de todo nacionalismo: mientras más allegada sea una persona a un pedazo de tierra es más auténtica y humana, y mientras menos, más artificial y malvada. El indio comunero, que nace y muere dentro del microcosmos de su comunidad, preservando su lengua, sus cantos, los ritos ancestrales y trabajando la misma tierra de sus antepasados, es naturalmente virtuoso y de una humanidad prístina. Pero, si cambia, se vuelve vulnerable y puede perder su alma. Por eso se espanta don Bruno cuando descubre que Matilde y Fermín han desindianizado a Jerónimo Pedraza, convirtiéndolo en mayordomo: lo han desnaturalizado como a todo lo que hay en su hogar, una casa que «huele a extranjero» (p. 109). De indio a provinciano, a serrano, a costeño, a nacional, a extranjero y a internacional o cosmopolita hay una gradación que es ética al mismo tiempo que cultural o psicológica. A medida que las raíces de una persona se debilitan o desligan de un terruño y van abarcando más espacios geográficos o culturales, ésta se va empobreciendo moralmente y volviendo más egoísta y cínica. Cuando se llega a estar por encima de «la patria» —la que, según Hidalgo Larrabure, «está por sobre todas las cosas» (p. 369), opinión que comparten todos los buenos, de Rendón Willka a don Fermín ya convertido al bien—, como el Zar o los gringos de los consorcios, esos ciudadanos del mundo, se ha descendido la escala de lo humano hasta extremos horrendos de maldad.

Desde luego, sería difícil encontrar razones válidas para justificar la idea clave de la novela, según la cual, si el capitalista aborigen, don Fermín, triunfara sobre el capitalista internacional, el Zar, ello sería menos perjudicial o acaso beneficioso para los obreros de la mina en cuestión. ¿Por qué sería así? Es obvio que nada cambiaría en lo referente a régimen de salarios o condiciones de trabajo, los que continuarían idénticos si los dueños de la mina fueran criollos o extranjeros. ¿O la idea de ser explotados por un compatriota en vez de por un gringo haría más llevadera esa explotación? En el mundo de *Todas las sangres* el ondear de una bandera peruana en vez de una foránea sobre una empresa atenúa el rigor de los abusos que se abaten sobre las víctimas del sistema capitalista.

Verdad literaria y verdad sociológica

UNA NOVELA que presenta semejante esquema ideológico debe ser abordada, inevitablemente, como una propuesta sociológica y política sobre el Perú a la vez que como obra de ficción. Ambas cosas se hallan vinculadas, desde luego, pues emergen de un mismo texto, pero no son la misma cosa. No tenerlo en cuenta ha dado origen a muchos malentendidos sobre esta novela.

En el primer caso, es preciso cotejar lo que *Todas las sangres* propone como análisis y descripción histórica, económica, política y social del Perú real, para saber si se trata de una interpretación lúcida o equivocada. Pocos años después de aparecida la novela, con la reforma agraria de 1969, desaparecieron el latifundismo y el gamonalismo, y, aunque con ello no mejoraran los niveles de vida de los campesinos —en algún sentido, empeoraron—, la sociedad andina experimentó cambios drásticos. Pero, en 1965, ¿era válido el testimonio histórico de *Todas las sangres*? Sobre este tema discutieron, recién publicada la novela, un grupo de críticos literarios, sociólogos y economistas en el Instituto de Estudios Peruanos, de Lima, el 23 de junio de 1965, con la participación del propio Arguedas.* Y éste descu-

* *¿He vivido en vano? Mesa redonda sobre* Todas las sangres, *23 de junio de 1965*, Instituto de Estudios Peruanos, Lima, 1985. Participantes: J. M. A., Jorge Bravo Bresani, Alberto Escobar, Henri Favre, José Matos Mar, José Miguel Oviedo, Aníbal Quijano y Sebastián Salazar Bondy.

brió, sorprendido, que la izquierda intelectual discrepaba frontalmente con sus tesis indigenistas.*

La mesa redonda estuvo conformada por intelectuales de izquierda (dos de ellos socialistas y por lo menos uno marxista), admiradores de Arguedas. Todos, unos de manera cautelosa y otros explícita, se sintieron obligados a decir, en palabras de Henri Favre, que la novela describía una «estructura de castas» que «ha desaparecido desde hace años en el conjunto de la sierra peruana» y cuya visión de los mecanismos sociales era «caricatural» y «rudimentaria» (p. 38). Todos aceptaron la opinión de Jorge Bravo Bresani de que la descripción de la novela «no creo yo que corresponda estrictamente a la realidad, y tampoco creo que propone un mito que sea útil u operativo para la transformación del Perú» (p. 40). Además de «simplificar» excesivamente la visión de la oligarquía, a Bravo Bresani le pareció que en el libro «el concepto del indio se idealiza» y que la «solución indigenista» para los problemas peruanos era irreal, porque *lo indio* no existe en la realidad de esa manera tan pura, tan íntegra unívocamente diferenciada de *lo blanco* como en la novela, donde uno de los personajes buenos sostiene que «el indio es el mismo de hace cinco siglos» (p. 407).

Quien critica más severamente este aspecto es el sociólogo Aníbal Quijano, afirmando que la situación social de *Todas las sangres* «ya no es históricamente válida». Y que ello se hace patente en su visión del *indio,* algo que en la realidad actual integra elementos disímiles –de la cultura prehispánica, pero modificados por la influencia hispánica posterior, colonial, poscolonial y por elementos republicanos modernos–, lo que en la novela ha sido escamoteado, pues en ella «lo indio

---

* Véase el interesante análisis que hace de este debate, y del efecto que tuvo en Arguedas, Carmen María Pinilla en su libro *Arguedas. Conocimiento y vida,* Fondo Editorial de la Pontificia Universidad Católica del Perú, Lima, 1994, pp. 153-213.

aparece como demasiado total y culturalmente distinto a la versión criolla de la cultura occidental» (p. 59).

Tanto Henri Favre como Quijano respaldan sus críticas en experiencias personales. El primero acababa de pasar dieciocho meses en Huancavelica, corazón de los Andes peruanos, donde «no encontré indios, sino campesinos explotados» (p. 38). Por su parte, para destacar la irrealidad de Rendón Willka, Quijano asegura haber recorrido la sierra el año anterior estudiando «el liderazgo del movimiento campesino» y no haber encontrado «sino un líder indio dentro de todos los sindicatos campesinos que yo he conocido» (p. 66). Sebastián Salazar Bondy señala que una de las carencias mayores de la visión sociológica de la novela es omitir el rol desempeñado por dos instituciones claves en la violencia y explotación del indígena: el Ejército y la Iglesia (p. 30).

Estas críticas son justas, desde luego, si se toma la novela como documento: la visión del Perú y de los Andes que aparece en *Todas las sangres* no es sociológica, política, económica ni históricamente exacta. Ella distorsiona en muchos aspectos la realidad del Perú, pese a lo que sostuvo en aquella mesa redonda el mismo Arguedas, a quien vemos, dolido e incómodo, explicando que si los indios de *Todas las sangres* no se parecen a los que vio el profesor Favre en Huancavelica se debe a que las experiencias que fueron su materia prima procedían de Apurímac y del Cusco (explicación que agrava el problema pues querría decir que hay una *esencia india* diferente para cada región o departamento de los Andes) y asegurando que él no idealizó lo indígena, pues Rendón Willka, su personaje, en verdad ya no es un indio sino alguien que simula serlo (aparentando creer en los dioses montaña, por ejemplo) para alcanzar sus fines políticos. Pero, en verdad, esta mesa redonda fue para él devastadora, pues, esa misma noche, escribió estas líneas desgarradoras:

> Destrozado mi hogar por la influencia lenta y progresiva de incompatibilidades entre mi esposa y yo; convencido hoy mismo de la inutilidad o impracticabilidad de formar otro hogar con una joven a quien pido perdón; casi demostrado por dos sabios sociólogos y un economista, también hoy, que mi libro *Todas las sangres* es negativo para el país, no tengo nada que hacer ya en este mundo. Mis fuerzas han declinado creo que irremediablemente [p. 68].

Esta desesperación no es fingida. Arguedas creía que la literatura debía expresar fielmente la realidad, y sentirse desautorizado por sociólogos y críticos de izquierda como descriptor de ese mundo andino del que se sentía valedor y conocedor entrañable lo hirió profundamente. Pero se equivocaba. Es cierto que los Andes de su libro no corresponden a los Andes reales de los sesenta (y tampoco a los del pasado). No es por ello que *Todas las sangres* fracasa como ficción, pues la verdad o la mentira de una novela –conceptos que en literatura son sinónimos de excelencia o pobreza artística– no se miden confrontándola con la realidad objetiva (si así fuera, ninguna gran creación, de *Don Quijote* a *La guerra y la paz* o a *Luz de agosto,* pasaría la prueba). La verdad y la mentira de una ficción están fundamentalmente determinadas por su poder de persuasión interno, su capacidad para convencer al lector de lo que cuenta.

El poder de persuasión

EN LA NOVELA, la descripción de la sociedad peruana la sentimos profundamente falsa e inconvincente, no por su desadecuación a los hechos de la realidad como porque carece de esa fuerza propia que emana de los entresijos de la ficción y, cuando ésta es lograda, convence al lector de la verosimilitud de lo que cuenta, aun cuando esté en entredicho con la experiencia que el lector tiene de la realidad aludida. Ocurre que este orden ideológico está en *Todas las sangres* contestado desde la propia novela por un orden paralelo, entreverado con aquél, probablemente sin que el autor lo quisiera así. Este otro orden no es, como el primero, racional sino irracional; en él no son los intereses económicos los que determinan la marcha de la historia y los hombres no son entes históricos, sino metafísicos o religiosos, que actúan de cierta manera debido a una esencia que los obliga a actuar así. Estos dos órdenes no están integrados, se rechazan, y la vacilación del narrador frente a esa disyuntiva despierta las dudas y la incredulidad del lector.

El narrador dubitativo

LAS VACILACIONES del narrador no afectan sólo el contenido ideológico. Se traslucen en la forma narrativa, en incoherencias que debilitan la verosimilitud, como ocurre con una absurda intromisión, en la página 245, donde el narrador, hasta ahora impersonal –pues narra desde la tercera persona–, súbita y gratuitamente, se muda en un narrador implicado, que, durante la descripción de una «apacheta», pasa a narrar en primera persona: «Oí este canto...», para, luego, con la misma arbitrariedad, desaparecer en el narrador omnisciente.

El mismo efecto debilitador del poder de persuasión tiene el abuso de las palabras entrecomilladas. Aparecen decenas así, con el objeto de llamar la atención del lector sobre el sentido particular que el narrador desea dar al vocablo entre comillas. A veces, éstas sólo dan énfasis especial a la palabra; otras, advierten a quien lee que hay una intención irónica en su uso, como cuando se ridiculizan las costumbres y modas de los poderosos, y en algunos casos las comillas delatan una obscenidad o suciedad soterrada (como en la frase alusiva al Zar: «Palalo se despidió del Presidente de la Compañía. Sintió que lo miraba con "ternura"...» [p. 420]). En verdad, estas comillas revelan una profunda inseguridad en el narrador; y, al lector, en vez de enriquecerle la significación de lo así marcado, lo ofenden, pues se siente tratado por el narrador como débil mental, un obtuso cuya capacidad de comprensión del texto y, en última instancia, su libertad, no son reconocidas.

Malos y buenos

EN EL MUNDO de *Todas las sangres* un mal y un bien absolutos se reparten personas, instituciones y cosas de una manera tan precisa que casi no queda campo para la ambigüedad. Todo es claro en este mundo. Los malvados lo son no solamente para sus víctimas, los buenos; también para sí mismos. Tienen conciencia de su maldad y, al tiempo que la practican, la declaran. No hay esfuerzo alguno en la novela para reconocer las razones del otro porque no hay razones contradictorias. Todos están de acuerdo en la clasificación moral de las conductas de las personas y de las instituciones. Así, los imperialistas y los capitalistas que explotan, saquean, esquilman, engañan, roban, se confiesan ladrones, asesinos, destructores y antipatrióticos. Dentro de este otro orden —u orden segundo—, la injusticia no aparece como en la visión ideológica, a consecuencia de un mecanismo impersonal, determinado por las relaciones de producción, sino debido a la maldad congénita a los individuos. Los malos, por ejemplo el Zar, presidente de la compañía imperialista, don Fermín Aragón, el ingeniero Cabrejos, todos los servidores de esas instituciones, actúan con una absoluta coherencia. Ninguno se busca justificaciones o excusas. No existe en ellos eso, tan frecuente en la vida real entre burgueses y quienes no lo son, la buena conciencia, coartadas morales para justificar la conducta de acuerdo con un patrón ético establecido. Los malos en la novela tienen una conciencia resplandeciente de su maldad, igual que los buenos, que saben que lo son. ¿Cuál es el resultado? La desaparición de la ambigüedad, de la complejidad humana. La novela nos recuerda esas ficciones precervantinas, ingenuas, candorosas, ejemplarizadoras, en las que el bien y el mal están repartidos de manera simétrica, en acciones, episodios y personajes. Esto determina que la acción de *Todas las sangres* sea truculenta, llena de intrigas rocambolescas, espectaculares hechos cruentos y a menudo exageraciones grotescas. La novela indigenista primitiva partía del supuesto de que lo importante en una ficción era el tema. Sólo después descubrirán los novelistas que lo importante no es el tema sino el tratamiento del tema. *Todas las sangres* es una novela escrita bajo aquel supuesto, que lo importante es el tema, y que, por lo tanto, el dramatismo, la energía, la fuerza narrativa provienen de la naturaleza y contenido de la anécdota. Eso hace que la novela sea incandescente desde el punto de vista anecdótico, que haya en ella tales dosis de violencia y desmesura que continuamente la disparan a la irrealidad (lo que, en literatura, quiere decir la incredulidad del lector).

Truculencia y rocambolismo

LA INTRIGA es esencial en *Todas las sangres.* Veamos algunos ejemplos. La rivalidad entre la compañía minera del capitalista nacional y la compañía minera imperialista genera intrigas paralelas que se cruzan y anulan. El jefe de correos de San Pedro de Lahuaymarca recibe simultáneamente sueldos de la compañía imperialista y de la compañía nacional para que puedan leer recíprocamente sus cartas. Pero, además, el corrupto funcionario detiene cartas a esta compañía que escribe Cabrejos, y se las da a leer a don Fermín Aragón de Peralta. Los recursos de que se valen los rivales para inutilizarse o destruirse son de gran guiñol. Para impedir que don Fermín Aragón llegue a la veta que está buscando en su mina, la compañía imperialista contrata a un mestizo, el charanguista enamorado Gregorio, a fin de que se introduzca en secreto en el socavón, de noche, y en la mañana, cuando llegan los mineros a trabajar, ulule, según el canto del Amaru, una serpiente mitológica: esto espantará a los trabajadores y los alejará del trabajo.

Hay un fenómeno interesante. Los malvados constituyen un linaje. Se reconocen unos a otros como por ósmosis, se hacen aliados apenas se ven y casi sin necesidad de palabras. A uno de los más terribles especímenes, el subprefecto Llerena, a sueldo de la Wisther-Bozart, le basta, al llegar a la sierra, ver a don Adalberto Cisneros, encarnación del malvado dentro de los latifundistas, para saber que se establecerá entre ellos una alianza (muy precaria), y Cisneros olfatea también al alma gemela, pues exclama: «... creo que somos de la misma tela» (p. 396). También los buenos establecen complicidades con sólo verse. Es como si la bondad que los habita operara una comunicación silenciosa apenas se encuentran. Así, uno de los representantes del bien es un ingeniero limeño que ha trabajado para la compañía imperialista pero que al llegar a la sierra es redimido por el paisaje y la humanidad de los Andes; esto lo hace repudiar su condición anterior. Basta que don Hidalgo Larrabure vea a Asunta de la Torre, una joven del pueblo de San Pedro de Lahuaymarca que simboliza la virtud y la pureza, para que inmediatamente surja entre los dos la misma inteligencia y solidaridad que entre los perversos Llerena y Adalberto Cisneros. Y el bondadoso alcalde indio Carhuamayo apenas ve a Hidalgo detecta su alma limpia y exclama: «¡Cuán fácil es hacer que reconozcan a los hombres de buena voluntad!» (p. 409).

Las conversiones milagrosas

IGUAL QUE en una novela *naïf*, en este mundo ocurren conversiones extraordinarias, para no decir milagrosas. Los malos pueden volverse súbitamente buenos cuando su corazón es tocado por una experiencia redentora. Es el caso de don Bruno Aragón de Peralta. Hasta la mitad de la novela, más o menos, es malvado. Fanático religioso y estricto conservador de la tradición, ejercita la violencia física contra sus trabajadores. En uno de los primeros episodios lo vemos azotar públicamente a dos de sus mandones, y a uno de ellos simplemente porque ha tenido una pequeña equivocación en el tratamiento al dirigirse a él. Practica la violencia sexual como un deporte y ha violado a multitud de mujeres en la región —su especialidad son las mestizas—, incluso a un pequeño monstruo, una jorobadita enana, la Kurku Gertrudis. Pero, a la mitad de la novela, conoce y embaraza a una mestiza llamada Vicenta, que opera en él una mutación ontológica. A partir de ese momento, don Bruno practica el bien con la perseverancia y terquedad con que hasta entonces practicaba el mal. Distribuye sus tierras entre los indígenas, ayuda a los comuneros libres de Paraybamba, al final entrega prácticamente todo lo que tiene a aquellos campesinos que ha expoliado y maltratado a lo largo de su vida. Y termina como justiciero, ejecutando al cruel gamonal don Lucas por las iniquidades que cometió.

El propio don Fermín, capitalista nacional que durante gran parte de la historia representa el mal absoluto, experimenta una conversión. Sucede en el momento en que se vuelve, a su vez, víctima de la Wisther-Bozart. Ocurre en él algo más que una toma de conciencia: una mudanza del alma. Y ese hombre, que es millonario, que ha alcanzado su ambición en la vida, bruscamente renuncia a todo y vuelve a la sierra decidido a modernizar la agricultura, pagar altos salarios a los trabajadores e importar ganadería fina para modernizar la región. Al final, se ha instalado en el bando de los buenos.

¿Cómo no asociar esto a ciertas novelas medievales? Por ejemplo, la famosa *Roberto el Diablo,* que capturó la imaginación de todos los europeos de los tiempos llamados oscuros. Roberto *el Diablo,* hijo del duque de Normandía, el más cruel de los hombres de su época, que gozaba acogotando ancianas porque los ruidos que hacían al morir lo deleitaban, protagoniza, a la mitad de la novela, después de devastar Europa, una conversión milagrosa. El hombre más malo del mundo pasa a ser el más bueno. Se pone a vivir como perro, a cuatro patas, y a comer sólo las sobras que se echan a los animales. Así expía sus culpas y se salva. Éste es el esquema de maniqueísmo moral de *Todas las sangres.*

El supercholo

EL BIEN absoluto está representado en la novela por varios personajes; sobre todo, por una especie de superhombre, que también hace recordar a las novelas medievales épicas, centradas en un justiciero extraordinario, como Amadís o Tirante el Blanco, capaz de todas las proezas. Ese justiciero es un indio (un ex indio, dice el narrador), Rendón Willka. Ha nacido en una comunidad indígena en los Andes y superado una prueba infernal, semejante a la que pasaban los caballeros de la Edad Media para serlo. El infierno ha sido bajar a la costa. Ha vivido en Lima siete años, en las barriadas, ha comido basura, ha sido barrendero, sirviente, obrero textil y de construcción. En la capital aprendió a leer en una escuela nocturna. Pasó por la cárcel, donde convivió con delincuentes y tuvo una toma de conciencia político-religiosa (no digo ideológica), y ha vuelto a la sierra convertido en otro hombre, decidido a luchar por la liberación de los indios. Pero no a la manera de los apristas o comunistas, a quienes sólo ha escuchado, sino de un modo más astuto, con el secreto designio, además de acabar con las injusticias sociales, de salvar la cultura quechua, las antiguas costumbres. Rendón Willka es un héroe de novela caballeresca. Es un hombre sereno en el que nunca brota la rabia. Es sabio, paciente, lúcido, valiente, astuto, heroico, y, sobre todo, casto (aunque se dice que es casado, nunca lo vemos con su esposa ni da jamás la impresión de que la tuviera). La castidad es una de las manifestaciones del bien en este mundo, y la lujuria, del mal.

La maldad se llama razón y sexo

Una característica muy visible diferencia el bien del mal, a los buenos de los malos. Los malvados son lógicos y con propensión a lo abstracto. Los malvados son siempre inteligentes, fríos, calculadores, cerebros que saben domesticar las emociones, poner los sentimientos al servicio de fines intelectuales. En ellos no hay sentimentalismo, emotividad. La personificación de esto es el malvado absoluto, el presidente de la compañía imperialista, apodado el Zar, quien dice de sí mismo: «mi conciencia sólo tiene en cuenta lo que mi voluntad le ordena» (p. 448). En efecto, es un ser frío como un pescado. Un hombre cuyo rostro jamás se inmuta ni expresa una emoción, que toma las decisiones –la extinción de un pueblo, la desaparición de una familia, la destrucción de una carrera profesional– con tranquilidad imperturbable, igual que una máquina. Esta psicología es típica de los malvados. Los buenos, en cambio, son emotivos, sentimentales, predispuestos a llorar y a proceder por impulsos, sin calcular las consecuencias de sus actos. Es el caso de los indios y, en general, de los serranos. Un horror a la razón impregna el libro, y la creencia de que ella significa el mal, en tanto que el sentimiento, la emoción, expresan la bondad humana.

Otras características diferencian a buenos y malos. Los malvados son siempre corrompidos sexuales. Arguedas tenía –lo hemos visto– una visión horrorizada del sexo –el «vicio maldecido», lo llama Gregorio–, la de un verdadero puritano, de tal manera que, exagerando, pero poco, se puede decir que corrompido sexual en el mundo de Arguedas es todo aquel que hace el amor. Sus héroes son siempre abstemios en materia carnal. Rendón Willka es casto, y aquellos malvados que se vuelven buenos inmediatamente dejan de hacer el amor. Por ejemplo, don Bruno. Ese ser lujurioso, que ha desflorado a infinidad de muchachas de la región, desde el instante en que se vuelve bueno, se desexualiza. Y vemos que besa a su mujer, Vicenta, con una pureza extraordinaria, como un padre, siempre en la frente. Los malvados suelen ser también homosexuales. Esta visión machista del sexo es atributo de toda la obra de José María Arguedas, y, probablemente, no hacía más que reflejar prejuicios hondamente arraigados en el medio. Sus grandes malvados son homosexuales. Lo fueron en *El Sexto,* como vimos. Los rufianes de la prisión donde transcurría la novela eran todos pederastas. Lo es el malvado de su última novela, *El zorro de arriba y el zorro de abajo,* Braschi, el dueño de fábricas de harina de pescado. Y lo es, en esta novela, el Zar, a quien vemos tratar de una manera equívoca a su principal colaborador, de apodo aterciopelado: Palalo.

La mujer, en la obra de Arguedas, aparece siempre idealizada hasta la irrealidad. Es la virgen, la santa, la madre, o, si no, el mal absoluto, la prostituta. Dos serranitas pasan de manera fugaz por la novela cuyo ejemplo es significativo. Son arrancadas de su comunidad por la miseria y precipitadas al infierno de Lima. Deben ganarse la vida como sirvientas y luego como obreras. Pero el drama que viven en la capital no es tanto el de la miseria, las privaciones, como el de su doncellez amenazada. Los patrones, en las casas donde trabajan de domésticas y luego en las fábricas, pretenden violarlas. Ellas luchan, se defienden, hasta que, en un momento dado, no tienen más remedio que sucumbir. Entonces, se suicidan.

Como todo puritano horrorizado por el sexo –el amor y el odio se confunden–, Arguedas era un hombre al mismo tiempo fascinado por él, en sus manifestaciones más barrocas. En esta novela eso es evidente, pero lo será todavía mucho más en El *zorro de arriba y el zorro de abajo.* Aquí tenemos muchos casos de esa sexualidad «pervertida» que, al mismo tiempo que lo atormentaba, atraía a Arguedas. Hemos visto el caso de don Bruno. Todavía peor es el del cholo Adalberto Cisneros, uno de los gamonales, y, con el Zar, el personaje más negativo del libro. No sólo es cruel; también un terrible corrompido. Tiene accesos de rabia que lo llevan a torturar a sus peones, a colgarlos en las barras, a ponerlos en el potro y a azotarlos, rabias que lo excitan, provocando en él un afiebrado ardor sexual que aplaca, por supuesto, violando. Viola a todo lo que tiene polleras que se le pone delante. Viola a veces de dos en dos y no vacila en violar a una anciana que apenas puede andar, como doña Adelina. A las mujeres que viola les prohíbe llorar mientras son violadas. Otro de los malvados prototípicos de *Todas las sangres* es un representante de la Wisther-Bozart, el ingeniero Velazco. Se trata, seguramente, de un fantasista sexual porque cada vez que un peón lo irrita, que un capataz no cumple sus instrucciones, imagina, como castigo, enviarlo a la prisión de Lima, El Sexto, y hacerlo violar por veinte negros.

El andinismo

Al mismo tiempo que los buenos son castos y los malvados lujuriosos, otro rasgo separa al bien y al mal en la novela: los malvados suelen ser costeños y los buenos, serranos. El andinismo reaparece en *Todas las sangres* con más ímpetu que en toda la obra anterior de Arguedas. Fue una de las características de la ideología y la novela indigenistas, en las que había una división topográfica de la maldad y la bondad. El bien y el mal estaban determinados geográficamente. En la obra de Arguedas esto siempre ocurre, a pesar de él mismo. Aunque estaba consciente de que era un absurdo y racionalmente lo combatía, cuando se ponía a escribir y se abandonaba a sus demonios, este tópico indigenista asomaba, a veces con discreción y a veces, como en esta novela, de manera avasalladora. En *Todas las sangres* los peores malvados son siempre costeños en tanto que los grandes bondadosos son siempre serranos. La visión está apenas atenuada. Entre los costeños puede haber buenos y entre los serranos malos. Pero ser costeño o serrano determina siempre un grado mayor o menor de maldad y de bondad, una suerte de *plus* negativo o positivo. El ingeniero costeño y de buena familia, Hidalgo Larrabure, es bueno, pero es bueno porque es seducido por la sierra y, al mismo tiempo, su bondad jamás podrá alcanzar la profundidad, la rotundidad que ella tiene en un serrano integral como Rendón Willka. Puede haber serranos malvados, como el cholo Adalberto Cisneros, que perpetra muchos crímenes, pero, por ser serrano, su maldad nunca llegará a ser tan absoluta, tan negra, tan total, como la del Zar, un costeño.

Además del andinismo, el indigenismo entendido en términos raciales es elemento diferenciador del bien y del mal absolutos. Los malvados son blancos, generalmente, y los buenos, indios. La connotación racial es muy importante en la realidad ficticia. Pero el peor de los malvados será quien está a medio camino, como el mestizo Adalberto Cisneros, o el siniestro subprefecto Llerena, también un cholo. El único individuo que acepta azotar al pobre Jerónimo es «Un injerto llegado de Cañete» (p. 375), es decir, un sujeto que acumula dos iniquidades: ser de sangre mezclada y costeño. Cuando, al final de la historia, dos mandones mestizos –Carhuamayo y Policarpo– dan la espalda a Rendón Willka, la mujer de don Bruno, Vicenta, dice: «Los mestizos a veces traicionan» (p. 441). Quiere decir que traicionan *porque* son mestizos. Arguedas, que escribió historias más finas, más sutiles, más artísticas que las novelas costumbristas de su época, nunca pudo escapar del todo a este racismo al revés, rasgo central del indigenismo.

Los suicidios

UNA DE las expresiones de la violencia en *Todas las sangres* es el número de suicidios. He contado seis y quizás haya más. Se suicida el padre de los Aragón de Peralta, de don Fermín y don Bruno, en el episodio más hermoso del libro. La novela se abre con esta espléndida escena, de irisación bíblica: el viejo don Andrés trepando difícilmente el campanario de la iglesia de San Pedro de Lahuaymarca, para, desde esa torre, maldecir a sus hijos y dejar en herencia a los indios del pueblo todos sus bienes antes de suicidarse. Y a lo largo de toda la novela vamos viendo otras muertes por mano propia. Se suicidan indios como Policarpo Ledesma, se suicida un blanco empobrecido de San Pedro de Lahuaymarca al que apodan el Gálico. Se suicida Anto, el criado de don Andrés, volándose con un petardo de dinamita para pulverizar un *bulldozer* que quiere destruir su casa. Las mujeres de una comunidad indígena miserable, Paraybamba, matan a sus recién nacidos porque saben que no tendrán qué darles de comer. Y, al final, se suicida un pueblo entero, San Pedro de Lahuaymarca, cuando los vecinos descubren que la mina ha sido vendida a la compañía que va a matar de sed a la región al edificar una represa exclusivamente para alimentar la mina y deciden quemar el pueblo entero e irse. Queman la iglesia, queman sus casas y parten, a vivir en las barriadas de Lima como marginales. El final de *Todas las sangres* propone una visión apocalíptica, que al mismo tiempo que aleja de la realidad objetiva a la novela, la acerca a la intimidad de Arguedas, no a esa conciencia racional que quiso imponer un esquema ideológico determinado a la descripción del mundo peruano, sino a algo más complejo, espontáneo, profundo y auténtico.

Un mundo arcaico y ficticio

ESO QUE había en él era una nostalgia desesperada por un mundo perdido, que se acababa, ya en gran parte destruido, y al que en su fuero interno, en contra de sus convicciones, en contra de su razón ideológica, se sentía profundamente ligado. Este mundo es en parte arcaico, en parte utópico. El mejor Arguedas, como creador, describe ese mundo arcaico y utópico, que él sabía condenado y que secretamente –incluso para él mismo– defendía con pasión y talento. En ésta, como en *Los ríos profundos* y como en todas las novelas que escribió, este mundo arcaico aparece filtrado en ese otro mundo, ideológico, racional, deliberado, y es el que origina sus mejores páginas y, también, sus mejores personajes. Este mundo está incontaminado de modernidad, alejado de la costa y de todo lo que es extranjero. Es un mundo que Arguedas llamaba «peruano». Su idea de lo «peruano» es inseparable de lo serrano y de lo antiguo. Un mundo no corrompido, virginal, casto, mágico, ritual, literario hasta la médula –una rica ficción– que hunde sus raíces en el pasado prehispánico. Un mundo que se ha preservado de manera milagrosa, gracias al espíritu de resistencia de los indios contra las invasiones, presiones y expoliaciones de que ha sido objeto, y a la fidelidad religiosa de ese pueblo por su tradición y cultura. Este mundo es, por supuesto, rural y, también, musical: un mundo donde los seres se expresan mejor cantando que hablando. Como en otras novelas de Arguedas, en ésta también el canto es importantísimo. Quizá sus páginas más tiernas son aquellas donde los personajes no hablan ni piensan o actúan, sino cantan.

El canto no es sólo una manifestación de dolor o de felicidad; es un lenguaje que comunica a los hombres con la naturaleza, una naturaleza recónditamente animada, en la que las montañas, los cerros tutelares –el Pukasira y el Apukintu– tienen almas, nombres, y se manifiestan a los hombres de distintas maneras. Una es a través de las aves. Aparecen gavilanes cuando los alcaldes indios convocan a cabildo. Ellos saben interpretar, por el vuelo o por las motas que colorean las alas de estos pájaros, si los signos son favorables o siniestros. Incluso los blancos de la sierra, que consideran esto brujería, superstición, son sensibles a la existencia de estos seres maravillosos en el seno de las montañas y, así, vemos que don Fermín Aragón de Peralta, al cruzar el abra de una montaña, deposita una pequeña ofrenda para convocar el favor del espíritu del lugar.

Este mundo, aparte de musical, es ritual, ceremonioso. *Todas las sangres* está llena de ritos que no son los prototípicos (los entierros, las procesiones), sino actividades cotidianas que adoptan un carácter ceremonial. Esto ocurre, fatídicamente, cuando los personajes son indios. Los trabajos en la comunidad son ceremonias puntillosamente prescritas; las simples conversaciones, la manera como los inferiores se dirigen a los superiores, los jóvenes a los ancianos, los hombres a las mujeres, repiten costumbres que vienen de muy atrás y el hecho de que las respeten o las infrinjan determina, justamente, que los seres sean de signo positivo o de signo negativo.

Así como las piedras y los cerros tienen un alma, una vida, también la tiene la flora. Los árboles son personajes siempre importantes en los cuentos y las novelas de Arguedas. En *El zorro de arriba y el zorro de abajo,* el narrador celebra un diálogo extraordinariamente tierno con un pino, una de las mejores páginas que Arguedas escribió. El árbol es, en su mundo, un ser lleno de vida y con características humanas. En uno de sus cuentos hay un árbol hembra; en otro, un árbol afeminado. Aquí hay también árboles con roles simbólicos. Uno de ellos es el airoso eucalipto plantado por Brañes en la pampa La Esmeralda, y que, por supuesto, el consorcio, cuando se apodera de estas tierras, manda cortar. Don Bruno lo interpreta como un sacrilegio: «el último desafío a Dios, a lo que Dios quería como debía ser la pampa y sus dueños» (p. 423). Otro árbol maravilloso es el pisonay que está en la casa de don

Bruno Aragón de Peralta, el latifundista bueno, y al que vemos registrar como un barómetro los episodios importantes que ocurren a su alrededor. Así, cuando don Bruno parte, al final de la historia, como justiciero, decidido a castigar a los gamonales, el pisonay se encoge y sus flores, que eran rojas, bruscamente se apagan. Don Bruno –en esto, un indio– sabe interpretar los signos: no volverá de este viaje. En cambio, unas páginas después, cuando Rendón Willka exhorta a los indios a resistir a las tropas del gobierno que vienen a reprimirlos y oímos a los indios gritar que así lo harán, el pisonay crece y sus flores se enardecen, luciéndose más rojas.

Los ríos son también seres animados. Hablan. El rumor del agua al correr arrastra mensajes que los indios interpretan. Ciertas noches del año, los músicos recogen del canto de las aguas en la creciente notas mágicas que verterán más tarde en sus instrumentos. Nada de esto se halla distanciado del sentimiento y la palabra del narrador. Arguedas sentía tan profundamente este panteísmo como sus personajes y para él eso constituía lo mejor del país, aquello que había dado al Perú una personalidad intransferible.

Lo antiguo como valor

VIMOS QUE en *El Sexto* uno de sus personajes positivos dice que lo que nunca podrá perdonarle al Perú blanco, al Perú de la costa, es haber desoído la voz del pasado, haber olvidado que el Perú es un país antiguo. En la obra de Arguedas la antigüedad es un valor, y en *Todas las sangres,* el primer valor. Aquellos que tienen sentido de lo antiguo, que respetan la tradición y la costumbre, representan siempre lo mejor, como Rendón Willka o como don Bruno. Otro personaje positivo del libro, la señora Matilde, le dice a don Fermín, cuando se despide de él, que va a la costa: «Mantente antiguo». A este ideal antiguo se convierte el joven Hidalgo Larrabure en la sierra. Esto lo purifica y, dice la novela, lo peruaniza. Hay un diálogo entre este joven, ganado por el bien, por la sierra, por el andinismo, y don Fermín Aragón de Peralta bastante instructivo. Dice don Fermín: «Bruno quiere una república de indios manejada por señores caritativos». «Yo, también, señor Peralta», dice Hidalgo Larrabure, «una república de indios en el sentido de no destruir lo que tenemos de antiguo, de no destruirlo sino desarrollarlo». La contrapartida de esta adhesión a lo antiguo como valor es el rechazo del progreso tecnológico. Arguedas intuía, de manera certera, que el desarrollo era incompatible con el ideal arcaico. No hay mundo campesino mágico, religioso, folclórico, que sobreviva a la modernización. No importa de qué signo sea el desarrollo industrial, capitalista o socialista. Y por eso, en la obra de Arguedas, hay un rechazo (visceral, irracional) de la idea misma de progreso. Esto es algo que él comprendía y que racionalmente le parecía inaceptable. Pero en su fuero íntimo no podía desprenderse de esa fe. Ésta es una de las contradicciones que da a sus últimas novelas –*Todas las sangres* y *El zorro de arriba y el zorro de abajo*– una tensión particular. Aquí vemos, por doquier, aunque no de manera tan rotunda como en la novela posterior, ese rechazo del progreso. La mina –es decir, la tecnología, la industria– está presentada con caracteres diabólicos. Ella destruye el paisaje, mata la agricultura, asesina culturalmente al mundo quechua, y vuelve a los campesinos obreros asalariados. Los priva de su lengua, el quechua, y los transforma en autómatas. La mina también envilece a las mujeres ya que por culpa de ella llega a San Pedro la prostitución. Un detalle de estampa pía es que los indios son corrompidos por las prostitutas de la mina, las que les enseñan «suciedades» a la hora de hacer el amor. (Basta ver los huacos eróticos de las culturas prehispánicas para advertir que los indios sabían todo acerca de las «suciedades» eróticas, mucho antes de que vinieran a enseñárselas los españoles.) Pero, en la representación utópica de Arguedas, el indio es inocente, sin pecado original.

La aparición de las máquinas en la sierra es la llegada del mal. Los *bulldozers* van destruyendo las cabañas indias, y uno de los personajes más puros de la novela, el sirviente Anto, se suicida tratando de destruir uno de ellos. El narrador termina el episodio con la frase: «Los monstruos habían triunfado».

Curiosamente, en una novela escrita con el deliberado propósito de interpretar a la sociedad peruana a partir de una ideología progresista, de describir la historia del Perú en función de la lucha de clases, lo que acaba por imponerse en este como en otros libros de Arguedas es una utopía arcaica. La idea del pasado como valor. La patria como imperativo moral. El amor a los ritos, a las jerarquías, a las ceremonias, algo que caracteriza a las sociedades tradicionales, y un horror instintivo, religioso, a la modernidad, a toda forma de progreso industrial y tecnológico, porque ello acarrearía la desaparición de lo antiguo, males superiores a los que vendría a remediar.

Un escritor nunca sabe para quién trabaja si lo hace con la totalidad de su ser, con su razón y su sinrazón, con sus ideas y obsesiones, con sus intuiciones e instintos. Arguedas era, en este sentido, un auténtico escritor, que creaba con toda su personalidad y todas sus contradicciones. Es lo que hizo posible esta paradoja: que una novela escrita con la intención de ser —y no sólo parecer— un progresista, un hombre comprometido con la revolución socialista, resultara, en verdad, una novela emblemáticamente reaccionaria y tradicionalista.

Cuando en *Todas las sangres* aparece este mundo arcaico, que, pese a la explotación y la miseria, ha conservado las virtudes ancestrales —el colectivismo, la emotividad, la aprehensión religiosa del orden natural, el culto a los dioses lares y a la música, a la lengua quechua, la solidaridad y el espíritu comunitario—, el mundo de los alcaldes Carhuamayo y Felipe Maywa, de Anto y Rendón Willka, la novela se carga de poder de persuasión y ese mundo (tan ficticio como la caricatura de la alta sociedad que son el Zar y don Fermín) parece genuino, verosímil. Este mundo surgía de una ardiente y amorosa convicción. Había sido creado con toda la ternura, nostalgia y magia de que Arguedas era capaz cuando escribía obedeciendo su íntima disposición. Eso se reflejaba en la limpieza de su lenguaje y la eficacia de sus descripciones, la poesía de sus canciones y gestos. En cambio, cuando escribe guiado por una imposición ideológica o moral, y pretende ser pedagógico, desenvolviendo novelescamente las rudimentarias explicaciones de la ideología sobre la realidad peruana, el poder de persuasión se eclipsa y su historia se vuelve diatriba y caricatura, fracaso literario: irrealidad.

XVII. ENTRE EL FUEGO Y EL AMOR (1965-1969)

LOS ÚLTIMOS cinco años de Arguedas transcurren de manera vertiginosa, por el ritmo de viajes y mudanzas que se impuso. Ellos parecen marcados por el sello de una tragedia inminente. A la vez que cambia su régimen familiar, padece el agravamiento de la neurosis, enfrenta múltiples retos de carácter personal y público, fracasa en un primer intento de suicidio, mantiene en la crisis y el desorden un elevado rendimiento intelectual –traducciones del quechua, numerosos artículos y una ambiciosa novela que dejaría sin acabar–, para concluir por quitarse la vida pocas semanas antes de cumplir cincuenta y nueve años.

La mayor de las aventuras

UN HECHO capital, de grandes consecuencias anímicas para ese hombre hipersensible, de emotividad a flor de piel y con una antigua propensión al victimismo que se le agudizó en esta época, fue su divorcio de Celia (iniciado en 1965), para unirse con Sybila Arredondo, quien se trasladó a Lima ese mismo año y con quien contrajo matrimonio, una vez fallada la sentencia de divorcio, en mayo de 1967. En Lima, como en casi todas partes, la gente se casa, descasa y recasa sin demasiados traumas ni escándalos, sobre todo en el medio laico, universitario e intelectual dentro del que se movía José María Arguedas, de modo que, aunque sus amigos peruanos lamentaran su separación por el afecto que sentían hacia Celia, la verdad es que muy pocos –hubo alguno que otro prejuicioso, sin duda– se atrevieron a tomar partido en asunto tan privado y a criticar a José María por lo ocurrido. Menos aún a hostilizar a su nueva pareja. Pero él vivió atormentado mucho tiempo con la idea de que su proceder era objeto de reprobación por parte de amigos que quería, imaginando, incluso, traiciones y conjuras contra su felicidad de personas a las que lo unía una amistad de muchas décadas.

No había tal cosa, o por lo menos nada que tuviera la magnitud que él le atribuyó; todo se redujo a la serpentina chismografía con que viste su vacío la frivolidad limeña. Pero Arguedas perdió tiempo y humor con esas sospechas que, en verdad, eran producto de sus remordimientos por separarse de una compañera de tantos años a quien debía mucho y de su estado de ánimo, siempre erizado de escrúpulos y exigencias éticas. Lo vi con cierta frecuencia por aquellos días y traté sin éxito de convencerlo de que no diera tanta importancia a lo que, a fin de cuentas, eran suposiciones improbables o intrigas de envidiosos.

La relación con la mujer joven, moderna, emancipada que era Sybila Arredondo rejuveneció a Arguedas y lo llenó de proyectos y entusiasmos. («La formidable y casi mortal experiencia de mi encuentro con Sybila», diría.)* No hay duda de que vivió con ella una pasión, acaso la única en su vida que encendiera a la vez su cuerpo y su espíritu. Pero, al mismo tiempo, la convivencia con una mujer de personalidad definida –«una acerada y tierna mujer del siglo XXI»,** como dijo–, tan distinta de la mujer sumisa y dependiente que era el

---

* Carta de J. M. A. al neuropsiquiatra uruguayo Marcelo Viñar. Publicada en *El zorro de arriba y el zorro de abajo,* ALLCA XX/Ediciones Unesco, *op. cit.,* p. 392.

** *Ibid.,* p. 393.

prototipo femenino al que estaba habituado, lo desconcertó. Estos sentimientos ambivalentes están bien precisados en una carta a su futuro suegro, de 1966:

> Conocí a Sybila en una especie de momento culminante de mi capacidad creadora, pero también en un momento en que los materiales que me servían o sirvieron para escribir se estaban agotando... Le dije a Sybila, desde los primeros días, que en sus brazos me estaba como formando de nuevo, como naciendo y cambiando de naturaleza. Y eso es grave, sobre todo a ciertas alturas de la edad. Es la mayor de las aventuras, la más fuerte, riesgosa y prometedora de las experiencias.*

De noviembre de ese mismo año es una carta suya a Manuel Moreno Jimeno, con crípticas frases en las que parece decir que no se siente capaz de continuar su relación con Sybila por razones sexuales:

> Yo ando bastante mal. He perdido nuevamente mi equilibrio y estoy bastante perdido. Sabía que, a pesar de todo, el cimiento de mis fuerzas eran Celia y Alicia; pero 25 años de convivencia y de angustiosas desavenencias incurables ahondaron la soledad en que vivía e hicieron incontenible el anhelo de encontrar compañía. Hallé una a mi medida: un sentimiento platónico, que me iluminaba y no me creaba los riesgos de un trato carnal, cotidiano con nadie. Pero los médicos, que en cierto momento me salvaron, me lanzaron, dicen que para que madurara y me hiciera adulto —pues tengo supervivencias muy pesadas de la infancia y adoles-

---

* Carta de J. M. A. a Marcial Arredondo, fechada el 28 de diciembre de 1966 y publicada en *El zorro de arriba y el zorro de abajo,* ALLCA XX/Ediciones Unesco, *op. cit.*, pp. 377-378.

cencia–, me lanzaron a una aventura que me está resultando superior a mis fuerzas.*

La mujer continuó siendo para él un misterio intimidante, incluso en este periodo en que gracias a Sybila conoció un goce sensual más pleno que en experiencias pasadas. El 20 de febrero de 1967 le confesó a su amigo John Murra: «Yo, seguramente como todos los deprimidos, tengo zonas aparentemente incurables: la mujer me hace mucho daño cuando estoy abatido. Y no he logrado aún apreciar o, mejor, ser feliz con aquello que la mayoría de los hombres son felices».** Y el 13 de febrero de 1969 escribirá en uno de los diarios de su última novela: «Yo no conozco a la mujer de la ciudad, por ejemplo. Le tengo miedo, como le tuve al remanso del río Pampas...». Pocos meses antes de su muerte, luego de estar separado algún tiempo de Sybila –en esos cinco años, debido a los viajes de José María a Santiago, para consultar a la doctora Hoffmann, o a otros lugares, pasaron largas temporadas lejos uno del otro–, se reúne con ella en Arequipa por doce días, y el reencuentro lo hace exclamar: «Por primera vez viví en un estado de integración feliz con mi mujer. Por primera vez no sentí temor a la mujer amada, sino, por el contrario, felicidad sólo a instantes espantada».***

Estas citas –se podrían añadir muchas– bastan para mostrar que su nueva relación amorosa, aunque enriquecedora para Arguedas, tampoco fue fácil, y que ella no atenuó, acaso acentuó, los traumas que arrastraba desde su infancia. En la carta a John Murra citada, Arguedas se queja de que Sybila esté demasiado absorbida por trabajos políticos, no se

---

* *José María Arguedas. La letra inmortal. Correspondencia con Manuel Moreno Jimeno, op. cit.*, p. 152.

** Carta de J. M. A. a John V. Murra. Publicada en *El zorro de arriba y el zorro de abajo*, ALLCA XX/Ediciones Unesco, *op. cit.*, p. 280.

*** *Ibid.*, p. 175.

ocupe de él («Sybila salía de la casa a las 8:30 y llegaba de vuelta a las 10, 11 y frecuentemente a las 12 de la noche. Se ha metido en tres o cuatro organizaciones en las que se prodiga mucho y a su hija, al marido y la casa los tiene completamente a como vaya») y que le reproche no entregarse más a la acción en vez de confinarse en el quehacer intelectual («me escribió una carta desdeñosa a mi actitud de dedicarme a mi trabajo y no a actividades»),* roce que, sin embargo, en Arequipa se allana. Estas suspicacias indican, sobre todo, la dificultad de Arguedas para convivir con una mujer independiente, que escapaba a los modelos –la mujer-corruptora o la mujer-virgen– de su universo femenino.

Según Roland Forgues, la influencia de Sybila precipitó la radicalización política de Arguedas. No se puede descartar, desde luego. Ella venía de una familia y un medio comprometido con causas radicales y había tenido una militancia comunista en Chile, de modo que su consejo o su ejemplo debieron repercutir en algunas de las declaraciones y gestos de radicalismo revolucionario que marcaron los años finales de su marido. Pero no conviene exagerar esta influencia, pues, como he mostrado en el primer capítulo de este libro, había también recónditas razones personales para aquellos gestos, y, de otro lado, sólo años después de la muerte de Arguedas se extremaría el radicalismo político de Sybila hasta llevarla a militar en Sendero Luminoso, la organización maoísta-terrorista de Abimael Guzmán.

El demonio del tránsito

La enumeración de los viajes al extranjero y al interior del Perú que hizo Arguedas en esta etapa produce vérti-

---

* *Ibid.*, pp. 284-285.

go. Es verdad que los numerosos desplazamientos a Chile tenían por objeto consultar a la doctora Hoffmann y escribir *El zorro de arriba y el zorro de abajo* con una tranquilidad que no encontraba en el Perú. Pero, aun así, este tránsito continuo refleja la inestabilidad interior de Arguedas; tras esos vuelos y recorridos incesantes se adivina la inconsciente voluntad de fuga de una personalidad en proceso de desintegración.

En enero de 1965 estuvo en Génova, en un congreso de escritores, y en abril y mayo pasó dos meses, invitado por el Departamento de Estado, recorriendo universidades norteamericanas (en Washington, California e Indiana). De regreso al Perú, visitó Panamá. En junio asistió al Primer Encuentro de Narradores Peruanos, de Arequipa, donde sus confesiones autobiográficas y su buen humor, así como sus polémicas con Sebastián Salazar Bondy, hicieron de él la estrella del evento. En septiembre y octubre estuvo mes y medio en Francia. Pese a ser un año tan movido y difícil en lo personal debido al inicio de su divorcio, escribió muchos artículos y publicó, en edición bilingüe, «El sueño del pongo», relato que recogió de labios de un campesino cusqueño. Mildred Merino de Zela cuenta que este año se compró un pequeño Volkswagen con el que estableció –por supuesto– una relación entrañable (se refería a él como «a mi hijo de fierro»).

En 1966 hizo tres viajes a Chile (en enero, por diez días, en julio por cuatro y en septiembre por dos) y asistió, en Argentina, a un congreso de interamericanistas, luego del cual visitó Uruguay, lo que lo tuvo alejado del Perú un par de semanas. Ese año apareció su traducción al español de la crónica *Hombres y dioses de Huarochirí,* de Francisco de Ávila, que le inspiró la idea de los míticos zorros de su última novela. En el *dossier* preparado por Sybila sobre la gestación de este libro (en la edición de Éve-Marie Fell) se advierte que este proyecto literario nació probablemente en los primeros meses de 1966. Se citan allí dos cartas de una sobrina de Arguedas, que vivía en Chimbote, en la que anuncia a éste, sobre «aquella novela que me hablaste», que «estoy coleccionando informes sobre la vida de algunos pescadores que han venido a esta oficina» (pp. 275 y 276). Y en cartas al editor español Carlos Barral del 26 de julio y el 19 de septiembre de ese año, Arguedas le da precisiones acerca de «una novela sobre el tema de los pescadores de anchoveta y la verdadera revolución que ha causado en la costa peruana la industria de harina de pescado» (p. 276), aunque fuera inexacto que llevara dos años escribiéndola. El título que anunciaba para ella era: *Pez grande.*

No es ocioso señalar que ese mismo año se publicó un libro de sociología-ficción de Oscar Lewis, *Los hijos de Sánchez,* sobre la vida de una familia en las barriadas de la ciudad de México, compuesto a base de entrevistas grabadas. Este modelo influyó sin duda en el plan de trabajo de Arguedas y la recopilación de materiales para su nuevo libro, en el que trabajó desde entonces de manera obsesiva, aunque intermitente.

El primer intento de suicidio

PERO EL hecho más dramático de 1966 fue su primer intento de suicidio, el 11 de abril, día en que, en su oficina del Museo de la Cultura, del que era director, se tomó un frasco de pastillas de seconal, luego de escribir cartas de despedida a su hermano Arístides, Sybila, Celia y José Ortiz Reyes. Descubierto a tiempo por personal del museo, fue salvado por los médicos del Hospital del Empleado. Se recuperó luego de unos días. Mildred Merino de Zela cree que esta tentativa de suicidio fue precipitada por el agobio que le produjo el recorte presupuestal del gobierno para las actividades culturales del Estado, que lo obligó a despedir a varios trabajadores del museo. Lo mismo sostuvo, en el homenaje que le rendiría años más tarde, su antiguo maestro de San Marcos, Luis E. Valcárcel («Recuérdese cómo le afectó en 1966 la supresión de puestos cuando dirigía la Casa de la Cultura hasta constituir una de las causas de su primer intento de suicidio»).* Dada su manera de ser, no hay duda, debió de ser muy penoso para Arguedas despedir a gentes que colaboraban con él, pero esto fue apenas la gota que colma el vaso, en una crisis psíquica que había entrado en aquella época en su fase terminal.

El intento de suicidio no lo dejó abatido y sin ánimos para trabajar. Lo que más me sorprendió, en aquellos días, cuando fui a visitarlo al hospital, fue lo animoso que lo encontré. Hablaba con entusiasmo de sus proyectos literarios e, incluso, hacía gala de buen humor. En los meses siguientes escribió mucho. El editor Mejía Baca publicó poco después un *José María Arguedas*, en la serie «Perú Vivo», con un disco en el que Arguedas leía pasajes de su obra. Y a mediados de septiembre *Marcha*, de Montevideo, publicó el primer capítulo de la futura novela, anunciada con el título de *Harina mundo*. Ésta no era todavía la novela sobre Chimbote; ella describía Puerto Supe, la aldea norteña donde Arguedas había veraneado muchos años y que vivía también el *boom* de la harina de pescado.

Asimismo, 1967 es un año muy atareado para Arguedas, el último en el que dicta clases en San Marcos, pues es nombrado profesor de ciencias sociales de la Universidad Agraria La Molina, según un convenio de recopilación de literatura oral entre el Ministerio de Educación y este centro de estudios. El convenio fue gestionado por el propio Arguedas, quien, desde años atrás, pero mucho más en esta época, se angustiaba pensando que el acervo mitológico, legendario y folclórico andino podía perderse, como consecuencia de la aculturación del indio. Este proyecto de rescate de aquella riquísima tradición lo ilusionaba, y fue para él un rudo golpe —donde más podía herirlo: su romántica y entrañable utopía andina— que el ministerio lo cancelara algún tiempo después con pretextos económicos.

---

* Luis E. Valcárcel, «José María», en *Revista Peruana de Cultura*, núms. 13-14, Lima, diciembre de 1970, p. 50.

El 20 de febrero le escribe a John Murra que ha estado ya dos veces en Chimbote –una de ellas por dos semanas–, documentándose para su novela: «He trabajado afiebradamente durante esos 15 días, creyendo siempre que la muerte andaba a mis espaldas; pero, salvo en Huancayo, nunca sentí tan poderosamente el torrente de la vida».* Ha hecho cinco entrevistas grabadas y llegó a tener una cordial relación con la gente del puerto. Según Sybila, el sindicato de pescadores le solicitó un proyecto de bases para el concurso del himno del pescador, que José María se tomó el trabajo de redactar con toda minucia. Su correspondencia de ese año se refiere siempre a la novela en proceso. A estas alturas, la idea de situarla en Puerto Supe parece borrada por «el insuperablemente original, poderoso y cruel mundo» de Chimbote (p. 278).

Sin embargo, su trabajo intelectual no se agota en la novela, pues ese mismo año aparecen, en ediciones simultáneas en Montevideo y en Lima, los cuatro relatos eróticos inéditos de *Amor mundo,* escritos, por consejo de los médicos, como posible terapia para los traumas que dejaron en su personalidad aquellas experiencias sexuales de infancia.**

Su ritmo de viajes sigue a todo motor. Estuvo en febrero en Puno, presidiendo un concurso folclórico con motivo de la fiesta de La Candelaria, y escribió sobre ésta un artículo que dedicó al otro gran novelista indigenista peruano, Ciro Alegría, fallecido hacía poco.*** En marzo, pasó quince días en México,

---

* *El zorro de arriba y el zorro de abajo,* ALLCA XX/Ediciones Unesco, *op. cit.*, p. 279.

** *Amor mundo y otros relatos,* Editorial Arca, Montevideo, 1967, y *Amor mundo y todos los cuentos,* Francisco Moncloa Editores, Lima, 1967.

*** «Puno, otra capital del Perú», en *El Comercio,* suplemento dominical, Lima, 12 de marzo de 1967.

con motivo del Segundo Congreso Latinoamericano de Escritores, en Guadalajara, y ocho días de junio en Chile, en otro certamen literario. A fines de julio viajó a Austria, para una reunión de antropología, y en noviembre estaba de nuevo en Santiago, trabajando en la novela en un estado de ánimo en el que se sucedían la exaltación y la depresión. En sus cartas se queja de un retorno de los viejos síntomas –insomnio, dolores de cabeza, pecho y espalda–, que le exigen un gran esfuerzo de voluntad para no dejar de escribir.

En 1968 recibió el mayor homenaje que le rendiría su país: el premio Garcilaso de la Vega, instituido por la Beneficencia Pública de Lima para premiar el conjunto de la obra de un creador. Al recibirlo leyó uno de sus textos más citados, en el que hace profesión de fe indigenista y que se conocerá desde entonces con el título de una (inexacta) de sus afirmaciones: «No soy un aculturado...».

Del 14 de enero al 22 de febrero estuvo en Cuba, con Sybila, como jurado del premio Casa de las Américas. Ya hemos visto el impacto que esta visita hizo en su obra (le dedicó un poema en quechua, «Cubapaq», y su última novela tiene varias referencias a la Revolución Cubana). En mayo y junio pasó siete semanas en Santiago, escribiendo. En este periodo le vino la idea de intercalar entre los capítulos de ficción de la novela sobre Chimbote unos diarios personales, el primero de los cuales –documento estremecedor– redacta los días 10, 11, 13, 15 y 16 de mayo. Ese capítulo, que aparece en la revista *Amaru*, de Lima, desata su polémica con Julio Cortázar. Sin embargo, su trabajo no decae, pues ese año hace varios viajes más a Chimbote (en enero, febrero, septiembre y octubre) en relación con *El zorro...* y se da tiempo para publicar algunos artículos sobre etnología y literatura quechua.

En septiembre, cuando el gobierno de Belaúnde Terry firma el Acta de Talara, que pretendía poner fin al diferendo con la Internacional Petroleum Company –episodio que servirá de pretexto para el golpe militar del 3 de octubre—, Arguedas envía una carta a la revista *Oiga*, condenando aquel acuerdo.* Es uno de los pocos textos comprometidos con la actualidad que firma en esos años. En cambio, no opinó sobre otros episodios de resonancia política en el Perú y América Latina, como la liquidación por el Ejército de los intentos revolucionarios del MIR (Movimiento de Izquierda Revolucionaria) y la aniquilación de sus principales dirigentes, Luis de la Puente Uceda y Guillermo Lobatón, el asesinato del Che Guevara en Bolivia y el fracaso de su empeño de abrir en ese país un frente guerrillero, los acontecimientos del Mayo francés o el aplastamiento por las fuerzas del Pacto de Varsovia del experimento democratizador del socialismo en Checoslovaquia.

Por esta época lo vi por última vez, en un viaje que hice a Lima. Apareció, de pronto, por casa de mis suegros, donde yo me alojaba, y tuvimos una extraña charla que mi memoria conserva. Se lo veía algo envejecido, pero nada dejaba transparentar el infierno que llevaba dentro, ni, por cierto, su decisión de matarse, ya tomada en secreto. Lo noté disperso, saltando abruptamente de uno a otro tema. Habló de Vietnam, del futuro de la humanidad, y, con la misma zozobra, de su proyecto de recopilación de la literatura oral andina, que sabía amenazado. Aparecían siempre, en su monólogo, esa soterrada ternura y la delicadeza de sentimientos que conmovían, escuchándolo.

«Nadie ha sido más feliz que yo»

LOS ÚLTIMOS meses de Arguedas, en 1969, son una continua lucha contra el insomnio y los dolores en la nuca

* La carta, dirigida al director de la revista, Francisco Igartua, fechada en Chimbote el 15 de septiembre de 1968, apareció en *Oiga*, núm. 291, Lima, 20 de septiembre de 1968.

y en la espalda, de los que se queja en todas sus cartas, y el esfuerzo sobrehumano que le exige *El zorro de arriba y el zorro de abajo,* tarea a la que su vida se aferra como a una frágil tabla de salvación.

De principios de año es su última visita a Chimbote (la quinta, desde que comenzó la novela); se aloja en una residencia de religiosos, donde hace buena amistad con el padre Enrique Camacho. De ambas cosas quedan rastros en la novela; en ella aparecen los sacerdotes revolucionarios empeñados en casar a Cristo con Marx, que comienzan a surgir en el Perú y en otras partes de América Latina, en gran parte debido a la influencia del padre Gustavo Gutiérrez, a quien José María trata también por esta época. Las ideas y la personalidad del teólogo le hacen fuerte impresión.

El 12 de enero aparece un artículo suyo en *El Comercio* de Lima, «La colección Alicia Bustamante y la Universidad», homenaje a su ex cuñada, la fundadora de la peña Pancho Fierro, pidiendo que su colección de arte popular sea adquirida por un centro académico y no se disperse. Para trabajar con más calma, se refugia en el Museo de Sitio de Puruchuco, en las afueras de Lima, donde está fechado el «Segundo diario» de *El zorro de arriba y el zorro de abajo.*

Hizo tres viajes más a Chile, el último de ellos por cerca de cinco meses —de abril a octubre—, en los que escribió el tercer y el último diarios, y los que llamó «hervores» de la segunda parte de la novela. Todo este periodo, en el que el esfuerzo literario se ve obstaculizado por el desvelo, el malestar físico y, a veces, blancos en la memoria, está documentado con lujo de detalles en el libro que escribe y en su correspondencia con Sybila, John Murra, su editor Gonzalo Losada y amigos y colegas de la Universidad Agraria, a quienes se dirige pidiendo prórrogas del permiso que obtuvo a fin de poder terminar su novela.

En Chile lleva a cabo los preparativos de su suicidio y escribe un nuevo testamento, rectificando disposiciones del anterior, que dirige a su hermano Arístides. En Santiago adquiere el revólver con el que se quitará la vida en Lima, adonde regresa el 25 de octubre. Hemos visto, al inicio de este libro, lo que fueron las últimas semanas de Arguedas en Lima —su correspondencia con Hugo Blanco, sus despedidas, la elaboración del ritual para su entierro— y el sangriento desenlace del atardecer del 28 de noviembre.

Una de las cartas más conmovedoras de su último año es la que envió a su discípulo, el joven etnólogo Alejandro Ortiz Rescaniere, dándole consejos, evocando experiencias compartidas y animándolo a aprovechar siempre las oportunidades que ofrece la vida. El entusiasmo de sus palabras tiene una curiosa resonancia cuando se contrasta con lo que eran sus días y sus noches en esos meses: «Esa bestezuela enferma que eras de niño fue el germen de lo que eres, la razón de ser de tu potente felicidad. ¡Si te imaginaras cuán enfermo irremediable condenado creí ser durante toda la infancia y la adolescencia! Pero nadie ha sido más feliz que yo: Nadie, ni tú».*

---

* «Carta a un joven etnólogo», en *Correo*, Lima, 10 de noviembre de 1974. Carta de J. M. A. a Alejandro Ortiz Rescaniere, fechada en Santiago de Chile el 3 de marzo de 1969.

XVIII. UNA CRÍTICA MARXISTA DE LA UTOPÍA ANDINA

AUNQUE LA primera edición de *Buscando un inca. Identidad y utopía en los Andes,* de Alberto Flores Galindo (1949-1990), apareció en 1986, diecisiete años después de la muerte de Arguedas, es imprescindible tener en cuenta este libro en un estudio de la utopía arcaica, pues constituye algo así como un balance y liquidación de la utopía indigenista que encontró en el autor de *Los ríos profundos* su mayor exponente literario en el Perú. En él, su autor, un historiador, sociólogo, periodista y militante de izquierda tempranamente desaparecido, trazó una sugestiva aunque desigual descripción de las apariciones y reapariciones de la visión utópica del Incario a lo largo de la historia peruana.

Su descripción de la utopía andina es simpática pero crítica, hecha desde lo que pretende ser la objetividad histórica y la perspectiva de una ideología marxista mansa, o, más bien, amansada por la influencia de las mejores lecturas marxistas —la de Antonio Gramsci— o de intelectuales heterodoxos europeos, como el italiano Carlo Ginzburg y el francés Michel Foucault, y está focalizada en las rebeliones y movimientos religiosos campesinos de índole milenarista en los Andes desde los primeros tiempos de la Conquista, en el siglo XVI, hasta las asonadas y tentativas revolucionarias del presente, con escarceos en pos de huellas de la utopía en la iconografía colonial, el folclore y la artesanía, los archivos judiciales y la literatura.

Uno de sus capítulos, no el mejor, «El Perú hirviente de estos días», tiene a la obra de Arguedas como hilo conductor. Comienza con un análisis sociológico de sus cuentos de juventud, salta a *Todas las sangres* y, asociando el fenómeno de la «rabia» que irrumpe de pronto en su mundo de ficción –ese incontenible deseo de hacer el mal de quienes mandan y de venganza y liberación de quienes padecen– con la violencia desencadenada en la realidad peruana, pasa a describir la aparición de Sendero Luminoso y el contexto socioeconómico ayacuchano en que este movimiento se gestó. Su esfuerzo de comprensión del fenómeno terrorista no llega a justificarlo y está matizado con un rechazo del autoritarismo y el empleo del terror por parte del senderismo. Pero la correspondencia entre aquellas dos formas de violencia –la de la ficción literaria y la de la realidad andina contemporánea– queda sin profundizar, apuntada como difusa intuición.

El libro se compone, en su edición definitiva de 1988, de once ensayos que, aunque autónomos y diversificados en multitud de temas y preocupaciones, tienen como punto de enlace la idea mesiánica de que aquella sociedad ideal, encarnada en el Tahuantinsuyo que los europeos destruyeron, vive aún en los anhelos de justicia y redención del indio de los Andes y puede renacer en el futuro, actualizada, para poner fin a un régimen de explotación y abuso que la Conquista inauguró y la Colonia y la República perpetuaron. «Por definición, utopia es lo que no tiene lugar ni en el espacio ni en el tiempo», dice Flores Galindo. «Pero, en los Andes, la imaginación colectiva terminó ubicando a la sociedad ideal –el paradigma de cualquier sociedad posible y la alternativa para el futuro– en la etapa histórica anterior a la llegada de los europeos.»*

---

* Alberto Flores Galindo, *Buscando un Inca. Identidad y utopía en los Andes.* 4.ª ed., Editorial Horizonte, Lima, 1994, p. 339. Todas las citas corresponden a esta edición.

Flores Galindo ve destellar esta idea, perenne y movedizo fuego fatuo, en toda la historia peruana, desde la llegada de Pizarro. En las crónicas del Inca Garcilaso de la Vega y en el movimiento religioso del Taki Ongoy del siglo XVII, en las rebeliones de Juan Santos Atahualpa y de Túpac Amaru II en el siglo XVIII y en la conspiración cusqueña anticolonial de Gabriel Aguilar y Manuel Ubalde de principios del siglo XIX, parentescos sin duda incontrovertibles. Pero la ve, también, en episodios donde el vínculo entre el hecho histórico y la motivación utópica resulta menos evidente, como las luchas de montoneros y soldados de la era republicana o las rebeliones y asonadas campesinas de los años veinte en el sur del Perú, e, incluso, donde es francamente dudosa, como el levantamiento armado de Sendero Luminoso en la región central andina (pues entre el mesianismo maoísta y el género de sociedad que proponían Abimael Guzmán y sus seguidores y el ideal del restablecimiento del Incario media la distancia que hay entre China y Perú).

Aunque sus capítulos son de calidad muy desigual y la diversidad de temas abordados en ellos conspira contra la coherencia del conjunto, *Buscando un inca* es un ambicioso intento para determinar la influencia del mito y la fantasía histórica en la historia verdadera y hay en sus páginas importantes hallazgos. Es excelente el ensayo sobre «Europa y el país de los Incas: la utopía andina» y el rastreo de la ubicua presencia del racismo y los prejuicios étnicos en políticos e intelectuales republicanos, que el libro documenta con apabullantes citas de pensadores como Javier Prado y Ugarteche y Alejandro Deustua, historiadores como Sebastián Lorente o escritores como Clemente Palma y Manuel Beingolea, para no hablar del mariscal Castilla. Y valiosa su investigación sobre los movimientos sediciosos campesinos en el sur en los albores del siglo XX, que revela una sociedad india en plena ebullición precisamente cuando el movimiento intelectual indigenista despegaba con ímpetu en Cusco, Puno y Lima y la Asociación Pro-

Indígena, creada por Pedro Zulen, instalaba comités por distintas ciudades de la sierra.

Tiene menos interés la lectura psicoanalítica de los sueños del conspirador Gabriel Aguilar, pues no aporta gran cosa a la tesis general que vertebra el libro saber que en aquellos empeños conspiradores se proyectaba un trauma de infancia. Y en algunos capítulos, como el dedicado a Sendero Luminoso, el libro desciende a la superficialidad periodística y, a veces, a la propaganda partidista. Así ocurre cuando, en su análisis de la violencia, divide a los muertos resultantes de la rebelión senderista en civiles y militares y atribuye a esa división un contenido ideológico y político, escamoteando el hecho flagrante de que un gran número de campesinos y comuneros andinos fueron asesinados en los Andes, en la década de los ochenta, no por los policías y soldados de la contrainsurgencia, sino por el fanatismo de los insurgentes. Pero, por fortuna, estas concesiones a la corrección política de izquierda son infrecuentes en un conjunto de trabajos en el que, al rigor de la información, suele añadirse el juicio lúcido y penetrante de un espíritu que ejercita su quehacer intelectual sin demasiadas orejeras ideológicas.

Paradójicamente, un libro concebido como una crítica de la utopía andina concluye postulando algo equivalente, una aleación de socialismo y colectivismo indigenista, en la línea que, según Flores Galindo, habría señalado José Carlos Mariátegui: «Necesitamos una utopía que, sustentándose en el pasado, esté abierta al futuro, para de esa manera repensar el socialismo en el Perú» (p. 338). «Si a la mística milenarista se añade el socialismo moderno», «Si la pasión se amalgama con el marxismo y su capacidad de razonamiento», la utopía podrá tornarse realidad (p. 346). Estas frases tienen una curiosa vibración. Fueron escritas cuando era ya evidente el clamoroso fracaso de los intentos colectivistas de la reforma agraria dictada por Velasco Alvarado en 1969 —en los Andes, los campesinos privatizaban las tierras *motu proprio* de manera incontenible–, y en vísperas de la caída del muro de Berlín, hecho emblemático del desplome en el mundo del empeño de encarnar en la historia la utopía comunista. De modo que, sin proponérselo, *Buscando un inca* pone también su granito de arena en aquella ficción ideológica que tan aceradamente critica en los demás.

En todo caso, y pese a las reservas que he hecho, el libro de Flores Galindo constituye un hito en la historia del indigenismo, pues es la más persuasiva descripción de lo que hay de irrealidad y ficción en la visión arcádica del Incario y de la realidad andina que aquel movimiento propaló, hecha, no desde las trincheras del hispanismo –a cuyos cultores, como Riva Agüero y los hermanos Francisco y Ventura García Calderón, exorciza con dureza–, sino desde la ideología llamada progresista, con la que el indigenismo siempre se identificó, pese a las contradicciones que ello podía deparar, como hemos visto en el caso de Arguedas.

Flores Galindo contrasta la visión del Incario embellecida por la utopía con la realidad de un imperio que «había sido realmente despótico y dominador» (p. 36) y señala lo arbitrario de presentar como una armoniosa sociedad homogénea al mosaico de culturas y pueblos –unos dominantes y otros dominados– que era el Tahuantinsuyo a la llegada de los españoles. La utopía andina, según él, es una creación colectiva: las masas indias recurren a esta transformación mítica de su pasado cuando se sienten desorientadas y perdidas, a raíz del trauma de la Conquista. Para ellas, es una manera de defenderse contra la fragmentación y la pérdida de la identidad. Aunque tengo reparos a esta tesis colectivista y popular del origen de la utopía arcaica –a mi juicio, nace de una refinada elaboración de intelectuales renacentistas como el Inca Garcilaso de la Vega y de cronistas, juristas y misioneros como Bartolomé de Las Casas, que, en su afán de condenar los abusos de la Conquista o cuestionar el derecho de España sobre los naturales de América, trazan una versión idílica de las sociedades prehispánicas—, no hay duda de que ella tiene, también, a su favor argumentos considerables, como el mito de Inkarri, que encarna de manera nítida, en los tiempos modernos, aquella atávica «búsqueda del inca» por una masa anónima. O la aguda observación según la cual en México no surgió una «utopía azteca» equivalente a la peruana porque en ese país los problemas de identidad y fragmentación de la sociedad indígena no tuvieron la radicalidad que en el Perú.

Pero la crítica de Flores Galindo a la utopía arcaica es todavía más rotunda cuando la coteja con la historia moderna de los Andes. En uno de sus mejores ensayos —«El horizonte utópico»— hace un careo entre la realidad de las comunidades indígenas en el siglo XX y los sueños indigenistas de una restauración del Incario y muestra el abismo que los separa. A través de cateos en diferentes fuentes, y sobre todo en los archivos del Poder Judicial de los departamentos sureños, llega a comprobaciones que pulverizan buena parte de las ilusiones indigenistas sobre la preservación de una cultura tradicional incontaminada en el altiplano puneño o las sierras cusqueñas. El «mercado capitalista», concluye, ha penetrado profundamente en todos los Andes del sur ya en los años veinte, impulsando procesos de privatización en ciertas comunidades agrícolas o ganaderas, y conflictos en otras donde se registran pugnas entre familias de comuneros que quisieran parcelar las tierras e independizarse, en tanto que otras quieren preservar la propiedad y el trabajo colectivos. Y cita algunos casos de comunidades de indios puneños que ya en esa época habían comenzado a funcionar dentro de una «economía mercantilista» y, a veces, con más eficacia que las empresas agrícolas de los mistis.*

Si esto ocurría en la década del veinte, este proceso se acelera y generaliza en los años siguientes, hasta llegar, en la época en que Arguedas escribe sus novelas, a una realidad

* *Ibid.*, pp. 276-277.

andina que tiene ya poco que ver con la refracción mítica que hace de ella la ideología indigenista. Cuando Flores Galindo escribe sus ensayos se ha producido aquel «desborde popular» descrito por José Matos Mar, el fenómeno masivo de migraciones rurales hacia las ciudades y –sobre todo– de la población andina hacia la costa, lo que terminará por modificar sustancialmente la composición de la sociedad peruana. Aunque sin alegría, Flores Galindo lo reconoce y saca las consecuencias pertinentes:

> En el Perú, el desarrollo del capitalismo, aunque no necesariamente significa proletarización, sí equivale, como ha ocurrido en tantos otros sitios, a desarraigo y desestructuración de las sociedades campesinas. La modernidad y el progreso a costa del mundo tradicional. El mercado exige uniformar hábitos y costumbres para que se puedan entender obreros y patrones y para poder realizar la producción fabril. El número de quechuahablantes disminuye. Igualmente retrocede el uso de la bayeta, las tejas, los alimentos tradicionales, sustituidos por las fibras sintéticas, el aluminio y los fideos. Llegan los antibióticos, retroceden las epidemias y la medicina tradicional se convierte en rezago folklórico. Es evidente que no se trata de imaginar que lo pasado es siempre hermoso. Sólo quienes no han tenido el riesgo de soportar el tifus pueden lamentar la llegada de una carretera y la implantación de una posta médica en un pueblo. Sorteando cualquier simplismo, podemos preguntarnos qué nos pueden decir para el presente y el futuro del país las concepciones que se resumen en la tradición de la utopía andina (pp. 341-342).

Esta pregunta se la formuló también Arguedas, con mucho más dramatismo, pues la respuesta comprometía toda su vida y su obra de escritor. La urbanización y occidentalización de la sociedad peruana había avanzado tanto en los años sesenta, que «lo indio», «lo andino arcaico» se iba encogiendo ante sus ojos como una piel de zapa, y por lo tanto se reducía cada vez más el asiento social y cultural de la utopía que había defendido contra viento y marea. El Perú indio en el que había nacido y vivido de niño ya no existía, y, en verdad, no había existido jamás de la manera en que vivía en su memoria y fantasía de escritor. El Perú que tenía delante había transformado esa visión homogénea, unitaria, tradicional, del mundo andino en una confusa realidad en la que lo que él más admiraba iba desapareciendo —aculturándose— y siendo sustituida por una amorfa mezcla —el Perú informal—, en la que se iban diluyendo las viejas fronteras étnicas y culturales y surgía una caótica sociedad que parecía representar, al mismo tiempo, la muerte de la mejor tradición andina y la modernidad en su más horrible versión. Ése es el mundo infernal, donde ya no es posible seguir «buscando un inca», sobre el que versará *El zorro de arriba y el zorro de abajo.*

XIX. UN MUNDO INFERNAL

El zorro de arriba y el zorro de abajo, la última novela que escribió José María Arguedas, y que se publicó póstumamente, es un libro sin acabar, confuso y deshilvanado, al que convienen las expresiones que el propio autor le dedicó: «entrecortado y quejoso» (p. 243), «lisiado y desigual» (p. 251).* Si uno practica en él ese laborioso homicidio que llaman análisis textual, encuentra en su arquitectura y estilo abundantes imperfecciones. Pero un análisis de la forma literaria soslayaría lo esencial, pues esta novela, pese a sus deficiencias, y, curiosamente, en parte debido a ellas, se lee con la intranquilidad que provocan las ficciones logradas. El lector sale de sus páginas con la impresión de haber compartido una experiencia límite, uno de esos descensos al abismo que ha sido privilegio de la literatura recrear en sus momentos malditos. Tenemos en este libro un ejemplo de obra literaria que sería injustificado llamar agradable, pues en verdad incomoda y hasta exaspera a ratos por sus trampas sentimentales, pero que es, al mismo tiempo, un texto importante por varias razones. Porque ilumina con luz cruda la obra de Arguedas y el desenlace trágico de su vida. Porque nos instruye de manera sutil sobre la mentira que es la verdad de la literatura y su compleja dialéctica con la verdad histórica que sólo puede represen-

* Todas las citas están tomadas de *El zorro de arriba y el zorro de abajo*, ALLCA XX/Ediciones Unesco, *op. cit.*

tar contradiciendo, y, en último término, porque *El zorro de arriba y el zorro de abajo* es una dramática reflexión sobre los sufrimientos del Perú, muy semejantes a los de otros países pobres y atrasados del mundo.

Los zorros míticos

LOS ZORROS del misterioso título no son animales de carne y hueso, sino personajes míticos, extraídos de una colección de leyendas indígenas que recogió, en quechua, a fines del siglo XVI o comienzos del XVII, en la provincia andina de Huarochirí, su párroco, el destructor de idolatrías don Francisco de Ávila, y que Arguedas había traducido al castellano y editado.* Según la leyenda, en un tiempo fabuloso estos zorros se encontraron en el cerro Latauzaco, de Huarochirí, junto al cuerpo dormido de Huatyacuri, hijo del dios Pariacaca. El mundo estaba dividido en dos regiones, de las que procedía cada zorro: la tierra cálida del litoral, donde no llueve, la de abajo, y la de las montañas y abismos de la altura, la de arriba. Es decir, la costa y la sierra, las dos regiones que han sido, sucesivamente, centro hegemónico de la historia peruana, la última antes de la llegada de los españoles y la primera a partir de entonces. Los zorros de la leyenda, representantes de ambos mundos, aunque intervienen en los sucesos míticos, dando consejo e información a Huatyacuri, son, en verdad, dos observadores discretos y algo burlones de lo que ocurre. Ésta parece haber sido la idea con que Arguedas sacó a ambos personajes de su remota querencia mitológica para instalarlos en su libro. Es posible, incluso, que estos símbolos anima-

* Francisco de Ávila, *Dioses y hombres de Huarochirí. Narración quechua recogida por Francisco de Ávila* (¿1598?), Museo Nacional de Historia/Instituto de Estudios Peruanos, Lima, 1966. Texto bilingüe quechua-castellano; traducción de J. M. A. estudio bibliográfico de Pierre Duviols.

dos de la costa y la sierra, mundos entre los que la personalidad de Arguedas vivió tensa, le dieran la idea inicial de la novela: fraguar un nuevo encuentro del zorro de arriba y el de abajo, dos mil quinientos años después del primero, en el Perú de los años sesenta, cuya economía se veía convulsionada por la harina de pescado –fenómeno de consecuencias tan turbulentas como los desafíos entre los dioses de Huarochirí–, en lo alto de un cerro de arena a cuyos pies dormía, como el hijo de Pariacaca la vez anterior, la ciudad de Chimbote, cifra y símbolo de aquella riqueza marina y del frenesí industrial que generó, y microcosmos de los cambios sociales y culturales que trajo al Perú.

Los dos zorros debían haber sido los narradores de la historia, cicerones que hubieran guiado al lector por la turbia atmósfera de esa sociedad en efervescencia, y, como sus modelos, disimulados protagonistas que, de cuando en cuando, se entrometerían en los sucesos para comentarlos y orientarlos. Pero aunque ésta fue la intención, según consta en el «¿Último diario?», ella quedó apenas esbozada. Los zorros figuran sólo en dos ocasiones con apariencia y nombre propios –al final del «Primer diario» y del capítulo I–; luego comparece otras dos veces el zorro de arriba camuflado en un estrafalario «hippy "incaico"» llamado don Diego, que visita una fábrica y una residencia de curas norteamericanos. Asimismo, cabe la sospecha de que el zorro de abajo esté tenuemente metamorfoseado en don Ángel Rincón Jaramillo, jefe de planta de la fábrica Nautilus Fishing, con quien conversa don Diego, pero ello no está claro: es una de las numerosas incertidumbres del libro.

La dimensión mítica no llegó a cuajar. En realidad, los zorros no son los narradores y sus cortas intervenciones no dejan huella en el mundo novelesco ni lo entroncan, de manera efectiva, con la mitología prehispánica; apenas lo colorean con una nota insólita. Pero es preciso tenerlos en cuenta, así como lo que Arguedas pretendió hacer con ellos. Esos zorros representan una de las mitades del Perú: su prehistoria y su infancia histórica, la lengua y la cultura que con la Conquista española se verían convertidas, como él dijo, en las de una nación cercada. Representan, también, un pasado mítico que entró en agonía debido al cambio de norte del país, pues perdió las raíces que lo ligaban a las creencias y fantasías de la población y fue diluyéndose, hasta pasar a vivir la vida frágil de la erudición y el archivo. La extinción de ese pasado quechua, que en él seguía ardiendo, era algo a lo que Arguedas nunca se resignó, y hemos visto que su obra es un esfuerzo, no siempre consciente y a menudo contradicho por gestos y declaraciones públicas, para resucitar ese arcaísmo en una utopía literaria. Presentir que ella era utópica –incapaz de realizarse– es una de las angustias que hostigó a Arguedas a lo largo de su vida y algo que transparece con más fuerza todavía en esta novela, escrita mientras fermentaba la crisis que desembocó en su suicidio.

Suicidio y creación

Porque *El zorro de arriba y el zorro de abajo* es la novela de un suicida. Ambas cosas, el libro y la autodestrucción del autor, están visceralmente ligadas. No es casual que el texto se abra con la revelación que hace Arguedas de un primer intento de suicidio, dos años atrás, y se cierre con disposiciones sobre su manuscrito, su velatorio y su entierro para cuando, por mano propia, se vaya «bien de entre los vivos» (p. 125). Cosa que hizo, en efecto, disparándose dos tiros en la cabeza, después de haber escrito las últimas líneas del libro. En los dieciocho meses y dieciocho días que dura la redacción de la novela, la decisión de suicidarse ronda a Arguedas, tiene repliegues y repuntes, y, a todas luces, carcome su vida mental, distrae su pluma y le dicta parte de lo que escribe. La elección de la muerte, las razones o pretextos para ello, las confidencias que le inspira sentirse al borde de la tumba –recuerdos de infancia, simpatías y aversiones literarias, ambiciones, frustraciones, padecimientos, amores, la voluntad de acuñar una imagen para la posteridad– constituyen la materia explícita de los cuatro diarios y el epílogo autobiográficos –escritos con nombre y apellido propios–, que son una de las caras de *El zorro de arriba y el zorro de abajo.* Pero el sentimiento del fin inminente impregna también los capítulos de ficción, a cargo de un narrador omnisciente. El clima de acabamiento, de podredumbre moral y material, de desvarío, de disolución lingüística que domina esos episodios expresa también, acaso con más fidelidad que los capítulos confesionales, la tortura psíquica, los vaivenes de depresión y entusiasmo en que se debatió Arguedas esos dieciocho meses, cuando ya había tomado la decisión de que la vida no merecía ser vivida.

Éste es uno de los aspectos interesantes del libro. Todo novelista deshace el mundo real y lo rehace modificado en función de sus rencores y sueños. Esa subjetividad –secreta para los demás y a menudo para él mismo– cobra, en el proceso creativo, soberanía, objetivizándose gracias a las palabras. Así, la realidad verbal que es la novela no refleja una realidad vivida preexistente –no es el famoso espejo stendhaliano–, sino, más bien, la niega, enfrentándole un mundo que, aunque tenga semblante filial, está en verdad amasado con la insatisfacción que la vida real causa en quien escribe. En *El zorro de arriba y el zorro de abajo* esta recomposición de la realidad –su negación–, a partir de la subjetividad del novelista, es flagrante. Arguedas vivía un infierno interior: su novela pintará un mundo infernal.

Antes de bajar a este infierno vale la pena analizar la relación que tiene el suicidio de Arguedas con el valor del libro. Está muy difundida la tesis de que la significación de un texto literario es competencia exclusiva de las palabras que lo componen, y que resulta ingenuo, malicioso –en todo caso, anticientífico–, buscarla fuera de él; por ejemplo, en las intenciones o conductas de quien lo escribió. Sin embargo, un libro como *El zorro de arriba y el zorro de abajo* es incompatible con la teoría de que la crítica debe prescindir del autor. En este caso, la vida y, sobre todo, la muerte del que escribe son esenciales para apreciar cabalmente la novela. Sin el disparo que hizo volar la cabeza de Arguedas –al lado del manuscrito recién acabado–, el libro sería algo distinto, pues esa muerte por mano propia dio seriedad y dramatismo a lo que dicen (a lo que inventan) sus capítulos y diarios. Sin ese cadáver que se ofrece como prenda de sinceridad, la desazón, prédicas y últimas voluntades del narrador serían desplantes, fanfarronería, un juego no demasiado entretenido por la hechura desmañada de muchas páginas. El cadáver del autor llena retroactivamente los blancos de la historia, da razón a la sinrazón y orden al caos que amenazan con frustrar a la novela, convirtiendo esa ficción –pues lo es, también– en documento sobrecogedor. De otro lado, no hay duda, ese cadáver inflige un chantaje al lector: lo obliga a reconsiderar juicios que el texto por sí solo hubiera merecido, a conmoverse con frases que, sin su sangrante despojo, lo hubieran dejado indiferente. Es una de sus trampas sentimentales. En este caso, prescindir de la biografía del autor, emprender un análisis exclusivamente formal, condenaría al crítico a la incomprensión de lo que la novela ofrece a sus lectores.

Pero cuidado con deducir que el interés de *El zorro de arriba y el zorro de abajo* es sólo psicológico, que se trata de un documento clínico para estudiar la personalidad del suicida. Estamos, en verdad, ante una obra literaria –por su ambición y su forma, por el modo como se acerca y se aleja de la realidad–, e incluso, de vanguardia. Ella se sitúa, con todo derecho, dentro de aquella tendencia cuyas obras han sido concebidas a la manera de una inmolación por sus autores, quienes se vertieron en ellas desnudando ante los demás sus pasiones y miserias, haciendo en esos libros el sacrificio de su intimidad. Michel Leiris comparó a esta literatura con la tauromaquia, por el riesgo extremo que implicaba para el autor, quien, en el acto de escribir, como el diestro toreando, se jugaba entero y se convertía en «resonador de los grandes temas de lo trágico humano».* Es una de las peculiaridades de esta novela que ella colocara, al final de su vida, a un autor más bien tradicional, desinteresado en la literatura contemporánea –es dudoso que Arguedas conociera la teoría de Leiris «De la literatura considerada como una tauromaquia»–, en el centro de la modernidad literaria e hiciera de él un autor en cierto modo «maldito». Y que esto suceda gracias a un libro en el que Arguedas trata de ganar la simpatía de sus lectores reivindicando su origen humilde y provinciano, de hombre que –la eterna tontería– ha aprendido lo que sabe en la vida y no en los libros.

Escritura dualista

ARGUEDAS NO fue un novelista preocupado por la técnica de la novela, que experimentara modos nuevos de relatar. En toda su vida de escritor el único problema *teórico* que se planteó fue el de cómo hacer hablar, en las narraciones que escribía en castellano, a los personajes indios que, en la vida real, hablaban y pensaban en quechua. Él dio a este problema –central en la historia del indigenismo literario–, en sus mejores libros, soluciones más eficaces que otros escritores indigenistas, dotando a sus criaturas de lenguajes figurados que, a la vez que los distanciaban de un hispanohablante, eran lo bastante persuasivos para que el lector no los sintiera irreales. Esto no ocurre en *El zorro de arriba y el zorro de abajo,* uno de cuyos fracasos, como veremos, está en la jerga o jerigonza –a duras penas puede hablarse de lengua– en que se

* El ensayo de Leiris, «De la littérature considerée comme une tauromachie», apareció como prólogo a una reedición de su libro autobiográfico *L'âge d'homme,* Éditions Gallimard, París, 1946.

expresan muchos personajes. Pero lo cierto es que, fuera de este problema, en los otros que debe encarar un novelista Arguedas fue un intuitivo, que construyó sus ficciones de acuerdo con un modelo simple y convencional.

El zorro de arriba y el zorro de abajo significa una ruptura con estos precedentes. Lo que iba a ser una novela sobre Chimbote y la harina de pescado acabó siendo esto y, simultáneamente, una novela sobre el autor de esta ficción y los tormentos que padecía mientras iba escribiéndola. Ambos temas no llegan a confundirse anecdóticamente, pero se condicionan. Hay un sistema de vasos comunicantes entre los capítulos confesionales y los de ficción. Por ejemplo, a medida que el nerviosismo de quien escribe se acentúa, la historia va también crispándose y alcanza mayor atolondramiento. Y la manera de hablar, de sintaxis y fonética esotéricas de los personajes, en «¿Último diario?» parece contagiar al autor, quien, en este episodio, se expresa por momentos de manera parecida. Esta estructura dualista y los canjes por ósmosis que realizan las dos realidades de la novela recuerdan *La vida breve* de Juan Carlos Onetti, historia de un hombre que imagina una historia cuyos personajes y peripecias pasan luego a prolongar la primera. La diferencia está en que en *La vida breve* ambas realidades —la del novelista y la de sus personajes— son ficticias, en tanto que en *El zorro de arriba y el zorro de abajo* una de ellas se presenta como estricta verdad.

Los diarios: la introversión locuaz

LA LITERATURA confesional no es muy frecuente en España ni en América Latina. Ello es tanto más sorprendente cuanto que esta falta de memorias, diarios, testimonios que muestren la intimidad de un escritor o de un hombre público contradice una propensión nacional: españoles y latinoamericanos solemos compartir nuestros secretos sin dificultad con el primer venido. Pero, en cambio, ha habido tradicionalmente una reticencia a estampar por escrito lo privado, a desnudarse en un libro con la crudeza de un Jean-Jacques Rousseau, un André Gide, un Henry Miller. Si uno piensa en lo discreto que es Pío Baroja en su caudalosa autobiografía, o en las precauciones semánticas y ortográficas que tomó Leandro Fernández de Moratín para contrarrestar las audacias que se atrevió a consignar en su *Diario,* advierte lo timorato que es el género en España, a diferencia de lo que sucede en Inglaterra o en Francia, países de gentes reacias a la confidencia, en los que, paradójicamente, hay una riquísima literatura confesional. En el caso de la literatura peruana la discreción se acentúa. Los libros de memorias son contados, y los que existen –como los de Ricardo Palma o José Santos Chocano– son parcos y ocultan por principio todo lo que pudiera ser considerado escandaloso.

Esto es, sin duda, consecuencia del carácter represivo y autorrepresivo de nuestra cultura, en su doble vertiente hispánica e india. En el caso peruano, la inhibición a tocar temas privados –la familia, el sexo, la situación económica, las creencias–, la preferencia por la manera indirecta o ritualizada en fórmulas cuya función es hacer inaprensible para el interlocutor la intimidad del oyente, deben también mucho, sin duda, a nuestra estirpe india. La civilización quechua, capaz de dar de comer a todos sus habitantes y que alcanzó admirables niveles de organización y de realización material, fue despersonalizadora, destructora del libre albedrío y de la vida privada.* Su perfección social fue la de la colmena o el hormiguero. La intimidad individual aparece poco, en forma explícita, en nuestra literatura porque sobre nosotros pesa la tradición de una cultura que deshizo al individuo en la colectividad.

---

* Esto puede decirse, sin duda, de todas las grandes civilizaciones del pasado. El individuo es, no lo olvidemos, una anomalía histórica, resultado de un largo proceso que comienza con la civilización griega y aún no ha concluido.

Esta tradición pesaba con más fuerza sobre Arguedas que sobre la mayoría de los escritores peruanos, desde esa niñez vivida entre indios, hablando en su lengua y gozando o padeciendo como uno de ellos. La reserva del hombre de la sierra, que parece, cuando habla, a la defensiva, recluido detrás de una cortesía que es escudo, no lo abandonó nunca, y aunque, entre gentes de confianza, podía mostrarse alegre y locuaz, la impresión que daba era la de un hombre tímido, algo apocado, de maneras finas pero extremadamente huraño. Por eso, quizá nada llame tanto la atención en los diarios de *El zorro de arriba y el zorro de abajo* como la desenvoltura con que habla de sí mismo y de los demás, opina sobre las cosas y escarba en su intimidad. Hay un afán exhibicionista, por ejemplo, en el uso de la palabrota, que desconcierta por tratarse de él. «Creo que de puro enfermo del ánimo estoy hablando con "audacia"» (p. 14), escribe. En todo caso, se trata de algo nuevo, pues aunque, como todo novelista, se sirvió de sus experiencias para sus ficciones, antes lo había hecho tratando de borrar las pistas, transfiriendo sus recuerdos y obsesiones a los personajes.

En estos diarios no hay estratagema alguna: el personaje es él. ¿Es cierto que la «audacia» proviene de su estado de ánimo? Ambas cosas tienen relación, desde luego. Arguedas escribió tres de los cuatro diarios y el epílogo en Santiago, al mismo tiempo que era tratado por una psicoanalista chilena, la doctora Lola Hoffmann. Este tratamiento, que en un principio parece haberle sido útil, fue a la postre insuficiente para sacarlo de la crisis; pero no es arbitrario pensar que el contacto con el análisis debió de ser una incitación al esfuerzo de sinceridad de estos diarios. En algún momento dice en ellos que si logra escribir superará su crisis –se oye a través de esta voz la del médico– y, en otro, que escribiendo este relato lucha contra la muerte. Esto último suena sincero. En este libro, por las circunstancias en que lo escribió, comprobó Arguedas una de las verdades básicas del arte y la literatura: que nacen de la ambición de rescatar a los hombres de su condición perecedera, a través de obras capaces de sortear el irremisible destino de extinción que es el suyo.

Pero sería erróneo atribuir el carácter confesional de estos diarios sólo a los consejos de una psicoanalista o a la crisis anímica que vivía Arguedas. Lo cierto es que en el novelista hay emboscado un exhibicionista: ambas cosas riman. Toda novela ha sido siempre, de algún modo, un *strip-tease.* Arguedas no fue una excepción. Lo más logrado de su literatura se alimenta de demonios de infancia que lo acosaron «encarnizadamente» —el adverbio es suyo— y que aparecen una y otra vez en sus cuentos y novelas. Ellos son convocados también en este libro clave para identificar el núcleo central de experiencias que sustentan su obra e inciden en su crisis personal.

Las opciones alérgicas

¿QUÉ CRISIS es ésta? Ella es importantísima y, a la vez, se escurre como anguila entre los dedos del lector. Según el «Primer diario», Arguedas contrajo en la infancia una «dolencia psíquica» que hizo crisis en mayo de 1944 (tenía treinta y tres años) y lo dejó casi cinco años «neutralizado» para escribir. Habría salido de ella, en parte, gracias a una alegre prostituta, una «zamba gorda» que le devolvió el amor a la vida. Pero intelectualmente, dice, nunca se recobró del todo. No recuperó jamás «la capacidad plena para la lectura» y en todos estos años ha leído poco. En abril de 1966 intentó suicidarse porque se sintió convertido en un «enfermo inepto, en un testigo lamentable de los acontecimientos». Ahora está de nuevo en el umbral del suicidio, pues se siente «incapaz de luchar bien, de trabajar bien» (p. 7). Lo repite varias veces: no tolera la idea de seguir viviendo si no está en condiciones de ser un participante.

> Como estoy seguro que mis facultades y armas de creador, profesor, estudioso e incitador se han debilitado hasta quedar casi nulas y sólo me quedan las que me relegarían a la condición de espectador pasivo e impotente de la formidable lucha que la humanidad está librando en el Perú y en todas partes, no me sería posible tolerar ese destino. O actor, como he sido desde que ingresé a la escuela secundaria, hace 43 años, o nada... [p. 250].
>
> No soporto vivir sin pelear, sin hacer algo para dar a los otros lo que uno aprendió a hacer y hacer algo para debilitar a los perversos y egoístas que han convertido a millones de cristianos en condicionados bueyes de trabajo.

Volvemos al principio de este ensayo: quien habla parece un militante en crisis porque sus fuerzas no le permiten continuar una acción radical a la que habría entregado su vida. Hemos visto que no fue así. Arguedas no tuvo militancia política. Cierto, de joven permaneció preso cerca de un año por el incidente de la universidad con un general fascista italiano y perdió un trabajo por haber integrado un comité a favor de la República española. Pero eso ocurrió a fines de los años treinta, y desde esa época fue cuidadoso, e incluso medroso, en sus pronunciamientos políticos. Que emocionalmente estuvo siempre del lado de las víctimas y que toda su obra rezuma horror a la injusticia, es indiscutible. También lo es que siempre fue hostil a tomar parte en acciones políticas. *El zorro de arriba y el zorro de abajo,* sin embargo, abunda en insinuaciones orientadas a perfilar la imagen de un revolucionario: estaban allí para esculpir una imagen con la que quería pasar a la posteridad.

Su crisis no era la de un hombre de acción que prefiere morir antes que ser mero testigo de la lucha por la revolución, pues no fue otra cosa toda su vida. Conviene esclarecer este punto para que el mensaje del libro no se pierda. Dije antes que Arguedas, como el Perú, vivió desgarrado entre los dos mundos que representan los zorros: la costa y la sierra, lo indio y lo español. Pero este dualismo ocultaba, en su caso, otro, más secreto e inconciliable. El de un hombre aferrado a cierta antigüedad, a un mundo campesino, impregnado de ritos, cantos y costumbres tradicionales, que había conseguido, pese a la injusticia, hacer sobrevivir el pasado prehistórico; mundo arcaico que él conoció de niño, que estudió como folclorista y etnólogo, y que, como escritor, idealizó y reinventó. Y el de un intelectual convencido de que la lucha por la justicia y la modernidad era necesaria y que adoptaría —él escribe este libro en 1968, en pleno apogeo de las ilusiones que Cuba prendió en los intelectuales de todo el continente— la forma de una revolución marxista. Arguedas presintió que ambas adhesiones eran incompatibles, como vivir, al mismo tiempo, en el pasado y el futuro. Y lo expresó, de manera inmejorable, en una carta al psicólogo uruguayo Marcelo Viñar, mientras escribía esta novela: «He pasado, realmente, increíblemente, de la edad del mito y de la feudalidad sincretizada con el mito a la luz feroz del siglo XXI».* Este fulgor era tan fuerte que no lo resistió.

El Arguedas aferrado a la «utopía arcaica» no aceptaba «que la nación vencida renuncie a su alma, aunque no sea sino en la apariencia, formalmente, y tome la de los vencedores, es decir, que se aculture».** Que para vivir, al fin, una vida digna, el indio tuviera que ser despojado de aquello que lo definía y distinguía, algo que había conseguido preservar a lo largo de siglos, pese a la explotación, era, para el Arguedas que aprendió a hablar en quechua, para el gran conocedor de

* Citada por Sybila Arredondo en *El zorro de arriba y el zorro de abajo,* ALLCA XX/Ediciones Unesco, *op. cit.,* p. 283.

** «No soy un aculturado...», en *El zorro de arriba y el zorro de abajo,* ALLCA XX/Ediciones Unesco, *op. cit.,* p. 257.

la música y el folclore andinos, consumar el crimen iniciado por la Conquista. Pero, al mismo tiempo, el Arguedas avecindado en Lima, intelectual de ideas sociales avanzadas, comprendía que no había escapatoria: la justicia significaba modernización, y ésta, hispanización y occidentalización del indio, aun cuando este proceso se hiciera mediante el socialismo. Este dilema no pudo resolverlo porque no tenía solución.

Arguedas no aceptó nunca en su fuero interno que el precio del progreso fuera la muerte de lo indio, la sustitución de su sociedad rural y arcaica, transida de tradiciones quechuas, por una sociedad industrial y urbana occidentalizada. En sus capítulos de ficción, *El zorro de arriba y el zorro de abajo* es un truculento alegato en contra de la conversión de aquella sociedad en esta última, la presentación del progreso industrial como un Moloc que se nutre del indio de la sierra como las máquinas de las fábricas de las anchovetas marinas. Al mismo tiempo, los diarios quieren evitar malentendidos. Arguedas no es partidario del *statu quo,* no defiende el orden social económico que ha convertido al indio en siervo. Al hombre sensible que era debía de espantarle la idea de que su íntima adhesión al arcaísmo quechua pudiera interpretarse como un rechazo de la justicia. La imagen del militante radical que ofrenda su vida por la revolución socialista, de los diarios, quiere dejar sentado de qué lado de la trinchera se halló en la lucha social. La dualidad en que se debatió toda su vida se fragmenta en dos estilos, dos asuntos, dos narradores, dos actitudes frente a la historia, en una misma novela. Por eso, pese a ser incompleto y defectuoso, *El zorro de arriba y el zorro de abajo* es tal vez el libro en el que Arguedas se volcó más verídicamente.

Ahora bien, lo cierto es que, como hemos ido viendo a lo largo de todo su proceso creativo, la idea de revolución que se desprende de su obra difícilmente puede ser llamada marxista e, incluso, socialista. Su ideal es arcádico, hostil al desarrollo industrial, antiurbano, pasadista. Con todas las injusticias y crueldades de que puede ser víctima en sus comunidades de las alturas andinas, el indio está allí mejor que en Chimbote. Ésa es la moraleja del libro. Desde luego que en los Andes la vida puede ser horrible, como lo atestigua Esteban de la Cruz, ex minero de la mina de Cocalón, donde los trabajadores morían como moscas con los pulmones asfixiados por el polvo de carbón. Pero allá arriba al menos morían con la mínima dignidad de ser ellos hasta el último instante; en los dominios del zorro de abajo mueren envilecidos en su ser, despojados de su esencia, convertidos en desechos espirituales a la vez que físicos, robados de su lengua e historia.

Reencuentro vital

LOS DIARIOS evocan hechos centrales de la vida de Arguedas, temas sobre los que volvió una y otra vez, heridas que nunca cerraron o que se reabrían periódicamente, refracciones, en un individuo, de grandes traumas de la sociedad peruana. En el «Primer diario» evoca aquella imagen lacerante de su infancia: el hermanastro que lo humilló arrojándole a la cara un plato de comida, una manera de hacerle saber que en esa casa era un intruso. También menciona, de manera algo críptica, las orgías que aquél lo hizo presenciar, hablando del «rezo de las señoras aprostitutadas mientras el hombre las fuerza delante de un niño para que la fornicación sea más endemoniada y eche una salpicadura de muerte a los ojos del muchacho». Ya vimos que se trata de algo fundamental en su vida, pues descubrir el sexo de este modo, obligado por un verdugo al que debía odiar y que entendía el amor físico como violencia y humillación infligidas a la mujer, determinó en gran medida la visión del sexo de Arguedas como quehacer ruin, que torna al hombre un animal asqueroso.

Éste es un buen ejemplo de cómo un novelista reconstruye el mundo a su imagen y semejanza. En las novelas del hombre que descubrió el sexo como algo horrible, el sexo parece casi siempre una manifestación de crueldad y locura, no algo placentero y enriquecedor. Y estará, a menudo, mezclado con la religión. Pero en ninguno de los libros anteriores es tan apocalíptica la vida del sexo como en *El zorro de arriba y el zorro de abajo,* que podría compararse con esos manuales medievales sobre los tormentos de la lujuria. La descripción del prostíbulo de Chimbote, el mejor episodio de la novela, es de un tremebundismo celinesco, con su relajación vertiginosa y su corso de seres pintorescos y atroces hundidos en un infierno venal donde nadie goza y todos se destruyen. La podredumbre alcanza el clímax en el personaje del Mudo Chueca, homosexual incestuoso a quien, al parecer, su madre, una prostituta apodada la Muda, hace que sodomice a sus clientes mientras se acuestan con ella.

Ahora bien: todo lo que nos asusta de algún modo nos atrae; el horror puede ser un poderoso hechizo. Y no hay duda de que las formas tortuosas del sexo atraían invenciblemente a Arguedas, como las llamas del infierno a los predicadores que dedican su vida a combatirlas.

En el recuento vital de los diarios aparece don Felipe Maywa, el comunero de su infancia que cruza toda su obra, y es mencionada, desde luego, su niñez en San Juan de Lucanas y en la hacienda Viseca (a ocho kilómetros de allí), de donde era don Felipe y donde Arguedas vivió entre los nueve y once años. En estos primeros once años se halló inmerso en una realidad quechua: en la lengua, en la manera de sentir el mundo, de convertirlo en mito y música, de los indios. Esta experiencia lo enorgullecía: lo más rico de su obra se había nutrido de esa vena. Pero él había sido un niño «indio» en razón de la desgracia: la muerte de su madre, la crueldad de su madrastra y su hermanastro. Y esa infancia le producía también, por tanto, amargura y rencor. De ella provenía su incapacidad para adaptarse a la vida, sobre todo a la de la ciudad, al Perú de la costa. Esta incapacidad no era producto solamente de una solidaridad afectiva con el mundo de su infancia —el de los sufridos y desposeídos—. Era, también, resultado de las discriminaciones, burlas, desprecios que rodearon siempre a lo indio y lo serrano en el Perú costeño y occidentalizado donde pasó su vida adulta, y que asimismo lo afectaron a él. La extrema susceptibilidad del mundo que creó en sus ficciones, en las que los personajes —sobre todo aquellos en los que se volcó más, como el Ernesto de «Agua» y de *Los ríos profundos* o el Gabriel de *El Sexto*— parecen una llaga viva, es también, sin duda, legado de su infancia, que, aunque tuvo ratos de felicidad y ternura —quizá más en el recuerdo que cuando la vivía—, debió de ser de un desamparo terrible:

> ¿Cómo no ha de ser distinto... quien jugó en su infancia formando cordones ondulantes y a veces rectos de liendres sacadas de su cabeza para irlas, después, aplastando con las uñas y entreteniéndose, de veras y a su gusto, con el ruidito que producían al ser reventados...? ¿Cómo no ha de ser diferente el hombre que comenzó su educación formal y regular en un idioma que no amaba, que casi lo enfurecía, y a los 14 años, edad en que muchos niños han terminado o están por concluir esa escuela? [p. 178].

El provinciano y la cultura

En estas preguntas se advierte un acento dolido, un retintín rencoroso. Su condición de provinciano le causaba sentimientos ambivalentes. De un lado, había hecho de él un caso privilegiado en la literatura peruana, por el conocimiento que le dio de la sierra y del indio. Por otro, la sentía una limitación, una barrera que lo había detenido intelectualmente. Un curioso complejo de inferioridad literario acosó a Arguedas, que, sumado a la propensión peruana por el victimismo, explica actitudes que, a simple vista, sorprendían viniendo de un hombre que había escrito cuentos y novelas de la calidad de los suyos. Por ejemplo, la irritación que le producía cualquier debate sobre los problemas técnicos de la novela y hasta la mención de aspectos teóricos de la literatura. Era éste un terreno en el que se sentía inseguro y que, por eso, rechazaba y hasta negaba que existiera. Es ilustrativa al respecto su discusión con Sebastián Salazar Bondy, en el Primer Encuentro de Narradores Peruanos, de Arequipa, en que vemos a Arguedas protestar airado porque se hablara de la novela como de una «realidad verbal» o se dijera que de algún modo toda ficción constituye una «mentira».* Este sentimiento aparece con nitidez en los diarios, donde Arguedas habla de sus simpatías y fobias literarias y expone sus ideas y prejuicios sobre la profesionalidad, el exilio y la europeización del escritor latinoamericano con libertad de palabra y chispazos de humor.

Era cierto que tenía limitaciones en su formación literaria. Conocía mal la literatura moderna y experimental, y esto, pese a su brillante intuición, se refleja a veces en la estructura de sus ficciones. Lo que no es cierto es que su infancia rural y su instrucción tardía fueran la causa de que no entendiera bien a Joyce o a Lezama Lima o de que lo disgustaran los *Cantos de Maldoror.* La razón de los blancos literarios de su formación era otra, como ya señalé. El esfuerzo intelectual de Arguedas se concentró en la etnología, la historia, la antropología, el folclore, más que en la literatura. En aquellas disciplinas alcanzó un alto nivel de información, de modo que estaba lejos de ser hombre de poca cultura. Vimos que sus trabajos etnológicos y sus recopilaciones folclóricas no son sólo de valor científico y gratos de leer por la buena prosa y la sensibilidad artística que luce en ellos, sino que se despliegan con un horizonte de visión que no es nada provinciano. Arguedas estaba al tanto

---

* *Primer Encuentro de Narradores Peruanos. Arequipa, 1965, op. cit.,* pp. 99-152.

de teorías y corrientes modernas del pensamiento etnológico y antropológico y se movía en ese dominio con seguridad. Pero esto no le ocurría en el campo de la literatura, que, aun cuando fuera su primer amor, no fue su dedicación primordial. Por eso, en este campo, se sentía –absurdamente– algo así como un novato, y solía estar a la defensiva. Su desconfianza y susceptibilidad se manifestaron, por ejemplo, en su polémica con Julio Cortázar, en la que, como en su cambio de opiniones con Salazar Bondy, defendió tesis dudosas: diferenciar a los escritores por su origen rural o urbano o, todavía peor, por si se nutren de los libros o de la vida. Más que convicciones meditadas, estas opiniones expresan un sentimiento victimista, de inseguridad y postergación.

En *El zorro de arriba y el zorro de abajo* este sentimiento se manifiesta en el afán de citar en los términos más elogiosos a las gentes que quería o temía, como tratando de arrancarles su cariño y su respeto. Para provocar su piedad, quien era la discreción personificada exhibe sus miserias físicas e intelectuales, la tortura del insomnio, los dolores en la nuca, su agotamiento, su miedo a la mujer, su incomprensión de las ciudades, sus desdichas en el país de «sapos y halcones» en que vive. En el contexto de la desesperada voluntad de reconocimiento que alienta en estas páginas hay que situar, también, el que en los diarios se inventara una imagen revolucionaria y estableciera la *mise en scène* de su velatorio y entierro. Lo cual quiere decir, en otras palabras, que todo lo que podía haber de exageración e inexactitud en estos diarios expresaba, sin embargo, una verdad profunda, a través del procedimiento indirecto –el de la mentira– que es el de la literatura.

La naturaleza violada

En esta novela Arguedas también vertió otra de sus pasiones: la naturaleza. El Ernesto de *Los ríos profundos* apartaba a los grillos de las aceras para que no los pisaran. En *El zorro de arriba y el zorro de abajo,* el loco Moncada ronda las calles de Chimbote, con una escopeta de palo, defendiendo a los alcatraces de los niños que los descuartizan y bailan sobre sus despojos. En la novela hay un caballero paralítico que, durante años, ha defendido un árbol de molle que su familia quería derribar y una india que salva de la muerte a un chanchito dándole de mamar de sus pechos. El loco, el paralítico y Esmeralda representan una forma elevada de lo humano, en este libro en el que los hombres, por lo general, se debaten en la degradación. Porque estos tres personajes defienden la naturaleza, son capaces de captar su belleza y de comprender que, como ella es viviente y sagrada, se la debe amar y reverenciar.

En la novela regionalista se rinde culto a la naturaleza, pero se trata a menudo de un tópico literario. En Arguedas, éste es un sentimiento genuino, una religión predicada sin tregua en todo lo que escribió. También en *El zorro de arriba y el zorro de abajo,* aunque ésta no sea novela de ambiente rural, sino una ficción destinada a mostrar el horror que puede alcanzar el mundo urbano, la vida que vuelve la espalda al orden natural, la civilización que se erige mediante la depredación de lo existente. La destrucción de la naturaleza, en la novela, manifiesta los instintos perversos del hombre y su ceguera, pues, procediendo así, labra su propia desgracia. Los crímenes que se cometen contra el mar y los animales son también simbólicos: expresan el extravío que se ha adueñado del mundo.

Con una imagen clásica, Arguedas presenta el despegue industrial de Chimbote como hijo de una violación. El mar, antes «límpido», ha sido convertido en una gran «zorra», ultrajada miles de veces cada día por esos infelices que alimentan las fábricas con las anchovetas arrebatadas a las aguas. La desaparición de los peces, en las panzas de las máquinas, genera una onda de tragedias. Se disloca el equilibrio natural y los pájaros marinos pierden su alimento y corren peligro de extinguirse. Las gaviotas y los alcatraces «tristes» invaden las calles de la ciudad en busca de desperdicios: sólo consiguen que los persigan a patadas y palazos y que los perros «se banqueteen» con ellos. Otro resultado de la violencia ejercida contra el orden natural, que es siempre bello, es la fealdad. Chaucato, después de matar a miles de lobos marinos, acabó por parecerse a sus víctimas, y el saqueo del mar ha convertido a Chimbote en algo horripilante:

> La fetidez del mar desplazaba el olor denso del humo de las calderas en que millones de anchovetas se desarticulaban, exhalaban ese olor como alimenticio, mientras hervían y sudaban aceite. El olor de los desperdicios, de la sangre, de las pequeñas entrañas pisoteadas en las bolicheras y lanzadas sobre el mar a manguerazos, y el olor del agua que borbotaba de las fábricas a la playa hacía brotar de la arena gusanos gelatinosos; esa fetidez avanzaba a ras del suelo y elevándose [p. 40].

Los hombres se envenenan respirando las miasmas que despiden los cadáveres de sus víctimas. ¿Para qué perpetran esas matanzas que vuelven el mundo maloliente? Para hacer funcionar las fábricas que convierten a los peces en productos industriales. La novela de Arguedas –toda su obra, en realidad– presenta este proceso de conversión de lo orgánico en producto manufacturado como aberrante. El rechazo de la urbanización y la industrialización, ingrediente de la utopía arcaica de Arguedas, nace de la seguridad de que aquéllas traen consigo el exterminio progresivo de la fauna y de la flora, el envilecimiento de los elementos, lo que para él significa transgresión moral. No es extraño, por eso, que Chimbote esté descrito con el símil del infierno. Cuando don Ángel y don Diego recorren la Nautilus Fishing, las calderas y tuberías donde se procesa la anchoveta parecen las parrillas y trinches en que, según las imágenes populares, se asan los condenados. Las fábricas, se diría, son agentes de una maligna fuerza sobrenatural que quiere acabar con la vida: «Abajo, al pie del cerro, el puerto pesquero más grande del mundo ardía como una parrilla. Humo denso, algo llameante, flameaba desde las chimeneas de las fábricas, y otro, más alto y con luz rosada, desde la fundición de acero» (p. 44).

Toda la obra de Arguedas postula este rousseauismo: la naturaleza es buena y bella, el hombre malvado y feo; la naturaleza es pura y el hombre la corrompe. En *El zorro de arriba y el zorro de abajo* esta filosofía es más notoria, porque la humanidad aparece en ella, con mínimas excepciones, como una masa envilecida por la explotación, la ignorancia, la locura y la maldad. Lo que queda de bello y de sano en el mundo son los animales, las plantas, los árboles. Y ellos se encuentran, sobre todo —el andinismo, pieza central de la utopía—, en los Andes. Es decir, en la memoria y la nostalgia del narrador. También en su última novela acertó Arguedas extraordinariamente en sus descripciones de la naturaleza. A los pájaros, a las plantas, a las flores los entendía mejor que a los hombres y por eso los describía con felicidad, advertía en ellos atributos que sólo la paciencia del amor permite descubrir. La eficacia con que habla de la «zapatilla de muerto» («flor afelpada donde el cuerpo de los moscones negrísimos, los huayronqos, se empolvan de amarillo y permanece más negro y acerado que sobre los lirios blancos»), o de la «salvajina», esas hojas que cuelgan sobre los abismos y «no se sacuden sino con el viento fuerte, porque pesan, están cargadas de esencia vegetal densa», o de las garzas llamadas «pariwanas», dota a esos seres de recóndita dignidad. Ellos representan una forma de vida sencilla y limpia, sabia y pura, a la que los hombres deberían acercarse e imitar en vez de destruir.

Quizá no sea exagerado decir que uno de los mejores personajes de la novela es un pino altísimo, que Arguedas conoce en Arequipa. En toda su obra hay árboles humanizados, pero ninguno tiene la solemnidad patriarcal de este pino al que Arguedas confía sus secretos: «Y puedo asegurar que escuchó y guardó en sus muñones, allí guardó mi confidencia, las reverentes e íntimas palabras con que le saludé y le dije cuán feliz y preocupado estaba, cuán sorprendido de encontrarlo allí» (p. 176).

Esta música de la naturaleza, el rechazo de todo lo que aleje al hombre de ella, su alegato apasionado para que la flora y la fauna sean amadas y respetadas como lo son en los pueblos primitivos —que viven en intimidad con ellas—, podía parecer, hace algunos años, idealismo trasnochado. Pero los tiempos cambian. Muchos hombres han perdido las ilusiones que presentaban al desarrollo industrial como panacea para los males sociales, a la vez que descubrían que él podía significar contaminación, erosión de los suelos, envenenamiento de las aguas, desaparición de las especies. Por eso han surgido —es el fenómeno político más novedoso de los últimos años— los movimientos llamados ecologistas, que, en su versión más pragmática y responsable, quieren poner freno a la destrucción de la naturaleza e impedir que las máquinas acaben con los hombres, y, en su dimensión más radical y soñadora, fundar a partir de la defensa del medio ambiente una nueva utopía ideológica colectivista. Los jóvenes que militan en esta cruzada pueden reivindicar a José María Arguedas, pues la utopía del autor de *Los ríos profundos* es la suya.

La ficción: el documento falaz

LOS CUATRO capítulos de ficción de *El zorro de arriba y el zorro de abajo* son un fragmento del proyecto de Arguedas, pero el lector se puede hacer idea de la parte que le faltó escribir por el resumen que aparece en el «¿Último diario?» del que iba a ser destino futuro de los personajes.

Este proyecto era «realista»: mostrar los cambios sociales, económicos y culturales que trajo el desarrollo de Chimbote, aldea de pescadores que en pocos años se convirtió, gracias a la harina de pescado, en poderoso centro industrial y llegó a ser, durante un tiempo, el primer puerto pesquero del mundo. Unas cifras pueden dar idea de este *boom*. Según el censo de 1940 vivían en Chimbote 4.224 personas (902 familias). La instalación de algunas plantas de conserva de pescado, en los años cuarenta, dio cierto impulso al lugar, pero lo que determinó su despegue vertiginoso, a partir del año 1955, fue la industria de harina y aceite de pescado, por la enorme demanda de estos productos en los mercados extranjeros (los utilizaban las empresas de alimentos compuestos para animales). Diez años más tarde funcionaban en Chimbote cuarenta fábricas y operaban en su mar más de seiscientas lanchas bolicheras, algunas de gran calado y adelanto técnico. Se calculaba su población en un cuarto de millón de personas. Chimbote creció en esos años a un ritmo diez veces mayor que el promedio nacional y aportaba el tercio de la producción de anchoveta, que fue, en 1968, de diez millones de toneladas.*

Dije que el propósito era «realista» y quizás hubiera debido decir «verista». Para escribir el libro, Arguedas hizo varios viajes a Chimbote y permaneció allí temporadas documentándose escrupulosamente. Estudió las características de la pesca y del proceso de la anchoveta en las fábricas, y hay pruebas de ello en la novela, pedagógica en la descripción de las maniobras y utilería de que constan el trabajo de los pescadores y el funcionamiento de las máquinas que producen la harina y el aceite. Además, grabó numerosas entrevistas con obreros, pescadores, comerciantes, ambulantes y desocupados, algunas de las cuales han sido publicadas por el profesor Martin Lienhard.**

---

* Alberto Flores Galindo y Denis Sulmont, *El movimiento obrero en la industria pesquera. El caso de Chimbote*, Programa Académico de Ciencias Sociales de la Pontificia Universidad Católica del Perú, Taller Urbano Industrial, Lima, 1972.

** Martin Lienhard, *Cultura popular andina y forma novelesca. Zorros y danzantes en la última novela de Arguedas*, Tarea Latinoamericana Editores, Lima, 1981.

¿Significa esto que el resultado es una fotografía fidedigna de la realidad social de Chimbote? Se ha afirmado que sí, confundiendo una vez más las intenciones del autor con sus realizaciones. Esos cuatro capítulos, con todos sus defectos formales, son ficción y no sociología, pues en ellos lo literario prevalece sobre lo documental. Esos capítulos, pese a su empeño en reflejar objetivamente una realidad exterior, la modifican, para terminar reflejando, en sus traiciones a lo real, una verdad no menos genuina pero más privada: la intimidad del propio Arguedas. Es casi seguro que él no se percató siquiera de que esos capítulos de ficción eran también revelaciones de su experiencia más íntima, complementarias de las de los diarios. Puede palparse aquí la intervención de ese elemento espontáneo, irracional, que inevitablemente comparece en la tarea creadora, acompañando o rectificando la razón del creador.

El profesor Lienhard señala una «convergencia» entre esta novela de Arguedas y *Manhattan Transfer* (1925), de John Dos Passos, con argumentos persuasivos. Aunque no hay huellas de que Arguedas leyera a Dos Passos ni tuviera presente la novela de éste mientras escribía *El zorro de arriba y el zorro de abajo,* es cierto que, en ambas historias, el protagonista es una ciudad, y que Chimbote aparece, en esta última, como Nueva York en aquélla, recreada mediante una técnica cubista, fragmentada y tumultuaria, y que en ambos libros hay más creación que documento.

Lienhard sostiene, también, que la gran originalidad de la última novela de Arguedas es que ella ofrece una visión «andina» de la costa y que constituye una reapropiación estilística por la cultura dominada (la quechua) de la cultura peruana dominante, colonizada por el Occidente: «Hablando con la voz de las mayorías (andinas o de origen andino), el escritor proyecta una mirada andina sobre el Perú entero...».*

---

* Martin Lienhard, «La "andinización" del vanguardismo urbano», en *El zorro de arriba y el zorro de abajo,* ALLCA XX/Ediciones Unesco, *op. cit.,* p. 322.

Esta tesis me parece indemostrable, como todas las reducciones ideológicas colectivistas de las creaciones literarias. Fue un individuo singular, José María Arguedas, un pequeño universo humano constelado de circunstancias propias, reelaborador en el nivel personal de las influencias sociales, históricas y culturales que lo rodearon, quien escribió esta novela, no un abstracto fantasma gregario —la «visión andina», la «cultura quechua»— quien habría guiado su pluma o le hubiera dictado las palabras, aboliendo en él al creador y convirtiéndolo en vocero o amanuense.

Lo que ha despistado a muchos críticos empeñados en leer esta novela como un documento es que Arguedas utilizara en su novela a personajes «reales». Como si un personaje de la realidad siguiera siendo el mismo al dejar de ser de carne y hueso y volverse de palabras, al cambiar su contexto vital por el contexto ficticio cuyas leyes y fuerzas operan sobre él, rehaciéndolo constantemente, igual que, en la realidad real, las coordenadas sociales, culturales, familiares, que repercuten en el destino humano. Precisamente, lo interesante es investigar cómo estos personajes «reales» se tornan ficticios, cómo se adaptan al mundo de Arguedas, embebiéndose de sus constantes y emparentándose con los de sus otras ficciones.

Veamos el caso del malvado de la novela, Braschi, que transparentemente pretende encarnar a Luis Banchero Rossi, el industrial cuya audacia y visión fueron decisivas en la creación de la industria de harina de pescado y que, antes de ser asesinado en 1970, llegó a dirigir un imperio económico. Braschi no aparece nunca, personalmente, en la novela, pero está por todas partes: en las bocas de «sus» pescadores, que lo admiran u odian; aparecen sus lanchas, sus fábricas, sus muelles, se habla de sus periódicos, vemos a sus emisarios y matones y oímos referir sus hazañas y fechorías. Si uno observa con atención la manera como la novela presenta al personaje, los aspectos que recalca y los que relega u omite, advierte que Braschi, más que un explotador económico, es un agente de corrupción moral. Envilecer espiritualmente a sus obreros y pescadores le interesa tanto como beneficiarse de su plusvalía: se trata de un demonio disfrazado de capitalista. Así, que Chimbote se haya llenado de bares y prostíbulos no es en la novela un fenómeno derivado automáticamente de las condiciones de bonanza, de dinero fácil, que reinan en la ciudad, sino una operación planeada por Braschi y sus lugartenientes a fin de hacer gastar a los pobres serranitos todo lo que ganan en putas y borracheras para tenerlos de este modo a su merced. Un hecho tomado de la realidad se irrealiza y, junto con él, Braschi. El fenómeno económico-social se torna flagelo anímico, manifestación del mal. Braschi deja a su paso una estela de inmoralidad. La última vez que se le vio en Chimbote, para la entronización de san Pedro, el patrón de los pescadores, se despidió del puerto con una alucinante orgía: sus ayudantes acarrearon cien putas y hubo «fornicación general en el patio y los vericuetos de la fábrica» (p. 101). Quien corrompe de este modo a los demás es, qué duda cabe, un corrompido cabal: Braschi es pederasta pasivo (se hace sodomizar por el Mudo, esa inmundicia humana), lo que, en el mundo machista y puritano de Arguedas, representa el peor extremo de la degradación. No es la primera vez que ocurre esto en sus ficciones: una constante de esa realidad imaginaria es que los grandes explotadores y malvados sean homosexuales. Aunque inspirado en alguien de carne y hueso, Braschi, como otros personajes de la novela, le sirvió a Arguedas para encarnar asuntos que lo obsesionaban: su horror a la injusticia, sus preocupaciones morales y religiosas, sus fantasías y miedos sexuales.

Un fresco del mal

Ese fresco de Chimbote, con sus características apocalípticas, es mítico: más religioso que histórico, más moral que sociológico. El Chimbote real, el que experimentó la formidable, aunque fugaz, transformación económica de los sesenta, era para Arguedas un enigma («no entiendo a fondo lo que está pasando en Chimbote y en el mundo» [p. 79]), y precisamente porque no lo entendía sintió la necesidad de inventarlo («Ésa es la ciudad que menos entiendo y más me entusiasma» [p. 82]). No son los mecanismos de la explotación capitalista, o las formas de la lucha de clases en una sociedad que vive una determinada experiencia, lo que ese hormigueante mural muestra, sino la «caída» del hombre, de todo un pueblo, que, debido a un proceso económico-social destructor, está rápidamente retrocediendo a un estado de disolución y extravío primitivos, a una suerte de behetría cultural y psíquica. La humanidad de Chimbote, igual que Asto, agoniza «como pez en arena caliente».

El despegue industrial ha atraído allí a los hombres que vivían en los dominios del zorro de arriba, y ellos pueblan ahora esas barriadas miserables que han brotado en los arenales. ¿Qué ha ocurrido con los millares de serranos imantados por el espejismo del progreso? Han perdido su identidad, su pasado, su habla. Son cadáveres vivientes. Lo dice en su media lengua el albañil Cecilio Ramírez al cura Cardozo: «porque aquí está reunido la gente desabandonada del Dios y mismo de la tierra, porque ya nadie es de ninguna parte-pueblo en barriadas de Chimbote».*

El cuadro de este mundo «desabandonado del Dios y mismo de la tierra» es escalofriante, una peste bíblica. La gente vive inmersa en la brutalidad social y política. Los rufianes que trabajan para los patrones —la mafia— y los matones de los partidos políticos que se disputan los sindicatos reparten golpizas, extorsionan y matan. Las autoridades son represivas y corruptas. Los guardias civiles entran al burdel a prender

* *El zorro de arriba y el zorro de abajo,* ALLCA XX/Ediciones Unesco, *op. cit.,* p. 229.

pescadores con cualquier pretexto sólo para poder venderles su libertad. La delincuencia es generalizada y nadie está a salvo de ella. La alternativa es: criminal o víctima. A la violencia física se suma la económica. Don Ángel y don Diego hacen un minucioso balance de las tretas de las fábricas para engañar o esquilmar a los trabajadores y burlar las obligaciones sociales.

Pero hay otra violencia, que nace de la lucha por obtener trabajo o por sobrevivir: la que libran los más humildes, y que, como siempre, es la que más intensamente recrea Arguedas, en imágenes de gran eficacia literaria, como la de los recogedores de mariscos, temblando de frío en el mar de la madrugada, o la de aquellos indios que, como Asto, se amarran al muelle para aprender a nadar a fin de obtener su matrícula de pescadores. A diferencia de lo que ocurre con frecuencia en la llamada novela social, la inmersión en el mundo de la pobreza nunca parece en Arguedas mero desplante, pose literaria, no porque no haya en sus textos una compleja reelaboración de la experiencia vivida entre marginales, explotados y desechos humanos, sino porque, en su caso, la mediación literaria potencia, como en estas imágenes que he puesto de ejemplo, un sentimiento profundo de solidaridad y compasión con el mundo de la miseria.

La explotación es un aspecto del naufragio de esta humanidad; otros, su ruina moral y la pérdida progresiva de la comunicación y de la razón. Salvo unos pocos personajes, como el mítico don Hilario Caullama o el loco Moncada y tal vez algunos curas, nadie parece tener principios que guíen su conducta. Rigen ésta la lucha por la supervivencia, en la que todo zarpazo vale, la codicia, la maldad y —sobre todo— la lujuria. El dinero ganado se quema en ese burdel que, como Puquio en *Yawar Fiesta* y la prisión en *El Sexto,* está dividido en rigurosos espacios jerárquicos —el salón rosado, el blanco y el corral—, de acuerdo con las posibilidades del cliente y las condiciones de la ramera. Este burdel, aún más que la fábrica o la lancha bolichera, es el símbolo de Chimbote, espejo de la delicuescencia de sus habitantes.

Lo estrambótico

EXPLOTADO y degradado, este mundo es también grotesco, esperpéntico. A un estudio crítico que había encontrado coincidencias entre *Todas las sangres* y *Romance de lobos,* Arguedas repuso que no había leído a Ramón María del Valle-Inclán.* Pero esto no quiere decir nada. Lo cierto es que en su obra hay una vena, no muy disimulada, continua, de personajes y situaciones extravagantes, seres y gestos que rompen la normalidad y son como una versión farsesca, caricatural del mundo.** Esta vocación se vuelca como un torrente en *El zorro de arriba y el zorro de abajo.* Por Chimbote circula una fauna multicolor y tremendista, que roza la locura o la vive. Una de sus señas de identidad es la urgencia de expresar las emociones y razones que animan a las gentes mediante el baile, lo que imprime a esta realidad un rasgo mágico. Un impulso suele apoderarse de hombres y mujeres de ponerse a danzar en los momentos y sitios menos aparentes, como la prostituta Orfa, explotada por Tinoco, al subir el arenal a la vuelta de su trabajo, o don Diego en la fábrica y más tarde en el despacho del padre Cardozo, los niños sobre los cadáveres de los alcatraces, o el albañil Cecilio Ramírez, que súbitamente interpreta un huaynochuscada en la residencia de los curas. El «hippy "incaico"» no es el único ser de atuendo y gesticulación inusitados. Están también el loco Moncada, que cambia de disfraces; don Esteban de la Cruz, de pulmones destrozados, que colec-

---

* André Joucla Ruau, «Valle-Inclán et José María Arguedas. De *Romance de lobos* à *Todas las sangres:* réminiscences ou confluences», *Études Latino-Americaines,* núm. III, 1967, Faculté des Lettres et Sciences Humaines d'Aix en Provence, pp. 141-176.

** Por ejemplo, el alocado Bellido de *Todas las sangres.*

ciona sus esputos y los pesa, pues un brujo le ha dicho que cuando expulse cinco onzas de carbón se habrá curado; y Maxwell, el ex cuerpo de paz, cuya conversión al andinismo ocurrió en el curso de una fiesta en una comunidad puneña y que desde entonces baila como poseído del espíritu de San Vito y toca el charango como un nativo.

Afasia, locura, religión

En esta torre de Babel el lenguaje incomunica a las gentes. La mayor parte de ellas adolece de un habla tan dialectizada que entorpece la comunicación y divide al individuo, pues lo que dice es incapaz de expresar lo que siente y piensa (a menos que haya llegado al extremo del chanchero Bazalar, que ya no puede pensar en quechua y lo hace en la misma jerga indescifrable en que habla). Se trata de un mundo afásico; su humanidad padece una perturbación lingüística cuyas causas son psíquicas y sociales. A primera vista, la explicación de esta barbarie expresiva es que, en Chimbote, los indios, quechuahablantes, se ven obligados a emplear un español rudimentariamente aprendido, y es semejante el caso de los extranjeros (con excepción del de Maxwell). Hay un tercer caso de extravagancia lingüística: la de los locos. El lenguaje enajenado no es exclusivo de Moncada, predicador esquizofrénico (lleva un muñeco que es él mismo) cuyos sermones ocupan buena parte de la novela; muchos personajes «cuerdos» viven periodos de enajenación mental, de desvarío expresivo.

La locura –ingrediente básico de esta realidad junto con el babelismo– toma a menudo cariz religioso. Como ha mostrado José Luis Rouillón,* en la obra de Arguedas, quien

---

* José Luis Rouillón, S. J., «José María Arguedas y la religión», en *Páginas,* vol. III, núm. 15, mayo de 1978, Lima, pp. 11-30.

se proclamaba ateo, está siempre presente el tema de las religiones –católica y pagana– del Perú, el sincretismo religioso del indio, y muchos personajes suyos son visceralmente religiosos. La religión permea la atmósfera de la última novela y asoma siempre en los casos de enajenación de los individuos.* No sólo Moncada; también en don Esteban de la Cruz –su mujer ha sido catequizada por un evangelista–, que suele divagar sobre los profetas Isaías, al que admira, y David, al que llama «mariconazo». En la obra anterior de Arguedas, el cura católico era alguien obtuso o fanático, cómplice de patrones en la explotación del indio. En esta novela surge –los tiempos han cambiado también en la Iglesia– otra variedad de curas, los progresistas, partidarios de la llamada Teología de la Liberación –cuyo mentor, Gustavo Gutiérrez, es convocado también por Arguedas para su funeral–, como el padre Cardozo, que tiene al Che Guevara junto a Cristo en su despacho. La visión de estos sacerdotes, empeñados en conjugar el cristianismo y la revolución marxista, es favorable –representan al Dios Liberador opuesto al Dios Inquisidor de los párrocos de los Andes–, pero ellos no están exentos de confusión. Los padres pasionistas Hutchison y Cardozo hablan a ratos en un lenguaje tan disparatado como Moncada y parecen, como éste, desconectados de la vida, confinados en una prisión mental.

Sería erróneo considerar el lenguaje afásico de los personajes como prueba del realismo de la novela. Más bien, es prueba de lo contrario. Nada aparta tanto al libro de la realidad como sus diálogos y monólogos. Varios de ellos reproducen con mínimas enmiendas parte de las entrevistas grabadas que hizo Arguedas en Chimbote, cuando se documentaba para la novela. Paradójicamente, ese método verista irrealizó

---

* También han estudiado el tema de Dios y la religión en Arguedas Pedro Trigo, *Arguedas. Mito, historia y religión,* y Gustavo Gutiérrez, «Entre las calandrias», Centro de Estudios y Publicaciones, Lima, 1982.

esos textos, pues la realidad de la literatura no es la de la vida real. Más verdadero es el lenguaje inventado de *Yawar Fiesta* o de *Los ríos profundos* que el de *El zorro de arriba y el zorro de abajo,* porque éste carece de la factura artística que da realidad a la literatura. En ésta, lo genuino es siempre obra del artificio, si éste, por eficaz, resulta invisible. Y, a la inversa, quien cree conseguir la veracidad trasladando lo real a la ficción con grabadora –como intentara hacerlo Oscar Lewis en *Los hijos de Sánchez* y *La vida* o Arguedas en esta novela– consigue lo inverso: la impresión de algo postizo, artificial. El lector no cree que los personajes hablen así, pues su manera de hablar no es intrínsecamente persuasiva. Persuasiva quiere decir, en este caso, transmisora de un contenido. El lenguaje de los personajes, por su pintoresco barroquismo y su oscuridad, que da a las frases aire de acertijo, deja de ser intermediario, se vuelve fin, espectáculo que obstruye el curso de una novela que, evidentemente, no asigna a diálogos y monólogos una función poética, sino una narrativa, la de conectar dinámicamente dos instancias del relato y hacerlo progresar. Veamos el monólogo del ex minero Esteban de la Cruz (pp. 136-137). Este lenguaje verista se ha vuelto caricatura porque, en el libro, ha perdido la oralidad y su infraestructura visual: sólo lo leemos y se nos escapan el gesto, el tono, los ademanes que debieron acompañarlo en la realidad real. Trasladado a la escritura, con una ínfima e inadecuada mediación formal, sólo conserva su apariencia estrafalaria. Es decir, ha perdido toda significación social y queda de él, apenas, una superficie «estética»: rareza, primitivismo, insolvencia. Como un alacrán, se destruye a sí mismo y deja de significar algo, incluso como documento lingüístico, pues no se basta para expresar una manera de ser, apenas una circunstancia. Esto se agrava cuando don Esteban no habla sino piensa y el narrador transcribe lo que se supone es un monólogo interior del ex minero. Resulta peor porque, cuando uno piensa, tal vez lo hace incorrectamente, pero con conceptos siempre correctos, no con las palabras deformadas de un idioma segundo, aprendido a medias, sino en su propio idioma (siempre que se piense en palabras y no en imágenes o conceptos abstractos, controversia sin concluir entre psicólogos y lingüistas). Así, los monólogos interiores de don Esteban aparecen como una representación, un disfuerzo verbal, no como la transcripción de una conciencia en movimiento.

Algo parecido ocurre con las prédicas del loco Moncada (sobre todo, la de la p. 143). Como lo que dice no es significativo, pues no hace avanzar la intriga, no amplía la información inicial que esos sermones conllevan —que quien los profiere está loco—, sus monólogos se convierten en un alarde exhibicionista de aberraciones sintácticas, fonéticas y ortográficas; en otras palabras, en puro *formalismo,* variante empobrecida del esteticismo que expresa la fórmula arte por el arte (en este caso, el lenguaje por el lenguaje).

El habla de los personajes es el mayor fracaso de la novela. En él se puede también rastrear la importancia de ese factor irracional que, a veces, en el fluir de la escritura, desbarata las intenciones del autor. Arguedas utilizó los diálogos y monólogos fonéticos creyendo sin duda que de este modo retrataría con mayor fidelidad la desintegración cultural del hombre de la sierra al ser atrapado en los rodajes del mundo industrial y castellanizado de la costa. En verdad, éste fue sólo el principio de la historia. Aunque partió de un dato real —el español mal aprendido de los indios—, fue subrayando y generalizando de tal modo esta manera de hablar que —la intensificación cuantitativa determina una muda de naturaleza—, en un momento dado, la anormalidad se volvió norma y el mundo de la novela somatizó en su ser, como prerrogativa, una naturaleza afásica y enajenada de la que el habla de los personajes pasó a ser manifestación, síntoma. En vez de expresar un fenómeno sociolingüístico objetivo, el babelismo de la novela se convirtió en metáfora del horror al progreso del autor, de su angustia por la pérdida de ese mundo arcaico que amaba* y, también, en una proyección de su crisis personal.

Uno de los críticos que ha estudiado con más penetración (y menos *parti pris* ideológico) la obra de Arguedas,** Roland Forgues, hace una interesante observación sobre esta novela. Recuerda que en su ensayo de 1950 sobre «La novela y el problema de la expresión literaria en el Perú», Arguedas dijo que era «falso y horrendo» presentar a los indios hablando el castellano bárbaro de los sirvientes quechuas, y la distancia que hay entre esta afirmación y el lenguaje de los personajes de *El zorro de arriba y el zorro de abajo,* «lenguaje múltiple y equívoco, a imagen y semejanza de la división cada vez más radical de las clases sociales y de sus conflictos siempre crecientes».*** Según Forgues, el babelismo de la novela, reflejo de la sociedad peruana, expresa la desesperación de Arguedas al ver contradicho por la realidad su sueño —su utopía— de un mestizaje creador y equitativo entre «todas las sangres» de que toda la obra anterior daría testimonio. En *El zorro...,* Arguedas habría emprendido «el viaje de retorno del ideal a la realidad»; es decir, a una traumática comprobación de que en vez de aquella integración, la sociedad peruana, encarnada en el mundo infernal de Chimbote, en vez de aquel mestizaje integrador «dinámico y fecundo», experimenta un proceso en el que «indios, negros, cholos y zambos pierden su identidad y sus raíces y se hunden en un mismo irremediable proceso de degra-

---

* Y que en la novela está representado por el ex cuerpo de paz Maxwell, que ha convivido seis meses con los indios de Paraitía, en Puno, aprendiendo a tocar el charango, y que, como el ingeniero Larrabure de *Todas las sangres,* ha sido conquistado por las esencias antiguas del Perú y ha decidido quedarse a vivir en una barriada de Chimbote como albañil.

** Roland Forgues, *José María Arguedas, de la pensée dialectique à la pensée tragique. Histoire d'une utopie,* Éditions France-Ibérie Recherche, Toulouse, 1986. Hay versión en español: *José María Arguedas: del pensamiento dialéctico al pensamiento trágico. Historia de una utopía,* Editorial Horizonte, Lima, 1989.

*** Roland Forgues, «Por qué bailan los zorros», en *El zorro de arriba y el zorro de abajo,* ALLCA XX/Ediciones Unesco, *op. cit.*

dación y alienación».* Aunque la utopía que yo creo ver en Arguedas no es exactamente la del mestizaje que ve el profesor Forgues, muchas de las observaciones que éste hace sobre *El zorro de arriba y el zorro de abajo* son muy pertinentes, sobre todo en lo que respecta al vínculo que él detecta entre la desintegrada estructura de la novela y el proceso de desintegración psíquica y moral que padecía Arguedas mientras la escribía. Para Forgues, esta novela constituye el «paso en el novelista de un pensamiento dialéctico a un pensamiento trágico», es decir, «de un pensamiento fundado en la creencia en la posibilidad de conciliación de los contrarios en el mundo de acá a un pensamiento que relega esta posibilidad a la eternidad mítica».**

La atracción del barro

DISTORSIONADO, presa de desorden lingüístico, este mundo es también procaz. Se diría que las últimas fuerzas que les quedan se las gastan los personajes en proferir suciedades o en cometerlas. Arguedas dio en esta novela curso libre a una *atraction de la boue* que había antes asomado en su obra, sobre todo en *El Sexto* y en *Amor mundo.* La novela trasluce una fascinación por lo asqueroso. Se la percibe en el uso maniático de la palabra vulgar, en la alusión escatológica que no se despega de la boca de los personajes y que, a ratos, rebalsa a los diarios. La obsesión excretal podría ser materia para un análisis específico. La mención de funciones fecales y del ano, los chistes relacionados con el «abajo» humano —ese sector que representa aquí, en el individuo, lo que el «abajo» en la tierra: el lugar de la lujuria y la pudrición— recuerdan las teorías de

---

* *Ibid.,* p. 309.

** *Ibid.,* pp. 311-312.

Mijail Baktin, en su estudio sobre François Rabelais, sobre la cultura popular como espejo deformante de la cultura oficial. Estas menciones son tan abundantes que su presencia ya no es mero accidente, sino un componente más de la condición infernal del mundo. Hay otros motivos de la misma índole. Es frecuente que los personajes hagan porquerías, como el loco Moncada, a quien vemos tragarse un gallo que acaba de ser triturado por el tren. Don Esteban de la Cruz duerme entre basuras, rodeado de los esputos que colecciona, y el padre Cardozo conserva en la memoria el cadáver de una parturienta cuyos restos devoran las moscas. Es como si algo contenido, que apenas osaba asomar, se exhibiera por fin con brusco descaro. Estos bajos fondos de lo humano repelen, pero también emocionan, porque, con ellos, impregnándolos, la novela transparenta una profunda comprensión de la miseria: la material y la moral. Su mundo es el de los pobres, los sufridos, los humillados, los degradados, esa especie cuyo dolor Arguedas conocía y que, a la vez que le indignaba, le atraía.

La «inmundicia» que es Chimbote viene tanto de la realidad objetiva de las fábricas de harina de pescado como de esa verdad desconocida y a menudo terrible que los creadores sacan de sí mismos cuando son capaces de volcarse en sus ficciones, asumiendo todos los riesgos, como quería Michel Leiris. Por eso, este libro trunco, amalgama de anécdotas y bocetos de tipos que no llegan a integrarse, nos interesa y nos turba. Parece mentira: en una novela en la que dijo que se mataba porque se sentía sin fuerzas para seguir creando, Arguedas dio la prueba más convincente de que era un creador.

XX. LA UTOPÍA ARCAICA Y EL PERÚ INFORMAL

¿QUÉ QUEDA, un cuarto de siglo después de muerto Arguedas, de la utopía arcaica? ¿Cuál es la importancia de su obra en el contexto actual?

Si, en los años finales de su vida, el Perú había empezado a cambiar de esa manera traumática que a él le inspiró el *mare magnum* de su última novela, de entonces a esta parte los cambios se han sucedido de manera todavía más rápida, al extremo de que el autor de *Los ríos profundos* apenas reconocería el país en el que nació. Los cambios han ocurrido en el sentido que más temía y acaso hayan ido más lejos de lo que ni en sus momentos más pesimistas pudo imaginar.

En 1969, la dictadura militar del general Velasco Alvarado, que había depuesto el año anterior al presidente constitucional Belaúnde Terry, dictó el Decreto Ley de Reforma Agraria 17716 que materializó un anhelo largamente reclamado por todos los sectores no retrógrados del país. Fue de índole colectivista y estatista, como la habían concebido los ideólogos de izquierda, muchos de los cuales colaboraron con los militares en la expropiación de las haciendas de la costa y de la sierra y en el diseño de las cooperativas y empresas estatales que arrebataron la tierra a latifundistas, gamonales y grandes propietarios y las entregaron «al pueblo organizado», según el estribillo voceado en los medios de comunicación estatizados y confiados, muchos de ellos, a intelectuales progresistas. «El patrón no comerá más tu pobreza», frase atribuida (falsamente) a Túpac Amaru II por la propaganda oficial, se convirtió en emblema de un gobierno que prometía hacer justicia por fin a los indios del Perú.

La reforma agraria acabó con el Perú feudal, hizo desaparecer el gamonalismo e instituciones aborrecibles como la servidumbre y el pongaje —servicios gratuitos al patrón—, pero, en contra de las esperanzas cifradas en ella, no mejoró la condición del campesinado. En cierto modo, la empeoró y contribuyó al empobrecimiento general del país y a sus consecuencias: el déficit fiscal, el endeudamiento externo y la inflación. Sucedió que, como todas las reformas colectivistas y estatistas, las tierras no fueron puestas en manos del «pueblo organizado», sino de comités políticos y de burócratas sin experiencia técnica y a menudo corrompidos. El resultado no se hizo esperar: en pocos años la producción agraria del país había caído en picada y todas las empresas estatales y las cooperativas estaban técnicamente quebradas, viviendo del subsidio. No sólo las anticuadas y escasamente productivas de los Andes; también, los modernos ingenios azucareros de la costa, modelo en su género, que habían sido durante décadas una de las fuentes principales de la renta nacional.

Pero más graves todavía que la catástrofe económica resultante de la reforma agraria fueron sus reverberaciones sociales. Ella ayudó, más aún que la violencia política de la década del ochenta, a desarraigar a cientos de miles de indios de sus pueblos y comunidades y los empujó hacia las ciudades de la costa, a vivir ese proceso que haría de ellos, culturalmente, cada día, menos indios y más mestizos (lo que Aníbal Quijano ha llamado «la cholificación» del Perú). Ni el terrorismo de Sendero Luminoso o la contrainsurgencia militar han sido un factor tan importante de fractura de la sociedad indígena tradicional como la reforma agraria: en razón del empobrecimiento de un campesinado que ya vivía en condiciones lamentables bajo el régimen anterior y porque, a raíz de la instalación de las cooperativas y empresas estatales agrarias, una numerosa colectividad de campesinos que se empleaban como eventuales –los golondrinos– quedaron sin fuentes de trabajo y condenados a morir de hambre o emigrar.

Los que permanecieron en el campo, de cooperativistas o asalariados, debieron enfrentar una situación crítica ante el progresivo declive de la producción agraria, en unas empresas en las que, por incompetencia de sus directivos, el criterio político que prevalecía sobre el técnico en la gestión, o muy a menudo por el robo que las descapitalizaba, veían declinar sus condiciones de vida y tomaban conciencia de la estafa de la que eran víctimas. El patrón ya no comía de su pobreza, en efecto, pero sí los funcionarios, y al paso que iban las cosas pronto ya no habría comida ni siquiera para los nuevos explotadores.

La respuesta del campesino de los Andes frente al fracaso de la reforma agraria fue una verdadera sorpresa para quienes lo creían atrapado en una cultura colectivista tradicional impermeable al mundo contemporáneo y a los valores del individualismo y de la propiedad privada: parcelar las tierras y establecer una propiedad y manejo privados del campo. Lo hicieron en contra de la ley y del gobierno, desobedeciendo las consignas de los líderes sindicales y políticos que decían representarlos y para quienes era tabú que se introdujese la propiedad privada en una sociedad colectivista que veían como cimiento del futuro Perú socialista, y en contra de los románticos ideólogos que habían presentado al indio como alérgico a renunciar a sus costumbres comunitarias y a reemplazar el trabajo comunal solidario y de servicio por el individualista burgués, animado por el «espíritu de lucro». A veinte años de iniciada la reforma agraria, cerca del 80% de las tierras colectivizadas habían sido parceladas por unos campesinos a los que la experiencia hizo descubrir que el único camino para salir de la miseria era el opuesto al de aquella pretendida reforma.

Pero, en la década de los ochenta, otro cataclismo se abatió sobre los Andes peruanos, sobre todo en la región central y sureña, que daría un nuevo impulso —esta vez sangriento— al proceso de desindianización del indio y a la desintegración de la sociedad andina tradicional, es decir, al mundo que alimentó las ficciones y sueños de Arguedas: la insurrección de Sendero Luminoso. La dictadura militar izquierdista, a la que apoyaban con entusiasmo el Partido Comunista prosoviético y la mayoría de las facciones de la izquierda peruana, alentó la radicalización de los sectores más ortodoxos de ésta —sobre todo, los de tendencia trotskista y maoísta— y su decisión —a fin de marcar distancia con quienes colaboraban con el enemigo de clase y creían que el instrumento de la revolución podría ser una dictadura militar— de pasar a la lucha armada.

Aunque ella se gestó y decidió en los años finales del régimen militar (que, en su segunda fase, 1975-1980, bajo el general Morales Bermúdez, atenuó el izquierdismo del ochenio velasquista), la insurrección estalló casi al mismo tiempo que se restablecía la democracia en el Perú. Ella no instauró la sociedad sin clases, pero logró que este restablecimiento democrático fuera defectuoso e incapaz de satisfacer las expectativas con que la gran mayoría de los peruanos recibió la vuelta de la legalidad. Escribo estas líneas quince años después del estallido de esa insurrección, que, aunque todavía da coletazos, parece haber sido severa y acaso irreversiblemente golpeada desde la captura de su líder, Abimael Guzmán, quien se pudre en vida en un calabozo subterráneo construido en concreto armado para que cumpla en él su condena perpetua. Los principales dirigentes del senderismo, entre ellos Sybila Arredondo, la viuda de Arguedas, se hallan también en la cárcel, sentenciados de por vida por unos tribunales especiales —de jueces enmascarados y con las voces deformadas por artefactos mecánicos—, creados especialmente para juzgarlos por el régimen autoritario que se instaló en el Perú a raíz del golpe de Estado del 5 de abril de 1992. Otros, muchos otros, dirigentes o militantes o simpatizantes de los insurrectos, así como miles de miles de inocentes —en su inmensa mayoría de origen campesino—, murieron a consecuencia de la guerra subversiva. Nunca se sabrá, en la sombría cifra de 25.000 a 30.000 muertos, cuántos cayeron abatidos por Sendero Luminoso o por la contrainsurgencia, que cometió excesos tan vertiginosos en la represión del terrorismo como los cometidos por los terroristas.

Pero lo que sí podemos saber, a estas alturas, es que esa violencia de casi tres lustros infligió, también, golpes mortales a lo que quedaba de la sociedad andina tradicional y ayudó a pulverizar las barreras que la aislaban del Perú moderno. En contra de la imagen que algunos irredentos aficionados al color local quisieron fabricarle, Sendero Luminoso no fue un movimiento indigenista, de reivindicación étnica quechua, antioccidental, expresión contemporánea del viejo mesianismo andino. Quienes hayan hecho el esfuerzo de leer los densos escritos del camarada Gonzalo —la cuarta espada del marxismo— o los documentos senderistas, saben que no hay en ellos la menor intención de resucitar el imperio de los incas ni de preservar las costumbres y la cultura indígenas. Más bien, el designio es «incendiar la pradera», según la metáfora de Mao: acabar con todo lastre del pasado y reemplazar la vieja sociedad por otra, modelada según las formas extremas del comunismo que encarnaron la China de la Revolución Cultural y la Cambodia de los jemeres rojos.

Los senderistas fueron implacables en la aplicación de sus teorías «modernizadoras» marxistas-leninistas-maoístas-pensamiento Gonzalo (ésa era la cuadriga ideológica que salvaría al mundo) en las comunidades indias o pueblos de los Andes. A sangre y fuego acabaron con las ferias tradicionales para poner fin a la economía mercantil e impusieron la autosuficiencia productiva a las comunidades, para matar el aborrecido comercio y como parte de la estrategia maoísta según la cual la revolución iría asfixiando desde el campo a las ciudades. Por el adoctrinamiento, incitando las rivalidades entre comunidades o mediante la coerción, millares de campesinos fueron incorporados a la lucha revolucionaria, atrayendo –a veces provocándola con frío cálculo para exacerbar las contradicciones– la represión policial y militar contra aldeas y caseríos andinos que fueron literalmente devastados. Decenas de miles de familias indias debieron ir a ensanchar las barriadas de Lima y otras ciudades a consecuencia de la ideología catastrofista que dinamitó tractores, puentes, caminos, fábricas, represas, estaciones experimentales, rebaños, creyendo que éste era el camino para redimir a los explotados del Perú. El resultado fue otro: los Andes, sobre todo en la región central, se empobrecieron a extremos de vértigo y ello estimuló –impuso– esa riada de pobladores andinos hacia la ciudad, es decir, hacia la fatídica y tan temida por Arguedas «pérdida de la identidad».

De ello ha resultado que, hoy en día, el Perú haya dejado en gran parte de ser aquella sociedad dual que describía el indigenismo. *Integración* acaso no sea la palabra que convenga para describir el fenómeno, pues ella sugiere una armoniosa aleación de culturas en la que una absorbe a la otra y, a su vez, se enriquece con el añadido. *Mescolanza, confusión, amalgama, entrevero* parecen términos más apropiados para caracterizar esta amorfa sociedad surgida de la forzada cohabitación de millones de peruanos de origen serrano con los costeños o los pobladores occidentalizados de las ciudades andinas. La desindianización es veloz, desde luego –el quechua, los atuendos indígenas, las creencias, los usos y costumbres tradicionales se amestizan a toda prisa–. Lo resultante no es la hispanización con la que soñaban para el Perú los hispanistas del novecientos. Más bien, un extraño híbrido en el que al rudimentario español o jerga acriollada que sirve para la comunicación, corresponden unos gustos, una sensibilidad, una idiosincrasia y hasta unos valores estéticos virtualmente nuevos: la cultura chicha. Se llamó música chicha a aquella que combinaba los huaynitos andinos con los ritmos de moda caribes y aun con el rock y que prendió como fuego en las barriadas de emigrados serranos. Por extensión, designa ahora a ese nuevo país compuesto por millones de seres de origen rural, brutalmente urbanizados por las vicisitudes políticas y económicas, entre los que ha surgido una manera de ser y de hacer que ningún indigenista ni hispanista pudo sospechar jamás. Alejado por igual de lo que ambas ideologías ambicionaban para el país, aparece como la realidad cultural más representativa de los sectores populares (cuando menos, dos tercios de la población).

Ese nuevo Perú, el Perú *informal*, tiene algunas afinidades con la humanidad descrita por Arguedas en el Chimbote de *El zorro de arriba y el zorro de abajo,* pero más diferencias. Hierve de vitalidad y gracias a su energía y voluntad de sobrevivir el país no se ha desintegrado con los desastres económicos y políticos de las últimas décadas. La economía informal creada por ellos, al margen de una legalidad costosa y discriminatoria para el pobre, ha hecho posible centenares de miles de puestos de trabajo y producido una riqueza difícil de cuantificar pero que es inmensa, un verdadero prodigio si se piensa que ella resultó de hombres y mujeres sin capital, sin tecnología, sin apoyo alguno, sin créditos y trabajando en la precaria ilegalidad. Gracias a esos ex indios, cholos, negros, zambos y asiáticos ha surgido por primera vez un capitalismo popular y un mercado libre en el Perú.

Sin embargo, la informalización de la economía, magnífico potencial para el desarrollo del país, y la aparición de nuevos patrones lingüísticos y estéticos no agotan el fenómeno. En el campo religioso ha aparecido también una suerte de informalidad, con la penetración de las iglesias evangélicas, que, en amplios sectores populares, han desplazado al catolicismo –religión oficial, que se había ido distanciando de esos estratos sociales tanto como las otras instituciones formales del país–, y con el surgimiento de cultos autóctonos de sesgo protestante –religiones chichas, si se me permite la irreverencia–, como la Misión Israelita del Pacto Universal, nacida en el corazón de los Andes y con prosélitos en sectores campesinos, que ha estudiado Juan Ossio. Todos estos aspectos de la informalización del país a causa del desborde andino son muy positivos. Muestran una capacidad de creación y recreación de sí mismos y de adaptación a nuevas circunstancias de los millones de hombres y mujeres humildes, a los que el Perú oficial, como lo llamó Basadre, siempre defraudó.

Pero en otros aspectos este fenómeno ha sido más bien negativo, pues ha creado una base de sustentación social muy extendida para la anomia o cinismo moral, que hace de la picardía –la pendejada, en lenguaje peruano– el supremo valor y que, por su desprecio de todas las instituciones del Perú formal –entre ellas la corrupta e ineficiente democracia y los demagógicos e inútiles partidos políticos–, alienta el autoritarismo. Desde luego, nadie podría reprocharle al pueblo del Perú, y sobre todo a los más pobres de los pobres que son el hombre y la mujer de los Andes, su desencanto con un sistema que mostró en las últimas décadas, en los cortos paréntesis en que reapareció, una imagen de total incompetencia y considerable deshonestidad. También es cierto que los partidos políticos habían mostrado una pertinaz ceguera frente a las convulsiones sociales y no habían sabido adaptarse a la nueva realidad, desarrollando programas, un discurso y un método de acción con los que el Perú informal pudiera identificarse. Justos pagaron por pecadores, desde luego, porque en el desplome de la imperfecta legalidad que el Perú tuvo entre 1980 y 1992 fueron víctimas todos los sectores políticos por igual, de la derecha a la izquierda, a los que un sector mayoritario de peruanos volvió las espaldas, seducido por quien parecía encarnar el nuevo Perú informal.

El régimen inaugurado por Alberto Fujimori en abril de 1992 es la expresión política de ese país informalizado, de cultura chicha, asqueado de la demagogia y la ineficacia de los gobiernos legales y harto de la violencia sanguinaria que desató el terrorismo político, al que todo ello precipitó en un febril proceso de urbanización y modernización. Un país al que el exceso de inmoralidad política reinante volvió amoral y de un pragmatismo político a prueba de principios. En el ingeniero Fujimori los peruanos informales percibieron a uno de los suyos: sus arengas contra los políticos profesionales, su origen étnico que él exhibía como prueba de identificación con los indios, cholos y negros discriminados por los blancos racistas, su promesa de que para acabar de una vez por todas con el terrorismo había que aplicar la mano dura, su viveza criolla y el desenfado con que hacía gala de su moral laxa —pendeja—, y hasta su lenguaje mechado de imperfecciones sintácticas y modismos pintorescos, le merecieron una popularidad que explica el entusiasmo con que una gran mayoría de peruanos recibieron el golpe de Estado del 5 de abril de 1992. Y el apoyo que le han seguido dando los electores en todas las consultas que su régimen debió convocar para cubrir las formas ante la comunidad internacional, que no acepta las dictaduras a la vieja usanza.

El régimen que ha resultado de ello tiene apariencias democráticas; gana las consultas electorales, mantiene una división de poderes y en teoría respeta el pluralismo político e informativo. En realidad, detrás de aquel decorado están unas fuerzas armadas que han retornado, una vez más, a ser el centro del poder —y que pueden cometer, con total impunidad, los peores desafueros con la coartada de la lucha antisubversiva— y una máquina autoritaria que, mediante la prebenda o el chantaje, ha ido poniendo de rodillas a jueces, medios de comunicación, periodistas, sindicatos, empresarios, y creando un sistema legal *ad hoc* que legitima todo lo que hace.

¿A qué se debe que conserve su popularidad? A que, en los dos asuntos que más angustiaban a los peruanos —la violencia terrorista y la ruina económica—, ha obtenido éxitos. Los reveses asestados por el régimen a la insurrección, aunque no han acabado con los atentados, los han reducido de manera considerable y han recreado una seguridad y un orden que parecían evaporados. Y en el campo económico, el volteretazo ideológico de Fujimori, renunciando a la receta populista que había defendido como candidato y aplicando un programa radical de modernización —apertura de las fronteras, privatización de las empresas públicas, disciplina fiscal, desregulación y aliento a la creación de mercados—, ha traído al Perú, una vez liquidada la hiperinflación causada por la demagogia populista del gobierno de Alan García, elevados índices de crecimiento.

No es éste el lugar de discutir si la destrucción de la democracia se justifica con éxitos económicos y de orden público —yo, desde luego, creo que no y que el progreso alcanzado a través del autoritarismo tiene pies de barro—, sino de situar el tema de este libro dentro de este contexto histórico. Es evidente que lo ocurrido en el Perú de los últimos años ha infligido una herida de muerte a la utopía arcaica. Sea positivo o negativo el juicio que merezca la informalización de la sociedad peruana, lo innegable es que aquella sociedad andina tradicional, comunitaria, mágico-religiosa, quechuahablante, conservadora de los valores colectivistas y las costumbres atávicas, que alimentó la ficción ideológica y literaria indigenista, ya no existe. Y también, que no volverá a rehacerse, no importa cuántos cambios políticos se sucedan en los años venideros. Las futuras utopías, si surgen, serán de otra estirpe. Vuelva la democracia o se consolide el régimen autoritario, se mantenga la política económica actual o se modifique en una dirección socialdemócrata o socialista, todo indica que el Perú se halla encarrilado hacia una sociedad que descarta definitivamente el arcaísmo y acaso la utopía.

A muchos nos hubiera gustado que la modernidad llegara de manos de la libertad, por una lúcida elección de los propios peruanos, no por los trágicos atajos de las catástrofes económicas y los apocalipsis políticos, y que no la propiciara un régimen autoritario, sino uno democrático. Pero el hecho es que ella está ahora allí, asomando entre las ruinas del viejo país, y que por lo menos en lo que a ella concierne existe un amplio consenso en el Perú, del que participan prácticamente todos los sectores sociales y políticos. Aunque las opiniones varíen sobre muchas otras cosas –acaso sobre *todas* las demás cosas–, los peruanos de todas las razas, lenguas, condiciones económicas y filiaciones políticas están de acuerdo en que el Perú en gestación no será ni deberá ser el Tahuantinsuyo redivivo, ni una sociedad colectivista de signo étnico, ni un país reñido con los valores «burgueses» del comercio y la producción de la riqueza en búsqueda de un beneficio, ni cerrado al mundo del intercambio en defensa de su inmutable identidad. Ni indio ni blanco, ni indigenista ni hispanista, el Perú que va apareciendo con visos de durar es todavía una incógnita de la que sólo podemos asegurar, con absoluta certeza, que no corresponderá para nada con las imágenes con que fue descrito –con que fue fabulado– en las obras de José María Arguedas.

Esta discrepancia no empobrece esas obras, desde luego. Por el contrario, les confiere una naturaleza literaria, realza lo que hay en ellas de invención, las consagra como ficciones que gracias a la destreza de quien las fraguó, confundiendo en ellas las experiencias de su vida, los avatares de la sociedad en que vivió y los generosos o violentos anhelos que lo inspiraban, parecieron retratar el Perú real, cuando, en verdad, edificaban un sueño.

Londres, 17 de agosto de 1995

BIBLIOGRAFÍA*

OBRAS DE JOSÉ MARÍA ARGUEDAS**

«Wambra Kuyay», en *Signo,* núm. 1, Lima, 8 de noviembre de 1933, p. 3.

«Los comuneros de Ak'ola», en *La Calle,* núm. 5, Lima, 13 de abril de 1934.

«Los comuneros de Utej-Pampa», en *La Calle,* núm. 11, Lima, 26 de mayo de 1934.

«Kollk'atay-pampa», en *La Prensa,* suplemento dominical, Lima, 30 de septiembre de 1934, p. 15.

«El vengativo», en *La Prensa,* suplemento dominical, Lima, 9 de diciembre de 1934, pp. 15-16.

«El cargador», en *La Prensa,* suplemento dominical, Lima, 27 de mayo de 1925, p. 15.

«Doña Caytana», en *La Prensa,* suplemento dominical, Lima, 29 de septiembre de 1935, p. 15.

Agua. Los escoleros. Warma Kuyay, Compañía de Impresiones y Publicidad, Lima, 1935.

«El despojo», en *Palabra,* núm. 4, Lima, abril de 1937, pp. 10-13.

---

* Ésta no es ni aspira a ser una bibliografía exhaustiva. Consigno en ella sólo los textos de o sobre José María Arguedas que he podido consultar personalmente y que me fueron de alguna utilidad mientras preparaba este libro.

** Los libros van en cursivas y entre comillas los cuentos, artículos o ensayos aparecidos en publicaciones periódicas.

«Yawar (Fiesta)», en *Revista Americana*, año XIV, núm. 156, Buenos Aires, 1937.

Canto kechwa. Con un ensayo sobre la capacidad de creación artística del pueblo indio y mestizo, Compañía de Impresiones y Publicidad, Ediciones Club del Libro Peruano, Lima, 1938. Dibujos de Alicia Bustamante.

Runa Yupay, Comisión Central del Censo, Lima, 1939.

«Entre el kechwa y el castellano la angustia del mestizo», en *La Prensa*, Buenos Aires, 24 de septiembre de 1939, y en *Huamanga*, año V, núm. 28, Ayacucho, 31 de diciembre de 1939, pp. 28-31.

Yawar Fiesta, Compañía de Impresiones y Publicidad, Lima, 1941. Otras ediciones: *Yawar Fiesta*, Librería-Editorial Juan Mejía Baca, Lima, 1958. Texto corregido por J. M. A. *Yawar Fiesta*, Editorial Universitaria, Colección Letras de América, Santiago de Chile, 1968. Nuevas correcciones añadidas por J. M. A.

Mitos, leyendas y cuentos peruanos, Ministerio de Educación Pública, Colección Escolar Peruana, Lima, 1947. Selección y notas de J. M. A. y Francisco Izquierdo Ríos.

Canciones y cuentos del pueblo quechua, Editorial Huascarán, Lima, 1949. Selección, traducción y notas de J. M. A.

«La novela y el problema de la expresión literaria en el Perú», en *Mar del Sur*, núm. 9, Lima, enero-febrero de 1950, pp. 66-72. J. M. A. revisó y corrigió este ensayo para prologar la edición de *Yawar Fiesta* de la Editorial Universitaria, Colección Letras de América, Santiago de Chile, 1968.

«La ciudad de La Paz: una visión general y un símbolo», en *La Prensa*, Lima, 18 de febrero de 1951.

«Cuentos mágico-realistas y canciones de fiestas tradicionales del valle del Mantaro, provincias de Jauja y Concepción», en *Folklore Americano*, núm. 1, Lima, noviembre de 1953, pp. 101-293. Publicado también en separata.

Diamantes y pedernales. Agua, Juan Mejía Baca/P. L. Villanueva Editores, Lima, 1954.

«Evolución de las comunidades indígenas. El valle del Mantaro y la ciudad de Huancayo: un caso de fusión de culturas no comprometida por la acción de las instituciones de origen colonial», en *Revista del Museo Nacional*, vol. XXVI, Lima, 1957, pp. 78-151. Publicado también en separata.

«Puquio, una cultura en proceso de cambio», en *Revista del Museo Nacional*, vol. XXV, Lima, 1956, pp. 184-232.

«Canciones quechuas», en *Américas*, núm. 9, Washington, noviembre de 1957, Unión Panamericana.

Los ríos profundos, Editorial Losada, Novelistas de España y América, Buenos Aires, 1958. Otras ediciones: *Los ríos profundos y selección de cuentos*, Biblioteca Ayacucho, Caracas, 1978. Prólogos de Mario Vargas Llosa; cronología y bibliografía de Mildred E. Merino de Zela. *Los ríos profundos*, Cátedra, Letras Hispánicas, Madrid, 1995. Edición de Ricardo González Vigil.

«París y la patria», en *El Comercio*, suplemento dominical, Lima, 7 de diciembre de 1958, p. 2.

«Notas elementales sobre el arte popular religioso y la cultura mestiza de Huamanga», en *Revista del Museo Nacional*, vol. XXVII, Lima, 1958, pp. 140-194. Publicado también en separata.

«¿Una novela sobre las barriadas?», en *La Prensa*, Lima, 4 y 23 de diciembre de 1958. Dos artículos.

«La sociología y la reforma de la educación secundaria», en *El Comercio*, suplemento dominical, Lima, 8 de noviembre de 1959, p. 2.

«Sociología y educación secundaria», en *El Comercio*, suplemento dominical, Lima, 22 de noviembre de 1959, p. 3.

«En respuesta a Carlos Salazar Romero», en *El Comercio*, suplemento dominical, Lima, 22 de noviembre de 1959.

«Reflexiones peruanas sobre un narrador mexicano», en *El Comercio*, suplemento dominical, Lima, 8 de mayo de 1960.

«Cuentos religioso-mágicos quechuas de Lucanamarca», en *Folklore Americano,* núms. 8-9, Lima, 1960-1961, pp. 142-216.

El Sexto, Editorial Mejía Baca, Lima, 1961. Otra edición: *El Sexto,* Editorial Laia, Ediciones de Bolsillo, Barcelona, 1974. Prólogo de Mario Vargas Llosa.

«Homenaje a William C. Townsend», en *El Comercio,* suplemento dominical, Lima, 23 de julio de 1961.

La agonía de Rasu-Ñiti, Taller de Artes Gráficas Ícaro, Camino del Hombre, Lima, 1962.

Tupac Amaru Kamaq taytan-chisman; haylli-taki. A nuestro padre creador Túpac Amaru. Himno-canción, Editorial Salqantay, Lima, 1962. Texto bilingüe quechua-castellano; traducción de J. M. A.

Todas las sangres, Editorial Losada, Novelistas de Nuestra Época, Buenos Aires, 1964.

«México: los museos y la historia del hombre», en *El Comercio,* suplemento dominical, Lima, 4 de octubre de 1964.

«El forastero», en *Marcha,* Montevideo, 31 de diciembre de 1964.

El sueño del pongo, Ediciones Salqantay, Lima, 1965. Texto bilingüe quechua-castellano.

¿He vivido en vano? Mesa redonda sobre Todas las sangres, 23 de junio de 1985, Instituto de Estudios Peruanos, Lima, 1985. Participantes: J. M. A., Jorge Bravo Bresani, Alberto Escobar, Henri Favre, José Matos Mar, José Miguel Oviedo, Aníbal Quijano y Sebastián Salazar Bondy.

Primer Encuentro de Narradores Peruanos, Arequipa, 1965, Casa de la Cultura del Perú, Lima, 1969. Participantes: J. M. A., Ciro Alegría, Arturo Hernández, Francisco Izquierdo Ríos, Porfirio Meneses, Oswaldo Reynoso, Sebastián Salazar Bondy, Óscar Silva, Mario Vargas Llosa, Eleodoro Vargas Vicuña y Carlos Eduardo Zavaleta.

«Oda al jet», en *Zona Franca,* año II, núm. 25, Caracas, septiembre de 1965, pp. 4-7. Otra edición: *Oda al jet,* Ediciones La Rama Florida, Cuadernos del Esqueleto Equino, Lima, 1966. Texto bilingüe corregido por J. M. A.

José María Arguedas, Editorial Mejía Baca, Serie Perú Vivo, Lima, 1966. Libro-disco.

«La cultura: un patrimonio difícil de colonizar», en *Notas sobre la cultura latinoamericana,* J. M. A., Francisco Miró Quesada y Fernando de Szyszlo. Talleres Industrial Gráfica, Lima, diciembre de 1966.

Amor mundo y otros relatos, Editorial Arca, Montevideo, 1967.

Amor mundo y todos los cuentos, Francisco Moncloa Editores, Lima, 1967.

«Puno, otra capital del Perú», en *El Comercio,* suplemento dominical, Lima, 12 de marzo de 1967.

«Mitos quechuas poshispánicos», en *Amaru,* núm. 3, Lima, julio-septiembre de 1967, pp. 14-18.

Las comunidades de España y del Perú, Universidad Nacional Mayor de San Marcos, Biblioteca de Cultura Superior, Departamento de Publicaciones, Lima, 1968. Otra edición: *Las comunidades de España y del Perú,* Clásicos Agrarios/Ediciones Cultura Hispánica, Madrid, 1987. Estudios de John V. Murra y Jesús Contreras.

Carta de J. M. A. a Francisco Igartua, en *Oiga,* núm. 291, Lima, 20 de septiembre de 1968, p. 2. Sobre el Acta de Talara, fechada el 15 de septiembre de 1968.

«No soy un aculturado...», texto publicado como anexo a *El zorro de arriba y el zorro de abajo,* Editorial Losada, Buenos Aires, 1971, p. 298, y a *El zorro de arriba y el zorro de abajo,* ALLCA XX/Ediciones Unesco, Colección Archivos, 14, Madrid, 1990. Discurso de J. M. A. al recibir el premio Inca Garcilaso de la Vega, en Lima, diciembre de 1968.

«El Ejército peruano», en *Oiga,* núm. 333, Lima, 18 de julio de 1969, pp. 15-16.

Qollana Vietnam Llaqtaman. Al pueblo excelso de Vietnam, Federación de Estudiantes de la Universidad Nacional Agraria, Lima, 1969. Otra edición: «Qollana Vietnam Llaqtaman», en *Oiga*, núm. 353, Lima, 5 de diciembre de 1969.

«La colección Alicia Bustamante y la Universidad», en *El Comercio*, suplemento dominical, Lima, 12 de enero de 1969, p. 30.

«Carta a un joven etnólogo», en *Correo*, Lima, 10 de noviembre de 1974. Carta de J. M. A. a Alejandro Ortiz Rescaniere, fechada en Santiago de Chile el 13 de marzo de 1969.

«Respuesta a Julio Cortázar», en *Marcha*, Montevideo, 30 de mayo de 1969. Otra edición: «Inevitable comentario a unas ideas de Julio Cortázar», en *El Comercio*, suplemento dominical, Lima, 1.º de junio de 1969.

Correspondencia entre Hugo Blanco y José María Arguedas, en *Amaru*, núm. 11, Lima, diciembre de 1969, pp. 12-15. Carta sin fecha de J. M. A. a Hugo Blanco.

Carta de J. M. A. a su editor Gonzalo Losada, fechada el 29 de agosto de 1969 y publicada como colofón a *El zorro de arriba y el zorro de abajo*, Editorial Losada, Buenos Aires, 1971, y a *El zorro de arriba y el zorro de abajo*, ALLCA XX/Ediciones Unesco, Colección Archivos, 14, Madrid, 1990.

Carta de J. M. A. al rector y a los estudiantes de la Universidad Agraria, en *La Crónica*, Lima, 3 de diciembre de 1969.

«Razón de ser del indigenismo en el Perú», en *Visión del Perú*, núm. 5, Lima, junio de 1970. La segunda y tercera partes de este ensayo —«El problema de la integración cultural» y «El problema de la integración»—, no incluidas en esta publicación, fueron recogidas por Alberto Escobar en *Arguedas o la utopía de la lengua*, Instituto de Estudios Peruanos, Lima, 1984, pp. 57-64.

El zorro de arriba y el zorro de abajo, Editorial Losada, Buenos Aires, 1971. Otra edición: *El zorro de arriba y el zorro de abajo*, ALLCA XX/Ediciones Unesco, Colección Archivos, 14. Madrid, 1990. Edición crítica coordinada por Éve-Marie Fell.

Katatay y otros poemas, Instituto Nacional de Cultura, Lima, 1972. Texto bilingüe; presentación de Alberto Escobar; notas de Sybila Arredondo.

Cuentos olvidados, Ediciones Imágenes y Letras, Lima, 1973. Compilación y notas de José Luis Rouillón, S. J.

Relatos completos, Editorial Losada, Buenos Aires, 1974. Edición de Jorge Lafforgue.

Formación de una cultura nacional indoamericana, Siglo XXI Editores, México, 1975. Compilación y prólogo de Ángel Rama.

Señores e indios. Acerca de la cultura quechua, Arca/Calicanto, Buenos Aires, 1976. Compilación y prólogos de Ángel Rama. Otra edición: *Indios, mestizos y señores,* Editorial Horizonte, Lima, 1985. Edición ampliada y nota introductoria de Sybila Arredondo.

«El puente de hierro», en *Runa,* núm. 2, Lima, mayo de 1977, Instituto Nacional de Cultura, pp. 3-5.

José María Arguedas, La letra inmortal. Correspondencia con Manuel Moreno Jimeno, Ediciones de Los Ríos Profundos, Lima, 1993. Edición y prólogo de Roland Forgues.

José María Arguedas. Un mundo de monstruos y de fuego, Fondo de Cultura Económica, Tierra Firme, Lima, 1993. Selección e introducción de Abelardo Oquendo.

Las cartas de Arguedas, Pontificia Universidad Católica del Perú, Fondo Editorial, Lima, 1996. Edición de John V. Murra y Mercedes López Baralt.

SOBRE JOSÉ MARÍA ARGUEDAS

1) *Bibliografías*

Arredondo, Sybila, «Vida y obra de José María Arguedas y hechos fundamentales del Perú», en José María Arguedas, *Obras completas,* t. I, Editorial Horizonte, Lima, 1983.

Fell, Éve-Marie, «Bibliografía», en José María Arguedas, *El zorro de arriba y el zorro de abajo,* ALLCA XX/Ediciones Unesco, Colección Archivos, 14, Madrid, 1990, pp. 447-465.

González Vigil, Ricardo, «Vida y obra de Arguedas» y «Bibliografía», en José María Arguedas, *Los ríos profundos,* Cátedra, Letras Hispánicas, Madrid, 1995, pp. 17-133.

Merino de Zela, Mildred E., «Vida y obra de José María Arguedas», en *Revista Peruana de Cultura,* núms. 13-14, Lima, diciembre de 1970. Casa de la Cultura del Perú, pp. 127-178. Existe una edición facsimilar revisada de este texto, publicada en separata.

—, «Vida y obra de José María Arguedas», «Cronología» y «Bibliografía», en José María Arguedas, *Los ríos profundos,* Biblioteca Ayacucho, Caracas, 1978, pp. 295-457.

Rowe, William, «Bibliografía sobre José María Arguedas», en *Revista de Cultura,* núms. 13-14, Lima, diciembre de 1970, Casa de la Cultura del Perú, pp. 179-197.

2) *Revistas y homenajes*

«Homenaje a José María Arguedas», en *Revista Peruana de Cultura,* núms. 13-14, Lima, diciembre de 1970, Casa de la Cultura del Perú. Presentación de José Miguel Oviedo.

Recopilación de textos sobre José María Arguedas, Casa de las Américas, Serie Valoración Múltiple, La Habana, 1976. Compilación y prólogo de Juan Larco.

«Visión del Perú», en *Revista de Cultura,* núm. 5, Lima, junio de 1970.

Runa, núm. 6, Lima, noviembre-diciembre de 1977, Instituto Nacional de Cultura. Presentación de Mario Razzeto.

Review, núms. 25-26, Nueva York, 1980, Center for Inter-American Relations. Presentación de Luis Harss.

José María Arguedas. Vida y obra, Amaru Editores, Lima, 1991. Homenaje a J. M. A. con motivo del vigésimo aniversario de su muerte, organizado por el Centro de Estudios Peruanos y Andinos de la Universidad Stendhal de Grenoble; presentación de Roland Forgues; edición de Hildebrando Pérez y Carlos Garayar; participantes: Roland Forgues, Antonio Cornejo, Carlos Meneses, Jean-Marie Lemogodeuc, Antonio Urrello, Edgardo Rivera, Éve-Marie Fell, Guido Podestà, César Germaná, Rodrigo Montoya, Roberto Paoli, Marco Martos, Marie-Madeleine Gladieu, Renaud Richard, Américo Ferrari, Alejandro Romualdo, William Rowe, Martin Lienhard y Christian Giudicelli.

Arguedas. Cultura e identidad nacional, Edaprospo, Lima, 1989. Mesa redonda sobre J. M. A. con motivo del vigésimo aniversario de su muerte, organizada por Edaprospo; presentación de Vicente Otta; prólogo de Marco Martos; participantes: Alejandro Romualdo, Alberto Escobar, Gustavo Gutiérrez y Antonio Melis.

José María Arguedas veinte años después: huellas y horizonte 1969-1989, Universidad Nacional Mayor de San Marcos/Ikono Ediciones, Lima, 1991. Semana de homenajes a J. M. A. con motivo del vigésimo aniversario de su muerte, organizada por la Escuela de Antropología de la Facultad de Ciencias Sociales de la Universidad Nacional Mayor de San Marcos; presentación y compilación de Rodrigo Montoya; participantes: Mildred E. Merino de Zela, Raúl Romero, Chalena Vásquez, Nelson Manrique, Luis Miguel Glave, Tomás Gustavo Escajadillo, Carlos Garayar e Hildebrando Pérez Grande.

«Homenaje a José María Arguedas», en *Hoja Naviera*, año II, núm. 3, Lima, noviembre de 1994.

3) *Libros y artículos*

Arroyo Posadas, Moisés, *La multitud y el paisaje peruanos en los relatos de José María Arguedas*, Compañía de Impresiones y Publicidad, Lima, 1939.

Bourricaud, François, «El tema de la violencia en *Yawar Fiesta*», en *Recopilación de textos sobre José María Arguedas*, Casa de las Américas, Serie Valoración Múltiple, La Habana, 1976, pp. 209-225. Compilación y prólogo de Juan Larco.

Bustamante, Cecilia, «Una evocación de José María Arguedas», en *Revista Iberoamericana*, vol. XLIX, núm. 122, Pittsburgh, enero-marzo de 1983.

Carranza Romero, Francisco, *Estudios críticos sobre J. M. Arguedas y Mario Vargas Llosa*, Editorial Libertad, Trujillo, 1989.

Castro Klarén, Sara, *El mundo de José María Arguedas*, Instituto de Estudios Peruanos, Lima, 1973.

—, «Testimonio de José María Arguedas, sobre preguntas de Sara Castro Klarén», en *Hispamérica*, año IV, núm. 10, Takoma Park, abril de 1975, pp. 45-54.

Cornejo Polar, Antonio, *Los universos narrativos de José María Arguedas*, Editorial Losada, Buenos Aires, 1973.

Cueto, Lily Caballero de, «Testimonio sobre José María Arguedas recogido por Maruja de Barrig», en *Runa*, núm. 6, Lima, noviembre-diciembre de 1977, Instituto Nacional de Cultura, p. 14.

Damonte, Humberto, «Testimonio», en *Hoja Naviera*, año II, núm. 3, Lima, noviembre de 1994, p. 63.

Escajadillo, Tomás Gustavo, «Entrevista a José María Arguedas», en *Cultura y Pueblo*, núms. 7-8, Lima, julio-diciembre de 1965.

—, *La narrativa indigenista peruana*, Amaru Editores, Lima, 1994.

Escobar, Alberto, «La guerra silenciosa en *Todas las sangres*» en *Revista Peruana de Cultura*, núm. 5, Lima, Casa de la Cultura del Perú, pp. 37-49.

—, *Arguedas o la utopía de la lengua*, Instituto de Estudios Peruanos, Lima, 1984.

Flores, Ángel (editor), «José María Arguedas. Noticia biográfica», en *Historia y antología del cuento y la novela en Hispa-*

noamérica, Las Américas Publishing, Nueva York, 1959, pp. 503-504.

Forgues, Roland, *José María Arguedas, de la pensée dialectique à la pensée tragique. Histoire d'une utopie*, Éditions France-Ibérie Recherche, Toulouse, 1986.

—, *José María Arguedas: del pensamiento dialéctico al pensamiento trágico. Historia de una utopía*, Editorial Horizonte, Lima, 1989.

—, «Por qué bailan los zorros», en José María Arguedas, *El zorro de arriba y el zorro de abajo*, ALLCA XX/Ediciones Unesco, Colección Archivos, 14, Madrid, 1990.

Gold, Peter, «The "indigenista" fiction of José María Arguedas», en *Bulletin of Hispanic Studies*, vol. I, núm. 1, enero de 1973, pp. 56-70. Publicado también en separata.

González, Galo F., *Amor y erotismo en la narrativa de José María Arguedas*, Editorial Pliegos, Madrid, 1990.

Gutiérrez, Gustavo, «Entre las calandrias», en Pedro Trigo, *Arguedas. Mito, historia y religión*, Centro de Estudios y Publicaciones, Lima, 1982.

Joucla Ruau, André, «Valle-Inclán et José María Arguedas. De *Romance de lobos à Todas las sangres:* réminiscences ou confluences», en *Études Latino-Americaines*, núm. III, 1967, Faculté des Lettres et Sciences Humaines d'Aix en Provence, pp. 141-176.

Kristal, Efraín, «Lo mágico-religioso en el indigenismo y en la vida de José María Arguedas», en *Mester*, vol. XXII, núm. 1, University of California, Los Ángeles, primavera de 1993.

Lévano, César, *Arguedas. Un sentimiento trágico de la vida*, Editorial Gráfica Labor, Lima, 1969.

Lewis, Tracy K., «Cortázar y Arguedas: una síntesis a través del lenguaje artístico», en *Plural*, núm. 186, México, marzo de 1987. Mención del premio Plural.

Lienhard, Martin, *Cultura popular andina y forma novelesca. Zorros y danzantes en la última novela de Arguedas*, Tarea Latinoamericana Editores, Lima, 1981.

—, «La "andinización" del vanguardismo urbano», en José María Arguedas, *El zorro de arriba y el zorro de abajo,* ALLCA XX/Ediciones Unesco, Colección Archivos, 14, Madrid, 1990, pp. 321-332.

Losada G., Alejandro, «La obra de José María Arguedas y la sociedad andina. Interpretación de su creación literaria como praxis social», en *Eco,* núm. 162, Bogotá, abril de 1974, pp. 592-620.

Marín, Gladys, *La experiencia americana de José María Arguedas,* Editorial Fernando García Cambeiro, Colección Estudios Latinoamericanos, Buenos Aires, 1973.

Merino de Zela, Mildred E., «Testimonio», En *Hoja Naviera,* año II, núm. 3, Lima, noviembre de 1994, pp. 57-59.

Murra, John V., «Introduction», en José María Arguedas, *Deep Rivers,* University of Texas Press, Austin, 1978, pp. IX-XV. Traducción al inglés de Frances Horning Barraclough.

—, «José María Arguedas. Dos imágenes», en José María Arguedas, *Las comunidades de España y del Perú,* Clásicos Agrarios/Ediciones Cultura Hispánica, Madrid, 1987, pp. 7-13.

—, «Semblanza de Arguedas», en *Las cartas de Arguedas,* Pontificia Universidad Católica del Perú, Fondo Editorial, Lima, 1996.

Pantigoso, Edgardo J., *La rebelión contra el indigenismo y la afirmación del pueblo en el mundo de José María Arguedas,* Editorial Juan Mejía Baca, Lima, 1981.

Pinilla, Carmen María, *Arguedas. Conocimiento y vida,* Pontificia Universidad Católica del Perú, Fondo Editorial, Lima, 1994.

Rama, Ángel, «José María Arguedas transculturador», en José María Arguedas, *Señores e indios. Acerca de la cultura quechua,* Arca/Calicanto, Buenos Aires, 1976, pp. 7-38.

Rouillón, S. J., José Luis, «Notas críticas a la obra de José María Arguedas», en José María Arguedas, *Cuentos olvidados,* Ediciones Imágenes y Letras, Lima, 1973, pp. 63-138.

—, «José María Arguedas y la religión», en *Páginas,* vol. III, núm. 15, Lima, mayo de 1978, pp. 11-30.

Rowe, William, *Mito e ideología en la obra de José María Arguedas,* Instituto Nacional de Cultura, Cuadernos, Lima, 1979.

Spina, Vincent, *El modo épico en José María Arguedas,* Editorial Pliegos, Madrid, 1986.

Tauro, Talía, *Psicopatología y amor en la obra de José María Arguedas (Dos ensayos),* Lima, 1993.

Trigo, Pedro, *Arguedas. Mito, Historia y religión,* Centro de Estudios y Publicaciones, Lima, 1982.

Urrello, Antonio, *José María Arguedas: el nuevo rostro del indio. Una escritura mítico-poética,* Librería-Editorial Juan Mejía Baca, Lima, 1974.

Vargas Llosa, Mario, «Narradores de hoy. José María Arguedas», en *El Comercio,* suplemento dominical, Lima, 4 de septiembre de 1955.

—, «Tres notas sobre Arguedas», en *Nueva novela latinoamericana,* 1, Editorial Paidós, Buenos Aires, 1969, pp. 30-36. Compilación de Jorge Lafforgue.

—, «*El Sexto* de José María Arguedas: la condición marginal», en José María Arguedas, *El Sexto,* Editorial Laia, Ediciones de Bolsillo, Barcelona, 1974, pp. 7-21.

—, *José María Arguedas, entre sapos y halcones,* Ediciones Cultura Hispánica/Centro Iberoamericano de Cooperación, Madrid, 1978.

—, *La utopía arcaica,* University of Cambridge Press, Cambridge, 1978.

—, «Literatura y suicidio: el caso de Arguedas», en *Revista Iberoamericana,* núms. 110-111, Pittsburgh, enero-junio de 1980, pp. 5-28.

—, «Arguedas, entre la ideología y la arcadia», en *Revista Iberoamericana,* vol. XLVII, núms. 116-117, Pittsburgh, julio-diciembre de 1981, pp. 33-46.

—, «Una corrida en los Andes», en *Festschrift. The Discerning Eye (Studies Presented to Robert Pring-Mill on his Seventieth*

Birthday), The Dolphin Book Co., Oxford, 1994, pp. 189-206.

Valcárcel, Luis E., «José María», en *Revista Peruana de Cultura*, núms. 13-14, Casa de la Cultura del Perú, Lima, diciembre de 1970, pp. 49-53.

Westphalen, Emilio Adolfo, «José María Arguedas (1911-1969)» y «La última novela de Arguedas», en *Amaru*, núm. 11, Lima, diciembre de 1969.

OTRAS OBRAS CITADAS

Alegría, Ciro, *La serpiente de oro*, Editorial Nascimento, Santiago de Chile, 1935.

–, *Los perros hambrientos*, Editorial Zig Zag, Santiago de Chile, 1938.

–, *El mundo es ancho y ajeno*, 2 vols., Editorial Milla Batres, Biblioteca de Autores Peruanos, Lima, 1974. Prólogo de Washington Delgado.

–, «El idioma de Rosendo Maqui», en *Expreso*, Lima, 5 de junio de 1964.

–, *Mucha suerte con harto palo. Memoria*, Editorial Losada, Cristal del Tiempo, Buenos Aires, 1976. Ordenamiento, prólogo y notas de Dora Varona.

Angell, Luis Felipe, *La tierra prometida*, Librería-Editorial Juan Mejía Baca, Lima, 1958.

Aquezolo Castro, Manuel (editor), *La polémica del indigenismo. José Carlos Mariátegui/Luis Alberto Sánchez*, Mosca Azul Editores, Lima, 1976. Compilación de Manuel Aquezolo Castro; prólogo y notas de Luis Alberto Sánchez.

Arestegui, Narciso, *El padre Horán*, Tipografía de *El Comercio*, Cusco, 1918.

Ávila, Francisco de, *Dioses y hombres de Huarochirí. Narración quechua recogida por Francisco de Ávila* (¿1958?), Museo Nacional de Historia/Instituto de Estudios Peruanos, Lima,

1966. Texto bilingüe quechua-castellano; traducción de J. M. A.; estudio bibliográfico de Pierre Duviols.

Basadre, Jorge, *Perú: problema y posibilidad. Ensayo de una síntesis de la evolución histórica del Perú*, Biblioteca Peruana/Librería Francesa Científica/Casa Editorial E. Rosay, Lima, 1931. Segunda edición: Banco Internacional del Perú, Lima, 1978.

—, *Meditaciones sobre el destino histórico del Perú*, Ediciones Huascarán, Lima, 1947.

—, *La multitud, la ciudad y el campo en la historia del Perú*, 2.ª ed., Ediciones Huascarán, Lima, 1947.

—, *La promesa de la vida peruana y otros ensayos*, Librería-Editorial Juan Mejía Baca, Lima, 1958.

—, *Historia de la República del Perú*, 16 vols., 6.ª ed., Editorial Universitaria, Lima, 1968-1969.

Cabrera Infante, Guillermo, «Include Me Out», en *Mariel*, Miami, primavera de 1984, p. 4.

Camino Calderón, Carlos, *Diccionario folklórico del Perú*, Lima, 1949.

Castro Pozo, Hildebrando, *Nuestra comunidad indígena*, Lima, 1924.

—, *Del ayllu al cooperativismo socialista*, Lima, 1936. Prólogo de Julio C. Tello. Segunda edición: Librería-Editorial Juan Mejía Baca, Biblioteca de la *Revista de Economía y Finanzas*, Lima, 1969.

Cortázar, Julio, «Julio Cortázar: Un gran escritor en su soledad», en *Life en español*, Nueva York, 7 de abril de 1969.

—, «Acerca de la situación del intelectual latinoamericano», en *Revista Casa de las Américas*, núm. 45, La Habana, noviembre-diciembre de 1967.

Cossío del Pomar, F., *Arte del Perú precolombino*, [s. e.], Lima, 1949.

«Cuba. Nueva política cultural. El caso Padilla», en *Cuadernos de Marcha*, núm. 49, Montevideo, mayo de 1971.

D'Harcourt, Raoul y Marguerite D'Harcourt, *La musique des Incas et ses survivances*, Librairie Orientaliste Paul Geuthner, París, 1925.

Edwards, Jorge, *Persona non grata*, Barral Editores, Barcelona, 1974.

Encinas del Pando, José Antonio, *Agenda de un peruano exigente*, Publicaciones de la Universidad de Lima, Lima, 1993.

Escalante, José Ángel, «Nosotros, los indios...», en *La Prensa*, Lima, 3 de febrero de 1927.

Falcoff, Mark y Frederick B. Pike, *The Spanish Civil War (1936-1939). American Hemispheric Perspectives*, University of Nebraska Press, Lincoln, 1982. Capítulo dedicado al Perú de Thomas M. Davis, Jr., pp. 203-249.

Flores Galindo, Alberto, *Buscando un inca. Identidad y utopía en los Andes*, 4.ª ed., Editorial Horizonte, Lima, 1994.

— y Denis Sulmont, *El movimiento obrero en la industria pesquera. El caso de Chimbote*, Pontificia Universidad Católica del Perú, Programa Académico de Ciencias Sociales, Taller Urbano Industrial, Lima, 1972.

Frisancho, José, *Del jesuitismo al indianismo*, Cusco, 1921.

García, Uriel José, *El nuevo indio*, Cusco, 1930.

García Calderón, Ventura, *La venganza del cóndor*, Editorial Mundo Latino, Madrid, 1924.

González Prada, Manuel, *Páginas libres*, París, 1984.

Guaman Poma de Ayala, Felipe, *Nueva corónica y buen gobierno*, vols. 29a, 29b y 29c, Siglo XXI/Historia 16, Crónicas de América, Madrid, 1987. Edición de John V. Murra, Rolena Adorno y Jorge L. Urioste.

Haya de la Torre, Víctor Raúl, *Por la emancipación de América Latina. Artículos, mensajes, discursos (1923-1927)*, [s. e.], Buenos Aires, 1927.

—, *Ideario y acción aprista*, [s. e.], Buenos Aires, 1931.

—, *Teoría y táctica del aprismo*, [s. e.], Lima, 1931.

—, *Obras completas*, vol. I, Librería-Editorial Juan Mejía Baca, Lima, 1977.

Kohut, Karl, *Escribir en París (entrevista a Julio Cortázar)*, Verlag Klaus Dieter Vervuert, Francfort, 1983. Edición en español: Hogar del Libro, Barcelona, 1983.

Leiris, Michel, «De la littérature considerée comme une tauromachie», prólogo a *L'âge d'homme*, Éditions Gallimard, París, 1946.

León Pinelo, Antonio de, *El Paraíso en el Nuevo Mundo*, Concejo Provincial, Lima, 1943. Prólogo de Raúl Porras Barrenechea.

López Albújar, Enrique, *Cuentos andinos*, Lima, 1920.

—, *Nuevos cuentos andinos*, Lima, 1937.

—, «Sobre la psicología del indio», en *Amauta*, núm. 4, Lima, diciembre de 1926.

Mariátegui, José Carlos, prólogo a Luis E. Valcárcel, *Tempestad en los Andes*, Lima, 1927.

Mariátegui, José Carlos, «El indigenismo en la literatura nacional», en *Mundial*, núms. 345-346 y 347, Lima, 21 y 28 de enero y 4 de febrero de 1927.

—, «El problema de la tierra», en *Mundial*, Lima, a partir del 25 de marzo de 1929. Otra edición: en *Siete ensayos de interpretación de la realidad peruana*, Editorial Amauta, Lima, 1930.

Marzal, S. J., Manuel M., *El mundo religioso de Urcos*, Instituto de Pastoral Andina, Cusco, 1971.

Matos Mar, José, *Desborde popular y crisis del Estado*, Instituto de Estudios Peruanos, Lima, 1984.

Matto de Turner, Clorinda, *Aves sin nido*, Ediciones Sempere, Valencia, 1889.

Millones, Luis, «Un movimiento nativista del siglo XVI: el Taqui Ongoy», en *Revista Peruana de Cultura*, núm. 3, Lima, 1964.

—, «Nuevos aspectos del Taki Ongoy», en *Historia y Cultura*, núm. 1, Lima, 1965.

—, (editor), *Las informaciones de Cristóbal de Albornoz*, Centro Interamericano de Documentación, Cuernavaca, 1971.

Ossio, Juan, *The Idea of History in Guaman Poma de Ayala*, Oxford University Press, 1970. Tesis doctoral inédita.

—, «Guaman Poma: Nueva Corónica o Carta al Rey. Un intento de aproximación a las categorías del pensamiento del mundo andino», en *Ideología del mundo andino,* Lima, 1977, pp. 153-211. Edición de Ignacio Prado Pastor.

—, *Ideología mesiánica del mundo andino,* 2.ª ed., [s. e.], Lima, 1973. Antología de Juan Ossio; edición de Ignacio Prado Pastor.

Paz, Octavio, «Littérature de fondation», en *Les Lettres Nouvelles,* núm. 16, París, julio de 1961, pp. 5-12.

—, *Posdata,* Siglo XXI Editores, México, 1970.

Popper, Karl, *The Open Society and Its Enemies,* 2 vols., Routledge & Kegan Paul, Londres, 1986.

Porras Barrenechea, Raúl, *Fuentes históricas peruanas,* Instituto Raúl Porras Barrenechea, Lima, 1968.

Roa Bastos, Augusto, *El trueno entre las hojas,* Editorial Losada, Buenos Aires, 1953.

—, *Hijo de hombre,* Editorial Losada, Buenos Aires, 1960.

Rulfo, Juan, *El llano en llamas,* Fondo de Cultura Económica, Colección Letras Mexicanas, México, 1953.

—, *Pedro Páramo,* Fondo de Cultura Económica, Colección Letras Mexicanas, México, 1955.

Sáenz, Moisés, *Sobre el indio peruano y su incorporación al medio nacional,* Publicaciones de la Secretaría de Educación Pública, México, 1933.

Salazar Bondy, Sebastián, *Lima, la horrible,* [s. e.], México, 1964.

Sánchez, Luis Alberto, colofón a Luis E. Valcárcel, *Tempestad en los Andes,* [s. e.], Lima, 1927.

—, «Un insensato anhelo de demolición», en *Mundial,* núm. 348, Lima, 11 de febrero de 1927.

—, «Batiburrillo indigenista», en *Mundial,* núm. 349, Lima, 18 de febrero de 1927.

—, «Respuesta a José Carlos Mariátegui», en *Mundial,* núm. 351, Lima, 4 de marzo de 1927.

—, «Ismos contra ismos», en *Mundial,* núm. 352, Lima, 11 de marzo de 1927.

—, «Más sobre lo mismo», en *Mundial*, núm. 353, Lima, 25 de marzo de 1927.

—, prólogo y notas a *La polémica del indigenismo*, Mosca Azul Editores, Lima, 1976. Compilación de Manuel Aquezolo Castro.

Tauro, Alberto, *Presencia y definición del indigenismo literario*, Editorial Cultura, México, 1940. Sobretiro de la memoria del II Congreso del Instituto de Literatura Iberoamericana, Los Ángeles.

Valcárcel, Luis E., *Tempestad en los Andes*, [s. e.], Lima, 1927.

—, *Ruta cultural del Perú*, Fondo de Cultura Económica, Tierra Firme, México, 1945.

Vallejo, César, *Los heraldos negros*, [s. e.], Lima, 1918.

—, *Trilce*, Lima, [s. e.], 1922.

—, *Tungsteno*, La Novela Social, España, 1931.

Varese, Stefano, *La sal de los cerros*, Universidad Peruana de Ciencias y Tecnología, Lima, 1968.

Vargas Llosa, Mario, «Los otros contra Sartre», en *Expreso*, Lima, 19 de junio de 1964.

—, «Carta a Haydée Santamaría», «Carta a Fidel Castro» y «Un francotirador tranquilo», en *Contra viento y marea*, vol. I, pp. 248-252 y 288-299.

Vega, Inca Garcilaso de la, *Obras completas*, vols. 132-135, Biblioteca de Autores Españoles, Madrid, 1965. Edición de Carmelo Sáenz de Santa María.

Wachtel, Nathan, «Rebelión y milenarismo» y «La visión de los vencidos: la conquista española en el folklore indígena», en *Ideología mesiánica del mundo andino*, 2.ª ed., Lima, 1973. Antología de Juan Ossio; edición de Ignacio Prado Pastor.

Zuidema R. Tom, *The Ceque System of Cuzco. The Social Organization of the Capital of the Inca*, Leiden, 1964.